职业教育汽车类专业教学改革创新示范教材

汽车营销与服务

第 2 版

谢忠辉 编著

机械工业出版社

本书重点介绍了理解汽车市场营销、分析汽车营销环境、分析汽车消费者的购买行为、实施汽车市场的 STP 策略、实施汽车产品策略、实施汽车产品定价策略、实施汽车产品分销渠道策略、实施汽车产品促销策略等 8 个学习任务。每个学习任务都设有学习目标、引入案例、营销理论、本章小结、复习思考题、营销实务等板块。在引入案例板块，除了进行点评外，还提出了问题与思考；在营销理论版块又将每个学习任务分为多个小节，每个小节的学习又分为"开节话题""营销理论""掌握了吗""拓展升华"等环节。整体来说，本书在形式和内容上非常重视学生提出问题、分析问题、解决问题等能力的培养，具有实用性、启发性和易读性。

本书可作为高等院校汽车营销专业、高职高专汽车技术服务与营销专业、汽车工程类相关专业的教材，也可作为汽车营销及相关从业人员提高业务能力的培训教材。

图书在版编目（CIP）数据

汽车营销与服务/谢忠辉编著．—2 版．—北京：机械工业出版社，2023.5

职业教育汽车类专业教学改革创新示范教材

ISBN 978-7-111-73321-8

Ⅰ.①汽…　Ⅱ.①谢…　Ⅲ.①汽车-服务营销-职业教育-教材　Ⅳ.①F766

中国国家版本馆 CIP 数据核字（2023）第 104902 号

机械工业出版社（北京市百万庄大街 22 号　邮政编码 100037）

策划编辑：谢　元　　　　　责任编辑：谢　元　单元花

责任校对：张晓蓉　陈　越　封面设计：马精明

责任印制：张　博

北京建宏印刷有限公司印刷

2023 年 9 月第 2 版第 1 次印刷

184mm×260mm · 17.5 印张 · 432 千字

标准书号：ISBN 978-7-111-73321-8

定价：59.00 元

电话服务　　　　　　　　　　网络服务

客服电话：010-88361066　　　机　工　官　网：www.cmpbook.com

　　　　　010-88379833　　　机　工　官　博：weibo.com/cmp1952

　　　　　010-68326294　　　金　书　网：www.golden-book.com

封底无防伪标均为盗版　　　　机工教育服务网：www.cmpedu.com

第2版前言

在本书再版之际,感谢机械工业出版社编辑的肯定与热情约稿!本书第1版得到各界专家、学者、读者的厚爱,在此一并表示感谢!

中国汽车行业近十年发生了翻天覆地的变化,世界汽车格局的变化、新能源汽车的蓬勃发展、国产汽车品牌赶超进口品牌等环境变化给汽车行业的营销工作带到了不容忽视的影响。如何顺应形势、做好汽车营销的课题值得我们思考与研究。

作为汽车营销工作者,不仅希望从经典的汽车营销案例中得到启迪,而且希望能与时俱进,在世界汽车格局的变化、新能源汽车的蓬勃发展等环境变化中顺应形势、做好汽车营销工作。此外,国家加大职业教育规模,汽车企业升级换代,经济形势复杂多变……给汽车营销岗位的工作内容提出了新的挑战,不仅高职院校的汽车专业在校生需要学习汽车营销,汽车企业的相关人员也希望有指引其工作的理论支撑,而且希望能将碎片化的时间利用起来。本书的编者顺应时代变化,对教材进行了再版升级。

党的二十大报告首次将"推进教育数字化"写入报告,教材数字化和教育教学资源数字化是本次教材再版工作的重要组成部分,本次再版我们坚持问题导向、应用导向、效果导向,丰富了多媒体网络教学资源。本书理论与实践相结合,不仅有文字内容,而且提供与之配套的丰富的多媒体网络教学资源,支持线上与线下教学。书中的教学视频、PPT课件、案例演示等资源丰富,可以在对应章节扫描学习,有助于读者利用碎片化的时间。

本次再版在保留第1版基本结构的基础上,将每个小节展开为"开节话题""营销理论""掌握了吗""拓展升华"四个环节。在"开节话题"环节以一个营销话题提出本节的营销任务,导入本节主题与涉及的营销理论。在"营销理论"环节,不仅有相关营销基本理论与基本原理的阐述,还精选了大量经典的或时下热议的汽车营销案例。此外,本书还与时俱进,补充较新的汽车资讯,开扩读者的营销视野,拓展读者的思维。在"掌握了吗"环节,以填空、选择、判断等题型让学生进行自学考核。老师也可以把本环节作为课后的及时验收环节。在"拓展升华"环节,选取了相关资料进行爱国主义教育或职业素养升华。

在本次再版的过程中,编者虽然尽可能地将自己与汽车企业近20年的密切联系取得的资讯,适时、准确地渗透其中,但深知即使做了很多努力,书中仍可能有疏漏和不当之处。在此,恳请各位专家、学者和广大读者批评指正,以便日后再版时进一步修正。

编 者
2023年6月于湖南长沙

第1版前言

随着我国经济的迅速发展，国际汽车巨头纷纷进入我国汽车市场，并一致看好我国汽车市场的发展前景；我国国民消费能力的不断增强，使我国汽车市场的消费主体正悄悄发生变化，汽车作为提高生活质量和工作效率的交通工具，逐渐进入私车消费阶段，正逐渐走进寻常百姓家。作为汽车营销人员，需要研究我国汽车市场的特征，汽车消费者的消费心理、购车动机，掌握汽车消费者的购车行为模式；汽车相关企业也要对汽车市场进行细分，找到自己的目标市场并进行正确的市场定位，以此不断地提高服务层次，满足消费者的需要，提高消费者的忠诚度，最终提高企业的市场占有率。

企业的竞争就是市场的竞争，市场的竞争离不开市场营销。在多年的教学和为汽车相关企业提供服务的实践中，编者发现许多汽车从业人员对汽车构造、原理有较全面的理解，但缺乏对汽车市场的整体把握，缺少应对汽车市场环境变化的能力，缺乏对汽车消费者消费行为的理解。因此，伴随着商品经济的发展和市场竞争的日益激烈，如何培养一大批既有现代汽车技术作为特长又具备先进营销服务理念的高级技术人才越来越成为社会的迫切要求。如何在较短的期限内培养一批具有现代营销理念，善于捕捉市场机遇，能够灵活掌握市场营销技能和技巧的汽车营销人才是当务之急，是目前许多汽车企业的一个重要课题。

本书编者在广泛借鉴和吸收国内外相关研究成果的基础上，专门针对高职高专学生编写了本书，希望能对高职高专院校汽车类专业的汽车营销课程的教学和研究起到积极的推动作用。在编写本书的过程中，注重了以下几点：

1) 注重理论的全面性。本书具体介绍了汽车营销管理过程中的重要概念，汽车营销环境，中国汽车市场的发展，汽车市场营销环境及其分析方法，汽车消费者的购买行为，汽车市场的STP策略，即市场细分、目标市场的选择和市场定位策略，汽车市场的组合策略，即汽车产品、价格、渠道、促销策略。本书较好地体现了营销管理的科学性、知识性和系统性的统一。

2) 注重内容的实用性。本书编者在研究现行营销理论的基础上，走访了大量的汽车相关企业，将营销理论与企业实际相结合，在讲清、讲透基本理论和基本方法的基础上强调实践操作能力的培养，让学生知道"做什么""怎样做"，不探究"为什么做"。本书不仅注重汽车营销理论基础的全面性，还有针对性地精选了一批汽车营销案例来说明汽车营销理论的应用和扩展营销实务的视野，希望读者在打开视野的同时提高应用能力。

3) 注重结构的合理性。本书每个学习任务都设有学习目标、引入案例、营销理论、本章小结、复习思考题和营销实务等几个环节。在引入案例环节，除了进行点评外，还提出了问题与讨论；在营销理论环节，精选了大量的营销案例、营销视野。以上设计使读者在阅读、学习的过程中不仅拓展了视野，还能够提高分析问题、解决问题的能力。

在编写本书的过程中,编者参阅了诸多相关论著、论文,也得到了众多汽车行业的同仁们很好的建议。在此谨向他们致以诚挚的敬意和谢意。此外,本书所选案例仅供教学时课堂使用,书中所涉及的案例只为说明问题,并无褒贬之意。

虽然编者从事汽车营销理论教学工作数年,也担任了一些企业的营销管理咨询顾问,但编者深知,即使做了许多努力,在编书的过程中仍会有一些方面显得不够成熟,书中可能会有疏漏、错误和不当之处,在此恳请各位专家、学者和广大读者批评指正,以便再版时修正。

编　者

资源说明页

本书附赠《汽车营销与服务系列微课》讲解视频，内含 49 个微课视频。

获取方式：

1. 微信扫码（封底"刮刮卡"处），关注"天工讲堂"公众号。

2. 选择"我的"—"使用"，跳出"兑换码"输入页面。

3. 刮开封底处的"刮刮卡"获得"兑换码"。

4. 输入"兑换码"和"验证码"，点击"使用"。

通过以上步骤，您的微信账号即可免费观看全套课程！

首次兑换后，微信扫描本页的"课程空间码"即可直接跳转到课程空间。

《汽车营销与服务系列微课》
课程空间码

目 录

第 2 版前言
第 1 版前言
学习任务 1　理解汽车市场营销 …………… 1
　　学习目标 ………………………………… 1
　　引入案例 ………………………………… 1
　　1.1　市场营销概述 …………………… 2
　　　　1.1.1　市场 ……………………… 3
　　　　1.1.2　市场营销 ………………… 5
　　　　1.1.3　市场营销的核心概念 …… 6
　　　　1.1.4　营销哲学 ………………… 8
　　1.2　我国汽车市场的发展 …………… 15
　　　　1.2.1　新中国汽车工业的发展阶段 … 15
　　　　1.2.2　我国汽车工业的展望 …… 18
　　　　1.2.3　我国汽车销售市场的发展 … 19
　　本章小结 ………………………………… 21
　　复习思考题 ……………………………… 22
　　营销实务 ………………………………… 22
学习任务 2　分析汽车营销环境 …………… 23
　　学习目标 ………………………………… 23
　　引入案例 ………………………………… 23
　　2.1　汽车营销环境 …………………… 25
　　　　2.1.1　市场营销环境的含义 …… 25
　　　　2.1.2　汽车营销环境的特点 …… 26
　　　　2.1.3　分析市场营销环境的重要性 … 27
　　2.2　汽车市场营销的微观环境 ……… 29
　　　　2.2.1　汽车企业的内部环境 …… 29
　　　　2.2.2　供应商 …………………… 30
　　　　2.2.3　营销中间商 ……………… 31
　　　　2.2.4　目标客户 ………………… 32
　　　　2.2.5　竞争者 …………………… 32
　　　　2.2.6　公众 ……………………… 35
　　2.3　汽车市场营销的宏观环境 ……… 36
　　　　2.3.1　人口环境 ………………… 37
　　　　2.3.2　自然环境 ………………… 38
　　　　2.3.3　科技环境 ………………… 39
　　　　2.3.4　经济环境 ………………… 39
　　　　2.3.5　政治环境 ………………… 42
　　　　2.3.6　社会文化环境 …………… 44
　　2.4　市场营销环境的分析 …………… 49
　　　　2.4.1　汽车企业对营销环境的处理 … 49
　　　　2.4.2　汽车企业适应营销环境变化的
　　　　　　　策略 ………………………… 50
　　　　2.4.3　SWOT 环境分析方法 …… 51
　　本章小结 ………………………………… 54
　　复习思考题 ……………………………… 56
　　营销实务 ………………………………… 56
学习任务 3　分析汽车消费者的购买
　　　　　　行为 ………………………… 57
　　学习目标 ………………………………… 57
　　引入案例 ………………………………… 57
　　3.1　汽车消费者的需要与动机 ……… 59
　　　　3.1.1　消费者的需要的概念及特征 … 60
　　　　3.1.2　马斯洛需求层次理论 …… 62
　　　　3.1.3　消费者购买动机的含义 … 64
　　　　3.1.4　消费者购买动机的作用 … 66
　　　　3.1.5　我国汽车消费者购买动机的
　　　　　　　分类 ………………………… 67
　　3.2　汽车消费者的购买行为 ………… 69
　　　　3.2.1　消费者的购买行为 ……… 70
　　　　3.2.2　消费者的购买行为的模式 … 71
　　　　3.2.3　影响汽车消费者的购买行为的
　　　　　　　主要因素 …………………… 72
　　　　3.2.4　消费者的购买行为的类型 … 80
　　3.3　汽车消费者的购买决策 ………… 82
　　　　3.3.1　汽车消费者的购买决策的内容 … 82
　　　　3.3.2　汽车消费者的购买决策的过程 … 84
　　本章小结 ………………………………… 89
　　复习思考题 ……………………………… 91

营销实务 91

学习任务 4 实施汽车市场的 STP 策略 92
　学习目标 92
　引入案例 92
　4.1 汽车市场细分 94
　　4.1.1 市场细分的含义 95
　　4.1.2 汽车市场细分的条件与标准 96
　　4.1.3 汽车市场细分的方法和程序 99
　4.2 汽车目标市场的选择 102
　　4.2.1 汽车目标市场的选择标准 102
　　4.2.2 目标市场的选择模式 103
　　4.2.3 汽车目标市场的选择策略 104
　　4.2.4 选择汽车目标市场策略应考虑的因素 106
　4.3 汽车市场定位 109
　　4.3.1 市场定位概述 109
　　4.3.2 汽车市场定位策略 110
　　4.3.3 目标市场定位方式 113
　　4.3.4 汽车市场定位的步骤 114
　本章小结 116
　复习思考题 117
　营销实务 117

学习任务 5 实施汽车产品策略 118
　学习目标 118
　引入案例 118
　5.1 汽车产品组合策略 119
　　5.1.1 汽车产品的整体概念 120
　　5.1.2 汽车产品的组合 122
　　5.1.3 汽车产品的组合策略 124
　5.2 汽车新产品开发策略 128
　　5.2.1 新产品开发概述 128
　　5.2.2 新产品开发的过程 131
　5.3 汽车产品的生命周期及策略 137
　　5.3.1 汽车产品的生命周期理论概述 137
　　5.3.2 汽车产品的生命周期各阶段的营销策略 140
　5.4 汽车品牌策略 144
　　5.4.1 品牌理论概述 145
　　5.4.2 汽车品牌策略 147
　本章小结 151
　复习思考题 153

营销实务 153

学习任务 6 实施汽车产品定价策略 154
　学习目标 154
　引入案例 154
　6.1 汽车产品定价概述及其主要的影响因素 155
　　6.1.1 汽车产品定价概述 157
　　6.1.2 影响汽车产品定价的主要因素 159
　6.2 汽车产品的基本定价方法 166
　　6.2.1 成本导向定价法 166
　　6.2.2 市场需求导向定价法 168
　　6.2.3 竞争导向定价法 168
　6.3 汽车产品的价格策略 170
　　6.3.1 新产品的定价策略 171
　　6.3.2 产品组合定价策略 173
　　6.3.3 折扣和折让定价策略 174
　　6.3.4 心理定价策略 176
　6.4 价格调整 179
　　6.4.1 汽车企业调价的原因 180
　　6.4.2 各方对价格变化的反应 183
　　6.4.3 企业应对调价的对策 184
　本章小结 188
　复习思考题 189
　营销实务 189

学习任务 7 实施汽车产品分销渠道策略 190
　学习目标 190
　引入案例 190
　7.1 汽车产品的分销渠道 191
　　7.1.1 分销渠道概述 192
　　7.1.2 分销渠道的类型 195
　　7.1.3 汽车分销渠道的模式 196
　7.2 汽车分销渠道的设计与管理 199
　　7.2.1 汽车分销渠道设计的影响因素 199
　　7.2.2 汽车分销渠道设计的基本流程 201
　　7.2.3 汽车分销渠道的评估 203
　　7.2.4 汽车分销渠道成员的选择与管理 203
　7.3 我国乘用车的销售模式 207
　　7.3.1 经销模式 207
　　7.3.2 代理直营模式 213
　本章小结 216

复习思考题 ┈┈┈┈┈┈┈┈┈┈┈┈ 217
营销实务 ┈┈┈┈┈┈┈┈┈┈┈┈┈ 217

学习任务 8　实施汽车产品促销策略 ┈ 218
学习目标 ┈┈┈┈┈┈┈┈┈┈┈┈┈ 218
引入案例 ┈┈┈┈┈┈┈┈┈┈┈┈┈ 218
8.1　促销及促销组合的概念 ┈┈┈┈┈ 219
　8.1.1　促销的含义和作用 ┈┈┈┈ 220
　8.1.2　促销组合策略 ┈┈┈┈┈┈ 224
8.2　人员推销 ┈┈┈┈┈┈┈┈┈┈ 227
　8.2.1　人员推销概述 ┈┈┈┈┈┈ 227
　8.2.2　汽车人员推销的流程 ┈┈┈ 230
　8.2.3　推销人员的管理 ┈┈┈┈┈ 231
　8.2.4　人员推销的策略与技巧 ┈┈ 233
8.3　广告宣传 ┈┈┈┈┈┈┈┈┈┈ 240
　8.3.1　广告概述 ┈┈┈┈┈┈┈┈ 240

　8.3.2　广告媒体的选择 ┈┈┈┈┈ 242
　8.3.3　广告的设计与效果评价 ┈┈ 246
8.4　营业推广 ┈┈┈┈┈┈┈┈┈┈ 250
　8.4.1　营业推广概述 ┈┈┈┈┈┈ 251
　8.4.2　营业推广策略 ┈┈┈┈┈┈ 252
　8.4.3　营业推广设计应注意的事项 ┈ 256
8.5　公共关系 ┈┈┈┈┈┈┈┈┈┈ 258
　8.5.1　公共关系概述 ┈┈┈┈┈┈ 259
　8.5.2　公共关系的执行原则 ┈┈┈ 262
　8.5.3　公共关系活动的策略 ┈┈┈ 264
　8.5.4　公共关系促销决策的过程 ┈ 265
本章小结 ┈┈┈┈┈┈┈┈┈┈┈┈┈ 267
复习思考题 ┈┈┈┈┈┈┈┈┈┈┈┈ 269
营销实务 ┈┈┈┈┈┈┈┈┈┈┈┈┈ 269

参考文献 ┈┈┈┈┈┈┈┈┈┈┈┈┈ 270

学习任务1　理解汽车市场营销

学习目标

知识目标
◇ 理解市场的概念，掌握市场的三要素及特点
◇ 掌握市场营销的核心概念
◇ 了解营销哲学的发展，掌握现代市场营销观念的内容
◇ 了解我国汽车市场的发展阶段及现状与趋势
◇ 了解我国汽车市场营销的现状与研究的必要性

能力目标
◇ 能运用市场概念分析汽车营销市场
◇ 能运用现代市场营销哲学指导实践工作
◇ 初步具有市场意识、服务意识，以及营销职业情感

基本概念
◇ 市场营销
◇ 市场及其三要素
◇ 需要、欲望和需求
◇ 产品
◇ 顾客价值
◇ 交换

引入案例　老福特的悲哀

在世界汽车工业发展史上，亨利·福特（Henry Fold，1863—1947）是一位叱咤风云的人物，他对人类的贡献不仅在于他发明的汽车生产流水线使平常百姓买得起汽车，还在于他的生产实践推动了人们对生产方式和管理科学的研究，使管理从经验走上了科学。然而就是这样一位影响力很大的人物也只能辉煌一时，未能辉煌一世。福特和他的"汽车王国"到底发生了一些什么？

福特曾先后于1899年、1901年与别人合伙经营汽车公司，但均因产品（高价赛车）不适合市场需要、无法销售而失败。

福特汽车公司创办于1903年，因第一批福特汽车实用、优质和价格合理，生意一开始就非常兴隆。1906年，福特面向富有阶层推出豪华汽车，结果大众买不起，销售量直线下降。1907年，福特总结了过去的经验教训，及时调整了经营指导思想和经营战略，实行"薄利多销"，于是销量又开始回升。当时，美国经济衰退已露头角，许多企业纷纷倒闭，唯独福特汽车公司生意兴隆，盈利125万美元。到1908年年初，福特按照当时大众（尤其是农场主）的需要，做出了明智的战略性决策：从此致力于生产规格统一、品种单一、价格低廉、大众需要而且买得起的"T型车"，并且在实行产品标准化的基础

上组织大规模生产。此后十余年，由于福特汽车适销对路，销售量迅速增加，产品供不应求，福特在商业上获得了巨大的成功。福特汽车公司的产销量最高一年达100万辆，到1925年10月30日一天就能造出9109辆"T型车"，平均每10秒生产一辆。在20世纪20年代前期，福特汽车公司的纯收入高达5亿美元，成为当时世界上最大的汽车公司。

到20世纪20年代中期，随着美国经济增长和人们收入、生活水平的提高，形势又发生了变化。公路四通八达，路面大大改善，马车时代坎坷、泥泞的路面已经消失；消费者也开始追求时髦。简陋而千篇一律的"T型车"虽然价廉，但已不能招徕顾客，因此福特汽车公司的"T型车"销量开始下降。

面对现实，福特仍自以为是，一意孤行，坚持其生产中心观念，置顾客需要的变化于不顾，诚如他宣称的"无论你需要什么颜色的汽车，我福特只有黑色的"。1922年，他在公司推销员全国年会上听到关于"T型车"需要根本改进的呼吁后，静坐了两个小时，然后说："先生们，依我看，福特车的唯一缺点是我们生产得还不够快。"就在福特固守他那种陈旧观念和廉价战略的时候，通用汽车公司（GM）却时时刻刻注视着市场的动向，并发现了良机，及时地做出了适当的战略性决策：适应市场需要，坚持不断创新，增加一些新的颜色和式样的汽车（即使因此须相应提高销售价格）上市。于是"雪佛兰"车开始排挤"T型车"。1926年，"T型车"销量陡降。1927年5月，福特不得不停止生产"T型车"，改产"A型车"。这次改产，福特汽车公司不仅耗资1亿美元，而且其间通用汽车公司乘虚而入，占领了福特车市场的大量份额，致使福特汽车公司的生意陷入低谷。后来，福特汽车公司虽力挽狂澜，走出了困境，但从此失去了车坛霸主地位，让通用汽车公司占据了车坛首席宝座。

点评：

在动态市场上，顾客的需要是不断变化的，正确的经营指导思想是正确经营战略和企业兴旺发展的关键。如果经营观念正确，战略得当，即使具体计划执行得不好，经营管理不善，效率不高，也许尚能赢利；反之，如果经营指导思想失误，具体计划执行得越好，就亏钱越多，甚至破产倒闭。

问题与讨论：
1）从这个案例中我们可以看出老福特对"T型车"采取了何种市场营销观念？
2）试讨论老福特的悲哀到底在哪里？

1.1　市场营销概述

开节话题

2017年，全国累计新能源汽车终端销量达到了73.5万辆，销量排名前30城市的新能源汽车销量之和为56.6万辆，占全国市场的近77%。

2017年，有诸多因素推动新能源汽车市场的发展。

首先，燃油机动车上牌受限。销量排名前六的城市（北京、上海、深圳、天津、广州、杭州）均有燃油机动车上牌限制政策。在这些限牌城市，获得普通燃油汽车的车牌有一定的门槛，这使得当地一部分购车者将目光转向了新能源汽车。在这些城市如果购买新能源汽车，申请车牌就会容易得多，车辆管理机构为新能源汽车保留了绿色通道，可以通过单独的摇号系统提升中签率或者直接取得上牌指标。

其次，相关城市出台新能源汽车的补贴政策。柳州、合肥、重庆和南昌等城市，都有新能源汽车车企，出台了一些地方保护政策，如电费补贴、在专用停车位上享受免费停车等。

可见，我国的新能源汽车行业在各种政策的引导下发展起来了，随着市场对新能源汽车接纳程度的提升，新能源汽车的市场将越来越大。

> **营销任务：**
> 请思考哪些因素直接影响新能源汽车市场的大小。

营销理论

1.1.1 市场

在现代社会经济条件下，几乎所有的经济现象和经济活动都与市场有关，现在每一个经济方面的学科无不涉及市场的概念。市场营销在一定意义上可被人们理解为与市场有关的人类活动。因此，我们首先要了解市场的基本含义。

1. 市场的定义

对于"什么是市场"这个问题，可以从经济学和市场营销学两个不同的学科角度进行探讨。

1）经济学认为：市场是"商品买卖的场所"。例如，集市、物资交流会、交易所、商场、超级市场等。市场是"商品交换关系的总和"，是不同生产资料所有者之间，以及同一生产资料所有者内部相对独立的商品生产者之间经济关系的体现。正所谓哪里有商品生产和交换，哪里就会有市场。它反映社会生产和社会需求之间、商品可供量与有支付能力的需求之间、生产者和消费者之间、买方和卖方之间、国民经济各部门之间广泛的经济联系。

2）市场营销学认为：市场是现实需求和潜在需求的总和。美国市场营销协会（American Marketing Association，AMA）1960 年定义：市场是指一种货物或服务的潜在购买者的集合需求。美国著名市场营销学家菲利普·科特勒（Philip Kotler）指出：市场是指某种货物或服务的所有现实购买者和潜在购买者。由此看来，市场营销学研究市场与经济学不同，其焦点在买方，因为市场营销学认为，卖方构成行业，买方构成市场。

市场营销学重点研究买方的现实需求和潜在需求，研究现实购买者和潜在购买者。所谓潜在购买者，就是那些有潜在兴趣、潜在需求、有可能购买某种商品的任何个人或组织。现代市场营销学认为，企业不仅要关注和满足现实需求，还要发现和挖掘潜在需求；既要看到现实的购买者是市场，又要认识到潜在的购买者也是市场，因为它可以通过企业的作用转化为现实的购买者。

2. 市场的构成要素

科特勒 2006 年在他的《市场营销管理》第 12 版中指出："一个市场是由那些具有特定的需求或欲望，而且愿意并能够通过交换来满足这种需求或欲望的全部潜在顾客所构成。"

因此，一个市场的大小，取决于那些表示有某种需求或欲望，又拥有使他人感兴趣的资源，并愿意以这种资源来换取所需所欲之物的人数。由此可见，市场主要由三个要素构成：①有某种需求和欲望的人；②有满足其需求和欲望的意愿；③有满足其需求和欲望的支付能力。市场三要素如图 1-1 所示。

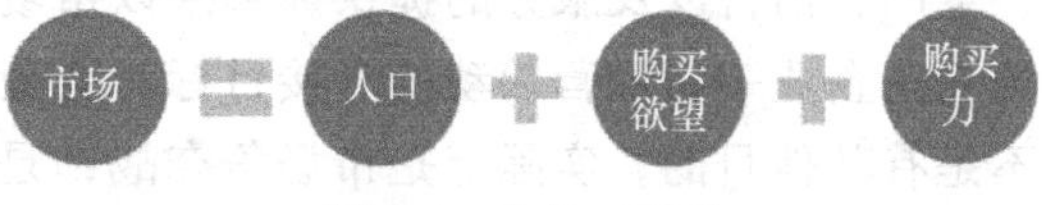

图 1-1 市场三要素

上述市场的三个要素相互制约，缺一不可，只有三者结合起来才能构成现实的市场，才能决定市场的规模和容量。也就是说，只有人口多、购买力强、消费意愿强，才能构成规模大、有潜力的市场。根据这三个要素不难推测出,我国已成为当今世界上最大的国际市场之一。

| 营销视野 | 2020 年年初汽车消费需求 |

2020 年年初,许多企业遭受损失。

中国汽车工业协会联合汽车之家,历经半个月,线上调研 5000 多名用户,深入挖掘大数据,洞察市场走势与用户需求。

大数据显示,2020 年春节假期后,线上数量较节前有明显下滑,2 月份线上人数环比下降 16.2%,同比下滑 33.2%。线上下滑一方面受 2 月份为传统淡季的影响,部分需求波动属正常市场变化;另一方面,受消费者居家影响,外出试驾、订车受限,导致部分用户需求被迫延缓释放。另外,经济波动将影响一部分人的收入,从而在一定程度上也降低了这一部分消费者的消费需求。

3. 市场的特点

为了对市场有正确的理解,我们探讨一下市场的主要特点。

(1) 市场的双向选择性

一方面,企业可以选择要进入的市场,企业应根据企业的政策和进入市场的战略来决定要进入的市场,如进入青年人市场、进入老年人市场或者进入其他市场;另外,现在企业所进入的市场对自己不利或发现了更有发展前景的市场,企业可以退出现在进入的市场,改变对象市场。另一方面,市场(顾客)也可以选择企业及其产品。市场由顾客构成,形成需求,不管是个人还是法人、其他团体,都有很强的自主意识,即对企业及其产品完全可以说"不"。一旦顾客说不,交易就无法成立。在产业社会,消费市场的主权者是消费者,是一般大众;生产者市场的主权者是生产者。因此,现代市场营销学认为,顾客就是当今产业社会的主权者。

(2) 市场的时间推移性

市场会因经济、社会、文化等的进步和发展,随时间推移而发生变化,这既有量的变化,又有质的变化。这种变化与企业意图没有任何关系。因此,企业对于这种变化必须给予极大的关注,并通过市场调研等对其进行分析,把握现在的状况和未来的动向,以发展的眼光、动态的观点予以对应。

(3) 市场的竞争性

市场是企业竞争的场所,众多企业在市场上展开激烈的竞争。市场经济体制的一个重要前提就是企业之间在市场中通过竞争决定优劣。谁能在市场竞争中胜出,谁就在市场上获得了更多的顾客及其所给予的支持。

(4) 市场的导向性

市场具有起点和终点的双重职能。市场是企业一切经营活动的出发点。产品的研究开发、生产、销售以及服务的提供都必须以市场为导向,企业家决不能想法主观、自以为是。市场又是企业一切经营活动的直接目标。企业在市场上展开激烈竞争,并不是为竞争本身,也不是有其他目的,实际上是市场争夺战,是顾客争夺战,目的只有一个,那就是获得更大的市场和更多的顾客。为此,我们必须时刻考虑:市场需求是什么?顾客最需要我们为他们提供什么?对顾客来说,最有价值的产品和服务是什么?

(5) 企业对市场的可改变性

市场会随时间的推移而自然发生变化。此外,市场也可以通过企业的积极作用加以改变,也就是说,市场蛋糕可以做大,甚至可以开发全新的市场,关键是看企业家是否有这种意识,并为此付出积极努力。因此,企业既要服务于市场,又要创造市场。索尼公司是创造市场的典范,其创业宗旨是"要研究开发还没有任何地方生产、销售的产品"。这就要求企业及企业家要有远见卓识。

4. 市场的分类

市场可以从不同的角度分为不同类型,并根据不同类型市场的需求特点,制定不同的营销策略。

1) 按购买者及其不同的购买目的,可将其划分为:消费者市场、生产用户市场、中间商市场和政府市场。

2) 按买卖的对象不同,可将其划分为:消费资料市场、生产资料市场、资金市场、技术市场、信息市场、劳务市场等。

本书主要研究消费者市场。消费者市场又称最终消费者市场、消费品市场或生活资料市场,是指个人或家庭为满足生活需求而购买或租用商品的市场。消费者在购买不同消费品时,有不同的行为特点,企业对每一种消费品类型,应该有与之相适应的营销组合战略和策略。

5. 消费品的分类

依据人们购买、消费的习惯分类,消费品可分为便利品、选购品和特殊品。

1) 便利品是消费者经常购买或即刻购买,并几乎不做购买比较和购买努力的商品,如肥皂、食盐等。企业为消费者提供购买该类产品的便利性很重要。

2) 选购品是消费者在选购过程中,对产品的适用性、质量、价格和式样等基本方面要做有针对性比较的产品,如服装、家具、家用电器、汽车等。对于选购品,企业必须备有丰富的花色、品种,以满足不同消费者的爱好,同时要拥有受过良好训练的推销人员,为消费者提供信息和咨询。

3) 特殊品是具有独有特征和(或)品牌标记的产品,有相当多的消费者愿意对这些产品做特殊的购买努力。例如,高级服装、专业摄影器材等都属于特殊品。对特殊品的营销,企业不必太多考虑销售地点是否方便,但是要让可能的消费者知道购买地点。

1.1.2 市场营销

1. 市场营销的定义

市场营销可以说是无处不在的。市场营销是近年来使用频率最高的词之一,常常见诸报纸、杂志,以及其他新闻媒体。目前,营销已经成为人们生活中常用的词汇。那么什么是营销?"营销学"译自英语 Marketing 一词,它作为一门新兴的学科,20世纪初产生于美国。

关于市场营销的定义,各派学者众说纷纭。例如,1960 年,AMA 定义市场营销是将货物和劳务从生产者流转到消费者过程中的一切企业活动。很显然,这一定义把"营销"等同于"销售",强调了销售在生产经营过程中的突出地位。1985 年,AMA 定义市场营销是指通过对货物、劳务和计谋的构想、定价、分销、促销等方面的计划和实施,实现个人和组织的预期目标的交换过程。根据这一定义,市场营销活动已超越了流通领域,它包括了分析、计划、执行与控制的管理活动。

本书推荐采用世界著名营销专家科特勒在他的《营销管理》第 12 版中从社会角度对营

销的定义："营销是个人和集体通过创造，提供出售，并同别人自由交换产品和价值，以获得其所需所欲之物的社会过程。"这个定义包括的一系列核心概念将在1.1.3小节进行详细阐述。现代营销学学界多以科特勒的定义为标准。

2. 对市场营销概念的理解

从科特勒的市场营销定义可以看出以下几点：

1）市场营销必须以"顾客和市场"为导向，是一种具有创新、创造性的行为过程。

2）市场营销强调交换是核心，交换是构成市场营销活动的基础，只有通过交换才能实现买、卖双方的目的。

3）市场营销追求满足消费者的各种需求与欲望，终极目标是服务客户、满足客户、赢得客户。

4）市场营销是连接企业与社会的"桥梁"，通过企业组织内外的协调、沟通来平衡三方利益，即企业利润、客户需求、社会利益。

5）营销与销售、推销存在本质的区别。市场营销是一种从市场需要出发的管理过程，具有更完整的内涵。它既包括市场需求研究，又包括丰富多彩的营销活动。销售则强调重视销售技巧与推销方法，推销只是市场营销的一个职能。

总之，市场营销研究的对象和主要内容是"识别目前未满足的需要和欲望，估量和确定需要量的大小，选择和决定企业能提供最好服务的目标市场，并且决定适当的产品、劳务和计划（或方案），以便为目标市场服务"。其目的就在于了解消费者的需要，按照消费者的需要来设计和生产适销对路的产品，同时选择分销渠道，做好定价、促销等工作，从而使这些产品可以轻而易举地销售出去，甚至达到美国学者德鲁克所说的"使推销成为多余"。

1.1.3 市场营销的核心概念

要正确理解市场营销的定义，需要先了解与它相关的核心概念，它们构成了营销管理和全方位营销导向的基础。市场营销的核心概念包括：需要、欲望和需求，交换和交易，产品、价值与满意。

1. 需要、欲望和需求

需要是指人类的基本要求，是消费者生理及心理的要求。例如，人们为了生存，需要食物、衣服、房屋等。马斯洛将人类的需要概括为生理的需要、安全的需要、归属的需要、被尊重的需要和自我实现的需要。

当需要指向具体的可以满足需要的特定物品时，需要就变成了欲望。不同背景下消费者的欲望不同，例如，中国人需要食物则其欲望是大米饭，法国人需要食物则其欲望是面包，美国人需要食物则其欲望是汉堡包。人的欲望受社会因素及机构因素（如职业、团体、家庭、教会等）的影响。

需求是经济学的概念，是指有支付能力和愿意购买某种物品的欲望。许多人想购买豪华轿车，但只有具有支付能力的人才能购买。

人们的需要是稳定的，也是有限的，而欲望却是丰富的，它与无数的产品相联系。人们经常会在多种产品之中选择来满足自己的欲望。对个人而言，需要和欲望是产生行为的原动力。当具有购买能力时，欲望便转化成需求。

营销视野	需求的类型

营销人员要善于为公司的产品发现需求，应对需求管理负责。就需求的类型而言，有如下八种不同的需求：

1) **负需求**：消费者对某个产品感到厌恶，甚至愿意出钱回避它。
2) **无需求**：消费者可能对产品毫无兴趣或者不了解。
3) **潜在需求**：消费者可能对某物有一种强烈的渴求，而现成的产品或服务却又无法满足这一需求。
4) **下降需求**：消费者逐渐减少购买产品或停止购买。
5) **不规则需求**：消费者的购买具有每个季节、每月、每周、每天甚至每小时都在变化的需求。
6) **充分需求**：在市场上，消费者恰如其分地购买市场上所有的产品。
7) **过度需求**：消费者想要购买产品的数量超过了市场上所能提供的数量。
8) **不健康需求**：产品能吸引消费者，但会对社会产生不良后果。

针对以上情况，营销人员必须确定每种需求潜在的原因，然后制订计划使需求水平更接近期望的状态。

综上所述，市场营销人员并不创造需要，需要早就存在于市场营销活动出现之前；市场营销人员，连同社会上的其他因素，只是影响了人们的欲望，如建议消费者购买某种产品，并试图向人们指出何种特定产品可以满足其特定需要，进而通过使产品富有吸引力、适应消费者的支付能力且使之容易得到，来影响需求。

2. 交换和交易

交换是营销学的核心概念，它是通过提供某种东西作为回报，从某人那里取得自己想要的东西的过程。当人们决定以交换的方式来满足需要或欲望时，就存在市场营销了。人们通过自给自足或自我生产的方式，或通过其他单方面得到的方式获得产品都不是市场营销。只有通过等价交换，买卖双方都获得所需的产品，才属于市场营销。

企业围绕目标顾客开展的一切营销活动都与商品交换有关，都是为了实现潜在交换。商品交换使企业生产的产品价值得以体现，使企业的再生产得以继续进行。

营销视野	交换发生必须符合的条件

通过对交换的研究，科特勒总结了要发生交换必须符合的五个条件：
1) 至少要有两方。
2) 每一方都有被对方认为有价值的东西。
3) 每一方都能沟通信息和传送货物。
4) 每一方都可以自由接受或拒绝对方的产品。
5) 每一方都认为与另一方进行交易是适当的或称心如意的。

交换能否真正产生，取决于买卖双方能否找到交换的条件，即交换以后双方都比交换以前好或至少不比以前差。交换是一个价值创造过程，即交换通常使双方变得比交换前更好。

交易是交换的基本组成部分，是买卖双方价值的交换。它是以货币为媒介的，如甲支付50800元给汽车销售商而得到一辆微型轿车；而交换不一定以货币为媒介，它可以是物物交换。交换是一个过程，而不是一种事件。如果双方正在洽谈并逐渐达成协议，称为在交换中。如果双方通过谈判并达成协议，交易便发生。一项交易通常涉及几方面：至少两件有价值的东西；双方同意的交易条件、时间、地点；有法律法规来维护和迫使交易双方执行的承诺。

3. 产品、价值与满意

产品是指能够提供给市场以满足客户需要和欲望的任何东西。产品包括有形与无形的、可触摸与不可触摸的。例如，汽车是有形的、可触摸到的产品，服务则是无形的特殊"商品"。有形产品是为顾客提供服务的载体；无形产品或服务是通过其他载体，诸如人、地、活动、组织和观念等提供的。服务也可以通过有形物体和其他载体来传递。无形的服务可涉及在为顾客提供有形产品（如汽车维修）或无形产品（如退税准备）中所完成的活动、有形产品的交付（如在运输业）、无形产品的交付（如知识的传授）或为顾客创造的氛围（如接待业）。产品的真正价值不在于"拥有它"，而在于"它给我们带来的满足"。例如，人们购买汽车不是为了观赏，而是它可以提供交通服务。企业管理者和市场营销人员必须清醒地认识到，企业创造的产品不管形态如何，如果不能满足消费者的需要和欲望，就必将被市场淘汰。

价值是营销的核心概念。营销被视为识别、创造、传播、传递和监控客户价值的过程。价值反映了客户对有形和无形利益及成本的认知。价值大部分可被看作质量、服务和价格（QSP）的组合，被称为顾客价值三元素。价值随质量和服务的提高而提高，随价格的增加而减少。

满意是一种心理状态，是客户的需求被满足后的愉悦感，是客户对产品或服务的事前期望与实际使用产品或服务后所得到的实际感知价值的相对关系。如果实际感知价值超越事前期望，则客户会十分满意或愉悦；若实际感知价值小于事前期望，则顾客会失望。

客户的期望来自以往的购买经验、朋友的意见以及营销人员和竞争者的信息与承诺。营销商必须仔细地设定恰当的期望标准。如果期望设定得太低，虽然也可以满足购买产品的人，但是不能招徕足够多的购买者；如果期望设定得太高，购买者就会感到失望，从而失去更多的消费者。

1.1.4 营销哲学

营销哲学又被称为营销观念。

市场营销是一种综合经营活动，是企业通过一定的方式使客户的需求得到满足，并实现一定利润的商业过程。这种有意识的经营活动，是在一定的经营思想指导下进行的，这种指导思想即是营销管理哲学或营销观念。所谓营销哲学，就是企业在开展市场营销活动的过程中，在处理企业、消费者和社会三者利益方面所持的态度、思想和观念。这些观念是随着卖方市场向买方市场转化而形成的。科特勒把企业的营销哲学总结为五种：生产导向、产品导向、推销导向、营销导向和全方位营销导向。其中，生产导向、产品导向和推销导向合称为传统营销观念，是"以企业为中心的观念"；后两种观念则称为现代营销观念，分别是"以顾客为中心的观念"和"以长远利益为中心的观念"。营销观念的正确与否，对企业经营的成败兴衰，具有决定性的意义。

1. 生产观念

生产观念是商业领域最古老的观念之一。这种观念认为消费者喜欢随处可得、价格低廉的产品，因此企业的一切经营活动应以抓生产为中心，企业将注意力主要集中于增加产量和降低成本上，通过大量生产和压缩成本形成规模经济。因此，企业在市场上的表现就是，生产什么就销售什么。生产导向的核心是一切从生产出发，而不是为消费者的需要服务。生产什么就卖什么，就像美国福特汽车公司的创始人说的那样，不管客户需要什么，"我的汽车就是黑色的"。因为当时福特汽车供不应求，清一色的黑色汽车照样卖得出去，这是一种典型的生产观念。日本在第二次世界大战后的数年之内，由于物资极其短缺，市场上很多商品供不应求，"生产观念"在工商企业市场营销管理中一度很流行。

这种观念似乎很有道理，但不能脱离具体条件，如果某种商品确因生产规模小、价格高而影响销路，企业坚持这种观念一定会取得成功。反之如果价格不是影响客户购买的主要因素，产品的用途、功能不能满足客户需要，即便是免费派送也没人要。这一导向在公司意图扩张市场时有广泛的适用性。

2. 产品观念

产品观念认为消费者最喜欢高质量、多功能和具有创新特色的产品，因此企业经营的中心工作是抓产品质量，只要产品质量过硬、经久耐用，就会顾客盈门，企业就会立于不败之地。这种观念不能脱离具体条件，如果产品确实有市场，但因质量太差而影响销路，企业坚持这种观念就会大有作为。否则，其他因素不能满足客户需要，即使质量再好的产品也不会畅销。

以产品为导向的企业致力于生产优质产品，甚至迷恋自己的产品，因此可能患上"营销近视症"，不利于企业的发展。一个新的或改进过的产品，如果没有价格、分销、广告和其他功能的配合，也是不会成功的。

3. 推销观念

推销观念产生于 20 世纪 30 年代初期。推销观念认为，消费者通常表现出一种购买惰性或者抗衡心理，故需用好话去劝说他们多买一些。企业这时的经营中心工作不再是生产问题，而是销售问题。企业管理者认为，抓销售就必须大力施展推销和促销技术，激发顾客的购买兴趣，强化购买欲望，努力扩大销量。其促销的基本手段就是广告和人员推销。20 世纪 30 年代美国的汽车制造商就是这方面的例子，当时汽车供过于求，客户一走进商店的汽车陈列室，推销员就笑脸相迎，热情相待，主动介绍各种汽车的性能，有的甚至使用带有进逼性的销售手段，促成交易。

这种观念出现在生产"过剩"、购买力下降、社会商品数量增加、花色品种增多、市场上某些商品开始供过于求、企业之间竞争加剧、生产和销售矛盾尖锐起来时。其目标就是销售企业能够生产的东西，而不是生产市场所需的产品。

推销观念以抓推销为重点，比以生产为中心的观念前进了一大步，但其本质仍然是以"生产什么卖什么"为条件。以销售为中心只是就工作重点而言的，至于顾客需要什么、购买产品后是否满意等问题，则未给予足够的重视，没有从根本上动摇以生产为中心的营销思想。但推销观念对后来市场营销观念的形成奠定了基础，正是由于推销人员和营销管理人员发现只是针对既定产品的推销，效果越来越有限，从而转入对市场需要予以足够重视和加以研究，并将营销活动视作企业经营的综合活动。

4. 市场营销观念

市场营销观念出现于 20 世纪 50 年代中期，它对以前的观念提出了挑战。这种观念是以满足客户需求为出发点的，即"客户需要什么，就生产什么"。当时社会生产力有了明显的提高，社会产品数量剧增，进一步供过于求，花色品种日新月异，产品市场生命周期不断缩短。市场趋势表现为供过于求的买方市场，同时广大居民的个人收入迅速提高，有可能对产品进行选择，企业之间的竞争加剧。许多企业开始认识到必须转变经营观念，才能求得生存和发展。在这种市场背景条件下，许多企业逐渐用市场营销观念取代了以销售为中心的推销观念。

市场营销观念认为，实现组织目标的关键在于正确确定目标市场的需要和欲望，并且比竞争对手更有效地向目标市场创造、传递、沟通优越的顾客价值。因此"顾客至上""客户是上帝""客户永远正确"等口号，成了现代企业的座右铭。20世纪80年代初，日本本田汽车公司想在美国推出雅阁新车，在设计新车前，派出工程技术人员专程到洛杉矶地区考察高速公路的情况，实地丈量路长、路宽，采集高速公路的沥青样本，拍摄进出口道路的设计。回到日本后，他们专门修了一条9英里（1英里＝1.61千米）长的高速公路，就连路标和告示牌都与美国公路上的一模一样。在设计行李舱时，设计人员意见有分歧，他们就到停车场看了一下午，看人们如何取放行李，从而实现意见统一。结果本田公司的雅阁汽车一到美国就倍受欢迎，被称为是全世界都能接受的好车。

营销视野　　传统营销观念与现代市场营销观念的差别

现代市场营销观念取代传统观念，是企业营销观念发展史上的一次质的飞跃，也是市场营销发生的一次革命。其与传统营销观念相比，根本区别有四点：

1）起点不同。传统营销观念是产品生产出来之后才开始经营活动；现代市场营销观念则是以市场为出发点来组织生产经营活动，将思考问题的出发点由"企业自身"转向"目标市场"。

2）中心不同。传统营销观念是以卖方需要为中心，以产定销；现代市场营销观念则是以市场需要为中心，以销定产，将工作中心由企业"产品"转向发现"顾客需求"，一切营销努力都在于使消费者（顾客）满意。此思想体现在组织管理体制和组织结构上，要求建立顾客导向和客户满意的企业文化，使各部门管理者和员工都能自觉地把客户导向作为行动方针。同时，在企业内部建立以顾客导向为核心，以市场营销为统领，将人事、生产、财务、研究与开发等职能为辅助的企业经营管理新机制，合理分工，协调行动。

3）手段不同。传统营销观念主要采用广告为促销手段；现代市场营销观念则主张通过整体营销（营销组合）的手段，实实在在地为客户着想，不再只强调产品生产和推销手段，更强调协调的营销，要求从市场的整体出发，运用各种市场营销方法，不断对市场动态进行预测和研究，确定目标市场，并通过产品、定价、促销和分销渠道组合来满足消费者需要。

4）终点不同。传统营销观念以将产品售出获取利润为终点；现代市场营销观念则将利润看作客户需要得到满足后愿意给出的回报，对利润的取得不再拘泥于每一次交易，而是从市场全局考虑，着眼于长期的、综合的、最后的利益，将企业目标达成方式由"扩大销售量来获得利润"转向"通过满足客户需要来获得利润"。

---

5. 全面营销观念

全面营销理论认为营销应贯穿于"事情的各个方面"，而且要有广阔的、统一的视野。全面营销涉及四个方面：关系营销、整合营销、内部营销和社会责任营销。

（1）关系营销（Relationship Marketing）

1985年，巴巴拉·B. 杰克逊（Barbara B. Jackson）提出了关系营销的概念，使人们对市场营销理论的研究，又迈上了一个新的台阶。所谓关系营销，是把营销活动看成一个企业与消费者、供应商、分销商、竞争者、政府机构及其他公众发生互动的过程，其核心是与利益相关人建立与发展令人满意的长期合作关系，以赢得和维持业务，从追求每一笔交易利润最大化转向追求各方利益关系的最大化。利益相关人包括顾客、员工、营销合伙人（渠道、供应商、分销商、经销商、代理商）、金融领域成员（股东、投资者、分析者）等。双方越是增进相互信任和了解，就越有利于互相帮助。关系市场营销还可节省交易成本和时间，并由过去逐项逐次的谈判交易发展成为例行的程序化交易。土星（Saturn）汽车公司邀请车主参加位于美国田纳西州斯普林希尔市公司制造厂的"土星回家"聚会。这次聚会持续近 5 天，会上涉及的一些活动，如家庭车赛、生产车间参观和体能挑战，都是为了建立良好的客户关系。土星公司联络部经理说："回家聚会是又一种建立客户关系的方式，并且它能表明我们对待客户的方式不同于其他汽车公司。"有 4000 多位车主参加了这次聚会，最远的来自阿拉斯加。

关系营销的本质特征包括以下 6 个方面的内容：

1）双向沟通。在关系营销中，沟通应该是双向而非单向的。只有广泛的信息交流和信息共享，才可能使企业赢得各个利益相关者的支持与合作。

2）合作。只有通过合作才能实现协同，合作是"双赢"的基础。

3）双赢。关系营销旨在通过合作增加关系各方的利益，而不是通过损害其中一方或多方的利益来增加其他方的利益。

4）亲密。关系能否得到稳定和发展，情感因素也起着重要作用。因此关系营销不只是要实现物质利益的互惠，还必须让参与各方能从关系中获得情感的需求满足。

5）控制。关系营销要求建立专门的部门，用以跟踪顾客、分销商、供应商及营销系统中的其他参与者，由此了解关系的动态变化，及时采取措施消除关系中的不稳定因素和不利于关系各方利益共同增长的因素。

6）反馈。有效的信息反馈也有利于企业及时改进产品和服务，更好地满足市场的需求。

（2）整合营销

整合营销（Integrated Marketing）是一种对各种营销工具和手段的系统化结合，根据环境进行即时性的动态修正，以使交换双方在交互中实现价值增值的营销理念与方法。整合就是把各个独立的营销综合成一个整体，以产生协同效应。这些独立的营销工作包括广告、直接营销、销售促进、人员推销、包装、事件、赞助和客户服务等。整合营销是为了建立、维护和传播品牌，以及加强客户关系，而对品牌进行计划、实施和监督的一系列营销工作。

1）4P 理论。杰罗姆·麦卡锡（Jerome McCarthy）于 1960 年在其《基础营销》一书中第一次将企业的营销要素归结为四个基本策略的组合，即著名的市场营销组合（4P）：产品（Product）、价格（Price）、渠道（Place）、促销（Promotion），如图 1-2 所示。市场营销组合策略必须考虑渠道和最终消费者。

① 产品（Product）：注重开发的功能，要求产品有独特的卖点，把产品的功能诉求放在第一位。

② 价格（Price）：根据不同的市场定位，制定不同的价格策略，产品的定价依据是企业的品牌战略，注重品牌的含金量。

③ 渠道（Place）：企业并不直接面对消费者，而是注重经销商的培育和销售网络的建

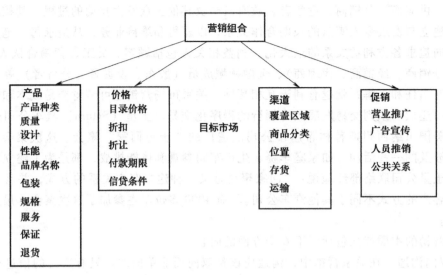

图 1-2 营销组合的 4P

立，企业与消费者的联系是通过分销商来进行的。

④ 促销（Promotion）：企业注重销售行为的改变来刺激消费者，以短期的行为（如让利、买一送一、营销现场气氛等）促成消费的增长，吸引其他品牌的消费者或导致提前消费来促进销售的增长。

2）4C 理论。进入 20 世纪 90 年代之后，美国社会处于高度发达的后工业时代，科技进步威力无穷，尤其计算机辅助设计生产及机器人的大量使用，使高度自动化、敏捷制造、弹性生产、准时生产等新型生产方式普遍推行。面对当时市场环境的新变化，罗伯特·劳特伯恩（Robert Lauterborn）提出了与 4P 相对应的 4C 理论，见表 1-1。

表 1-1 4P 与 4C 的对比

4P	4C	4P	4C
产品（Product）	客户（Customer）	渠道（Place）	便利（Convenience）
价格（Price）	成本（Cost）	促销（Promotion）	沟通（Communication）

传统的以 4P 为核心的营销框架，是产品导向而非真正的消费者导向，即制造商决定制造某一产品后，设定一个能够收回成本且达到一定目标利润的价格，经过制造商为主控的分销渠道，然后对企业销售进行适当的促销；4C 从消费者的角度看，每一个营销工具都是用来为顾客提供利益的。

① 客户（Customer）：主要是指客户的需求。企业必须首先了解和研究顾客，根据客户的需求来提供产品；同时，企业提供的不仅仅是产品和服务，更重要的是由此产生的客户价值。

② 成本（Cost）：不单是企业的生产成本或 4P 中的 Price（价格），它还包括客户的购买成本，同时也意味着产品定价的理想情况，应该是既低于客户的心理价格，又能够让企业有盈利。此外，这中间的客户购买成本不仅包括其货币支出，还包括其为此耗费的时间、体力和精力，以及购买风险。

③ 便利（Convenience）：即为客户提供最大的购物和使用便利。4C 营销理论强调企业在制定分销策略时，要更多地考虑客户的方便；而不是企业自己方便；要通过好的售前、售中和售后服务来让客户在购物的同时，也享受到了便利。便利是客户价值不可或缺的一部分。

④ 沟通（Communication）：用以取代 4P 中对应的 Promotion（促销）。4C 营销理论认为，企业应通过同客户进行积极有效的双向沟通，建立基于共同利益的新型企业/顾客关系。这不再是企业单向的促销和劝导顾客，而是在双方的沟通中找到能同时实现各自目标的通途。

（3）内部营销

全面营销包括内部营销（Internal Marketing），即确保组织中每个人有适当的营销准则，尤其是高管人员。内部营销是指成功地雇用、训练和尽可能激励员工很好地为客户服务的工作。这就是说，要向内部人员提供良好的服务和加强与内部人员的互动，以便一致对外地开展外部的服务营销。聪明的营销人员知道内部营销是同样重要的，有时甚至比公司外部营销更重要。在公司员工没有准备好提供优质服务之前，向顾客的承诺是毫无意义的。

内部营销发生在两个方面。一方面，各种不同的营销职能（销售人员、广告、客户服务、产品管理、市场调研）必须协调工作。经常的情况是，销售人员认为产品管理者把价格定得太高或定额太高，或广告总监和品牌经理在宣传计划上不能达成一致。所有这些营销职能都应该从客户角度来调整。另一方面，营销需要其他部门的支持，其他部门也必须"考虑客户"，营销部门不是全公司唯一须时时念及客户的部门。公司上下都应该从市场的角度来思考问题。

内部营销是一项管理战略，其核心是培养对员工的客户服务意识，把产品和服务通过营销活动推向外部市场之前，应先将其对内部员工进行营销。任何一家企业事先都应该意识到，企业中存在着一个内部员工市场，内部营销作为一种管理过程，能以两种方式将企业的各种功能结合起来。首先，内部营销能保证公司所有级别的员工，理解并体验公司的业务及各种活动；其次，它能保证所有员工准备并得到足够的激励，以服务导向的方式进行工作。内部营销强调的是公司在成功达到与外部市场有关的目标之前，必须有效地进行组织与其员工之间的内部交换过程。例如，施乐公司的内部营销做得很棒，取得了很好的成绩，它使各种在职人员都明白他的工作是如何同客户有关的。施乐公司的工厂经理懂得，如果工厂是清洁和有效的，参观工厂这种方式将有助于向潜在客户推销产品；施乐公司会计部门的人员知道顾客态度倾向施乐，得益于他们对账单处理的精确性和回答客户电话的及时性。

（4）社会责任营销

社会责任营销（Social Responsibility Marketing）出现于 20 世纪 70 年代。随着社会经济的发展，大量不可再生资源日益枯竭、生态环境遭到破坏、环境污染日益严重、通货膨胀、忽视社会服务等，严重威胁着社会公众的利益和消费者的长远利益，威胁着人类生活水准和福利的进一步提高，也威胁着经济的可持续发展。单纯的市场营销观念提高了人们对需求满足的期望和敏感，加剧了满足眼前利益和长远利益的矛盾，导致产品过早淘汰、环境污染更加严重，也损害和浪费了一部分物质资源。正是在这样的背景下，人们提出了社会责任营销观念。

社会责任营销观念的基本要求是企业在生产或提供任何产品和服务时，不仅要满足消费者的需要和欲望，符合本企业的利益，还要符合消费者和社会发展的长期利益。

社会责任营销观念不是对市场营销观念的否定，而是一种修正和完善。这种观念要求企业将自己的经营活动与满足客户需求、维护社会公众利益和长远利益作为一个整体来对待，不急功近利，自觉（并不总是依靠政策和法律强行推进）限制和纠正营销活动的副作用，并以此为企业的根本责任。

综上所述，营销观念具有非常具体的含义，不是一些空洞的概念。市场营销观念随着生产力的发展、科技的进步和市场环境的变化经历了一个历史演变过程。我国是一个发展中国家，商品经济的发展和市场环境的变化决定了市场营销观念的发展和变化。随着经济的高速发展，汽车市场逐渐由"卖方市场"向"买方市场"过渡，出现了供过于求的现象，企业竞争激烈。从整体上说，市场进入了相对微利阶段，我们在运用营销观念时，要注意不同营销观念之间的相互补充、相互作用，以便综合运用。

掌握了吗？

1) 市场是（   ）和（   ）的总和。
2) 市场的三要素分别是（   ）、（   ）和（   ）。
3) 市场的特点包括（   ）、（   ）、（   ）、（   ）和（   ）。
4) 市场营销是个人和集体通过创造，提供出售，并同别人自由交换产品和价值，以获得其所需所欲之物的（   ）。
5) 请选择一个最佳选项：无需求状态下营销管理的任务是（   ）。
A. 维持性营销　　　B. 开发性营销　　　C. 刺激性营销　　　D. 再生性营销
6) 请选择一个最佳选项：从古至今许多经营者奉行"酒好不怕巷子深"的经商之道，这种市场营销管理哲学属于（   ）。
A. 推销观念　　　B. 产品观念　　　C. 生产观念　　　D. 市场营销观念
7) 市场营销组合理论所包括的4P分别是（   ）、（   ）、（   ）和（   ）。
8) 请选择一个最佳选项：下列选项中不属于营销组合4C的是（   ）。
A. 消费者　　　B. 便利　　　C. 成本　　　D. 舒适

拓展升华

市场营销是要找到没有被满足的需求并做好满足需求的工作

科特勒说："人们经常把市场营销和销售混为一谈。不过彼得·德鲁克的《经营权威》里面一段著名的话说得好，即'市场营销的目标是让销售变得多余'。这就是说，如果你真能找到没有被满足的需求并做好满足需求的工作，你就不用在销售上下太多功夫。"

换句话说，市场营销的目的不是像在50年前或100年前那样为了把已经生产的产品推销出去。相反，制造产品是为了支持市场营销。一家公司可以在外面采购其所需的产品，但使其繁荣的却是市场营销的理念和做法。公司其他职能——制造、研发、采购和财务——都是为了支持公司在市场上的运作而存在的。

科特勒说："这就好像用电话录音代替接电话的人。问题是，用电话录音节约的钱比较容易计算出来，而沮丧的客户可能会转向竞争对手的代价却不容易计算。当你失去一个客户的时候，你失去的不仅是一次交易，而且是那位客户的终生客户价值。"

1.2 我国汽车市场的发展

> **开节话题**
>
> 2012年，我国汽车出口量首次超过100万辆。在此后的8年间，汽车出口量始终徘徊在100万辆左右。在2020年，汽车出口市场销量负增长，共出口99.5万辆。在2021年，汽车出口市场迅速爆发，首次突破200万级别，达到201.5万辆，同比翻倍增长，成为仅次于日本、德国之外的第三大汽车出口国。2022年上半年，我国生产的汽车出口121.8万辆，同比增长47.1%；新能源汽车共出口20.2万辆，同比增长1.3倍，占汽车出口总量的16.6%。从历史发展来看，这一轮新能源和智能汽车变革，或将成为我国车企在全球市场实现突破的良好契机。
>
> **营销任务：**
> 请思考我国汽车产业步入世界先进行列的优势在哪里。

> **营销理论**

1.2.1 新中国汽车工业的发展阶段

新中国成立70多年来，我国汽车工业经历了从无到有、从有到优的辉煌发展历程。根据不同历史时期的发展特征，我国汽车工业大体上经历了以下四个发展阶段。

1. 起步阶段（1949年—1978年）

新中国成立初期，我国汽车工业的基础非常薄弱。1953年，在苏联的技术援助之下，中国第一汽车制造厂在长春成立，标志着新中国第一家汽车制造企业诞生。1956年7月13日，解放牌汽车在一汽成功下线，新中国的汽车工业开始慢慢起步。随后，一汽在生产解放牌汽车技术积累的基础之上，于1958年生产出红旗牌轿车。红旗牌轿车在借鉴西方发达国家先进汽车技术的基础上，融合了中国传统文化之美，风格高端大气。

20世纪50年代末到60年代初，上海汽车制造厂先后制造出了凤凰牌和上海牌轿车。

60年代中期，苏联撤走了对华援助，同时，美国构建第三岛链对我国进行封锁，我国的汽车工业彻底被切断了外部支持资源，独立自主地发展汽车工业成了当时的共识。1969年，中国第二汽车制造厂在湖北省十堰市筹备成立，全国各地的汽车工业优质资源支援二汽建厂，其中一汽的贡献最大，出人、出技术、出资金。二汽建厂初期的主要产品是东风牌载货汽车。

一汽和二汽的建成投产为新中国成立初期的重工业化战略做出了不可磨灭的贡献。但是，在之后的一段时间内，我国汽车工业的发展在一定程度上受到了影响，阻碍了其升级进步。总之，我国起步阶段的汽车工业以军车和载货汽车为主，红旗牌轿车和上海牌轿车丰富了乘用车产品领域。在起步阶段，我国汽车工业实现了"从0到1"的突破。

2. 引进合资阶段（1978年—2001年）

1978年，我国开始实行改革开放。停滞已久的汽车工业迫切需要发展，改革开放彻底加快了我国汽车工业的发展进程。虽然新中国成立以来，汽车工业在这个时期取得了"零的突破"，但要充分认识到，起步期的我国汽车工业存在着生产水平低下、技术含量低、生产效率差等问题,特别需要向西方发达国家学习先进的汽车技术和管理水平。改革开放后,在"市场换技术"的指导方针指引下,我国汽车工业开始引进技术、成立合资公司。1983年,我国第一家汽车合资企业——北京吉普成立;1984年,经过多轮谈判,"姗姗来迟"的上海大众获批成立;1985年,广州标致成立……众多合资公司纷纷成立,我国汽车企业开始接触到国际汽车企业,在学习先进汽车技术的同时,还借鉴其管理制度、法律体系和组织程序,为我国汽车工业的发展提供了制度基础。总之,改革开放打开了我国汽车工业向西方学习的大门,让我国汽车从业者真正切实认识到了我国汽车工业和西方发达国家之间的差距,加速了我国汽车工业与国际先进水平接轨的进程。

3. 市场化发展阶段(2001年—2009年)

2001年,我国正式加入世界贸易组织(WTO)。作为加入WTO的条件,我国承诺在汽车工业方面实施降低进口关税、增加配额等一系列举措。随着改革开放的力度进一步加大,我国汽车工业迎来了快速发展时期。一方面,世界汽车巨头企业进一步进入我国市场,如通用、福特、丰田、奔驰等企业纷纷与我国企业成立合资公司,实现在我国的本地化生产、经营;另一方面,我国在"入世"前后,允许部分民营企业进入汽车市场,如吉利、长城等。民营企业进入后,大大提升了我国汽车市场的活力,民营汽车企业也在与合资企业的竞争中逐渐成长。随着汽车企业的增多,汽车产品也得到进一步丰富,人民群众可以以更低的价格买到更好的产品,极大地刺激和提升了我国消费者的消费欲望,我国汽车消费市场急剧扩大。总之,我国汽车工业在"入世"之后,呈现高度市场化发展的态势,企业之间的竞争态势进一步加剧,汽车产销量逐年快速增长,满足了消费者对高质量汽车产品的需求。

4. 创新发展阶段(2009年至今)

2008年,以美国为源头爆发的金融危机迅速蔓延至全球,作为国家重要支柱产业的汽车产业不可避免地受到了金融危机的冲击。2009年,我国实施《汽车产业调整与振兴规划》,在企业创新发展、兼并重组、自主品牌发展、新能源汽车发展等方面采取了一系列举措。以该项汽车产业政策为起点,在国家的支持和推动下,我国汽车工业在近十几年来呈现良好的发展态势。

1)从产销量来看,自2009年以来,我国汽车销量已连续十几年排名全球第一,我国汽车市场成为全球最重要的汽车市场。

2)从技术水平来看,我国汽车工业初步摆脱了技术落后、产品质量差的帽子,在新能源汽车技术、整车平台技术等领域实现了一定的突破。

3)从产品设计来看,我国汽车工业在吸收借鉴国外先进汽车产品造型的基础上,融合了东方因素,打造出了符合我国消费者审美的原创造型,如上汽荣威、广汽传祺、吉利博越等。

4)从新能源汽车来看,我国目前处于与发达国家并跑甚至部分领域领跑的阶段。我国新能源汽车销售市场全球第一,"三电"核心技术水平持续提升,比亚迪、北汽新能源等企业新能源汽车销量全球领先。

营销视野	我国车企在新能源汽车领域的优势

在燃油车时代,由于起步晚等种种原因,我国汽车市场成为美、日、德等国汽车品牌抢夺的大蛋糕。但随着新能源汽车的爆发,我国车企开始换道超车,目前我国新能源汽车发展水平已经进入世界前列。

在新能源汽车上，我国车企有着众多优势。首先是我国低成本、高效率的生产体系。我国成熟的工业制造能力，足以保证新能源汽车的高效生产，同时实现在国际市场上足够的成本优势。

其次是完善的配套体系。例如，在三电体系上，我国有着领先的技术实力。尤其是在动力电池生产上，我国有着宁德时代、比亚迪等动力电池巨头，以及从原材料到模组的完善产业链布局。随着我国新能源汽车产业的发展，动力电池及配套体系企业也会更为强大，进而反哺国产新能源汽车品牌，推动新能源汽车产业正向发展。长远来看，我国有实力成为新能源汽车产业链的核心。

最后是智能化和网联化的优势。在移动互联网时代，我国企业已经在某些层面做到了对全球互联网巨头的反超。在智能网联汽车上，我国车企对智能化和网联化的追求，也达到了国际领先水平。从趋势上判断，随着新能源汽车智能化和网联化程度进一步加深，我国车企的优势也将进一步扩大。

5) 从自主品牌来看，我国汽车工业自主品牌影响力持续提升，与很多外资品牌的差距已经不大，消费者逐渐认可并乐于购买自主品牌，哈弗、领克、WEY、五菱宏光等自主品牌已经成为质量好、性价比高的国产"神车"。

近十多年来我国汽车工业产业规模全球领先，研发能力进一步提升，自主品牌价值进一步提高，实现了良性发展。但尚需注意，2018 年以来我国汽车产销量略有下滑，这对我国汽车工业的发展是个挑战，需要以更大的创新实现更高质量的发展。

营销视野　　　　　新中国汽车工业 70 多年的成就

新中国成立 70 多年来，我国汽车工业在向世界优秀汽车企业学习先进技术和管理方法的同时，独立自主地进行产品研发和生产，产业规模、技术水平、企业竞争力等方面都取得了显著成就。

（1）产业规模逐步扩大

新中国成立之初，我国汽车工业非常薄弱，连基本的汽车零部件都难以生产。汽车产品质量不高、生产效率低下、技术不成熟。在改革开放前夕，我国汽车年产量仅为 14.9 万辆。改革开放后，我国汽车工业开始逐步引进西方先进的汽车生产技术，西方汽车企业与我国汽车企业成立合资公司开展本土化生产。随着北京吉普、上海大众、广州标致、一汽大众等合资公司的成立，我国汽车工业开始了利用外资、引进技术、科学管理的快速发展。改革开放让我国的一部分人先富了起来，先富起来的这一部分人对汽车的需求直接刺激了汽车消费市场。我国汽车消费市场开始慢慢扩大，在 1992 年我国汽车产量就超过 100 万辆，是 1978 年汽车产量的 6 倍多。2000 年，我国汽车产量超过 200 万辆。2001 年，我国加入 WTO，汽车领域逐步放宽配额、降低关税、扩大开放。加入 WTO 的一年后，我国汽车产量就超过 300 万辆，此后我国汽车产销量急剧增长。2009 年，我国首次超越美国成为全球汽车销量最多的国家，之后虽然经历了三年的负增长，但仍然连续 12 年排名全球第一，而且 2021 年我国汽车产销量双破 2600 万辆，同比增长超 3%，结束了连续三年的负增长。2022 年，我国汽车产销量预计将均达 2750 万辆（根据中国汽车协会的统计数据，2022 年我国汽车产销量分别为 2702.1 万辆和 2686.4 万辆）。我国汽车工业需要加快从高"数量"增长阶段进入高"质量"发展阶段。

（2）技术水平稳步提升

汽车产业是技术密集型产业之一，我国由原来的"一穷二白"到全球最大产销量的汽车大国，汽车工业的技术水平也在稳步提升。汽车由底盘、车身、发动机和电子设备四个部分组成。目前，我国已具有绝大部分汽车产品设计、开发、制造的能力，具备了完整的汽车产业链。虽然传统燃油汽车在相当长的一段时间内仍是汽车消费市场的主体，但是节能与新能源汽车是我国乃至全球汽车产业未来重要的发展方向，我国在这一领域发展显著，新能源汽车的整车技术和核心零部件技术处于世界领先水平。

（3）企业竞争力明显增强

新中国成立初期，我国几乎没有具备现代化汽车制造体系的汽车企业，而现在我国的现代化汽车制造体系已达到国际先进水平。我国越来越多的汽车企业进入国际舞台,与西方汽车巨头同台竞技。2021年英国品牌评估机构"品牌金融"(Brand Finance)发布2021全球最有价值的100个汽车品牌排行榜(Auto 100 2021),共有二十多个中国汽车品牌上榜,其中吉利排在第21位,仍然是排名最高的中国品牌。在研发技术方面,我国多数汽车企业建立了世界先进的研发基地,创新能力进一步提升,自主研发的产品逐步打开国内市场,甚至销往国外。大客车、小型SUV和MPV已经成为我国汽车的特色产品,物美价廉,备受海内外消费者欢迎。在新能源汽车领域,更是聚集了一批竞争力强的企业,上汽、北汽、长安、吉利等企业的产品在技术水平、可靠性、安全性和品牌价值等方面核心竞争力显著。

(摘自《理论探索》2019年第6期马符讯、刘彦的《中国汽车工业70年的成就、经验与未来展望》,有删改)。

1.2.2 我国汽车工业的展望

随着新一轮科技浪潮的来临,叠加环境污染、交通拥堵和能源短缺等对汽车工业的约束进一步趋紧,我国汽车工业已经发生了质的变化。在汽车行业内部,传统汽车企业仍然围绕着汽车技术进行创新;在汽车行业外部,蔚来汽车、小鹏汽车等互联网造车企业已经大举进入汽车市场,我国汽车产业链和产业格局发生了巨大的变化。汽车产业最具颠覆性的发展趋势可以概括为"新四化",即电动化、智能化、网联化、共享化,其中电动化是基础,网联化是条件,智能化是关键,共享化是趋势。

1. 电动化

发展新能源汽车是加快建设制造强国的重要内容,有利于保护环境,培育新的经济增长点和新动能。目前,我国已经成为全世界最大的电动汽车市场,汽车电动化已上升到国家战略。汽车电动化不仅意味着动力系统的变化,更是新能源汽车动力系统变化所导致的汽车产品成本结构的变化,乃至对材料、工艺、轻量化等核心技术的新需求。因此,电动化将会对传统燃油汽车的产业结构造成巨大冲击。

新中国成立以来,我国汽车工业不断追赶,但与汽车强国相比,我国传统燃油汽车的差距依然较大。新能源汽车知识产权、技术专利的壁垒尚未形成,商业模式尚不清晰,国际标准尚不完善,目前我国已经涌现出一批新能源汽车整车和核心零部件龙头企业,我国企业有能力、有信心在汽车电动化领域有所作为。

2. 智能化

大数据、云计算、5G、人工智能等先进技术催生汽车行业向智能化方向发展,谷歌无人驾驶汽车的研究很早就已启动,苹果的造车计划也几度被报道,以百度、华为为代表的我国互联网和通信企业也对汽车智能化领域进行布局。汽车作为重要的先进技术载体,正在由传统的移动出行空间向智能生活休闲娱乐空间转型。汽车智能化有助于打造更高效、更节能、更环保、更安全、更舒适、更便捷的汽车产品,更好地提升乘坐体验。原来汽车行业内部主要以硬件为核心进行产品性能和技术水平的不断完善与提升,现在逐渐从硬件向软件方向扩展,各种设备、操作系统、芯片被应用到汽车产品上,汽车智能化水平显著提高。汽车的智能化水平分为5个等级,即驾驶辅助、部分自动驾驶、有条件自动驾驶、高度自动驾驶和完全自动驾驶。目前,我国部分汽车企业和互联网企业已经实现"有条件自动驾驶"。随着技术的不断迭代,智能化水平的不断提升,智能化将会是未来汽车工业技术创新发展的重点方向。

3. 网联化

我国5G技术的发展举世瞩目,5G具备超高带宽、超低时延、超大规模连接数密度的移动接入能力，其性能远远优于4G，服务对象从人与人通信拓展到人与物、物与物通信，万物互联的时代正在来临。汽车是5G重要的应用场景，我国是全球第二大的汽车保有量国家，汽车网联化有着巨大的应用基础。V2X（Vehicle to Everything，车对外界的信息交换）是汽车网联化最重要的途径和手段，在现代通信技术与网络技术的支撑下，汽车可以实现与车、路、人、云端之间的信息交换和共享。汽车网联化会产生大量的数据资源，通过对网联化汽车大数据的分析，可以在线上对车辆进行"体检"、预警、提供解决方案等，让汽车更加安全、便捷和高效，甚至可以将电动汽车通过物联网与电网相连接，实现"削峰填谷"方式的有序充电，为能源革命贡献力量。

4. 共享化

2020年年底，我国汽车千人保有量达到190辆，距离发达国家的汽车千人保有量500~800辆还存在一定的差距，但是我国的能源、环境、交通等因素严重制约着汽车保有量的持续扩大。大城市汽车的使用成本居高不下，然而汽车的使用率不高，大部分时间均被闲置，成本和收益不成正比。汽车共享化有利于节约成本、节约资源和提升效率。因此，共享化将是我国汽车工业重要的发展趋势。随着移动互联网技术的应用和智能手机的普及，汽车共享化作为一个全新的商业模式正在蓬勃兴起，网约车、分时租赁汽车等已经逐渐被广大消费者接受。私家车车主让渡汽车的使用权获取资金补偿，无车消费者付费使其出行需求得到满足，汽车共享化将成为未来使用汽车的新常态。网约车公司的服务越来越安全、专业、便利，更多的青年消费者会选择不购买汽车而是使用网约车服务。在智能化和网联化的带动下，汽车共享化将会呈现更为快速的发展。

综上所述，我国汽车工业经历了70多年的风雨历程，取得了从无到有、由弱变强的巨大成就。如今我国汽车工业已成为国家的重要支柱性产业，是建设制造强国的重要突破口，对国家的税收和就业有着巨大的贡献。新时代我国汽车工业为了实现由汽车大国到汽车强国的转变，需要在遵循科学发展规律的基础上，总结好其发展历程中的经验，为汽车工业发展提供参考和借鉴，努力提升我国汽车尤其是自主品牌的核心竞争力，让汽车更好地造福国人，早日实现汽车强国梦！

营销视野	比亚迪的研发费用

2022年三季度比亚迪的研发费用为72亿元，同比增长221.68%，超过了特斯拉同期的7.3亿美元研发费用，这是继其销量超越特斯拉之后，又一个关键指标超越。

比亚迪2021年研发投入106.27亿元，同比增长24.2%。2020年、2019年、2018年的这个数字分别为85.56亿元、84.21亿元、49.89亿元。横向对比，2021年，特斯拉研发费用为25.91亿美元（约168亿元人民币），小鹏的研发费用为41.1亿元人民币，蔚来的研发费用为45.91亿元人民币，理想的研发费用为32.9亿元人民币。2022年，比亚迪的研发费用预计将达到史无前例的160亿元，2023年比亚迪研发支出或高达300亿元。比亚迪如此高速增长的研发费用，是其先进的专利技术、新品推出速度加快，以及与市场高度契合的保证。

（以上资料来自互联网，有删改。）

1.2.3 我国汽车销售市场的发展

新中国成立以来，随着我国经济发展模式从计划经济向市场经济的不断发展，我国汽车销售流通体制的演变大致经历了计划内、计划内与计划外并轨、市场导向,以及品牌导向、消费者市场导向五个阶段。

1. 计划内:计划经济下严格控制的汽车分配机制(1979 年之前)

在新中国成立初期的计划经济时期,汽车从设计、生产到分配都是由国家统一按计划进行规划安排,作为国家统一分配的重要物资;汽车生产厂家只是依照国家经济计划的规划组织生产工作,企业没有独立的经营自主权。因而,在当时的经济环境下,也没有任何汽车分销渠道的建设及应用。

2. 计划内与计划外并轨:汽车自销体系的建立(1979 年—1994 年)

改革开放后,在我国经济由计划经济向市场经济转变的过程中,政府成立了中国汽车贸易总公司、中国机电设备总公司等汽车贸易经销企业作为过渡时期汽车销售的主要流通机构,而这些公司也都是在中央及行业主管部门的管辖之下运营的。与此同时,汽车生产企业销售的独立性也慢慢建立起来。汽车生产企业建立独立的销售公司,与全国各地的经销商进行合作经营。在这一时期,国家指令性的生产销售计划安排比例也在逐年下降,部分国内汽车品牌还同外国车企进行合作建立了中外合资公司。从汽车销售的整体市场来看,其主要表现在分销渠道的建设及运营仍是以中央直属汽车销售公司为主,而由汽车生产企业独立建设的销售公司及渠道为辅的模式。当时的汽车市场还是政府计划管理模式较为明显。

3. 市场导向:以企业销售管理为主的分销渠道体系的发展和完善(1994 年—1999 年)

国务院于 1994 年颁布了对中国汽车工业产业实施管理的政策,从此时开始,国家在政策上明确了鼓励汽车制造企业可以参照国际主流的管理和经营模式,建立独立的汽车销售及售后服务渠道系统,从政策层面给予汽车生产企业更多的灵活性和自主性。从 1994 年起,各种社会经济组织也加入汽车销售市场中,建立了多样性的汽车分销渠道模式。在市场经济的不断发展和改革深化过程中,具有国企背景的汽车销售企业在国内汽车销售市场中的地位和作用不断减弱,而汽车生产企业作为产品的制造及供给方在汽车销售流通方面获得了极大的发展,并成为我国汽车销售市场体系的主要力量。

4. 品牌导向:汽车销售 4S 店模式的出现和品牌销售管理规范(1999 年—2014 年)

1999 年前后,由广州本田率先引入我国并建立的汽车销售 4S 店模式,以销售、服务、配件、调研四位一体的销售运营渠道模式,并由上海通用、上海大众、一汽-大众等主流合资品牌推动所建立起来的汽车销售标准化渠道,推动了汽车销售流通终端模式的进一步发展。同时,销售终端的模式开始从一级市场、二级市场向着细分层次更高,覆盖城市更为深入的三级、四级市场进行渗透。2005 年 4 月,国家颁布《汽车品牌销售管理实施办法》(2017 年 7 月 1 日废止)。办法中规定,只有由汽车生产厂家授权的 4S 店模式的终端销售渠道,才具有汽车销售专营权,而以品牌专卖销售的模式发展,才不断地建立起了更为规范的汽车销售渠道。

5. 消费者市场导向:汽车反垄断法及取消 4S 店品牌专营权(2014 年至今)

2014 年 7 月 31 日,国家工商总局颁布了《工商总局关于停止实施汽车总经销商和汽车品牌授权经销商备案工作的公告》,对于汽车经销商专营销售权放开管控;2017 年 7 月 1 日起正式施行《汽车销售管理办法》;2019 年 1 月 4 日国务院反垄断委员会发布《国务院反垄断委员会关于汽车业的反垄断指南》。至此,发展了十几年并备受诟病的由厂家主导建立的汽车专卖品牌销售渠道垄断模式迎来了新的变革。汽车品牌不再只是被限制在单店单品牌的高垄断、高成本的销售渠道运营模式，汽车销售渠道的变革在不断发展中。

我国的汽车企业必须迎合市场需求的变化，提高服务水平，建立自主品牌，选择适合的销售模式，从而在更加激烈的竞争中寻求自身的发展。

掌握了吗？

1）根据不同历史时期的发展特征，我国汽车工业大体上经历了（　　）、（　　）、（　　）和（　　）四个发展阶段。

2）汽车产业最具颠覆性的未来发展趋势可以概括为（　　）、（　　）、（　　）和（　　）的"新四化"。

拓展升华

新时代需要新营销模式

受市场需求变化、供应链问题等因素的影响，汽车市场供求关系发生改变，一方面经销商盈利水平受市场价格影响有所提升，另一方面经销商又处于无车可卖的尴尬局面。更重要的是，传统汽车销售模式正在面临前所未有的考验，汽车产品和技术在变，市场结构在变，消费者需求在变，营销技术在变，分销渠道也必然发生变革。不论是以特斯拉、蔚来、理想为代表的新造车企业，还是传统汽车品牌的电动车，抑或是传统汽车品牌的燃油车，都在进行渠道的创新，试水直营或代理等销售模式，探索多渠道营销，寻找用户体验与成本效率之间的平衡点。车企、经销商等产业链各方应共同携手，探索有助于提升流通效率和服务体验的可持续发展新模式。

本 章 小 结

1）对市场概念的理解可以从经济学和市场营销学两个不同的学科角度来进行探讨。经济学认为市场是商品买卖的场所，市场营销学认为市场是现实需求和潜在需求的总和。一个完整的营销市场由相互制约、有机结合的人口、购买力和购买欲望等三个要素组成。市场具有双向选择性、时间推移性变化、竞争性、导向性和可改变性等特点。

2）关于市场营销的含义，不同学者有不同的解释。科特勒对营销的定义：营销是个人和集体通过创造，提供出售，并同别人自由交换产品和价值，以获得其所需所欲之物的社会过程。市场营销活动的核心是交换。

3）要正确理解市场营销的定义，我们需要了解与它相关的核心概念：需要、欲望和需求，交换和交易，产品、价值与满意。需要是指人类的基本要求，是消费者生理及心理的要求。马斯洛将人类的需要概括为生理的需要、安全的需要、归属的需要、被尊重的需要和自我实现的需要。当需要指向具体的可以满足需要的特定物品时，需要就变成了欲望。需求是经济学的概念，是指有支付能力和愿意购买某种物品的欲望。交换是通过提供某种东西作为回报，从某人那里取得自己想要的东西的过程。交换是有条件的。

4）产品是指能够提供给市场以满足需要和欲望的任何东西，包括有形与无形的。

5）营销实质为识别、创造、传播、传递和监控客户价值的过程。满意是一种心理状态，是客户的需求被满足后的愉悦感，是客户对产品或服务的事前期望与实际使用产品或服务后所得到实际感知价值的相对关系。

6) 企业的经营活动是在营销管理哲学或营销观念指导下进行的。营销观念体现了在处理企业、消费者和社会三者利益方面所持的态度、思想和观念。这些观念是随卖方市场向买方市场转化而形成的。在历史的长河中,营销哲学分为传统营销观念(生产观念、产品观念、推销观念)和现代营销观念(市场营销观念和全方位营销观念),前者以企业为中心,后者以客户和长远利益为中心。

7) "客户需要什么,就生产什么""客户至上""客户是上帝""客户永远正确"等口号是市场营销观念的真实写照。

8) 全面营销观念认为营销应贯穿于"事情的各个方面",而且要有广阔的、统一的视野。全面营销涉及四个方面:关系营销、整合营销、内部营销和社会责任营销。

9) 整合营销是为了建立、维护和传播品牌,以及加强客户关系,而对品牌进行计划、实施和监督的一系列营销工作,包括产品(Product)策略、价格(Price)策略、渠道(Place)策略、促销(Promotion)策略,即著名的4P理论。20世纪90年代,劳特伯恩提出了与4P相对应的4C理论:顾客(Customer)、成本(Cost)、便利(Convenience)、沟通(Communication)。

10) 根据不同历史时期的发展特征,我国汽车工业大体上经历了四个发展阶段:①起步阶段(1949—1978年);②引进合资阶段(1978—2001年);③市场化发展阶段(2001—2009年);④创新发展阶段(2009年至今)。

11) 未来我国汽车工业的"新四化"是电动化、智能化、网联化、共享化,其中电动化是基础,网联化是纽带,智能化是关键,共享化是趋势。

12) 我国汽车销售流通体制的演变大致经历了以下阶段:①计划内——计划经济下严格控制的汽车分配机制(1979年之前);②计划内与计划外并轨——汽车自销体系的建立(1979——1994年);③市场导向——以企业销售管理为主的分销渠道体系的发展和完善(1994—1999年);④品牌导向——汽车销售4S店模式的出现和品牌销售管理规范(1999—2014年);⑤消费者市场导向——汽车反垄断法及取消4S店品牌专营权(2014年至今)。

复习思考题

1) 什么叫市场和市场营销?如何理解市场营销的含义?
2) 如何理解营销与价值的关系?
3) 营销观念的演变经历了哪几个阶段?每个阶段各有什么特点?作为汽车营销人员应采用怎样的营销观念来指导汽车营销工作?
4) 如何理解未来我国汽车产业的新四化?

营 销 实 务

以某一企业为背景,通过调查,判断其市场营销观念,并分析其市场营销观念是否符合现代市场经济的发展要求,进一步说明树立正确的市场营销观念对于企业开展市场营销活动的重要性。

学习任务2 分析汽车营销环境

学习目标

知识目标
◇ 了解市场营销环境的含义及其构成
◇ 了解环境与营销活动之间的辩证关系
◇ 掌握市场营销环境的分析方法——SWOT分析法

能力目标
◇ 初步具有环境意识、服务意识，以及营销职业情感
◇ 能应用SWOT分析法分析我国汽车市场的营销环境

基本概念
◇ 市场营销环境
◇ 微观营销环境
◇ 宏观营销环境
◇ SWOT环境分析方法

引入案例　　　　　丰田汽车进入美国市场的历史

当丰田喜一郎开始研制汽车时，美国的通用汽车公司和福特汽车公司早已成为举世闻名的大企业了。1937年8月28日，丰田的汽车部宣告从丰田自动织机制作所独立出来，作为一家拥有1200万日元资本金的新公司，"丰田自动车工业株式会社"从此踏上了自己崭新的历程。

1957年，经过20年的发展，丰田羽翼渐丰，成为日本国内最大的汽车制造企业。于是还靠仰人鼻息过活的丰田开始迫不及待地在国际上寻找可以扩张的空间。丰田派出多名高层人员出国考察，他们发现年销售700万辆的美国市场潜力巨大。当时年生产能力只有8万辆的丰田如果能在美国市场立足，对于丰田长远利益的影响是不言而喻的。他们认为美国市场有他们梦寐以求的机会。

巨大的利益驱使丰田领导人在没有对美国市场进行调研的情况下就草草拍板，开始了"TOYOTA In USA"的道路。丰田的美梦也在同时孵化——1957年可在美国销售至少1万辆丰田汽车，这样10年就是最少10万辆。于是乐不可支的丰田在国内开足马力生产，备战即将到来的"大宗订单"。但是，情非所愿，丰田第一次挑战美国市场的雄心勃勃的计划终以失败告终。原来，尽管丰田出口美国的皇冠轿车在细节方面想得很周到，如车门没有关好时警告灯会亮，油箱加油口安装了特殊销盖，前风窗玻璃装有双速刮水器但是皇冠轿车在日本狭窄多弯的道路上表现出色，而在美国的高速公路上，它的弊端就暴露无遗：时速超过80公里就"气喘吁吁"；在持续高温下，发动机猛烈振动，功率急剧下降。结果，截至1959年年底，丰田只在美国卖出了287辆车。1960年，丰田不得不决定暂停向美国出口。丰田汽车公司公关部副部长北川哲夫感叹道："我们的梦想，就像一个有洞的气球，慢慢没气了。"

数年后机会来了，让美国人头痛的石油危机给了丰田可乘之机。首战不利的丰田蛰伏了5年，暗暗积蓄力量，等待时机重返美国市场。1965年，丰田终于开发出了适合美国人的光冠轿车。丰田的功夫没

有白费,仅该车推出的当年就销售了3000多辆,而且丰田早在1964年就把省油和净化技术列为自己的技术发展战略,并一直进行相应的技术研究。为了研制废气再循环装置和催化转换器,丰田当时在7年间投入了1万亿日元的资金和上万人的力量,开发出了丰田催化方式、丰田稀薄燃烧方式等废气处理系统,并很快在追击者高级轿车上安装了这些装置,从而在这一技术领域把美国人远远甩在了后边。同时,丰田还与其他日本汽车厂家一起开发了节约燃料25%~30%的省油车,以后又开发出了防止事故发生和发生事故后保证驾乘人员安全的装置。这对受石油危机冲击后,渴望开上既经济又安全的轿车的美国人来说,无异于雪中送炭。

从1965到1970的5年间,在其他厂家的汽车销售直线下滑的情况下,丰田在美国的销售量增加了两倍。此后,丰田汽车不断蚕食美国的汽车市场份额,至1975年丰田已成为美国汽车市场的主流。

丰田很善于利用竞争对手的危机来实现自己的利益。丰田车因具有较好的经济性能而大受青睐,以丰田为首的日本车系真正在美国市场得以大展拳脚。这一现象激起美国汽车行业的强烈不满,终酿成美、日、欧贸易大战,迫使日本不得不对汽车出口采取自我限制。这样,如果要扩大在美国的销售,就必须在美国本地生产。当时的日元汇率很低,劳动力成本远低于美国,如果到美国设厂势必将提高制造成本,因此在设厂问题上丰田一度犹豫不决。但是为了实现从根本上占领美国市场的战略构想,丰田还是决定到美国开办汽车制造厂。一位美国汽车业的人士事后对照丰田的做法和当时美国汽车公司的反应,发表了以下的看法:

"在1973年石油危机之后,对一些问题的回答是非常清楚的。整个世界陷于一片混乱之中,对这种局势我们必须立即做出反应。小型的、节油的、前轮驱动的汽车是今后的趋势。"

"做出这样的推测不必是什么天才,只需要看一看对底特律来说最可怕的1974年的销售数字就行。通用汽车公司的汽车销售总数较上年下降了150万辆,福特公司的销售数也减少了50万辆。小型车大多来自日本,而且销路极好。"

"在美国要提高生产小型车的效率是很费钱的事情。但是,有些时候,你除了做出巨额投资之外,没有任何其他的选择。通用汽车公司耗资数十亿美元来生产小型汽车,克莱斯勒公司也对节油型的汽车投入了一大笔钱。但是,对亨利(福特的董事长)来说,生产小型车是没有出路的。他最喜欢用的说法是'微型汽车,低微利润'。"

"你不能靠小型汽车赚钱,这肯定是对的——至少在美国是这样。这一点,一天天变得更正确。但是这并不意味着我们就不应该制造小型汽车,即使不出现第二次石油短缺的前景,我们也必须使我们的经销商保持心情舒畅。如果我们不向他们提供消费者需要的小型车,这些经销商便会与我们分手,另谋出路,甚至去为本田或丰田公司工作。"

"严酷的现实是,我们必须照顾购买力较低的那部分市场。如果再加上爆发石油危机的因素,这种论点就更是正确无疑了。我们不提供小型节油的汽车,就像开一家鞋店而告诉顾客:对不起,我们只经营9号以上的鞋子。"

"制造小型汽车已成为亨利不愿谈及的事。但是我坚持我们必须投放一种小型的、前轮驱动的汽车——至少在欧洲这样做。在欧洲,汽油价格要高得多,而且公路也狭窄些,甚至亨利也可以断定在欧洲投放一种小型车的确很有意义。"

"于是派遣我们的高级产品设计师到大西洋彼岸去工作,很快就开发出了一款崭新的嘉年华轿车。它是一种前轮驱动和配有横置发动机的型号很小的汽车,简直妙不可言,也很受市场欢迎。"

点评:

在20世纪70年代,世界汽车市场营销环境发生了很大的变化,在石油危机爆发后,再加上美国发布了限制汽车排放废气的"马斯基法",使得小型的、节油的、前轮驱动的汽车得到美国市场的热捧。在通用、福特等厂家的汽车销售直线下滑的情况下,丰田在美国的销售量却增加了两倍。丰田汽车正是抓住了市场营销环境变化的契机,开发出适合美国市场的小型的、节油的汽车,一举成功进入美国市场。

问题与讨论:

1)本案例中丰田汽车公司成功占据美国市场的原因是什么?

2)哪些因素影响了丰田汽车公司进军美国市场的决策?

企业作为社会的经济细胞，总是在一定的环境条件下开展市场营销活动，而这些环境条件是不断变化的。它既可能给企业造成新的市场机会，又可能给企业带来某种威胁。企业为了更好地生存和发展，必须顺应市场环境的变化，分析研究市场环境变化的趋势，捕捉市场机遇，发现和避免市场环境的威胁，及时调整营销策略，从而实现自己的市场营销目标。

2.1 汽车营销环境

开节话题

红旗轿车自2013年以来动作不断，分别于2013年5月30日上市红旗H7，2018年4月25日上市红旗H5，2020年08月23日上市红旗H9，如图2-1所示。在这期间，红旗轿车还实施了一轮又一轮的营销活动。

红旗H5

红旗H7

红旗H9

图2-1　红旗各车型

营销任务：
试分析企业的营销活动会受到哪些因素的影响。

营销理论

2.1.1　市场营销环境的含义

市场营销环境是指能对企业营销活动产生影响的外部的和内部的力量因素。企业在一定的市场环境中进行营销活动，并受外界环境的制约，因此企业必须重视对环境的调查预测与分析，以发现市场机会，避免环境威胁，及时对环境中不利于企业营销的因素采取应变措施，使营销决策具有科学依据。

根据市场营销环境中各种力量对企业市场营销的影响，可把市场营销环境分为如图2-2所示的微观营销环境和宏观营销环境两大类。

1. 微观营销环境

微观营销环境（Micro-Environment）也叫直接营销环境，是指与企业紧密相连，直接影响企业为目标市场顾客服务的能力和效率的各种参与者，包括企业内部环境、供应商、营销中间商、目标顾客、竞争者和公众。

图2-2　市场营销环境

2. 宏观营销环境

宏观营销环境（Macro-Environment）也叫间接营销环境，是作用于微观营销环境（直接营销环境），并因而创造市场机会或造成环境威胁的主要社会力量，包括人口环境、自然地理环境、科技环境、经济环境、政治环境和社会文化环境等企业不可控的宏观因素。宏观环境的影响虽然是间接的，但是它反映的是社会和经济发展的大趋势，是不可阻挡的和轻易改变的潮流，能顺应潮流并能抓住机会的企业才能够得到发展，否则，将遭受毁灭性的打击。

通过对市场营销环境的分析，企业可以识别由于环境变化而造成的主要机会和威胁，及时采取适当的措施，使其经营管理与市场营销环境的发展变化相适应。

2.1.2 汽车营销环境的特点

汽车市场营销环境是一个多因素、多层次而且不断变化的综合体，其主要特点如下。

1. 客观性

营销环境是外界的，不以消费者的意志为转移而客观地存在着，有着自己的运行规律和发展趋势，单个企业不能控制它，只能适应它。例如，一个国家的政治法律制度、人口增长，以及一些社会文化习俗等，企业不可能随意改变。企业总是在特定的社会经济和其他外界环境条件下生存、发展。不管承认与否，企业只要从事市场营销活动，就不可能不面对这样或那样的环境条件，也不可能不受到各种环境因素的影响和制约。企业的营销活动能够主动适应和利用客观环境，但不能改变或违背。

2. 差异性

市场营销环境的差异性表现在两个方面：一是不同的企业受不同环境的影响；二是同一个环境因素的变化对不同企业的影响是不同的。不同的国家或地区，人口、经济、政治、文化存在很大的差异性，这些差异性对企业营销活动的影响显然是很不同的。例如，国际政治局势会造成国际石油价格的极大波动，对石化行业的某些企业来说是带来巨大利润的机会，对有些企业或被动消费石油产品的企业来说却是增加成本、减少利润的威胁，而对那些与石油关系不大的企业影响则较小。由于外界环境因素的差异性，企业必须采取不同的营销策略才能应付和适应这种情况。

3. 相关性

营销环境的相关性是指在市场营销环境这个系统中，各环境因素之间是相互依存、相互影响和相互制约的。这种相关性表现在两个方面：一是某一环境因素是与其他环境因素紧密相连的。例如，我国汽车市场需求在2008年出现大幅滑坡，于是2009年我国政府就发布了投入4万亿人民币拉动内需的政策。二是企业营销活动受多种环境因素的共同制约。例如，企业的产品开发要受制于国家环保政策、技术标准、消费者需求、竞争者产品、替代品等多种因素的制约。相关性表明市场营销环境各因素都不是孤立的，而是相互联系、相互渗透、相互作用的。

4. 变化性

营销环境是企业营销活动的基础和条件，但这并不意味着营销环境是一成不变的、静止的。恰恰相反，营销环境总是处在一个不断变化的过程中，它是一个动态的概念。环境的变化性主要是指两个方面：一是由于相关性影响，一种环境因素的变化会导致另一种环境因素随之变化；二是每个环境内部的子因素（如文化环境中的宗教文化）变化也会导致环境因素的变化。例如，我国消费者的消费倾向已从追求物质数量为主正在向追求物质质量及个性化转变，也就是说，消费者的消费心理正趋于成熟。当然，市场营销环境的变化是有快慢大小之分的，有的变化快一些，有的则变化慢一些；有的变化大一些，有的则变化小一些。例如，科技、经济等因素的变化相对快且大，因而对企业营销活动的影响相对短且跳跃性大；人口、社会文化、自然因素等相对变化较慢且较小，对企业营销活动的影响相对长且稳定。因此，企业的营销活动必须适应环境的变化，不断地调整和修正自己的营销策略，否则将会使其丧失市场机会。

2.1.3 分析市场营销环境的重要性

不断变化的市场环境，既给企业的市场营销提供机会，也可能带来威胁。营销管理者的任务就在于了解和把握营销环境的变化趋势，适应环境的变化，提高市场应变能力，趋利避害地开展市场营销活动，使企业更好地生存和发展。市场营销环境的重要性具体表现在以下几个方面。

1. 市场营销环境分析是企业市场营销活动的立足点和根本前提

企业营销活动所需的各种资源，如资金、信息、人才等都是由环境来提供的。企业生产经营的产品或服务需要哪些资源、需要多少资源、从哪里获取资源，必须分析研究营销环境因素，以获取最优的营销资源来满足企业经营的需要，实现营销目标。开展市场营销活动的目的是更好地满足人们不断增长的物质和文化生活需要，同时也使企业获得更好的经济效益和社会效益。只有深入细致地对企业市场营销环境进行调查研究和分析，才能准确而及时地把握消费者的需求，才能认清本企业所处环境中的优势和劣势，扬长补短。否则，企业便不可能很好地实现其满足社会需求和创造好的经济效益和社会效益的目的，甚至陷入困境，被兼并或被淘汰。许多企业的实践都充分证明，市场营销环境分析是企业市场营销活动的立足点和根本前提，成功的企业无一不是十分重视市场营销环境分析的。

2. 市场营销环境分析有利于企业发现新的市场机会

同一环境的变化，对某些企业是机会，对另一些企业则可能是威胁。大量的营销实践说明：即使在经济衰退时期，企业也常常可以捕获到一些新的市场机会，其中还有相当一部分企业通过自己出色的营销活动，创造了不同寻常的业绩。在经济繁荣时期，市场环境也可能给企业带来一些新的威胁，有一些企业难免倒闭的命运。新的经营机会可以使企业取得竞争优势和差别利益或扭转所处的不利地位。好的机会如没有把握住，优势就可能变成包袱、变成劣势，而威胁即不利因素也可能转化为有利因素，从而使企业获得新生。企业要善于细致地分析市场营销环境，善于抓住机会，及时预见环境威胁，将危机减少，甚至化解威胁，使企业在竞争中求生存、在变化中谋稳定、在经营中创效益，充分把握未来。对于汽车制造、销售企业来说，油价的飞速高涨会导致汽车消费门槛的提高。危机产生了，研究节油技术、增加对刺激需求的营销投入都是应对的方法。同样，油价高涨的威胁对长期从事汽车混合动力技术研究的企业却是难得的机会。

3. 市场营销环境分析是企业制定营销策略的依据

企业营销活动受制于客观环境因素，必须与所处的市场营销环境相适应。但是，企业在环境面前绝不是无能为力、束手无策的。它能够发挥主观能动性，制定有效的营销策略去影响环境，在市场竞争中处于主动，占领更大的市场。企业经营决策的前提是市场调查，市场调查的主要内容是对企业的市场营销环境进行调查、整理分类、研究和分析，并提出初步结论和建议，以供决策者在进行经营决策时作为依据。市场营销环境分析得正确与否，直接关系到企业决策层对企业投资方向、投资规模、技术改造、产品组合、广告策略、公共关系等一系列生产经营活动的成败。对企业来说，环境机会是开辟经营新局面的重要基础。

营销案例　　　　　　　　　　他们到底穿不穿鞋？

一个著名的营销案例说明了分析市场营销环境的重要性。

美国有两名推销员到南太平洋某岛国去推销鞋子，他们到达后却发现那里的居民没有穿鞋的习惯。于是，一名推销员给公司拍了一份电报，称岛上居民不穿鞋子，这里没有市场，随后打道回府。另一位推销员则在给公司的电报里称，这里的居民不穿鞋子，但市场潜力很大，只是需要开发。他让公司运了一批鞋来免费赠给当地的居民，并告诉他们穿鞋的好处。慢慢地，人们发现穿鞋确实既实用又舒适而且美观，于是穿鞋的人越来越多。这样，该推销员通过自己的努力，打破了当地居民的传统习俗，充分利用了所处的营销环境，抓住机会，获得了成功。

掌握了吗？

1）判断对错：营销环境就是企业的卫生条件。（　　　）

2）（　　　）营销环境因素是指与企业紧密相连，直接影响企业为目标市场客户服务的能力和效率的各种参与者。

3）（　　　）营销环境是作用于直接营销环境，并因而创造市场机会或造成环境威胁的主要社会力量。

4）汽车营销环境的主要特点有（　　）、（　　）、（　　）和（　　）。

拓展升华

加油，国车！

作为国车第一品牌，红旗承载着国人的深厚情感，其一举一动都牵动着无数人的心。

红旗的销量虽然没有奔驰、宝马、奥迪、大众等品牌的销量多，但也取得了非常不错的业绩。例如，红旗品牌销量从2021年8月的1万辆持续增长到2021年12月的3.91万辆，如图2-3所示。

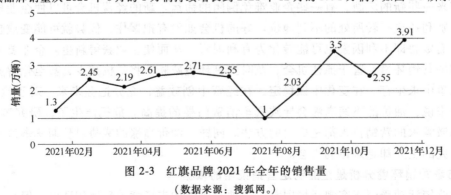

图2-3　红旗品牌2021年全年的销售量
（数据来源：搜狐网。）

此外，其他国产汽车品牌的表现也可圈可点。2021年，长城汽车累计销量为1280993辆，同比增长15.2%；吉利汽车的表现也相当抢眼，全年累计销量为1328029辆，连续五年夺得中国品牌车企销量冠军。

加油，红旗！加油，长城！加油，吉利！加油，国车！

2.2 汽车市场营销的微观环境

开节话题

2020年2月或许是最近十年我国车市遭遇的最大的一次灾难，每一个厂商的销量都遭遇了重创，就连2020年1月的销量冠军—一汽大众也未能幸免，销量直线暴跌，2020年2月大众迈腾的销量仅为800辆如图2-4所示，其他厂商的销量也非常少。

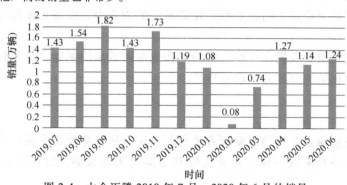

图 2-4　大众迈腾 2019 年 7 月—2020 年 6 月的销量

（数据来源：搜狐网）

营销任务：
请分析导致2020年2月大众迈腾销量仅为800辆的微观营销环境因素包括哪些。

营销理论

微观营销环境对企业的经营活动直接产生影响，强调的是企业与合作的组织或个人之间的关系，以及控制这种关系的措施。市场营销的微观环境包括企业内部环境、供应商、营销中间商、目标客户、竞争者和公众，这些都会影响企业为其目标市场服务的能力，它们构成企业的价值传递系统。营销部门的业绩是建立在整个价值传递系统运行效率的基础之上的。

2.2.1 汽车企业的内部环境

企业的内部环境是指企业内部的物质、文化环境的总和。它由企业资源、企业组织结构、企业文化三部分构成。这三者相互联系、相互影响、相互作用，形成一个整体。其中，企业资源和组织结构构成企业内部的硬环境，企业文化是企业内部的软环境。

1. 企业资源包括企业的管理制度和人财物资源

企业管理水平高低、规章制度的优劣决定着企业营销机制的工作效率。企业人员是企业营销策略的确定者与执行者，是企业最重要的资源。资金状况与厂房设备等条件是企业进行一切营销活动的物质基础，这些物质条件的状况决定了企业营销活动的规模。

2. 企业组织机构是企业内部环境最重要的因素

企业组织机构是指企业职能分配、部门设置及各部门之间的关系，是企业内部环境最重要的因素，包括高层管理部门、财务部门、研究与开发部门、采购部门、生产部门、销售部门等。企业的各管理层之间分工是否科学、协作是否和谐，都会影响营销管理决策和方案的实施。企业的营销部门必须与其他部门密切合作：营销计划必须经高层管理者同意方可实施；财务部门负责实施营销计划所需的资金；研究与开发部门研制适销对路的产品；会计部门核算收入与成本，以便管理部门了解是否实现了预期目标。所有这些部门都必须"想顾客所想"，并协调一致地提供上乘的顾客价值和满意度。

3. 企业文化是近年来日益受到重视的企业内部要素

所谓企业文化，是指企业的管理人员与职工共同拥有的一系列思想、观念和企业的管理风貌，包括价值观、经营理念、管理制度、思想教育、行为准则、典礼仪式以及企业形象等。企业文化在调动企业员工的积极性、发挥员工的创造力、提高企业的凝聚力等方面有重要的作用。

企业内部环境是指企业提高市场营销的工作效率和效果的基础。企业管理者应强化企业管理，为市场营销创造良好的营销内部环境。

2.2.2 供应商

正因为资源供应对企业营销活动起着重要的作用，所以企业要重视与供应商的合作和采购工作。其主要策略是采取一体化经营策略和多渠道采购策略，以增强企业营销工作的主动性。

供应商是指向企业及其竞争者提供为生产或经营特定产品和劳务所需要的各种资源的企业或个人，它是影响企业营销的微观环境的重要因素之一。供应商所提供的资源主要包括原材料、设备、能源、劳务、资金等。

供应商对企业营销活动的影响程度主要表现在以下几方面：

1）资源供应的可靠性，也称为及时性，即资源供应的保证程度，这直接影响企业产品的销售量和交货期。

2）资源供应的价格及其变动趋势，这将直接影响企业产品的成本。

3）供应资源的质量水平，这将直接影响产品的质量。

可见，供应商的供应能力对企业的市场营销有实质性的影响，直接关系企业产品的质量、数量和成本，短期将影响销售的数额，长期将影响顾客的满意度，最终影响企业的生存与发展。例如，在20世纪90年代世界汽车市场普遍不景气的情况下，世界各大汽车公司纷纷将降低生产成本作为渡过难关的灵丹妙药。

营销视野　　　　　　　　汽车芯片短缺

2019年之后，多方面因素，导致汽车芯片产能受到很大的影响。汽车芯片短缺，到底给汽车行业造成了哪些影响呢？

一方面，汽车芯片短缺造成了部分车企涉嫌减配，给用户造成了困扰。由于汽车芯片的影响，部分车企为了完成交付，采取了延期装配芯片或者减配的方案。

例如，宝马旗下的部分车型因为涉嫌减配问题，引起了行业的关注；理想汽车则推出了"先交付后补装雷达"的方案；2021年5月，特斯拉取消掉了Model 3和Model Y车型的前排乘客腰部支撑调节功能。

此外，零跑、通用、奔驰、日产、雷诺、现代、起亚、标致的部分车型也均存在不同程度的减配，涉及功能包括超级巡航、AR导航系统、HUD抬头显示、导航、数字仪表盘、停车辅助、智能后视镜等。

不仅如此，部分车企甚至没有明确告知用户"减配"的消息，引起了用户的质疑。例如，上汽大众朗逸就因为涉嫌安装非原厂车机系统，并且涉嫌减配 USB 接口等，引起了用户的投诉和质疑。

另一方面，汽车涨价频频发生，延期交付给用户造成了一定的困扰。由于汽车芯片短缺等因素导致新能源汽车涨价。仅在 2022 年 3 月，就有零跑、小鹏、理想、奇瑞新能源、威马、特斯拉、广汽埃安等品牌旗下的部分车型宣布涨价。其中，特斯拉 Model Y、零跑 C11 等车型的涨价幅度甚至达到 3 万元。

我国不少汽车企业为了获得原材料或者其他物料的稳定供应，维持质量的一致性，保持与供应商长期而灵活的关系，对供应商采取"货比三家"的政策，既与供应商保持大体稳定的配套协作关系，又让供应商之间形成适度的竞争，从而使本企业的汽车产品达到质量和成本的相对统一。实践表明，这种做法对企业的生产经营活动具有较好的效果。

汽车企业不仅要选择和规划好自己的零部件供应商，而且还应从维护本企业市场营销的长远利益出发，配合国家有关部门对汽车零部件工业和相关工业的发展施加积极影响，促其发展，以改变目前我国汽车零部件工业和相关产业发展相对滞后的状况，满足本企业生产经营及未来发展的配套要求。特别是现代企业管理理论非常强调供应链管理，汽车主机企业应认真规划自己的供应链体系，将供应商视为战略伙伴，不要过分牺牲供应商的利益，而应按照"双赢"的原则实现共同发展。

营销视野 　　　　　　　**精益生产中企业对供应商的要求**

为了降低生产成本，减少库存，节约作业时间，提高产品质量，各整车厂坚持精益生产观念。精益生产要求如下：

1）正点生产。正点生产的目标是质量 100%合格和零库存。它意味着原材料送达用户工厂的时刻与该用户需要这种材料的时刻正好衔接。它强调供应商与用户的生产同步。这样一来，起到缓冲作用的库存就没有任何必要了。有效地实施正点生产将可以降低库存，提高产品质量、生产能力及应变能力。

2）严格的质量控制。如果买方从供应商处接收优质商品并无须检验，就更能发挥正点生产最大的成本节约作用。这意味着供应商应实行严格的质量控制，如统计过程控制和全面质量控制。

3）稳定的生产计划。为了让原材料在需要时正点运到，工业用户必须向供应商提供自己的生产计划。

4）单一供货来源与供应商的前期合作。正点生产要求买卖双方的组织机构密切合作，以便减少各种费用。企业认识到供货方是这方面的专家并请他们设计生产程序。这意味着企业买主把长期的订货合同仅仅给予一家可以信赖的供应商。只要供应商可以按时交货并且能够保证质量，合同几乎是自动续签的。

5）频繁和准时的交货。每天固定时间交货是唯一防止库存增加的办法。现在越来越多的工业用户开始强调交货期，而不再强调装运期，不再强调如果不能按时装运，则要给予惩罚。

这些特征让企业买方与企业售方的关系日趋密切。由于买卖双方在投资时间、厂址选择和通信连接的转换成本很高，其主要目标是谋求整个合作的最大效益，而不是追求某一次交易的最大效益。

2.2.3 营销中间商

营销中间商又称营销中介，是指协助企业促销、销售和配销其产品给最终购买者的组织或个人。它包括中间商、实体分配公司、营销服务机构和财务中间机构等。

1. 中间商

中间商指的是分销渠道公司，它能帮助公司找到客户或把产品售卖出去，从而完成产品从生产者向客户的转移。中间商包括批发商和零售商,能解决生产集中与消费分散的矛盾。企业应该保持与中间商的良好关系,互相协调。协调的目的是把中间商的活动纳入企业整体营销活动体系中,这也是企业营销渠道的主要内容。

> **营销视野　　奇瑞的营销中间商**
>
> 从 2001 年奇瑞汽车正式上市销售,经过多年的发展,目前奇瑞公司已有各类销售服务商 530 家,其中标准 4S 店 250 家,4S 销售服务店 100 家,3S 服务站 180 家,覆盖全国 190 个城市,其中包括全国地级城市的 65.1%。公司计划通过实施"奇瑞汽车城"项目,做大做强现有销售服务网络,同时加快直营店建设进度,完成对现有销售服务空白点的完全覆盖,全面深入三线城市,建立中国销售服务半径最小的客户服务网络,使广大消费者享受更加周到细致的服务体验。

2. 实体分配公司

实体分配公司帮助企业从原产地至目的地之间存储和移送商品。在与仓库、运输公司打交道的过程中,企业必须综合考虑成本、运输方式、速度及安全性等因素,从而决定运输和存储商品的最佳方式。

3. 营销服务公司

营销服务公司包括市场调查公司、广告公司、传媒机构、营销咨询机构,它们帮助公司正确地定位和促销产品。由于这些公司在资质、服务及价格方面变化较大,公司在做选择时必须认真。

4. 财务中间机构

财务中间机构包括银行、信贷公司、保险公司及其他金融机构,它们能够为交易提供金融支持,解决资金周转不灵等问题,或对货物买卖中的风险进行保险。大多数公司和客户都需要借助金融机构为交易提供资金。

营销中介对企业市场营销的影响很大,关系到企业的市场覆盖面、营销效率、经营风险、资金融通等方面。因而企业应重视营销中介的作用,以获得它们的帮助,弥补企业市场营销能力的不足并不断地改善企业的财务状况。

2.2.4　目标客户

客户是企业服务的对象,是企业的市场目标,是营销活动的出发点和归宿。客户是企业最重要的环境因素,企业的营销活动都是以满足客户的需要为中心的,企业必须认真研究为之服务的不同顾客群。一般来说,客户市场可分为五类:消费者市场、企业市场、经销商市场、政府市场和国际市场。消费者市场由个人和家庭组成,仅为自身消费而购买商品和服务;企业市场购买商品和服务是为了深加工或在生产过程中使用;经销商市场购买产品和服务是为了转卖,以获取利润;政府市场由政府机构组成,购买产品和服务用以服务公众,或作为救济物资发放;国际市场由其他国家的购买者组成。每个市场都有各自的特点,销售人员需要对此做出仔细分析,研究其类别、需求特点、购买动机等,充分了解客户的需要及其变化,使企业的营销活动能针对客户的需要,符合顾客的愿望。

2.2.5　竞争者

任何企业的市场营销活动都要受到其竞争者的挑战,这是市场营销的又一重要微观环境。

当今世界上竞争战略和竞争力方面公认的第一权威是迈克尔·波特（Michael E. Potter）。

1. 波特的竞争五力模型

波特是哈佛大学商学院著名教授，是当今世界上少数最有影响的管理学家之一。波特获得的崇高地位源于他1980年在其著作《竞争战略》中所提出的"五种竞争力量"和"三种竞争战略"的理论观点。波特的竞争五力模型如图2-5所示，真正将竞争战略理论提升到了一个新的高度。

决定企业获利能力的首要因素是"产业吸引力"。企业在拟定竞争战略时，必须深入了解决定产业吸引力的竞争法则。波特认为一个产业内部的竞争状态取决于五种基本竞争力的相互作用，即潜在的进入者的压力、替代品压力、买方砍价的能力、关键供应商砍价能力和现有行业生产厂商之间的竞争压力。

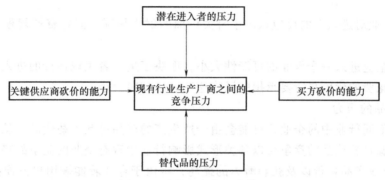

图2-5　波特的竞争五力模型

（1）关键供应商砍价的能力

供应商主要通过其提高投入要素价格与降低单位价值质量的能力，来影响行业中现有企业的盈利能力与产品竞争力。供应商力量的强弱主要取决于他们所提供给买方的是什么投入要素，当供应商所提供的投入要素的价值构成了买方产品总成本的较大比例、对买方产品生产过程非常重要，或者严重影响买方产品的质量时，供应商对于买方的潜在讨价还价力量就大大增强。一般来说，满足如下条件的供应商集团会具有比较强大的议价力量：

1）供应商行业被一些具有比较稳固市场地位而不受市场激烈竞争困扰的企业所控制，其产品的买方很多，以至于每一单个买方都不可能成为供应商的重要客户。

2）供应商各企业的产品都具有一定的特色，以至于买方难以转换或转换成本太高，或者很难找到可与供应商企业产品相竞争的替代品。

3）供应商能够方便地实行前向联合或一体化，而买方难以进行后向联合或一体化。

（2）买方砍价的能力

买方主要通过其压价与要求提供较高的产品或服务质量的能力，来影响行业中现有企业的赢利能力。一般来说，满足如下条件的买方可能具有较强的议价力量：

1）买方的总数较少，而每个买方的购买量较大，占了卖方销售量的很大比例。

2）卖方行业由大量相对来说规模较小的企业所组成。

3）买方所购买的基本上是一种标准化产品，同时向多个卖方购买产品在经济上也完全可行。

4）买方有能力实现后向一体化，而卖方不可能实现前向一体化。

5) 每个买方虽然购买量不大,但是购买者数量多。

(3) 潜在进入者的压力

潜在进入者在给行业带来新生产能力、新资源的同时,将希望在已被现有企业瓜分完毕的市场中取得一席之地,这就有可能会与现有企业发生原材料与市场份额的竞争,最终导致行业中现有企业赢利水平降低,严重的话还有可能危及这些企业的生存。竞争性进入威胁的严重程度取决于两个因素:进入新领域的障碍大小与预期现有企业对进入者的反应情况。

1) 进入障碍主要包括规模经济、产品差异、资本需要、转换成本、销售渠道开拓、政府行为与政策(如国家综合平衡统一建设的石化企业)、不受规模支配的成本劣势(如商业秘密、产供销关系、学习与经验曲线效应等)、自然资源(如冶金业对矿产的拥有)、地理环境(如造船厂只能建在海滨城市)等方面,其中有些障碍是很难借助复制或仿造的方式来突破的。

2) 现有企业对进入者的反应取决于有关厂商的财力情况、固定资产规模、行业增长速度等。

总之,新企业进入一个行业的可能性大小,取决于进入者主观估计的进入所能带来的潜在利益、所需花费的代价与所要承担的风险这三者的相对大小。

(4) 替代品的压力

两个处于不同行业中的企业,可能会由于所生产的产品是互为替代品,从而产生相互竞争行为,这种源自替代品的竞争会以各种形式影响行业中现有企业的竞争战略。

1) 现有企业产品售价以及获利潜力的提高,将由于存在着能被用户方便接受的替代品而受到限制。

2) 由于替代品生产者的侵入,使得现有企业必须提高产品质量,或者通过降低成本来降低售价,或者使其产品具有特色,否则其销量与利润增长的目标就有可能受挫。

3) 源自替代品生产者的竞争强度,受产品买主转换成本高低的影响。

总之,替代品价格越低、质量越好、用户转换成本越低,其所能产生的竞争压力越强。而这种来自替代品生产者的竞争压力的强度,可以通过考察替代品销售增长率、替代品厂家生产能力与盈利扩张情况来加以描述。

(5) 现有行业生产厂商之间的竞争压力

大部分行业中的企业,相互之间的利益都是紧密联系在一起的,作为企业整体战略一部分的各企业竞争战略,其目标都在于使自己的企业获得相对于竞争对手的优势,所以在实施中就必然会产生冲突与对抗现象。这些冲突与对抗就构成了现有企业之间的竞争。现有企业之间的竞争常常表现在价格、广告、产品介绍、售后服务等方面,其竞争强度与许多因素有关。

一般来说,出现下述情况将意味着行业中现有企业之间竞争的加剧:

1) 行业进入障碍较低,势均力敌的竞争对手较多,竞争参与者范围广泛。

2) 市场趋于成熟,产品需求增长缓慢。

3) 竞争者企图采用降价等手段促销。

4) 竞争者提供几乎相同的产品或服务,用户转换成本很低。

5) 一个战略行动如果取得成功,其收入相当可观。

6) 行业外部实力强大的公司在接收了行业中实力薄弱的企业后,发起进攻性行动,结果使得刚被接收的企业成为市场的主要竞争者。

7）退出障碍较高，即退出竞争要比继续参与竞争代价更高。在这里，退出障碍主要受经济、战略、感情，以及社会政治关系等方面考虑的影响，具体包括资产的专用性、退出的固定费用、战略上的相互牵制、情绪上的难以接受、政府和社会的各种限制等。

行业中的每一个企业或多或少都必须应付以上各种力量构成的威胁，而且必须面对行业中的每一个竞争者的举动。除非认为正面交锋有必要而且有益处，例如要求得到很大的市场份额，否则可以通过设置进入壁垒，包括差异化和转换成本来保护自己。当企业确定了其优势和劣势时（参见后述的SWOT分析），必须进行定位，以便因势利导，而不是被预料到的环境因素变化所损害，如产品生命周期、行业增长速度等，然后保护自己并做好准备，以有效地对其他企业的举动做出反应。

根据上面对于五种竞争力量的讨论，企业可以采取尽可能地将自身的经营与竞争力量隔绝开来、努力从自身利益需要出发影响行业竞争规则、先占领有利的市场地位再发起进攻性竞争行动等手段来应对这五种竞争力量，以增强自己的市场地位与竞争实力。

营销视野	波特的竞争战略

波特在竞争五力模型的基础上，还提出了三种基本竞争战略：总成本领先战略、差别化战略和目标集聚战略。实施这三种战略不仅需要不同的资源和技能，同时还存在着不同程度的风险。波特指出：一般而言，一个企业保持采用其中一种战略作为首要目标对赢得成功通常是十分必要的；否则，如果一个企业未能沿着三个方向中至少一个方向制定自己的竞争战略，即一个企业被夹在中间，那么这种企业的利润注定是低下的，因为一个企业对三种基本战略均适宜的情况几乎没有。

营销视野	科特勒的企业竞争战略

著名营销学家科特勒将企业竞争战略分为三类：

1）**密集型发展战略**：企业在现有业务中寻找更进一步的发展机会，如通过市场渗透、市场开发谋求发展。

2）**整体发展战略**：探求与企业目前业务相关的发展机会，如可通过前向一体化、后向一体化或横向一体化寻求发展。

3）**多元化发展战略**：利用与企业目前业务无关却有吸引力的业务发展机会。

2.2.6 公众

公众是指对企业的营销活动有实际和潜在利害关系影响力的团体和个人，包括媒介公众、金融公众、政府公众、公民行动公众、地方公众等。公众对企业市场营销的活动规范、产品的信念有实质性影响。这就要求企业采取有效措施与公众保持良好的关系，树立企业形象。

1. 媒介公众

媒介公众是指那些联系企业和外界的大众媒介，包括报纸、杂志、电视台、电台等，他们对消费者具有导向作用。

2. 金融公众

金融公众是指那些关心和影响企业取得资金能力的集团，包括银行、投资公司、证券公司、保险公司等，他们影响一个公司获得资金的能力。

营销视野　　　　　　　　　　**小鹏汽车的投资支持**

小鹏汽车成立于2014年，是一家专注未来出行的科技公司。自成立以来，小鹏汽车获得了阿里巴巴集团、小米集团、IDG资本、五源资本、GGV纪源资本、春华资本、高瓴资本、红杉中国等国内外顶级投资者的支持。

3. 政府公众

政府公众是指负责企业的业务、经营活动的政府机构和企业的主管部门，如主管有关经济立法及经济政策、产品设计、定价、广告及销售方法的机构以及市场监督管理局、税务局、各级物价局等。政府机关决定有关政策的动态。

4. 公民行动公众

公民行动公众是指有权指责企业经营活动破坏环境质量、企业生产的产品损害消费者利益、企业经营的产品不符合民族需求特点的团体和组织，包括消费者协会、保护环境团体等。公民行动的态度影响消费者对企业产品的信念等。

5. 地方公众

地方公众主要是指企业周围居民和团体组织，他们对企业的态度会影响企业的营销活动。

公众对企业的生存和发展产生巨大的影响，公众可能有增强企业实现其目标的能力，也可能会产生妨碍企业实现其目标的能力。所以，企业必须采取积极适当的措施，主动处理好同公众的关系，树立企业的良好形象，促进市场营销活动的顺利开展。

掌握了吗?

1）微观营销环境因素主要包括（　　）、（　　）、（　　）、（　　）、（　　）和（　　）。

2）波特的竞争五力模型指的是（　　）、（　　）、（　　）、（　　）、（　　）等五种基本竞争力。

2.3　汽车市场营销的宏观环境

开节话题

图2-6是大众速腾轿车和奔驰C级轿车两款汽车在我国从2020年8月到2021年6月期间的月销量数据。

图2-6　大众速腾与奔驰C级轿车的销量对比

（数据来源：搜狐网。）

> **营销任务：**
> 试分析，为什么两者销量会有如此大的差异？查阅资料了解我国 2020 年出台了哪些关于汽车的新政策。

营销理论

宏观环境是指能够影响整个微观环境和企业营销活动的广泛性因素——人口环境、自然环境、科技环境、经济环境、政策环境，以及社会文化环境。一般地说，企业对宏观环境因素只能适应，不能改变。宏观环境因素对企业的营销活动具有强制性、不确定性和不可控制性等特点。

2.3.1 人口环境

人口环境是指一个国家和地区的人口数量、人口质量、家庭结构、人口年龄分布及地域分布等因素的现状及其变化趋势。

人口是构成市场的第一因素，因为市场是由那些想购买商品同时又具有购买力的人构成的。人口的多少直接决定市场的潜在容量，人口越多，市场规模就越大。此外，人口环境也对产品的品种结构、档次及用户购买行为等市场特征具有决定性影响。例如，供老年人使用的汽车就应在安全、方便、舒适等方面满足老年人的需求，而不必过于强调汽车的最高车速和设计上的标新立异。同时，如果出现人口老龄化现象，将意味着适合老年人消费的大型车的市场规模扩大。

营销视野　　　　　　　　世界人口

世界人口在 14 世纪 50 年代后不断增长，当时的世界人口约有 3.7 亿人。随后由于战争等因素，增长速度时快时慢。第二次世界大战结束后，由于导致人口增长放缓的因素（如战争和饥荒）减少，世界人口增长速度明显加快——每年超过 1.8%。1963 年，世界人口增长了 2.2%，达到了历史峰值。这一状态持续到 1970 年。

随着经济发展，人们的生育观发生改变，人口增长率逐渐下降。2011 年，世界人口增长率约为 1.1%。预计 2040 年前，世界人口将达到 80 亿人。

世界银行人口数量预测最新数据显示，2021 年在世界人口排名中，中国人口数量 14.12 亿，依然是世界上人口最多的国家，增长 0.39%，中国的面积有 960 多万平方公里，人口密度为 148.35 人/平方公里，密度较大；印度以 13.54 亿人为人口第二多的国家，增长 1.11%。将来，印度很有可能超越中国成为世界第一人口多的国家，印度的总面积为 298 万平方公里（不含印控克什米尔），人口密度为 464.1 人/平方公里，人口密度超大；美国人口 3.27 亿人，排名第三，增长 0.71%，美国的国土面积为 937 万平方公里，人口密度为 36.2 人/平方公里，人口密度很小。

2021 年，世界人口排名前十位的国家是中国、印度、美国、印度尼西亚、巴西、巴基斯坦、尼日利亚、孟加拉国、俄罗斯、墨西哥。

对我国乘用车市场而言，由于汽车尚未广泛进入家庭，营销者在进行乘用车市场的人口环境分析时，应着重分析高收入阶层的人口数量、职业特点、地理分布等因素的现状及其发展变化。同时，营销人员还必须注意到我国人口众多，人民生活水平日益提高，乘用车作为耐用消费品广泛进入家庭已经起步，人们对交通的需要迅速增加等事实。因而，汽车企业应加强对我国人口环境因素具体特点的研究，密切注视人口特性及其发展动向，不失时机地抓住市场机会，当出现威胁时，应及时、果断调整营销策略以适应人口环境的变化。

2.3.2 自然环境

自然环境是指影响社会生产的自然因素，主要包括自然资源和地理环境。

1. 自然资源

自然资源是指人类可从自然界得到的各种形式的物质财富，如矿产资源、森林资源、土地资源、水资源等。自然资源是进行商品生产和实现经济繁荣的基础，和人类社会的经济活动有密切的关系。自然资源的分布具有偶然性，企业在营销过程中，必须了解当地具体的状况。自然资源对汽车企业市场营销的影响主要有两点：自然资源的减少和生态环境的恶化。

1）自然资源的减少将对汽车企业的市场营销活动构成一个长期的约束条件。自然资源短缺是不可回避的事实，它将使企业生产成本大幅度上升。由于汽车生产和使用需要消耗大量的自然资源，汽车工业越发达，汽车普及程度越高，汽车生产消耗的自然资源也就越多，而自然资源总的变化趋势是日益短缺的。因此，企业必须积极从事研究开发，尽力寻求新的资源替代品。

2）生态环境的恶化对汽车的性能提出了更高的要求。环境污染一方面限制了汽车行业的发展，另一方面也为汽车企业造成了两种营销机会：一是为治理污染的技术和设备提供了一个大市场；二是为不破坏生态环境的新技术创造了营销机会。因此，生态环境的恶化既给企业带来了危机，也提供了新产品开发的机会。

营销视野	绿水青山就是金山银山

2005年8月15日，时任浙江省委书记的习近平在浙江安吉县余村考察时，首次提出"绿水青山就是金山银山"这一科学论断。

调研余村9天之后，习近平以笔名"哲欣"在《浙江日报》头版发表短评《绿水青山也是金山银山》。文章指出，"绿水青山可带来金山银山，但金山银山却买不到绿水青山。绿水青山与金山银山既会产生矛盾，又可辩证统一。"

党的十八大以来，习近平总书记多次强调"绿水青山就是金山银山"。"两山"理念已成为引领我国走向绿色发展之路的基本国策。

"绿水青山就是金山银山"，这句深富内涵、极具韵味的经典论述早已成为中国人民耳熟能详的"金句"，润物无声地融入了人民的日常生活之中。"绿水青山就是金山银山"的重要理念已经并将继续对我国生态文明建设产生广泛而深远的影响。

2. 地理环境

地理环境是指一个国家或地区的地形地貌和气候，它对市场营销有一系列影响。气候（温度、湿度等）与地形地貌（山地、丘陵等）特点，都会影响产品和设备的性能和使用。例如，气候对汽车使用时的冷却、润滑、起动、充气效率、制动等性能，以及对汽车机件的正常工作和使用寿命产生直接影响。因而汽车企业在市场营销过程中，应向目标市场推出适合当地气候特点的汽车，并做好相应的技术服务，以利于用户科学地使用本企业的产品和及时解除用户的使用困难。企业要避免由自然地理环境带来的威胁，最大限度地利用环境变化可能带来的市场营销机会，就要不断地分析和认识自然地理环境变化的趋势，根据不同的环境情况来设计、生产和销售产品。

汽车企业要想适应自然环境的变化，应该依靠科技进步，发展新材料，提高资源的综合利用率，节约自然资源；积极主动地开发汽车新产品，加强对汽车节能、改进排放等新技术的研究与应用。

2.3.3 科技环境

科技环境是指一个国家和地区整体科技水平的现状及其变化。科学与技术的发展对国家的经济发展具有非常重要的作用。科技环境对市场营销的影响如下：

1）科技进步提高了国家的综合实力和经济实力，带来了国民购买能力的提高，而经济实力的增长又会为企业创造更多的市场机会。

2）科学技术在汽车生产中的应用，改善了产品的性能，降低了产品的成本，使汽车产品的市场竞争能力提高。从汽车产品的发展来看，汽车在科技进步作用下，经历了原始、初级和完善提高等几个发展阶段，汽车产品在性能、质量和外观设计等方面获得了长足的进步。

3）科技进步促进了汽车企业市场营销手段的现代化，引发了市场营销手段和营销方式的变革，极大地提高了汽车企业的市场营销能力。企业市场营销信息系统、营销环境监测系统，以及预警系统等手段的应用，提高了汽车企业把握市场变化的能力，加快了汽车新产品开发的步伐，提高了企业市场营销的工作效率和效果等。

当今世界汽车市场的竞争日趋激烈，各大汽车公司十分注重高新技术的研究和应用，以赢得未来市场竞争的主动。相对世界汽车工业而言，我国汽车工业科技水平较先进水平仍有差距，科技进步的潜力巨大。我国汽车企业应不断地加强科技研究和加大科技投入，缩小与世界汽车工业先进水平的差距，以谋求更多的营销机会。

> **营销视野**　　　　　　　　　　**汽车"新四化"**
>
> 汽车"新四化"是指电动化、网联化、智能化和共享化。
>
> 电动化指的是新能源动力系统领域，智能化指的是无人驾驶或者驾驶辅助子系统，网联化指的是车联网布局，共享化指的是汽车共享与移动出行。
>
> 在"新四化"当中，电动化是基础和关键，而网联化则是消费者的需求和积累大数据的渠道。
>
> 当"新四化"浪潮席卷汽车产业时，互联网汽车、新能源汽车、自动驾驶辅助系统、共享出行等不断冒出的新技术、新概念，刺激着消费者的购买欲，也刺激着汽车厂商敢于用新技术和新概念包装车型、推向市场。
>
> 可以预见，在不远的未来，随着汽车"新四化"的逐渐实现，在影响人们日常出行和车辆使用的同时，包括汽车厂商、销售和第三方运营平台在内，或许都将迎来一场不小的变革。

2.3.4 经济环境

经济环境是指影响企业市场营销方式与规模的经济因素，市场不仅需要人口，而且还需要购买力。消费者的实际经济购买力取决于消费者的收入、消费者的储蓄与信贷状况，以及消费者的支出模式与消费结构等。

1. 消费者的收入

消费者的收入是产生市场和影响市场大小的主要因素。消费者的收入低，直接导致其购买力低下。

(1) 人均国民生产总值

研究消费者的收入，常用的指标之一是人均国内生产总值，即人均 GDP。它是指一个国家或地区的常住人口在一定时期内，按人口平均所生产的全部货物和服务的价值超出同期投入的全部非固定资产货物和服务价值的差额。一个地区的人均 GDP，从总体上影响着这个地区的消费结构和消费水平。

营销视野　　　2021 年我国人均 GDP

2021 年，我国经济虽然受多种因素的影响，但仍承压而上，实现超预期恢复性增长。2021 年，我国生产总值 114 万亿余元，按不变价格计算，比上年增长 8.1%，GDP 总量突破 110 万亿元，占全球经济比重超过 18%。

2021 年，我国人均 GDP 为 80976 元，按年平均汇率折算，达 12551 美元，世界人均 GDP 是 1.21 万美元左右，我国已经超过世界人均 GDP 水平。

虽然我国人均 GDP 尚未达到高收入国家人均水平的下限，但正在逐年接近。

(2) 个人收入

个人收入是指城乡居民从各种来源所得的收入。一般而言，个人收入是以工资、红利、租金形式以及从其他来源所获得的总收入。个人收入决定了消费者个人和家庭购买力总量。在个人收入这个指标上，我国城乡居民的差距不断扩大，城乡消费者的购买力也显现出高低不等的态势。

(3) 个人可支配收入

个人可支配收入是指扣除由消费者个人直接缴纳的各种税款（所得税、遗产税等）和其他非商业性开支（学费、罚款等）后，用于个人消费和储蓄的那部分个人收入，这是影响消费者购买力和消费者支出的决定性因素。

营销视野　　　2021 年我国的个人可支配收入

2021 年，虽然受多种因素的影响，但是我国经济仍承压而上，实现超预期恢复性增长。

2021 年，全国居民人均可支配收入 35128 元，比上年名义增长 9.1%，两年平均名义增长 6.9%。扣除价格因素，实际增长 8.1%，与经济增长基本同步。

同时，城乡居民人均收入比缩小。2021 年，城镇居民人均可支配收入 47412 元，比上年名义增长 8.2%，扣除价格因素实际增长 7.1%；农村居民 18931 元，比上年名义增长 10.5%，扣除价格因素实际增长 9.7%。城乡居民人均可支配收入比为 2.50，比上年缩小 0.06。

（资料来源：中国政府网。）

在许多国家，少部分人的收入大大高于全国平均数，而大部分人的收入低于这个平均数。在这些国家中，人均收入会引起一定的误解。在这种情况下，营销人员就必须做具体分析，而不能过分依赖人均收入这个指标，不过高收入人群也为高档汽车市场提供了很好的市场空间。

(4) 可任意支配收入　可任意支配收入是指在个人可支配收入中去除维持生活必需的支出（食物、衣服等）和固定支出（房租、保险费、分期付款、抵押借款等）外的那部分剩余的收入。这部分收入才是消费者真正可任意支配的。这部分收入的高低直接影响了消费者的生活质量高低和储蓄的多少。消费者用来购买车辆的货币就是这部分收入。

营销视野　　收入分配的五种类型

营销人员把各国的收入分配分为五种类型：①家庭收入极低；②大多数家庭收入低；③家庭收入极低与家庭收入极高同时存在；④低、中、高家庭收入同时存在；⑤大多数家庭属中等收入。假如像兰博基尼这种每辆价值15万美元的汽车要寻找市场，那么在收入分配类型①和②的国家中，市场是极小的。然而，兰博基尼汽车的最大出口市场却是葡萄牙（属于收入分配类型③），虽然葡萄牙是西欧最穷的国家之一，但那里有足够富裕的家庭买得起这种汽车。

2. 消费者的储蓄与信贷状况

消费者储蓄源于消费者的货币收入，在现代市场经济中，消费者的储蓄形式有银行存款、债券、股票、不动产等。它们往往被视为现代家庭的"流动资产"，因为它们大都可以随时转化为现实的购买力，其最终目的还是消费。

营销视野　　消费者的储蓄状况

反映一个国家、地区或家庭的储蓄状况的指标通常有三个：储蓄额、储蓄率和储蓄增长率。储蓄额是指消费者储蓄的绝对数量，反映一定时期的储蓄水平；储蓄率是指储蓄额对消费者收入的比例；储蓄增长率则反映某一时期的储蓄增长速度。这三个指标可以反映一定时期消费与储蓄、消费者收入与支出的变化趋势。从动态的观点来看，消费者储蓄是一种潜在的购买力。很明显，消费者储蓄将受到收入水平、储蓄存款利率、物价变动趋势、生产商品供应状况、消费者偏好和消费者对未来预期等因素的影响。在正常状况下，居民储蓄同国民收入成正比变动，但在超过一定限度的通货膨胀的情况下，消费者储蓄向实际购买力的转变就极易成为现实。

消费者信贷就是消费者凭信用先取得商品使用权，然后按期归还贷款的商品购买行为。它广泛存在于西方发达国家，是影响消费者购买力和消费支出的另一个重要因素。消费者信贷主要有以下四种形式：①短期赊销；②购买住宅，分期付款；③购买昂贵的消费品，分期付款；④信用卡信贷。因此，研究消费者信贷状况与了解消费者储蓄状况一样，都是现代企业市场营销的重要环节。

3. 消费者的支出模式与消费结构

消费者的支出模式主要受消费者收入的影响。随着消费者收入的变化，消费者支出模式会发生相应的变化。用于考察消费支出和消费收入之间关系的著名定律就是恩格尔定律。恩格尔定律的表述一般如下：①随着家庭收入的增加，用于购买食品的支出占家庭收入的比重就会下降；②随着家庭收入的增加，用于住宅建筑和家务经营的支出占家庭收入的比重大体不变；③随着家庭收入的增加，用于其他方面的支出和储蓄占家庭收入的比重就会上升。

营销视野　　近年来世界各国恩格尔系数等的特点

近几年，世界各国恩格尔系数，以及与此有关的消费支出和消费结构，表现出以下特点：
1) 西欧、北欧、南欧、北美、日本、澳大利亚和中东地区石油富国的恩格尔系数显著下降，许多国家降到25%以下，而发展中国家的恩格尔系数几乎都超过了45%，其购买力仍集中于食物消费。

2）发达国家消费者新建改建住房，逐步加强室内现代化，这方面开支比重增加，发展中国家的住房建设、衣着开支也有所增加。

3）用于小汽车、奢侈品、旅游、娱乐等方面的支出，发达国家的增速高于发展中国家。

4）居民消费支出占国民生产总值和国民收入的比重上升，许多国家的消费者甚至大量提取个人存款或举债购物，多层次的消费风潮在世界范围内流行。研究表明，消费者支出模式和消费结构除了受到收入因素的影响外，还受到家庭生命周期所处的阶段、家庭居住地的城市化水平、生活地区的消费品供应状况、劳务社会化水平、社会保障系统的完善等因素的影响。

消费者支出模式还受以下两个因素的影响：家庭生命周期的阶段和消费者家庭所在地点。显然，同样的年轻人，没有孩子的家庭与普通家庭的消费方式差异较大。家庭所处的位置也会构成家庭支出结构的差异，居住在农村与居住在城市的家庭，其各自用于住宅、交通以及食品等方面的支出情况也必然不同。从经济学的角度来看，居民收入、生活费用、利率、储蓄和借贷形式都是经济发展中的主要变量，它们直接影响市场运行的具体情况。因此，研究消费者支出模式的变动趋势，对于企业市场营销来说，具有重大意义。它不仅有助于企业未来避免经营上的被动，而且还便于企业制定适当的发展战略。

企业市场营销的重要任务之一，就是要把握市场的动态变化。正如前文所言，市场是由购买力、人口两种因素所共同构成的。因而了解购买力的分布、发展和投向，是企业宏观营销环境的重要内容。

2.3.5 政治环境

政治环境是汽车企业经营环境中带有战略意义的重要因素。它首先表现在国际形势和各国的对外政策上，其次是一个国家实行的制度和体制，以及政局是否稳定、法律是否健全、社会是否安定和人民生活是否不断得到改善等方面。

政治与法律环境的改变会显著影响企业的营销活动和利益。企业的一切营销活动都应遵守国家的法律、政府的方针政策和法令，都要符合WTO所规定的运行规则。在遵纪守法的基础上，企业可以充分利用法律、法令、规则中有利于企业发展的因素，规避或控制其不利企业发展的因素，从而能在其保障下取得发展。

1. 政治局势

政治局势是指企业营销所处的国家或地区的政治稳定状况。汽车经销商必须关注一个国家的政治局势、社会矛盾及与邻国的关系等现状及其变化。国家政局稳定、经济发展，人民才能安居乐业，才能使企业置于良好的营销环境之中。

2. 方针政策

各个国家在不同时期，根据不同需要颁布一些经济政策，制定经济发展方针。这些政策、方针不仅影响本国企业的营销活动，而且影响外国企业在本国市场的营销活动。汽车营销商的营销活动应符合政策规定，并注意政策的倾向性、稳定性和连续性。例如，人口政策、能源政策、物价政策、财政政策、金融与货币政策等，都给企业研究经济环境、调整自身的营销目标和产品构成提供了依据。目前，世界资源日趋紧张，石油价格时高时低，各个国家都在出台相关政策鼓励开发石油的替代能源。这些都会作为政策环境的重要因素影响企业的经营决策。

营销视野　　　　　**2020年影响汽车市场发展的四项新政**

中国汽车工业协会的数据显示，2020年我国汽车市场累计销量达到2531.1万辆，同比下降1.9%。其中，新能源汽车累计销量达到136.7万辆，同比增长10.9%，创历史新高。市场回暖的背后，除了我国经济基本面稳健，更主要的因素是中央及各地方政府陆续出台有关稳定和扩大汽车消费的政策，对市场起到了非常关键的刺激作用。与此同时，一些新政策的出台甚至影响了整个汽车行业的发展趋势。

（1）30万元补贴红线/鼓励"换电"模式

2020年4月23日，财政部、工信部、科技部、发改委联合发布《关于完善新能源汽车推广应用财政补贴政策的通知》（以下简称《通知》），明确将新能源汽车推广应用财政补贴政策实施期限延长至2022年年底。《通知》同时指出，新能源乘用车补贴前售价须在30万元以下（含30万元），为鼓励"换电"新型商业模式发展，加快新能源汽车推广，"换电模式"车辆不受此规定约束。

（2）开展新能源汽车下乡活动

2020年7月15日，工信部、农业农村部和商务部联合下发关于开展新能源汽车下乡活动的通知，并先后公布了三批新能源汽车下乡企业和车型名单，共24家车企、61款车型入选。7月24日起，该活动分别在山东青岛、江苏南京、海南海口、四川成都、云南昆明启动。本次活动，中央政府并不直接给予消费者购车补贴，而是由企业主动让利，并配合地方政府的财政补贴等政策来开展活动。历时4个多月，该活动最终累计销量超过18万辆。

（3）《节能与新能源汽车技术路线图2.0》

2020年10月27日，《节能与新能源汽车技术路线图2.0》（以下简称《路线图2.0》）正式发布。与2016年发布的1.0版本相比，《路线图2.0》并没有设置禁燃时间表，而是提出了节能车和新能源车并举发展、全面电驱动化的概念。

面向2035年，《路线图2.0》提出了六大总体目标：

1）汽车产业碳排放总量先于国家碳减排承诺，于2028年左右提前达到峰值，到2035年排放总量较峰值下降20%以上。

2）新能源汽车将逐渐成为主流产品，汽车产业实现电动化转型。

3）中国方案智能网联汽车技术体系基本成熟，产品大规模应用。

4）关键核心技术自主化水平显著提升，形成协同高效、安全可控的产业链。

5）建立汽车智慧出行体系，形成汽车、交通、能源、城市深度融合生态。

6）技术创新体系优化完善，原始创新水平具备引领全球的能力。

以六大总体目标为基础，《路线图2.0》将2025年、2030年、2035年设置为三个关键节点，与之对应的汽车年产销量分别为3200万辆、3800万辆、4000万辆。主要里程碑指的是到2035年，节能汽车与新能源汽车年销售量占比达到50%，汽车产业实现电动化转型；燃料电池汽车保有量将达到100万辆左右，商用车将实现氢动力转型；各类网联式高度自动驾驶汽车车辆在国内广泛运行，中国方案智能网联汽车与智慧能源、智慧交通、智慧城市深度融合。

（4）《新能源汽车产业发展规划（2021—2035年）》

国务院办公厅正式印发的《新能源汽车产业发展规划（2021—2035年）》（以下简称《规划》），系统性地提出了新能源汽车产业的发展愿景和目标。《规划》进一步强调了坚持纯电驱动的战略取向，指出发展新能源汽车是我国从汽车大国迈向汽车强国的必由之路，是应对气候变化、推动绿色发展的战略举措。为此，《规划》提出了两大发展愿景：2025年，我国新能源汽车市场竞争力明显增强，动力电池、驱动电机、车用操作系统等关键技术取得重大突破，安全水平全面提升；2035年，我国新能源汽车核心技术达到国际先进水平，质量品牌具备较强国际竞争力。

《规划》还提出了五项重点任务，具体如下：

1) 提高技术创新能力：坚持整车和零部件并重，以纯电动汽车、插电式混合动力（含增程式）汽车、燃料电池汽车为"三纵"，布局整车技术创新链。以动力电池与管理系统、驱动电机与电力电子、网联化与智能化技术为"三横"，构建关键零部件技术供给体系。推动电动化与网联化、智能化技术互融协同发展。

2) 构建新型产业生态：鼓励新能源汽车、能源、交通、信息通信等领域企业跨界协同，以生态主导型企业为龙头，加快车用操作系统开发应用，建设动力电池高效循环利用体系，推进智能化技术在新能源汽车研发设计、生产制造、仓储物流、经营管理、售后服务等关键环节的深度应用，强化质量安全保障。

3) 推动产业融合发展：推动新能源汽车与能源、交通、信息通信全面深度融合，建立新能源汽车与相关产业融合发展的综合标准体系，明确车用操作系统、车用基础地图、车桩信息共享、云控基础平台等技术接口标准。建立跨行业、跨领域的综合大数据平台，促进各类数据共建共享与互联互通。

4) 完善基础设施体系：加快推动充换电、加氢等基础设施建设。推进新一代无线通信网络建设，加快基于蜂窝通信技术的车辆与车外其他设备间的无线通信（C-V2X）标准制定和技术升级。

5) 深化开放合作：扩大开放和交流合作，加快融入全球价值链。践行开放融通、互利共赢的合作观，深化研发设计、贸易投资、技术标准等领域的交流合作，积极参与国际竞争，不断提高国际竞争能力。

这些政策的出台，对于我国新能源汽车产业的规范化与市场化发展起到了很好的推动作用。尤其是我国汽车产业正处于转型升级、换道超车的关键时期，政策的有力引导，能够让整个市场实现平稳渡过。

3. 法律环境

法律是体现统治阶级意志、由国家制定或认可，并以国家强制力保证实施的行为规范的总和。各个国家对企业营销活动的管理和控制主要是通过法律手段。商务立法的目的有三个：一是保护各企业的利益，相互不容侵犯，支持公平竞争，反对独家垄断；二是保护消费者权益，对于制造伪劣产品、进行虚假广告等损害消费者利益的企业，必须予以严厉制裁并责令赔偿；三是保护社会公众和消费者的整体利益和长远利益，防止对环境的污染和破坏。

无论法律的具体类型如何，都会对企业的市场营销活动构成某种约束。一般来说，早期的法律重心多为保护竞争，而现代法律的重点已经转移到了保护消费者。对企业来说，法律是评判企业营销活动的准则，只有依法进行的各种营销活动，才能受到国家法律的有效保护。把握这一点对于企业开展市场营销业务尤为重要。因此，市场营销人员必须掌握关于环境保护、消费者利益和社会利益方面的法律。

我国在加入WTO以后，在承担相应开放市场义务的同时，对国内某些基础薄弱的产业和战略性产业在一定时期内必将实行适当保护。在立法方面，反倾销法、反补贴法、进口保障法、维护公平竞争法、反垄断法等都将逐步出台。

2.3.6 社会文化环境

社会文化环境主要是指一个国家或地区的民族特征、价值观念、生活方式、风俗习惯、宗教信仰、伦理道德、教育水平、语言文字等因素的总和。它是一个社会经过很长的岁月，沉淀在这个社会人们骨子里的很难抹去的烙印。它包括核心文化和亚文化。核心文化是人们持久不变的核心信仰和价值观，它具有世代相传，并由社会机构（如学校、社团等组织）

予以强化和不易改变等特点。亚文化是指按民族、经济、年龄、职业、性别、地理、受教育程度等因素划分的特定群体所具有的文化现象。它根植于核心文化，但比核心文化容易改变。

社会文化环境对市场营销具有多层次、全方位、渗透性的影响。这些影响涉及营销的各个方面，并且在很大程度上是通过间接、潜移默化的方式来进行及表现的。它决定了人们独特的生活方式和行为规范。它深刻地影响着人们的思想观念、需求态度、行为取向和消费习惯。我国现阶段私车市场存在着一定的攀比消费、跟风消费和炫耀消费等现象，这些势必影响汽车消费的发展。

1. 价值观念

价值观念是指人们对社会生活中各种事物的态度、评价和看法。在不同的文化背景下，人们的价值观念差别是很大的，而消费者对商品的需求和购买行为深受其价值观念的影响。价值观念在很大程度上决定着人们的生活方式，从而也决定着人们的消费行为。

营销案例	消费观念决定消费方式
不同的价值观念在很大程度上决定着人们的生活方式，从而也决定着人们的消费行为。在西方一些发达资本主义国家，大多数人比较追求生活上的享受，超前消费是司空见惯的事情，常采用分期付款、赊销等形式进行消费，甚至大举借债。在我国，虽然目前也有少数消费者采用分期付款、赊销等形式进行消费，但大多数消费者还是觉得勤俭节约是民族的传统美德，借钱买东西这种消费行为是不会过日子的表现，所以人们大多还是攒钱购买商品，而且大多局限在货币的支付能力范围内，量入为出。	

对于不同的价值观念，企业营销人员应采取不同的策略。对于乐于变化、喜欢猎奇、富有冒险精神的较激进的消费者，应重点强调产品的新颖和奇特；而对一些注重传统、喜欢沿袭传统消费习惯的消费者，企业在制定促销策略时应把产品与目标市场的文化传统联系起来。例如，东方人将群体、团结放在首位，所以广告宣传往往突出人们对产品的共性认识；而西方人则注重个人的创造精神，所以其产品包装装潢也显示出醒目或标新立异的特点。

2. 教育水平

教育水平是指消费者受教育的程度。一个国家、一个地区的教育水平与经济发展水平往往是一致的。不同的文化修养表现出不同的审美观，购买商品的选择原则和方式也就不同。一般来说，教育水平高的地区，消费者对商品的鉴别力强，容易接受广告宣传和新产品，购买的理性程度高。因此，教育水平高低影响消费者心理、消费结构、企业营销组织策略的选取，以及销售推广方式、方法的差别。

例如，在有些国家的识字率不高的地区，用文字形式做广告，难以收到好效果，而用电视、广播和当场示范表演形式，才容易被人们接受；又如在教育水平低的地区，适合采用操作使用、维修保养都较简单的产品，而教育水平高的地区，则需要先进、精密、功能多、品质好的产品。因此，企业在产品设计和制定产品策略时，应考虑当地的教育水平，使产品的复杂程度、技术性能与之相适应。另外，企业的分销机构和分销人员受教育的程度等，也会对企业的市场营销产生一定的影响。

3. 语言文字

不同国家、不同民族往往拥有自己独特的语言文字。即使同一国家，也可能有多种不同的语言文字。即使语言文字相同，也可能表达和交流的方式不同。语言文字的不同对企业营销活动有巨大的影响。企业在开展市场营销时，应尽量了解市场所在国的文化背景，掌握其语言文字的差异，这样才能使营销活动顺利进行。

| 营销案例 | 语言文字对营销活动的影响 |

一些企业由于其产品命名与产品销售地区的语言等相悖，给企业带来巨大损失。例如，美国一家汽车公司生产了一种叫"Cricket"的小型汽车。这种汽车在美国很畅销，但在英国却不受欢迎。其原因就在于语言文字上的差异："Cricket"一词有蟋蟀、板球的意思，美国人一提到"Cricket"首先想到是蟋蟀，汽车叫"Cricket"，意思是个头小，跑得快，所以很受欢迎；但在英国，人们喜欢玩板球，所以一说"Cricket"就认为是板球，人们不喜欢叫板球的汽车。后来，这家公司把其在英国的产品改为"Avenger"，意思是复仇者，因为这个名称说明它很有力量，结果很受欢迎，销量大增。同样，美国汽车公司（AMC）生产的"Matador"牌汽车，其名字寓意是刚强、有力，但在波多黎各，这个名字意为"杀手"，在交通事故死亡率较高的地区，这种含义的汽车肯定不受欢迎。可见，语言文字的差异对企业的营销活动是有很重大的影响的。

4. 宗教信仰

不同的宗教信仰有不同的文化倾向，从而影响人们认识事物的方式、价值观念和行为准则，进而影响人们的消费行为，带来特殊的市场需求。宗教信仰与企业的营销活动有密切的关系，特别是在一些普遍信奉宗教的国家和地区，宗教信仰对市场营销的影响力更大。因此，汽车企业应充分了解不同地区、不同民族、不同消费者的宗教信仰，提倡适合其要求的产品，制定适合其特点的营销策略，否则，就会触犯宗教禁忌，失去市场机会。了解和尊重消费者的宗教信仰，对汽车企业的营销活动具有重要意义。

5. 审美观

审美观通常是指人们对事物的好坏、美丑、善恶的评价。不同的国家、民族、宗教、阶层和个人，往往因社会文化背景不同，其审美标准也不尽一致，有的以"胖"为美，有的以"瘦"为美，有的以"高"为美，有的则以"矮"为美，不一而足。例如，缅甸的巴洞人以妇女脖子长为美，而非洲的一些民族则以文身为美，等等。不同的审美观对消费的影响是不同的，汽车企业应针对不同的审美观所引起的不同消费需求，开展自己的营销活动，特别要把握不同文化背景下的汽车消费者审美观念及其变化趋势，制定良好的市场营销策略以适应市场需求的变化。

| 营销案例 | 我国老百姓买车的"空间情结" |

曾有人做过统计，一辆家用车在正常使用下，绝大多数时候车内仅有驾驶者一人。

虽然在我国，汽车是在21世纪初才大量走进家庭的，但即使如此，我国老百姓依然形成了自己的汽车审美观——以"大"为美。

"大"具体反映到车子上就是尺寸要大、轴距要长、排量要大，外观看起来气派，车内坐起来宽敞。因此三厢轿车牢牢占据我国市场的主流位置。无论是公务用车，还是家庭使用，均是以三厢车为主。究其原因，有些中国人将"汽车"与古代"轿子"联系在一起，所以称小汽车为"轿车"。轿子至少由两个人一前一后才能抬动，从侧面看显得修长，与三厢轿车的造型如出一辙。

从满足移动代步的需要看，A0级应是最适合老百姓的汽车，但正是对于"大"的渴望，比A0级体积大的A级和B级车成为市场主流，很多家庭买车，不选最好只选最大。此外，不少进口车、合资车进入我国市场后会在标准轴距的基础上加长，成为长轴车。

6. 风俗习惯

风俗习惯是指人们根据自己的生活内容、生活方式和自然环境，在一定的社会物质生产条件下长期形成并世代相袭而成的一种风尚，和由于重复练习而巩固下来并变成需要的行动方式等的总称。它在饮食、服饰、居住、婚丧、信仰、节日、人际关系直至汽车购买等方面，都表现出独特的心理特征、伦理道德、行为方式和生活习惯。不同的国家、不同的民族有不同的风俗习惯，它对消费者的消费嗜好、消费模式、消费行为等具有重要的影响。汽车企业营销者应了解和注意不同国家、民族的消费习惯和爱好，做到"入境随俗"。

营销案例	汽车消费风俗习惯
	20世纪60年代，第二次世界大战后人们的心理比较沉重，汽车颜色多以深色为主（如黑色）。后来，由于日本汽车工业的崛起，追求自由自在的生活成为时尚，汽车流行色变得以轻快、明亮为主（日本人喜欢白色）。再如，我国有些消费者不喜欢两厢车，认为两厢车"有头无尾"，而喜欢选择"大气"的三厢车。 消费者对汽车购买的普遍心理倾向是主导汽车销售市场走势的"风向标"。企业在做出市场营销决策时，必须重视并研究当地的社会文化环境，以及其市场营销禁忌。

综上所述，微观营销环境直接影响和制约企业的市场营销活动，而宏观营销环境主要以微观营销环境为媒介间接影响和制约企业的市场营销活动。因此前者可称为直接营销环境，后者则可称为间接营销环境。两者之间并非并列关系，而是主从关系，即直接营销环境受制于间接营销环境。

掌握了吗？

1) 多选题：下列属于宏观环境的要素是（　　　）。
A. 消费者　　　B. 中间商　　　C. 社会文化　　　D. 竞争者

2) 单选题：现在越来越多的消费者通过互联网来订购车票、船票、机票和购买产品，这要求企业在制定市场营销组合战略时应当着重考虑（　　　）。
A. 人口环境　　　B. 科技环境　　　C. 经济环境　　　D. 社会文化环境

3) 宏观营销环境因素主要包括（　　）、（　　）、（　　）、（　　）、（　　）和（　　）。

拓展升华

影响石油价格波动的因素
你知道有哪些因素影响着现货石油价格波动吗？ 1. 内在动因 （1）石油的稀缺性 石油是一种稀缺性的能源，数量短缺。在人类长期不断消耗的过程中，石油总有一天将会被消耗完。曾有数据统计，目前全球的石油库存仅仅够使用60年。当年的多消费就将意味着未来的少消费，而这种当前消费稀缺资源而放弃未来消费的机会成本则被称为使用者成本。石油不同于一般商品，石油价格的构成中不仅包括边际开采成本和边际社会成本，还包括边际使用者成本，三种成本的增加或减少都将导致石油价格出现波动性。

(2) 石油的金融属性

投机性交易对石油价格的重要影响凸显了石油的金融属性。目前，一般认为国际石油市场价格一直被两股主要势力操纵着：其一是控制着世界上大部分石油开采资源的大型跨国石油公司，这些跨国石油公司经常利用其强大的资本实力通过石油期货市场人为地抬高和压低计价期内的期货价格；其二是投机性资金，其对石油价格的影响也是举足轻重的。从近年的情况来看，国际石油期货已经越来越成为一种金融投机工具，投机性资金对国际石油市场的影响也越来越大。

(3) 石油的战略属性

石油作为一种战略商品，其与国家战略、全球政治、国际关系和国家实力等方面紧密交织在一起。在各国将石油提升到战略高度后，都纷纷采取各种措施，通过政治、经济、军事等手段争夺石油资源，争取石油价格控制权并建立大规模的石油战略储备，而这进一步反证了石油所蕴含的巨大的战略属性。

2. 长期影响因素

(1) 供应因素

在石油供应中，OPEC 扮演着重要角色，其石油储量占全球总储量的 78%，产量占全球总产量的 40%，出口量占世界总交易量的 55%。由此可见，OPEC 的石油供应对调控国际油价有举足轻重的作用。例如，2004 年以后，国际石油价格持续上涨，最主要的原因是石油供应不足。

(2) 需求因素

石油的需求价格弹性较小，强劲的需求增长带动石油价格大幅上涨。例如，2004 年—2009 年年均增长大约 2488.5 万吨，其中中国石油需求年均增长约 2214.8 万吨，与此增长趋势类似的还有中南美洲、中东和非洲地区。

由于技术水平和投资沉淀的限制，短期之内不同能源产品之间缺乏替代性，这也是石油需求价格弹性较小的原因之一。

(3) 库存因素

石油库存一般由商业库存和国家的石油战略储备构成。商业库存的主要目的在于保证在石油需求出现季节性波动的情况下企业能够高效运行，同时防止潜在的原油供应不足；国家战略储备的主要目的是应对石油危机。石油库存能够在一定程度上反映石油供需状况，库存降低说明石油需求旺盛、供给紧张，反之说明供过于求。长期来看，库存是供给和需求之间的一个缓冲，对稳定油价有积极作用。低油价时增加石油库存，推动油价上升，高油价时抛售库存石油，引起油价下跌。

(4) 美元汇率因素

石油多以美元计价，石油价格与美元币值（主要体现为汇率）息息相关。例如，美元持续贬值，从而造成石油实际收入不断下降，为了弥补损失，石油生产国不断抬高石油价格，降低产量；同时，美元贬值给国际金融业带来了巨大恐慌，为了规避风险，投机商纷纷将美元兑换成石油期货合约，进一步影响石油市场的供求平衡，加剧石油价格波动。

3. 短期波动原因

(1) 投机因素

国际石油公司控制了全球大部分石油资源的国际垄断资本，操纵价格愈演愈烈。同时，国际投机资本也在兴风作浪，它们从传统领域转向石油期货，在国际石油市场供求平衡比较脆弱的背景下，投机者充分利用利好和利空消息，买入卖出，从中获利，加剧了市场波动。

(2) 突发事件及政治因素

世界主要产油国的国内外局势不稳，中东地区爆发战争，包括恐怖分子在世界范围内的活动等，都会对油价产生重大的影响。

（资料来源于互联网，有删改。）

2.4 市场营销环境的分析

开节话题

企业作为社会的经济细胞,总是在一定的环境条件下开展市场营销活动,而这些环境条件是不断变化的,它既可能给企业造成新的市场机会,又可能给企业带来某种威胁。企业为了更好地生存和发展,必须顺应市场环境的变化,分析研究市场环境变化的趋势,捕捉市场机遇,发现和避免市场环境的威胁,及时调整营销策略,从而实现自己的市场营销目标。

营销任务:
企业有什么方法来分析营销环境,从而知道当前和未来环境中存在哪些营销机会和威胁呢?

营销理论

2.4.1 汽车企业对营销环境的处理

汽车企业生存在复杂多变的环境之中,各种环境因素对企业的经营管理活动虽然都有一定的影响,但它们不是同时、均等地发生作用。在不同时期、不同条件下,环境因素对企业经营管理活动的影响是有区别的,有时甚至会有较大的差异。因此,在研究环境时,要根据不同的情况,做出不同的分析,只有区别对待,才能更有效地利用环境因素。

1. 认识环境

在认识环境的过程中,汽车企业应当做到以下几点:

1)在了解主环境(如经济、政治环境)的同时,对其他环境的任何微小影响都不要遗漏,而且要注意分析其发展趋势,提高识别能力。

2)建立可靠的信息沟通渠道。信息是企业认识和研究环境的基础,建立必要的环境信息网络和信息库,多方面收集、储备有关的环境资料,及时、全面、准确地掌握信息及其变化,才能对环境做出恰当的分析与判断。

3)善于运用调查资料。了解和认识环境主要靠企业自身的努力,由于企业的具体情况不同,对环境分析研究所需要的资料也不同,调查研究的对象及使用的方法也会有较大的差异。

2. 适应环境

汽车企业的一切经营活动都必须同客观环境相适应,才能达到预期的目的。汽车企业应树立随环境变化而随时应变的思想观念,不断提高企业的素质,提高对环境的认识能力和应变能力,适应新环境。在新的形势下,要不断认识新环境、研究新问题、制定新决策,要及时、积极、主动、有效地采取新措施,改变汽车企业的经营方法。

3. 控制环境

汽车企业为了有效地控制环境,必须做到以下几点:

1)掌握环境发展变化的规律,并采取相应措施给以影响。

2)对于可控环境,应制定出具体的控制目标和标准,并采用科学的方法和设施加以监控。对于已发现的运行偏差要及时研究，并采取相应措施予以纠正，以确保控制目标的实现。

3）做好信息反馈工作，对存在的问题应及时加以解决。

4）对环境的控制不仅要依靠汽车企业内部广大职工的共同努力，而且要广泛运用社会的力量，甚至全人类的力量。

4. 利用环境

环境是影响汽车企业经营活动的重要因素。汽车企业在掌握了认识环境、适应环境和控制环境的基本技能之后，还要积极主动地去利用环境，使环境能够为企业的经营活动产生更好的影响，发挥更大的作用。

5. 改造环境

环境是客观存在的，有些环境因素是人们无法抗拒的，只能通过提高预测能力加以预防，以使损失降到最低限度，如水灾、地震等自然灾害。但是，这并不意味着所有的环境因素都不能进行改造。相反，许多环境条件是可以通过人们的努力加以改造的，从而创造一种有利于企业生存和发展的环境条件。

2.4.2 汽车企业适应营销环境变化的策略

营销者必须善于分析营销环境的变化，研究相应的对策，提高企业市场营销的应变能力。只有如此，企业才能在"商战如兵战""市场无常势"的环境中立于不败之地。对企业市场营销来说，最大的挑战莫过于环境变化对企业造成的威胁。这些威胁的来临，一般又不被企业控制，因此企业应做到冷静分析、沉着应对。面对环境威胁，企业可以采取以下三种策略。

1. 对抗策略

这种策略要求尽量限制或扭转不利因素的发展，限制不利环境对企业的威胁，或者促使不利环境向有利方面转化。例如，企业以某种方式来督促相应的立法部门制定一项策略或变更一项法律条文，从而有效地应对某种不利的影响。显然企业采用此种策略时必须要以企业具备足够的影响力为基础，一般只有大型企业才具有采用此种策略的条件。此外，企业在采取此种策略时，其主张和所作所为，不能倒行逆施，而应同潮流趋势一致。例如，长期以来日美两国贸易摩擦不断。日本生产的汽车、家用电器以其轻便、省油、质量可靠源源不断地打入美国市场，而美国的农产品却遭到日本贸易保护主义的威胁，不能自由进入日本。美国政府为了冲破这种环境威胁，向有关国际组织提出诉讼，迫使日本取消对美国农产品的限制，最终实现了农产品对日本进口的自由化。

2. 减轻策略

此种策略适合企业不能控制不利因素发展时采用。它是一种尽量减轻营销损失程度的策略。一般而言，环境威胁只是对企业市场营销的现状或现行做法构成威胁，并不意味着企业就别无他途，俗话说"天无绝人之路"，还有"东方不亮西方亮"。企业只要认真分析环境变化的特点，找到新的营销机会，及时调整营销策略，不仅减轻营销损失是可能的，而且谋求更大的发展也是可能的。美国的 Levi's 公司在 20 世纪 70 年代末花费了 1200 万～1400 万美元，想通过奥运会将 Levi's 服装作为"美国的国服"，并做了大量的广告宣传。但由于美国抵制了 1980 年在莫斯科举行的奥运会，给 Levi's 公司造成了很大的环境威胁。在这种情况下，Levi's公司及时改变了营销策略，把大量的费用用于国内市场广告宣传，并改变了广告内容，结果将环境威胁转化为了环境机会。

3. 转移策略

这种策略要求企业将面临环境威胁的产品转移到其他市场上去，或者将投资转移到其他更为有利的产业上去，实行多角经营。例如，KD方式转移生产、产品技术转移等都是转移市场的做法。但转移市场要以地区技术差异为基础，即在甲地市场受到威胁的产品，在乙地市场仍有发展前景。企业在决定多元经营（跨行业经营）时，必须要对企业是否在新的产业上具有经营能力做审慎分析，不可贸然闯入。闻名世界的美国杜邦公司最早生产经营的是炸药。但随着市场的发展，单一的炸药生产给杜邦公司造成了严重的市场环境威胁。杜邦公司认真地分析了市场情况后，在维持原有的炸药生产的基础上，逐渐将生产范围扩大到了化工、电子、医药、精密仪器等领域，产品多达1800多种，使其跻身于美国十大跨国公司行列。

营销视野   **汽车KD出口模式**

汽车KD出口是指汽车厂商将整车拆成半散件或者散件的方式，再出口到属地国家，在属地国家开设工厂，重新组装成整车在属地国家进行销售的一种方式。这种方式介于对外直接投资和纯粹贸易出口之间。

KD模式是我国引进的轿车等整车生产企业在开始阶段都采用的方式。例如，上海桑塔纳轿车在生产初期国产化的只有轮胎、收放机等，绝大部分总成、零部件以半散件（Semi Knock Down，SKD）方式进口，在上海大众组装成整车。

总之，当企业在遇到威胁和挑战时，营销人员，尤其是管理者，应积极寻找对策，率领全体职工努力克服困难，创出光明前景，这才是企业家的风采。

分析市场营销环境，是营销战略计划制订工作的起始环节，是一项重要的基础工作。通过分析营销环境，企业可以知道当前和未来环境中，存在哪些营销机会和威胁。企业充分利用机会，有效应对威胁，才能保证其生存和持续发展。

2.4.3 SWOT环境分析方法

1. SWOT分析法概述

SWOT分析法又称态势分析法，最早是由美国学者在20世纪80年代初提出来的，是当前最实用也最流行的一种市场环境分析法。所谓SWOT分析法，就是通过综合分析企业内部的优势（Strength）和劣势（Weakness），以及外部环境的机遇（Opportunity）和威胁（Threat），将它们罗列出来，并依照一定的次序按矩阵形式排列起来，然后运用系统分析的方法，把各种因素相互匹配起来加以分析，从中得出一系列相应的结论（如对策等）。这一方法的基本点就是：企业市场营销策略的制定必须使其内部能力（强项和弱项）与外部环境（机遇和威胁）相适应，以获得市场营销策略的成功。SWOT分析法具有显著的结构化和系统性的特征。

SWOT分析法主要从内部和外部两个方面对企业进行分析。企业内部分析是对生产、财务、营销、人力资源、组织和信誉等影响企业发展的因素进行分析，从而找出企业的优势和劣势。企业外部分析涉及行业分析和宏观环境分析：行业分析主要分析行业规模、吸引力、细分市场、竞争者、替代者、潜在入侵者、客户及供应商等方面；宏观环境分析包括影响行业发展的政治、经济、社会、技术等各个方面。SWOT分析法通过对企业的内外部环境分析，从而制定出适合企业发展的战略。

2. SWOT分析的主要步骤

（1）分析环境因素

运用各种调查研究方法，分析出公司所处的各种环境因素，即外部环境因素和内部能力因素。外部环境因素包括机会因素和威胁因素，它们是外部环境对公司的发展直接有影响的有利和不利因素，属于客观因素，一般归属为经济的、政治的、社会的、人口的、产品和服务的、技术的、市场的、竞争的等不同范畴；内部环境因素包括优势因素和弱势因素，它们是公司在其发展中自身存在的积极和消极因素，属于主动因素，一般归类为管理的、组织的、经营的、财务的、销售的、人力资源的等不同范畴。在调查分析这些因素时，不仅要考虑公司的历史与现状，而且更要考虑公司的未来发展。

1）优势（Strength）是指组织机构的内部因素，具体包括有利的竞争态势、充足的财政来源、良好的企业形象、技术力量、规模经济、产品质量、市场份额、成本优势、广告攻势等。

2）劣势（Weakness）是指组织机构的内部因素，具体包括设备老化、管理混乱、缺少关键技术、研究开发落后、资金短缺、经营不善、产品积压、竞争力差等。

3）机会（Opportunity）是指组织机构的外部因素，具体包括新产品、新市场、新需求、外国市场壁垒解除、竞争对手失误等。

4）威胁（Threat）也是指组织机构的外部因素，具体包括新的竞争对手、替代产品增多、市场紧缩、行业政策变化、经济衰退、客户偏好改变、突发事件等。

SWOT法的优点在于考虑问题全面，是一种系统思维，而且可以把对问式的"诊断"和"开处方"紧密结合在一起，条理清楚，便于检验。

营销视野　　　　　　　　　市　场　模　式

一般来说，大多数企业是在竞争的市场环境下从事生产和经营活动的。企业应当完全了解自己生产和经营活动所处的外部市场环境和类型。在分析市场环境时，必须详尽地考察市场的类型，也就是需要认真地去研究市场的基本模式。

市场的基本模式可以分为纯粹垄断、寡头垄断、垄断性竞争和纯粹竞争四大类。

（1）纯粹垄断

纯粹垄断是指某种产品或服务只有一个销售者或经营者，在同一个地区没有别的替代者，用户如果想要购买这些汽车产品或服务，只能找这个独有的企业。

（2）寡头垄断

寡头垄断是指在有大量买主的情况下，由少数几家企业控制着市场。这几家企业通常能控制该产品市场销售量的70%～80%，剩下的一小部分由其他许多小公司去经营。例如，美国三家汽车企业（通用汽车公司、福特汽车公司和克莱斯勒汽车公司）是美国汽车制造业的寡头垄断。

（3）垄断性竞争

垄断性竞争是指在行业中有许多企业生产同一种产品，每一个企业只能生产市场总需求量的一小部分。各个企业为了夺得尽可能大的市场份额，都力图使自己的产品与其他竞争产品区别开来。为此，每个企业都非常重视采用诸如派员销售、广告、信用条件以及公司信誉等服务办法。在垄断性竞争的市场模式下，整个市场竞争十分激烈，而且具有非价格竞争的特点。

(4) 纯粹竞争

纯粹竞争是指非常多的独立销售者，用相同的方式向市场提供各自的产品。在纯粹竞争的市场模式中，全部产品都是标准化的。也就是说，它们的品质、性能等完全相同，用户不管购买谁家的产品都无所谓。此外，由于各个企业只供应市场需求总量中的很少一部分产品，所以任何企业都控制不了产品的价格。同时，企业可以毫无障碍地自由加入或退出行业。

(2) 构造 SWOT 矩阵

将调查得出的各种因素根据轻重缓急或影响程度等排序方式，构造 SWOT 矩阵。在此过程中，将那些对公司发展有直接的、重要的、大量的、迫切的、久远的影响因素优先排列出来，将那些间接的、次要的、少许的、不急的、短暂的影响因素排列在后面，如图 2-7 所示。

		内部条件	
		优势(S) S1 S2 S3	劣势(W) W1 W2 W3
外部条件	机会(O) O1 O2 O3	SO组合	WO组合
	威胁(T) T1 T2 T3	ST组合	WT组合

图 2-7 SWOT 分析矩阵图

营销视野 —— SWOT 矩阵图涉及的四种战略

SWOT 矩阵图涉及的四种战略——SO 战略、ST 战略、WO 战略和 WT 战略。

SO 战略为积极进取的战略，即以企业的优势去把握与之相应的市场机会。在企业的优势同所出现的市场机会相一致的情况，SO 战略的胜算把握较大。

ST 战略为积极防御战略，即以企业的优势去应对可能出现的市场风险。在这种风险出现时，其他企业有可能无力承受，而被淘汰；企业如果在这方面具有优势，则可能因此而获得成功。

WO 战略为谨慎进入战略。面对某种市场机会，企业可能并不具有相应的竞争优势。但如果机会的吸引力足够大，企业也可能依然要去把握。只不过通过 SWOT 分析，企业了解自身在面对机会时所存在的劣势，就能够对此引起足够重视，并能以适应的策略予以防护，只要准备充分，策略得当，也可能取得成功。

WT 战略为谨慎防御战略。企业高度重视在业务发展中可能出现的各种风险，并注意到在面对风险时存在的不足之处，从而能使企业事先做好充分的应对准备，在风险出现时，能从容应对。

企业的各业务单位通过 SWOT 分析，在四种基本战略中有所选择，就能根据基本战略制订其业务战略计划。

(3) 制订战略计划

在完成环境因素分析和 SWOT 矩阵的构造后，便可以制订出相应的战略计划。制订计划的基本思路是：发挥优势，克服弱势，利用机会，化解威胁，考虑过去，立足当前，着眼未来。企业运用系统分析法，将排列与考虑的各种环境因素相互匹配起来加以组合，得出一系列企业未来发展的可选择对策。

掌握了吗？

1) SWOT 分析法中的四个字母分别代表（　　）、（　　）、（　　）和（　　）。
2) 多选题：以下可以作为 SWOT 分析法中外部营销环境因素进行分析的是（　　）。
A. 行业规模　　　B. 细分市场　　　C. 替代者　　　D. 企业资金雄厚

拓展升华

并购十年：顺大势、谋双赢

吉利汽车并购沃尔沃汽车公司十年之后，吉利汽车与沃尔沃汽车考虑重组整合，既是顺双方多年密切合作之"小势"而为，更是应汽车行业整体变革突破之"大势"而为。

只有形成真正的竞争，我国车企才会明白必须掌握核心技术，否则就没有话语权。

汽车工业的赶超，不是某个汽车企业的事，而是整个国家层面的事。

在我国汽车发展史上，吉利并购沃尔沃，今天来看是精彩的一笔。不仅取得了商业上的成功，为跨国并购增强了信心，也让世界感受到了中国造车人的志气与雄心。

十年过去了，我国汽车产业的发展依旧喜忧参半：虽然市场规模连续多年世界第一，自主品牌的发展也有了长足进步，但我国汽车产业大而不强的局面没有得到根本改变。

作为全球最大的单一市场，我国具有良好的体量规模和创新土壤，正在深刻影响全球汽车市场趋势和行业格局。在这一过程中，我国本土车企更应当奋发图强。

吉利汽车与沃尔沃汽车这次考虑重组整合，既是顺双方多年密切合作之"小势"而为，更是应汽车行业整体变革突破之"大势"而为。相对目前独立的两个公司，整合后的新业务集团将可以更顺畅地与母公司共享相关解决方案与技术成果，最大限度地降低关联交易和同业竞争风险，充分发挥吉利控股集团在相关领域的技术投入的最大效用，心无旁骛地快速推进产业生态链建设。具体来说，第一，有利于提高彼此的协同效率；第二，有利于吉利汽车走向全球化；第三，有利于沃尔沃汽车的未来发展。

把吉利和沃尔沃的发展放到中国经济乃至全球的大框架下来看，这个十年一定程度上可以折射出中国经济结构转型、中国企业走出去，以及中国汽车行业加速成长。李书福对于吉利汽车和沃尔沃汽车合并的期待恐怕也并非仅限于一个国际化的汽车集团那么简单，而是某个影响现有汽车格局的力量。

在价格相差不大的情况下，消费者往往更青睐品牌影响力更好的合资品牌汽车。这并不代表自主品牌质量差了，自主品牌的质量其实一年比一年好，技术也越来越先进。我们相信，自主品牌市场份额一定会上升。因为自主品牌的竞争力还是很强的，只是调整的步伐比外国和合资品牌慢了一些，双方的竞争还处在一个胶着过程。

（资料来源：新华网。）

本章小结

1) 企业作为社会的经济细胞，总是在一定的环境条件下开展市场营销活动，而这些环境条件是不断变化的。它既可能给企业造成新的市场机会，又可能给企业带来某种威胁。

市场营销环境是指能对企业营销活动产生影响的外部的和内部的力量因素。根据市场营销环境中各种力量对企业市场营销的影响，可把市场营销环境分为微观营销环境和宏观营销环境两大类：

① 微观营销环境也叫直接营销环境，是指与企业紧密相连，直接影响企业为目标市场顾客服务的能力和效率的各种参与者，包括企业内部环境、供应商、营销中间商、目标顾客、竞争者和公众。

② 宏观营销环境也叫间接营销环境，是作用于微观营销环境（直接营销环境），并因而创造市场机会或造成环境威胁的主要社会力量，包括人口环境、自然环境、科技环境、经济环境、政治环境和社会文化环境等企业不可控的宏观因素。

2）汽车市场营销环境具有客观性、差异性、相关性、变化性的特点。

分析市场营销环境具有一定的重要性，具体表现以下方面：

① 市场营销环境分析是企业市场营销活动的立足点和根本前提。

② 市场营销环境分析有利于企业发现新的市场机会。

③ 市场营销环境分析是企业制定营销策略的依据。

3）微观营销环境对企业的经营活动直接产生影响，强调的是企业与合作的组织或个人之间的关系，以及控制这种关系的措施。

① 企业内部环境是指企业内部的物质、文化环境的总和。它由企业资源、企业组织结构、企业文化三部分构成，其中企业资源和组织结构构成企业内部的硬环境，企业文化是企业内部的软环境。

② 供应商是指向企业及其竞争者提供为生产或经营特定产品和劳务所需要的各种资源的企业或个人。供应商的供应能力包括供应成本的高低和供应的及时性。供应商的供应能力直接关系到企业产品的质量、数量和成本，短期将影响销售的数额，长期将影响顾客的满意度。

③ 营销中间商又称营销中介，是指协助企业促销、销售和配销其产品给最终购买者的组织或个人。它包括中间商、实体分配公司、营销服务机构和财务中间机构等。

④ 客户是企业服务的对象，是企业的市场目标，是营销活动的出发点和归宿。一般来说，客户市场可分为五类：消费者市场、企业市场、经销商市场、政府市场和国际市场。

⑤ 任何企业的市场营销活动都要受到其竞争者的挑战。

⑥ 公众是指对企业的营销活动有实际和潜在利害关系影响力的团体和个人，包括媒介公众、金融公众、公民行动公众、政府公众和地方公众。

4）波特于1980年在其著作《竞争战略》中提出"五种竞争力量"和"三种竞争战略"的理论观点。波特认为一个产业内部的竞争状态取决于五种基本竞争力的相互作用，即潜在进入者的压力、替代品的压力、买方砍价的能力、关键供应商砍价的能力和现有行业生产厂商之间的竞争压力。

5）宏观环境是指能够影响整个微观环境和企业营销活动的广泛性因素。

① 人口环境是指一个国家和地区的人口数量、人口质量、家庭结构、人口年龄分布及地域分布等因素的现状及其变化趋势。

② 自然环境是指影响社会生产的自然因素，主要包括自然资源、地理环境。

③ 科技环境是指一个国家和地区整体科技水平的现状及其变化。

④ 经济环境是指影响企业市场营销方式与规模的经济因素。消费者的实际经济购买力

取决于消费者的收入、消费者的储蓄与信贷状况，以及消费者的支出模式与消费结构等。

⑤ 政治环境包括政治局势、方针政策、法律环境。

⑥ 社会文化环境主要是指一个国家或地区的民族特征、价值观念、生活方式、风俗习惯、宗教信仰、伦理道德、教育水平、语言文字等因素的总和，包括核心文化和亚文化。

6）汽车企业生存在复杂多变的环境之中，对各种环境因素应做到认识、适应、控制、利用、改造。面对环境威胁，汽车企业可以采取对抗策略、减轻策略和转移策略。

7）一般来说，企业营销者对环境分析可能持消极适应或积极适应态度。

8）SWOT分析法又称为态势分析法，就是通过综合分析企业内部的优势（Strength）和劣势（Weakness），以及外部环境的机会（Opportunity）和威胁（Threat），将它们罗列出来，并依照一定的次序按矩阵形式排列起来，然后运用系统分析的方法，把各种因素相互匹配起来加以分析，从中得出一系列相应的结论（如对策等）。SWOT分析法的主要步骤包括：分析环境因素、构造SWOT矩阵、制订战略计划。

复习思考题

1）什么是市场营销环境？它主要由哪些因素构成？
2）简述汽车市场营销环境的特点。
3）分析市场营销环境具有哪些重要性。
4）如何理解波特的竞争五力模型。
5）面对环境威胁，企业应采取什么策略。
6）什么是SWOT市场营销环境分析法？利用SWOT分析法分析营销环境的主要步骤是什么？

营销实务

调查你所在地区影响乘用车营销的外部营销环境，并分析选定乘用车的内部营销环境。在实际调查和SWOT分析的基础上写出调查报告，选择获得市场机会的战略。

学习任务3　分析汽车消费者的购买行为

学习目标

知识目标
◇ 掌握消费者需要的概念及特征
◇ 掌握消费者需要产生的起因
◇ 掌握马斯洛需求层次理论
◇ 了解汽车消费者购买动机的含义、特征及分类
◇ 掌握消费者购买行为的刺激-反应模式，以及影响购车行业的主要因素
◇ 了解汽车消费者购买行为的类型
◇ 掌握汽车消费者购买决策的内容与过程

能力目标
◇ 能运用马斯洛的需求层次理论分析汽车消费者的购买行为
◇ 能从购买决策理论中得到如何做好汽车营销工作的启示

基本概念
◇ 消费者的需要
◇ 消费者的购买动机
◇ 消费者的购买行为
◇ 马斯洛需求层次理论
◇ 汽车购买决策

引入案例　　　　　　　　阿雯买车

阿雯是上海购车潮中的一位普通职员，35岁，月收入过万元。以下真实地记录了2004年4月到7月间，她在购车决策过程中如何受到各种信息的影响。

阿雯周边的朋友与同事纷纷加入了购车者的队伍，看他们在私家车里享受美妙的音乐而不必忍受公交车上的拥挤与嘈杂，她不觉开始心动。另外，她工作的地点离家较远，加上交通拥挤，来回花在路上的时间近3小时，她的购车动机越来越强烈。只是这时候的阿雯对车一无所知，除了坐车的体验，除了直觉上喜欢漂亮的白色、流畅的外形和几盏大而亮的灯。

（1）初识爱车

阿雯是在上司的鼓动下去驾校学车的。在驾校学车时，未来购买什么样的车不知不觉成为几位学车者的共同话题。

"我拿到驾照，就去买一部 1.4 自排的波罗（1.4L 排量的大众波罗牌汽车）。"一位学车者对波罗情有独钟。虽然阿雯也蛮喜欢这一款小车的外形，但她怎么也接受不了自己会去买一款波罗，因为阿雯有乘坐波罗的体验。那次是四个女生（在读 MBA 同学）上完课，一起坐一辆波罗出去吃中午饭。回校时，车从商场地下车库开出，上坡时不得不关闭空调才爬上高高的坡，想起爬个坡还要关上空调，阿雯对波罗的热情全无了，虽然有不少人认为波罗是女性的首选车型。

问问驾校的师傅吧。师傅总归是驾车方面的专家，"宝来，是不错的汽车"。问周边人的用车体会，包括朋友的朋友，都反馈过来这样的信息：在差不多的价位上，开一段时间，还是宝来好。阿雯的上司恰恰是宝来车主，阿雯尚无体验驾驶宝来的乐趣，但后排的拥挤却已先入为主了。想到自己的先生人高马大，宝来的后座不觉成了胸口的痛。还是再看看有没有别的合适的车，宝来仅会成为候选之一吧。

不久，一位与阿雯差不多年龄的女邻居，在小区门口新开的一家海南马自达专卖店里买了一辆福美来，便自然地向阿雯做了"详细介绍"。阿雯很快去了家门口的专卖店，她被展厅里的车所吸引，销售员热情有加，特别是有这么一句话深深地打动了她："福美来各个方面都很周全，反正在这个价位里别的车有的配置福美来都会有，只会更多。"此时的阿雯还不会在意动力、排量、油箱容量等抽象的数据，直觉上清清爽爽的配置，配合营销人员正对阿雯心思的介绍，令阿雯在这一刻已锁定海南马自达了。阿雯乐颠颠地拿着一堆资料回去，福美来成了她心中的首选，银色而端正的样子总在阿雯的脑海里晃啊晃。

（2）亲密接触

阿雯回家征求先生的意见。她先生说，为什么放着那么多上海大众和上海通用的品牌不买，偏偏要买"海南货"？它在上海的维修和服务网点是否完善？两个问题马上动摇了阿雯当初的方案。

阿雯不死心，便想问问周边驾车的同事对福美来的看法。"福美来还可以，但是日本车的车壳太薄。"宝来车主因其自身多年的驾车经验，他的一番话还是对阿雯有说服力的。阿雯有种无所适从的感觉。好在读书人的直觉让阿雯关心起了精致的汽车杂志，随着阅读的试车报告越来越多，阿雯开始明确自己的目标了，8 万~15 万元的价位，众多品牌的汽车都开始进入她的视野。此时的阿雯已开始对各个汽车生产厂家、每个生产厂家生产哪几种品牌、同一品牌的不同型号的发动机的排量与车的配置、基本的价格等都已如数家珍。上海通用的别克凯越与别克赛欧、上海大众的超越者、一汽大众的宝来、北京现代的伊兰特、广州本田的飞度、神龙汽车的爱丽舍、东风日产的阳光、海南马自达的福美来、天津丰田的威驰，各款车携着各自的风情，在马路上或飞驰或被拥堵的时时刻刻，向阿雯展示着自己的风采。阿雯常用的文件夹开始附上了各款车的排量、最大功率、最大转矩、最高车速、市场参考价等一行行数据，甚至 4S 店的配件价格。经过反复比较，阿雯开始锁定别克凯越和本田飞度。

特别是别克凯越，简直是一款无懈可击的靓车啊！同事 A 此阶段也正准备买车，别克凯越也是首选。阿雯开始频频进入别克凯越的车友论坛，并与在上海通用汽车公司工作的同学 B 联系。通过从同学那里获取的信息，阿雯增强了对别克凯越的信心，也知道了近期已另有两位同学拿到了牌照。但不幸的是，随着对别克凯越论坛的熟悉，阿雯很快发现，费油是别克凯越的最大缺陷。想着几乎是飞度两倍的油耗，在将来拥有车的时时刻刻要为这油耗花钱，阿雯的心思便又动摇了。还有飞度呢，精巧、独特、省油，新推出 1.5VTEC 发动机的强劲动力，还有各种试车报告中的夸赞，令人忍不住想说就是它了。何况阿雯在论坛里发现飞度几乎没有明显的缺陷。正巧这一阶段广州本田推出了飞度的广告，阿雯精心地收集着有关飞度的每一段文字，甚至致电广本飞度的上海 4S 店，追问其配件价格。维修人员极耐心的回答令阿雯对飞度的印象分又一次得到了增加。

到此时，阿雯对电视里各种煽情的汽车广告却没有多少印象。由于工作、读书和家务的关系，她实在没有多少时间坐在电视机前。地铁里的各式广告，按说是天天看得到的，但受上下班拥挤的人群的影响，阿雯实在是没有心情去欣赏。

只是纸上得来终觉浅，周边各款车的直接用车体验对阿雯有着一言九鼎的说服力，阿雯开始致电各款车的车主了。

朋友 C 已购了别克凯越，问及行车感受，他说很好，凯越是款好车，值得购买。

同学 D 已购了别克赛欧，是阿雯曾经心仪的 SRV 车型，质朴而舒适的感觉，阿雯常常觉得宛如一件居家舒适的棉质 T 恤衫，同学说空调制冷效果很好，但空调开后感觉动力不足。

朋友 E 已购了飞度，她说飞度轻巧、省油，但好像车漆太薄，不小心用钥匙一划便是一道印痕，有一次去装点东西感觉像"小人搬大东西"。

周边桑塔纳的车主、波罗的车主等，都成为阿雯的"采访"对象。

阿雯的梦中有一辆车，漂亮的白色，流畅的外形，大而亮的灯，安静地停在阿雯的面前，等着阿雯坐进去。但究竟花落谁家呢？阿雯的心里知道，她已有了一个缩小了的备选品牌范围，但究竟要买哪一辆车，这个"谜底"不再遥远……

点评：

汽车消费者行为好似复杂的 DNA，消费者行为分析就是为了解读或者破解消费者行为的潜在密码。阿雯在购车过程中的思考也是广大汽车消费者在进行汽车购买决策时的思考。市场营销管理不仅要研究消费需求，还必须从消费者的视角出发，研究影响消费需求的经济、社会、文化、心理等内外影响因素，在此基础上进行汽车消费者购买行为及决策分析，从而制定出可行的营销策划，实现企业营销目标。

问题与讨论：

1）根据消费者购买决策理论分析，阿雯选车属于哪一类购买决策？为什么？

2）试运用消费者决策过程的五阶段模型分析阿雯选车所经历的相关阶段。

汽车为个人及家庭的出行提供了便利的交通工具，拥有一辆小汽车是当前许多中国人的愿望和追求，而汽车消费者从需求的产生到得以满足，其间要经历一个复杂的购买过程，其购买行为会受到诸多因素的影响。汽车市场营销的核心是满足购车者的需要和欲望，企业如果重视对购买者购买过程的研究，了解其购车行为的产生、形成过程和影响因素，把握其购车行为的规律和特点，将有利于企业实施有效的营销组合策略，提高市场营销效率，在满足各类用户需要的前提下实现企业的发展目标。

3.1 汽车消费者的需要与动机

开节话题

2020 年年初，汽车消费市场变化较大。2020 年 3 月，《广州日报》的记者对消费者的购车需求进行了调查，结果如图 3-1 所示。

图 3-1 消费者的购车需求

可见，此时旁观者增多，消费欲望明显被抑制。但是随着经济形势的好转，被抑制的购车需求也会释放。

营销任务：
试分析，汽车消费者的消费需要起因有哪些？

营销理论

行为科学认为，消费者的行为都有一定的消费动机，而消费动机又产生于消费者的需要。汽车企业只有对汽车消费者的需要有充分的认识，才有可能制定出与消费者需要相一致的营销策略，使企业的营销活动满足消费者需要，并在其满足的过程中取得良好的营销绩效。

3.1.1 消费者的需要的概念及特征

1. 消费者的需要的概念

消费者的需要是指消费者在一定的社会经济条件下，为了自身生存与发展而对商品的需求和欲望。消费者的需要通常以对商品的愿望、意向、兴趣、理想等形式表现出来。

企业的营销活动对消费者的影响，首先表现在需要既是营销活动的出发点，又是营销活动转化为购买活动的中介。当某种主观需要形成后，在其他相关因素的刺激下，就会激起购买动机，从而产生购买行为的一种内驱力，需要在营销活动转化为行为动机的过程中起到基础和中介的作用，没有消费者，营销活动与消费者购买的内在动机之间就没有必然的直接联系。

2. 汽车消费者的需要的特征

汽车消费者由于不同的主观原因和客观条件，对商品或劳务的需要呈现出千差万别、纷繁复杂的形态，而且这些需要随着人们物质文化生活水平的不断提高而日益多样化。但是，无论汽车消费者的需要如何千变万化，它们都有如下共同特征。

（1）多样性

汽车消费者处在一定的社会经济与社会文化环境中，其民族传统、宗教信仰、生活方式、文化素质、经济条件、社会地位、兴趣爱好、情感意志、年龄性别、职业特点、地理位置等方面存在着不同程度的差异，决定了每个消费者消费需求的对象、结构和方式也千差万别、纷繁复杂。例如，年轻人喜爱运动型的车辆，而老年人喜爱舒适型的车辆。再如，经常在道路条件较差的地区活动的人，所选择的车辆主要是要求通过性要好（如越野车）；主要在道路条件较好的地区活动的人，所选择的车辆主要是要求舒适性要好（如轿车等）。汽车企业如果能够为消费者提供多种多样的汽车产品，满足其多样化的需求，无疑会争取更多的营销机会。

（2）层次性

汽车消费者的生活环境、经济收入、兴趣爱好、社会地位、职业等条件决定了其需要的先后次序与轻重缓急，于是产生了需要的层次性。此外，由于人类社会的发展是一个由低级向高级发展的过程，当人的低层次需要得到满足之后，必然会产生较高层次的需要，以至形成一个由低级到高级逐级发展的层次。例如，一个参加工作不久的年轻人购买汽车的目的主要是作为代步工具,所选购的汽车大多为经济型的;而当他年龄增长、收入增加了以后,其购买的汽车则须体现其身份和地位,所选购的车型大多为豪华型的。

(3) 伸缩性

汽车消费者需要的伸缩性,集中表现为对其需要追求的高低层次、多寡项目和强弱程度。汽车消费者的消费需要受到其自身条件和外部环境的制约。自身条件主要是指汽车消费者需求欲望的大小和支付能力;外部环境包括汽车企业所提供的商品、广告宣传、销售服务等。两者都会促进或抑制消费者的需要,这就表现为市场需求的伸缩性。

(4) 发展性

在现代社会中,各类消费方式、消费观念、消费结构的变化总是与需求的发展性和时代性息息相关的。汽车消费者的市场需求不会静止在一个水平上,随着经济的发展和时代的进步,其购买需求会从简单到复杂、由低级向高级、由数量上的满足到要求质量充实的发展。在原有的需求满足以后,汽车消费者又会产生新的需求,因此汽车消费需求也是永无止境的。在不过分增加购买负担的前提下,消费者对汽车的安全、节能、舒适、功能,以及豪华程度等方面的要求越来越高。

(5) 可引导性

消费需要的产生和发展,与客观现实的刺激有着很大的关联。对于大多数汽车消费者而言,由于他们缺乏足够的汽车知识,所以周围环境、企业经营战略的调整、消费风尚、人际关系、宣传报道等因素的变迁等,都有可能引发其需求发生变化和转移,使潜在的欲望和要求转变为明显的行为,使未来的消费需求变成现实的消费需求,使微弱的需求变成强烈的要求。

营销案例	学校靓丽的风景线

某学校的李老师购买了一辆广本飞度,使用后觉得这款车售价低、油耗低、质量好、方便灵活,是很实用的代步工具,非常高兴,逢人便自夸买了辆好车。受其影响,后来这个学校的教师先后有 10 多个人购买了广本飞度,成为学校停车场一道靓丽的风景线。

正因为汽车消费者的需要具有可引导性,汽车企业或营销者不仅能够充分发挥自身的优势,组织开发适销对路、价质相宜的商品来满足其需要,而且能够通过组织一定的商品,并采取适当的营销组合策略来引导和调节其需要,指导其消费朝着健康的方向发展,提高企业的盈利,进而促进市场经济的发展和社会精神文明的提高。

(6) 关联性

消费者的需要是多种多样的,各种消费需要之间往往具有一定的关联性。消费者为满足需要在购买某一商品时往往顺便购买相关的商品,如消费者购买一辆汽车,可能顺便购买汽车保险、汽车坐垫、汽车专用香水等。因此,企业在确定经营商品的范围和结构时应充分考虑消费需求的关联性,甚至店址的选择都要考虑到毗邻企业的经营品种和服务项目。

(7) 可替代性

消费者在购买汽车时会面临多种选择,这时他们会对能够满足自己需要的汽车进行比较、鉴别,也就是俗话所说的"货比三家"。只有那些吸引力强、引起的需求强度高、各种服务较好的企业的汽车产品才会让消费者最终购买。也就是说,同时能够满足消费者的需要的不同品牌或不同商家之间具有竞争性，消费者的需求表现出相互替代的特性。

以上分析了汽车消费者需求的一些主要特点，企业应认真研究和掌握这些特点，并以此作为市场营销决策的依据，更好地满足消费者需求，扩大商品销售金额，提高经济效益。

3. 消费者的需要产生的原因

消费者需要的产生，有赖于消费者个人当时的生理状态、社会情景，以及个人的认识。

（1）消费者的需要产生的生理状态的原因

消费者因某种欠缺而未获得满足是其生理需要产生的根本原因，如饥饿的产生，依赖于味觉、胃的收缩、血液含糖程度、荷尔蒙（激素）状态以及神经活动等。

（2）消费者的需要产生的社会情景原因

社会环境因素容易产生需要或增加已产生需要的强度。在社会情景中产生需要的最强有力者是目标对象。例如，嗅到或者看到食物，就算肚子不饿也容易产生进食的需要。高大的英雄形象、民族英雄的事迹，可以使人产生追求崇高理想的需要，激发消费者购买有关爱国英雄故事的书籍、资料等。想象可以使一个人不断地产生某些愿望。一个消费者想象他置身于某一社会情景之中，就能加强他的某一方面的愿望。因此，有些消费者就会将其中的某些愿望付诸实现，以求满足他们的需要。社会环境的构成因素是复杂的，所以消费者应该压抑不良的社会环境影响下所产生的某些需要，慎重地处理，选择有益的社会影响，以形成健康向上的需要系统。

（3）消费者的需要产生的个人的认识原因

消费者对客观世界的认识和评价是需要产生的又一重要原因。认识是主体发现客体对主体有所作用和影响后，感知组织在思维组织产生的认识意识的指挥下，有目的、有计划地主动收集目标客体的属性和规定知识，发现主体生存和发展面临的现实危机、矛盾和问题，探索通过主体行为解决主体遇到的矛盾和问题的意向、方法、路线、和方案的行为。消费者因为认识到某些缺失或者客体对自身的作用和影响而产生对某产品的需要。

营销案例	消费者对汽车内饰安全性的认识

随着生活水平的不断提高，人们在购买汽车时，除了注重汽车绚丽的外表、热衷于汽车的动力、强调汽车内饰的设计，同时也对车内的气体排放安全极度关注。在 2018 年的汽车环保座舱国际论坛上，J. D. Power 中国区汽车事业部总监黄延灵指出，近两年来，在 J. D. Power 的每百辆车的消费者抱怨数值中，关于车内异气味的抱怨占到所有抱怨的首位。2018 年接连爆出多个美系、德系品牌车内异味的群体性事件，直接导致这些品牌的销量大幅下降。

3.1.2 马斯洛需求层次理论

人的需求是多种多样的，心理学界对需求进行了多种形式的划分，具有代表性的是马斯洛的需求层次理论。

人本主义心理学家马斯洛经过 20 多年的潜心研究，于 1960 年在其著作《人类动机的理论》和《动机与人格》中提出：人的行为是由动机驱使的，而动机又是由需要引起的。此外，他还提出了著名的需求层次理论。根据需求层次理论，人的基本需要可以分为生理需要、安全需要、社交需要、尊重需要和自我实现需要，如图 3-2 所示。这些需要相互联系，由低级到高级依次发展。

1. 生理需要

生理需要是指人类最基本的需要，是人类为维持和延续生命而产生的对外界条件不可缺少的需要。例如，因饥饿、口渴、寒冷、遮蔽等而产生衣、食、住、行的需要。在人的一切需要中，生理需要是最基本的、最优先满足的需要。生理需要是人类最低层次的需要，也是最基本、最原始的需要。根据马斯洛的需求层次理论，在生理需要未得到满足之前，其他的需要都会处于次要地位。

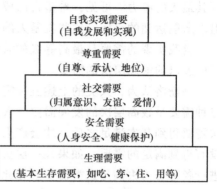

图 3-2　马斯洛的需求层次

2. 安全需要

安全需要是指人类在社会生活中，希望自己没有危险，不受伤害，确保平安的需要。安全需要主要表现在以下几个方面：物质上，如操作安全、劳动保护和保健待遇等；经济上，如失业、养老等；心理上，希望解除严酷监督的威胁，希望免受不公平的待遇。如果安全需要得不到满足，人们就会产生威胁感和恐惧感。

安全需要是人类较低层次的基本需要之一。当人的生理需要相对得到满足时，安全需要就成了个人行为的第二推动力。

3. 社交需要

社交需要也称为归属与爱的需要，是指人与人之间感情交流、保持友谊与忠诚、渴望得到爱情、得到重视和容纳等方面的需要。社交需要主要包括愿意参加社会交往，寻找温暖或与他人保持良好关系，彼此得到友谊、关怀与爱护；希望得到爱情，即异性之间相互倾慕、亲密交往、坚贞相爱、满意结合；希望自己有所归属，即成为某个团体被人承认的成员，参与其活动，相互关心，互相照顾。

社交需要是人们在生理需要、安全需要得到基本满足以后所产生和追求的第三层次的需要，也是更精致、更难捉摸、对大多数人来说很强烈的需要。它同样是人的行为的十分重要的推动力。

4. 尊重需要

尊重需要是指人类在社会生活中希望有一定的社会地位和自我表现的机会，获得相应的荣誉，受到别人的尊重，享有较高的威望等需要。它包括相互尊重和自我尊重两个方面。尊重需要主要表现为两个方面：第一，希望有实力、有成就、有自信心、胜任本职工作，要求独立和自由；第二，要求有名誉、有威望，受人赏识、关心、重视和高度评价。尊重需要一般来说是与人们的受教育程度和经济、社会地位密切联系的。人们受教育程度和社会地位越高，尊重需要就越强烈；反之就相应较弱。

尊重需要是人的高层次的发展需要。在现实中，人的尊重需要如果得到满足，他会感到有自信、威望和地位。否则，就会产生失落感、软弱感和自卑感。当然，对于社会的任何一名成员来说，尊重需要都是难以得到完全满足的，因为它是无止境的。

5. 自我实现需要

自我实现需要是指人们希望充分发挥自己的才能，干一番事业，获得相应成就，实现理想目标，成为自己所期望的人的需要。满足这类需要要求完成与自己能力相称的工作，充分发挥自己的潜在能力,成为所期望的人物。例如,画家必须画画,诗人必须写诗等,以便发挥其最大的潜力。可见,希望自己成为所期望的人,能够完成与自己能力相应的一切事情,追求所能达到的目标,这些就是人的自我实现的需要。

自我实现的需要是最高等级的需要,它是人们在以上四种需要得到一定程度上的满足之后所追求的最高层次的需要。

马斯洛认为,人类的上述五种需要是相互联系的,前两种需要是低层次的基本需要,后三种需要是较高层次的发展需要。人类的需要是一个由低级向高级发展的阶梯,只有当低层次需要得到基本满足之后,才会产生并开始追求新的、高一层次的需要。人们行为的动力是没有得到满足的需要。如果某一层次的需要没有得到满足,那么这种需要就会强烈驱使人们进行各种努力去满足这类需要。在此需要没有得到满足之前,满足这种需要的驱动力会一直保持下去。一旦这种需要得到满足,它就失去了对行为的刺激作用,而被下一个更高层次的需要所取代,成为人们行为的新的刺激动力。

应该指出,虽然马斯洛的需求层次理论把人类千差万别的需要归结为了梯级上升的五个层次,这在一定程度上揭示了人类需要的发展规律,已经成为西方行为科学和管理科学的理论基础。但并不是说不同级别的需要不能在同一时间发挥作用。事实上,上述各种需要相互影响,同时作用,不过在一定时期总有某一级别的需要位居优势,成为人的行为的主要推动力,而优势需要的形成也不是在低层次需要必须得到完全的满足以后。因此,营销人员在借助马斯洛的这一理论时,必须与具体实际结合起来。

3.1.3 消费者购买动机的含义

购买动机是在消费需求的基础上产生的,是促进消费行为发生并为消费行为提供目的和方向的动力。

1. 消费者购买动机的概念

动机,原意是引起动作。心理学认为动机是人们一切行为的内在动力,是人们从事某种活动的直接原因。所谓消费者的购买动机,是指消费者为了满足自己一定的需要而引起购买行为的愿望或意念,它是能够引起消费者购买某一商品和劳务的内在动力。它反映了消费者生理上和心理上的需要,是消费者为达到某些愿望而采取购买行为的推动力。

2. 消费者购买动机的特征

消费者购买动机是一个复杂的体系,虽然这一体系随着消费者需要的变化和外部环境的刺激而不断变化,但也有一些共同的特征。

(1) 复杂性

消费者的购买动机是很复杂的,一种购买行为往往包含着若干个购买动机,相同的购买动机也可能表现出不同的购买行为。消费者复杂而多样的购买动机往往以其特定的相互联系构成动机体系。在消费者的购买动机体系中,各种动机所占的地位和所起的作用是不同的。较强烈而稳定的动机称为优势动机,其余的则称为劣势动机。一般来说,优势动机具有较大的激活作用,在其他因素相同的情况下,消费者个人的行为是同优势动机相符合的。

(2) 转化性

消费者的优势动机和劣势动机不仅相互联系,而且相互转化。一个消费者的购买行为在多种购买动机驱使形成的过程中,优势动机往往起关键作用。但是,如果在决策或选购商品的过程中，出现了较强的外部刺激，如购买现场的广告宣传，或发现钱不够，或近期某种商品的价格调整，或售货员态度恶劣使人难以忍受等，迫使消费者购买的优势动机被压抑，则优势动机就可能向劣势动机转化。

（3）公开与内隐的并存性

在消费者多种多样的购买动机中，有些是有意识的公开的动机，即完全知道行为背后的动机，而有些则是无意识的内在隐藏着的动机。消费者的购买行为源于有目的的决策，其中购买动机十分明确，并可公开表达，是有意识的公开的动机。当一个消费者无论如何也不能说清楚某一特定行为的真正动机，或者出于某种原因，以劣势（或次要）动机或其他动机掩盖其优势动机或真正动机时，就是内隐性动机。由于消费者的有些购买行为是在潜意识的支配下进行的，或者是许多动机交织在一起的，因此优势动机与劣势动机往往不易辨认，有时连消费者本人也说不清楚。

（4）冲突性

消费者多种多样的购买动机有时也会相互冲突或抵触，使消费者在购买商品时内心出现矛盾、左右为难的情形。当消费者的购买动机发生冲突和斗争时，消费者应该理智地对待。在消费者动机互相冲突的情况下，企业营销人员应该抓住这种机会及时指导和引导，促使消费者做出购买决策。

（5）指向性

消费者购买动机具有指向性，即方向性、目的性，它能使购买行为保持一定的方向和目的，因此动机从总体上来说是自觉的。同时，由于动机是一个内在的心理过程，属于主观范畴，这种心理过程本身是看不见、摸不着的，只能从动机所推动的行为来分析它的内容和特征，因此动机与实践有着密切的关系。消费者的任何行为或活动总是由动机所支配的，研究消费者的动机，就是要把握消费者的购买动机发展变化的规律，根据其指向性的特征，组织企业营销活动。

营销视野	消费者的购买动机理论

动机是消费者行为的直接推动力。在现代心理学中，关于动机问题，不同的心理学家从不同的角度提出了不同的动机理论，而且都在不断发展和变化着。

（1）认知和期望理论

认知理论认为，人类的动机行为是以一系列的预期、判断、选择，并朝着目标的认知为基础的。主张认知论的早期代表是爱德华·切斯·托尔曼（Edward Chace Tolman）和库尔特·勒温（Kurt Lewin），他们认为行为的动机是期望得到某些东西或企图避开某些东西。认知理论着重强调人的较高级心理过程对行为的影响作用，即强调人的思维对行为的调控作用。

1964年，维克托·弗鲁姆（Victor H. Vroom）提出了期望理论，他认为，人的行为的激发力量，即积极性的高低决定于目标效价和期望实现概率的乘积，用公式表示为

$$F = V \times E$$

式中，F 代表动机力，即人行为的激发力量或积极性；V 代表目标效价，即行动目标的价值；E 代表目标期望实现的概率，即期望值。

从这个公式可以看出，人们某一行动的积极性的高低取决于对行动目标价值大小的认识，同时还取决于目标实现概率的大小。

（2）内驱力理论

内驱力理论认为，动机作用是过去的满足感的函数。这种理论认为，人对现在行为的决策，大部分以过去行为所获结果或报酬进行衡量，也是人的现在行为动机要以过去的行为结果为依据。过去的行为如果导致好的结果，人们就有反复进行这种行为的倾向。如果过去的行为没有导致好的结果，人们就有回避进行这种行为的倾向。

内驱力理论公式为

$$SE = SH \times D \times V \times K$$

式中，SE 代表反应潜力或行为；SH 代表习惯强度；D 代表内驱力；V 代表刺激强度的精神动力；K 代表诱因动机。

从这个公式可以看出，人的行为是习惯强度、内驱力、精神动力、诱因动机相乘的关系。消费者面对某种品牌的商品，其习惯强度、内驱力、精神动力、诱因动机等因素越强烈，购买这种品牌的商品的可能性就越大。

（3）精神分析的动机理论

精神分析的动机理论是由弗洛伊德提出的。弗洛伊德认为，人的行为可以看作是人格的几部分相互作用的产物，与人的心理相对应，人格主要有三部分组成：本我、自我和超我。

精神分析的动机理论认为，人们可能会因为种种原因而压制隐藏一些原始的本能冲动。具体到消费行为，很多时候消费者对商品的选择，可以说是消费者本人没有意识到的动力因素决定的。

20 世纪 40 年代，在速溶咖啡刚问世时，并不受消费者的欢迎，厂家进行市场调查探明了原因，消费者反映速溶咖啡的味道不好，但是让消费者当面就传统制作的咖啡和速溶咖啡的味道进行对比时，发现两者并没有明显的区别。事实上消费者拒绝速溶咖啡的真正原因是不愿被看成是不会生活的、懒惰的、生活没有情趣的人。

3.1.4 消费者购买动机的作用

动机与需要是行为的两个内在因素。动机是建立在需要的基础上的，它受到需要的制约和支配。动机是激励人们行为的直接原因，是个体基于某种欲望所引起的心理冲动。购买动机在购买行为中起着十分重要的作用，如果说消费者的需要是消费者购买活动的基本动力和源泉，那么购买动机就是消费者需要的具体表现或是它的内在动力体系。具体而言，购买动机有如下作用。

1. 引起和驱动作用

购买动机能够唤起人们的行为，引起和驱使消费者产生购买行为。因此，购买动机是购买行为的根本动力。消费行为的驱动力反映了消费者在心理上、精神上和感情上的需要。从每次消费实践中，消费者都能感知：任何购买行为都受到一定的购买动机支配，甚至受多种动机共同支配。事实上，由于消费者的生理需要和心理需要密切联系、复杂多样，他们的购买活动往往不单纯是为了适应一种购买动机，更多的是适应多种相互联系并同时起作用的购买动机。

企业充分搞清楚顾客的购买动机，可以引发其购买行为。只有千方百计地激发消费者的购买动机，才能使更多的消费者购买本企业所营销的商品。

2. 指引和引导作用

消费者的购买动机具有指向性和引导性。购买动机可以指引购买行为的方向，引导消费者的购买行为沿着某种特定的方向进行。在某些情况下，购买动机与目的具有完全一致性。

例如，饥饿时就会产生购买食品的动机，而购买行为的目的就是要得到食品，于是消费者在此动机和目的驱动下，径直走向食品商店去购买食品。

企业应研究消费者为什么购买某种特定商品，而不购买其他类似的商品；研究消费者为什么愿意经常到某一类型或某一特定的商店购买，而不到另一类型、另一家商店购买。只有加强对消费者的动机的研究，才能掌握其中的规律，并据此改善经营管理，不断提高服务质量。

3. 维持和加强作用

动机对行为具有维持和加强作用。消费者的购买动机的性质与强弱程度必然影响购买行为。在消费者购买过程中，消费者的动机将贯穿其行为的始终，不断激励消费者排除各种因素的干扰，直至实现购买目标、满足需求。购买动机稳定而持久，则购买行为积极而坚定，这样的消费者能够克服困难、排除干扰去实现购买目标。

企业要重视对消费者购买动机的研究，科学地分析影响消费者购买动机的因素，揭示对消费者购买行为具有决定性作用的优势动机和真实动机，从而采取有效的营销策略，维持和强化对企业和社会健康发展起到积极作用的购买动机，达到企业营销的目的。

综上所述，消费者的购买行为是由购买动机支配的，消费者的购买动机不但激起购买行为，而且能使行为朝着特定的方向、预期的目标行进。购买目的是消费者采取行为要达到的结果，购买动机则是要达到这一结果的主观原因。因此，要了解一个消费者为什么追求这个目的而不追求其他目的，就要判断一个消费者购买行为的实质，首先要揭示其追求这种目的的主要购买动机。

3.1.5 我国汽车消费者购买动机的分类

消费者需要与刺激因素的多样性，决定了消费者购买动机的复杂性。各种动机按照不同的方式组合和交织在一起，相互联系、相互制约，推动着人们沿着一定的方向行动，演奏出丰富多彩的人类社会生活的交响曲。下文根据马斯洛的需求层次理论和麦古尼的心理学动机理论将我国汽车消费的动机分为9类。

1. 情感购买动机

情感购买动机是指由人的情感需要引发的购买欲望。目前越来越多的父母将汽车作为生日礼物、嫁妆等送给孩子。

营销案例	为了我太太
有位先生参加大型车展，他在一部豪华车前徘徊了许久，始终没有决定是否要买。第二天，他又来了，这一次没有任何犹豫，直接找到负责车展的销售人员，签合同，付定金，购买了这辆汽车。销售人员问他是什么原因使他在第二天下决心购买这部车的时候，他的回答非常简单："为了我太太"。	

2. 求实购买动机

求实购买动机是指消费者以追求商品或服务的使用价值为主导倾向的购买动机。消费者是出于"实惠""实用"等动机产生购车欲望的。在这种动机驱使下，消费者选购汽车时特别注重功能、质量和实际效用，不过分强调车辆的型号、配置等，并且几乎不考虑商品的品牌、外形及内饰等非实用价值因素。这类消费者利用汽车通勤、装货或家庭外出旅游等，就会选择空间大、性能稳定、故障率低的汽车，而不一定选择高档豪华汽车。

3. 求新购买动机

求新购买动机是指消费者以追求商品或服务的时尚、奇特、新颖为主导倾向的购买动机。消费者以追求汽车的新潮入时为主要特征，这类消费者的动机核心是"时髦"和"奇特"。例如，外形时髦的跨界车型深受消费者的青睐，能满足一部分追求时尚、新潮的消费者的心理需求，就是因为它的设计融合了多种类型汽车的特征，并形成了一种时尚。

4. 求名购买动机

求名购买动机是指消费者以追求名牌、高档商品，借以显示或提高自己的身份、地位而形成的购买动机。具有求名动机的消费者比较重视商品的商标、品牌、档次及象征意义，几乎不考虑车辆的价格和实际使用价值，只是通过消费来显示自己的生活水平和社会地位，以达到宣传自我，甚至是夸耀自己的目的。

5. 求优购买动机

求优购买动机是指消费者以追求车辆的质量优良为主要特征。这类消费者选购汽车时注重内在质量，对外观式样及价格等不做过多考虑。

6. 求美购买动机

求美购买动机是指消费者以追求商品的美感和艺术价值为主导倾向的购买动机。这类消费者在选购汽车时最关注汽车的审美价值和装饰效果，注重汽车的造型、色彩、图案等，汽车的实际使用价值是次要的。女性，尤其是年轻女性就是这类消费者的典型，她们对时尚都有很敏感的触觉。例如，大众甲壳虫融入了时尚元素，且具有靓丽鲜艳的颜色、灵巧可爱的造型、温馨的内饰，这些引发了消费者强烈的购买欲望。

7. 求廉购买动机

求廉购买动机是指消费者以追求商品价格低廉为主导倾向的购买动机。这类消费者在选购车辆时最注重的是价格，对汽车的式样、外观及质量等不过分计较，喜欢购买由于某种原因而折价处理的车辆。当汽车价格连续下降时，此类消费者就会因车价相对低廉而迅速行动。2005年的车市连续降价，引起全国汽车销量增长，就是具有求廉购买动机的购车者行动的结果。

8. 嗜好购买动机

嗜好购买动机是指少数消费者选购汽车是以满足个人爱好或兴趣为主要特征。例如，一些演艺明星钟情于购买法拉利等跑车。

9. 从众购买动机

从众购买动机是指消费者以效仿他人、追求社会潮流为主要特征的购买动机。具有从众购买动机的消费者，在选购商品时，以相关群体大多数成员的行为为准则，自觉不自觉地模仿他人的购买行为。

以上具体购买动机并不是孤立地存在于汽车消费者的购买行为中，而是相互交错、相互制约的。在汽车消费者的购买活动中，起作用的通常不只是一种购买动机，而是多种购买动机同时起作用。因此，了解汽车消费者的购买动机，有助于企业生产出适应消费者需求的产品。

掌握了吗？

1) 消费者需要产生的起因有赖于消费者的（　　）、（　　）和（　　）。

2) 消费者的需要包括（   ）、（   ）、（   ）、（   ）、（   ）、（   ）和（   ）等七大特征。

3) 马斯洛需求层次理论将人的基本需求分为（   ）、（   ）、（   ）、（   ）和（   ）等几个层次，其中最低层次是（   ），最高层次是（   ）。

4) 消费者购买动机具有（   ）、（   ）、（   ）、（   ）和（   ）等五大特征。

5) 消费者购买动机的作用有三个，分别是（   ）、（   ）和（   ）。

拓展升华

豪华车市场回暖

近年来，消费升级已经成为汽车市场的趋势，尤其是德系三大品牌以及雷克萨斯、凯迪拉克等品牌的逆势增长，更是汽车市场消费升级的佐证。但 2020 年年初，前两个月乘用车销量骤降，致使豪华车市场也受其影响，3 月以来国内汽车市场逐渐回暖，豪华车的回暖态势高于平均值。

豪华车市场要优于整体汽车市场表现。2020 年 3 月狭义乘用车零售比整体下滑 40.4%，豪华车市场的零售比同比下滑 19.6%。从以上数据来看，各大豪华车的销量在 3 月均有大幅提升，发展已趋于正常水平。豪华车市场的表现说明了在车市下行的影响下，消费升级的高端换购需求回暖速度快，同时豪华车市场的整体抗风险能力相对较强，消费升级的安全意识以及购买意识较强。

豪华车市场回暖，消费升级在继续。国产豪华车，如红旗车，如何把握消费者的需求与动机？

3.2 汽车消费者的购买行为

开节话题

央视"中国经济生活大调查"栏目联合数据联盟成员一点资讯，根据 2018 年 125 亿人次的互联网浏览数据，形成了《中国汽车消费者行为洞察报告》。

该报告指出，在 2018 年消费者对不同车型关注时长的变化中，中高级 SUV 上涨迅猛，中型 SUV 比 2017 年上涨 225%，大型 SUV 上涨 47%，同时中高级 MPV 的购买意愿和关注度也连续 4 年上涨，2018 年比 2017 年上涨了 89%。这种潮流和趋势的变化是中国车市消费者的年龄结构和购车观念变化带来的。80 后和 90 后已经成为汽车内容消费市场的绝对主力，占比分别达到 30% 和 43%。从城市层级分布来看，汽车的内容消费需求下沉趋势明显，二线城市的 80 后和四线城市的 90 后对汽车的关注相对要高出不少。这些年轻的汽车消费群体有什么特点呢？从年轻消费群体关注汽车整体消费词云画像中，我们可以看到，他们非常懂车，从购车到售后、从体验到技术都非常关心。

营销任务：
试分析我国汽车消费者的消费行为会受到哪些因素的影响。

营销理论

消费者的购买行为总是以购买动机为先导，没有动机，就不会产生行为。企业研究消费者的动机，主要是解决消费者为何购买的问题，而研究消费者的购买行为，则是明确消费者的分类、购买习惯和购买过程，目的在于揭示消费者购买行为的规律。

3.2.1 消费者的购买行为

行为是指有机体在外界环境的影响和刺激下，所引起的内在生理和心理变化的外在反应。消费者的购买行为，就是指消费者个人或家庭为了满足自己的物质和精神生活的需要，在某种动机的驱使和支配下，用货币换取商品或劳务的实际活动。其含义包括以下两个方面。

1. 消费者的购买行为是个持续的过程

消费者的购买行为强调的是在购买过程中，消费者和出售者之间的相互影响，是个持续的过程，包括购买前、购买中和购买后等几个阶段。

2. 消费者的购买行为是交换行为

消费者的购买行为是由两个或两个以上的人或组织互相提供和取得价值的交换行为，是营销活动不可缺少的一部分。消费者的购买行为记录的是整个消费过程，包括在购买前，购买中和购买后影响消费者所有行为的全部因素。

营销视野　　不同领域对消费者的购买行为的解释

消费者的购买行为是多种因素综合作用的结果。长期以来，人们从不同的角度和方向分析研究消费者的购买行为，对消费者的购买行为做出不同的解释和说明。

（1）从经济学的角度分析

经济学家把人的需求同效用联系起来，提出了有效行为论，认为消费者购买商品遵循"最大效用"原则，即设法从有限的收入中谋求最大的效用，获得最大的满足。经济学家认为，消费者由于受边际效用递减规律的影响，不愿把过多的收入花费在一种商品的购买上，不管这种商品对他们有多大的吸引力。这是因为，一种商品的购买量越多，其边际效用越小，而消费者的收入都是有限的。在无法做到广购博采的情况下，又想谋求最大效用和最大满足，因此价格对消费者购买行为的影响举足轻重，由此便形成了以下购买行为规律：价格越低购买者越多；替代品价格低，原产品购买者就少；互补品价格低，原产品购买者越多；工资收入水平越高，价格作用就越小；经济收入越多，经济因素对购买行为的作用就越小。

（2）从社会学的角度分析

社会学家认为，人们的购买行为除了受经济因素的影响和制约外，还在很大程度上受社会群体、社会环境、社会地位的影响，即消费者所处的社会地位、文化修养、相关群体都决定着他们的欲望和要求，支配着他们的购买行为。因此，研究消费者的购买行为，重要的是确定影响购买行为的诸种社会因素，准确地分析购买行为与各种社会因素之间的必然联系。

（3）从心理学的角度分析

在心理学家看来，消费者的购买行为不是纯经济因素和社会因素的产物，而是生理需要和后天经验相互作用的结果。其中，消费者的个性心理和社会心理因素是购买行为过程中不可缺少的重要环节和内在动力。研究消费者的购买行为，就要研究消费者的个性、态度、兴趣、感觉、知觉、理智、后天经验等心理因素及其相互作用，运用心理学的理论和方法揭示购买行为发生的奥秘，指导企业的市场营销行为。

综上所述，尽管不同学科的专家对消费者的购买行为做出了各不相同的解释，但是他们的解释说明了一个问题，即消费者的购买行为的产生与发展不是一个简单的、孤立的过程，而是受到经济、政治、社会、心理等各种因素的影响和制约，并具有一定的规律性。企业在现代市场营销条件下研究购买行为，只有运用系统论的观点，遵循顾客让渡价值和顾客满意度理论，从经济学、社会学、心理学、行为学等学科进行多角度透视、立体性观察、全方位分析，才能真正掌握消费者的购买行为的规律。

3.2.2 消费者的购买行为的模式

消费者的购买行为模式是指用于表述消费者消费过程中的全部或局部变量之间的因果关系的理论描述，主要有以下几种模式。

1. 刺激-反应模式

刺激-反应模式认为，购买者的购买决策行为来自其对外界刺激的积极心理反应。这种反应产生的原因是受到某种刺激，而购买行为是对这种刺激的反应。外部刺激被消费者接受后，经过一定的心理过程，进而产生消费行为。消费者的购买行为的形成要经过三个阶段：投入刺激、"黑箱"作业和消费者的行为，如图3-3所示。面对庞大消费者市场的汽车企业，实际上所面对的是许多个人购买需求和动机。汽车企业要能正确地判断和引导消费者的购买动机，满足他们的各种需求，就必须进行消费者的购买行为研究，研究他们如何做出花费自己可支配的资源（时间、金钱和精力）在有关消费品上的决策，即要对消费者对营销刺激和其他刺激的反应、消费者的购买行为模式有一个较为全面的认识。

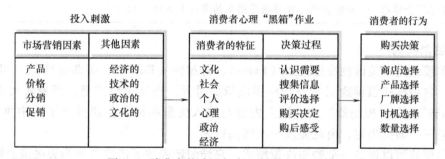

图3-3 消费者的购买行为"刺激-反应"模式

（1）投入刺激

在刺激-反应模式中外界的投入刺激主要产生于两个方面：一是环境的影响，具体有经济、技术、政治、文化等各种宏观环境因素的刺激，即"大气候"对"黑箱"发生显著的影响；二是企业的营销活动所形成的影响，具体通过企业的产品、价格、分销、促销等营销策略，同时这些因素的变化和不同组合形式，又成为影响消费者"黑箱"的具体而又直接的"小环境"。

（2）"黑箱"作业

首先是消费者的特征，消费者的心理活动会受文化、社会、个人、心理、政治、经济等多种因素的影响，这些因素会影响消费者对刺激的理解和反应，产生对各种事物的认识、情绪和意志，并制约着消费者对刺激的反应。然后是消费者的购买决策过程。它从消费者认识到需要开始，经购后使用、消费完毕告一段落，循环往复又不断变化。在这个过程中，消费者必须做出一系列的判断和决定。

（3）消费者的行为

在诸多因素的共同作用下，消费者最终将做出一定的反应，决定如何满足需要和欲望。消费者行为由此开始，由观念形态进入现实之中，决定购买什么、为何购买、由谁购买、何时购买、何地购买、如何购买等。

消费者的购买行为模式表明，可以通过可控的市场营销因素和不可控的环境因素刺激消费者。消费者根据自己的特性处理这些信息，经过一定的决策过程产生一系列的购买决定。所以，通过对消费者的购买行为的研究分析，一个企业既要善于利用"大气候"，营建利于自己的市场营销的"小环境"，又要善于分析消费者"消化"外部刺激和"产出"的规律性，这样才能制定出有效的市场营销战略。

营销案例	新能源汽车的崛起

之前，很多消费者在新能源汽车与燃油车之间纠结，一些消费者说"等充电慢、续驶里程短的问题被充分解决了之后，再提新能源汽车也不晚"。

在大家对新能源汽车的关注因素中，续驶里程、电池寿命、充电地点、充电时间位居前四名。市场缺乏刺激，很多消费者没有为自己增购、换购新能源车找到有足够说服力的理由。但是国家政策、充电站的兴建、换电模式的运用、增程式新能源汽车的增多等因素刺激消费者对新能源汽车充满信心，增购、换购新能源汽车成为新的时尚。

2021年，新能源汽车用实际行动回答了所有人的疑问。2021年，新能源汽车总销量达到了352.1万辆，同比增长了1.6倍；新能源乘用车销量为333.4万辆，同比增长167.5%。我国的新能源汽车产业更是连续7年稳居全球第一，新能源汽车在我国乘用车的渗透率达到了15.5%。

2. 恩格尔模式

恩格尔模式是由美国教授恩格尔（Engel）、科拉特（Kollat）、布莱克威尔（Blackwell）所提出的。这种模式强调购买者进行购买决策的过程。在这个模式里，消费者的心理成为"中央控制器"。在"控制器"中，输入内容与输入变量相结合，便得出了"中央控制器"的输出结果——购买决定，由此完成一次购买行为。

恩格尔模式可以说是一个购买决策模式，它详细地表述了消费者的购买决策过程，强调了购买决策的系列化。

3. 维布雷宁模式

维布雷宁模式认为，消费者的购买行为通常受到社会文化和亚文化的影响，消费者会遵从于他所处的相关群体、社会阶层和家庭等特定的行为规范。

根据维布雷宁模式，文化和亚文化对消费者的购买行为的影响是总体的和方向性的。除此之外，相关群体也影响消费者对某种产品或品牌的态度，影响其消费内容和消费方式，从而影响其购买行为。

4. 马歇尔模式

英国经济学家马歇尔（Marshll）认为，消费者都根据自己的需求偏好、产品的效用和相对价格来决定自己的购买行为，也就是说消费者的购买行为是理性的判断和经济的计算。

根据马歇尔模式，产品价格越低，消费者的购买量就越大；边际效用递减，消费者的购买行为减弱；消费者的收入越高，购买量就越大；消费者花费的购买金额越大，购买行为越慎重。

这种模式侧重于对消费者的购买行为的经济因素的研究，而忽视了其他因素。

3.2.3 影响汽车消费者的购买行为的主要因素

消费者的购买行为是在消费者内在因素的直接作用下发生的，同时也受到一系列外部环境因素，特别是企业市场营销活动的影响。消费者的购买行为，实际上就是这些错综复杂的内外部因素相互制约和相互作用的结果。因此，企业研究消费者的购买行为，就要注意了解支配和影响消费者购买行为的各种因素，并将这些因素与消费者在购买过程中的各种活动结合起来进行分析，这是企业有的放矢地开展营销活动，在满足市场需要的竞争中取得优势的基础。影响消费者的购买行为的因素如图3-4所示。

1. 影响汽车消费者的购买行为的内在因素

内在决定因素也可称基本决定因素，包括消费者的需求、动机、个性、知觉、学习、态度等。

（1）需求

图3-4 影响消费者的购买行为的因素

需求是人类行为和消费者行为之母，是人类所具有的生理或心理上的欠缺和不满足。人的需求可以通过对产品、服务的使用来得到满足。按马斯洛的需求层次论，人类是有需要和欲望的，随时等待满足，而且人的需要是分层次的。只有当低级的需要得到满足后，才会产生更高级的需要。需要强度的大小则与需求层次的高低成反比。此外，人的需求还有对知识的需求，即与好奇心、实现欲、自我完成相关的需求和审美性需求，即追求美、协调和秩序的需求。

营销案例	购车者需求的多样性和层次性

消费者的需求具有多样性和层次性的特点。如果顾客说想买一辆"不贵"的汽车，我们可以通过调查发现，其中至少有五种需求存在：

1）表明了的需求：一辆不贵的汽车。
2）真正的需求：低廉的总购买成本和使用成本。
3）未表明的需求：期望从销售处得到好的服务。
4）令人愉悦的需求：在购买汽车时意外地获得相关地区或国家的交通地图册。
5）秘密的需求：想找到一个以价值导向的理解顾客心思的朋友。

（2）动机

动机是所有消费者行为的基础。动机是激励一个人的行动朝一定目标迈进的一种内部动力。已满足的需要不会形成动机，只有那些未满足的需要才构成动机。当个人的某种需要未得到满足，或受到外界刺激时，就会引发某种动机，再由动机而导致行为。弄清个人购买者动机生成的机理，对于企业市场营销具有重要意义。

营销视野	惠 顾 动 机

影响人们在习惯性地点购买商品的动机被称为惠顾动机。某个消费者可能因为此动机在某一特定商店购买商品。例如，商品的价格、服务态度、地点、信誉、产品的多样性甚至售货员的友善等方面的优惠，使消费者形成习惯消费行为。

利用消费者的惠顾动机，市场营销人员应该设法了解顾客习惯性惠顾一个商店的特点，并在营销组合中突出这些特点。

（3）个性

每个人都有个性。个性是和人们的经验与行为联系在一起的内在本质特征，源于不同的遗传和经历。每个人的内心世界、知识结构、成长过程都不同，所以个性是一种与众不同的、独特的心理特性。个性比较典型地表现为一种或几种特征，如冲动、野心、灵活、死板、独裁、内向、外向、积极进取和富有竞争心。

营销人员要试图发现消费者的这些特点和购买行为之间的关系，分析其个性对所购商品的品牌和类型的影响。例如，消费者所购买的服装、首饰、汽车等的类型反映一种或几种个性特征。通常，营销人员把广告宣传瞄准在某些一般人都有的个性特点上，通过运用那些积极的有价值的个性特征来进行促销。

（4）知觉

消费者被激发起动机后，随时准备行动，如何行动则受他对相关情况的知觉程度的影响。知觉是指个人因受到外在环境的刺激后创造一定意义或从自身的内在因素中引发出一定意义的过程。知觉不但取决于刺激物的特征，而且依赖于刺激物同周围环境的关系，以及个人所处的状况。人们要经历三种知觉过程，即选择性注意、选择性扭曲和选择性记忆，所以即使对同一刺激物，其知觉也会因人而异。

1）选择性注意。消费者在日常生活中平均每人每天要接触1500个以上的商业信息。面对众多刺激物，一个人不可能对所有刺激物都加以注意，其中多半被筛选掉，这个过程称为选择性注意。一般来说，以下情况容易引起注意并形成知觉：

① 与最近的需要有关的事物。

② 正在等待的信息。

③ 大于正常、出乎预料的变动。

例如，为获得消费者的选择性注意，企业在登广告时可以通过震撼的音乐或者粗体的标题，来吸引受众的注意。

2）选择性扭曲。即使是消费者注意的刺激物，也不一定会与传播者预期的方式相吻合。人们对注意到的事物，往往喜欢按自己的经历、偏好、当时的情绪、情境等因素做出解释，就是人们将信息加以扭曲，使之合乎自己意思的倾向。选择性扭曲可能与企业的想法、意图一致，也可能相差很大。信息传播者的任务是力争使信息简明、清楚、有趣和多次反复，使信息的要点得以传递。

3）选择性记忆。人们容易忘掉大多数信息，却总是能记住与自己态度、信念一致的东西。企业的信息是否能留存于顾客记忆中，对其购买决策影响很大。由于存在选择性记忆，所以我们很可能记住一个产品的优点，而忘记了其竞争对手同类产品的优点。选择性保留对强势品牌很有用。

由于上述三种知觉加工处理程序的存在，使得同样内容和数量的信息，对不同的消费者会产生不同的反应，而且都会在一定程度上阻碍购买者对信息的接收。这就要求市场营销人员必须采取相应的市场营销策略，如大力加强广告宣传、不断提高和改善商品的质量和外观造型等，以扫除各种感觉障碍，使本公司的汽车产品信息更易被消费者注意、了解和接收。

（5）学习

学习也称"习得"，是指人会自觉、不自觉地从很多渠道、通过各种方式获得后天经验。通常情况下，学习并非一次性全部完成的，而是随着经验和试行不断加强。学习曲线告诉我们：假设购买特定品牌的产品，消费者在购买三次后，第四次购买同一品牌的概率约为62%，第六次重复购买该品牌的概率将达76%。

学习会引起个人行为的改变。在消费者的学习过程中，以下几点特别需要关注：

1）加强：购后非常满意，会增强信念，以至重复购买。
2）保留：称心如意或非常不满，会念念不忘。
3）概括：感到满意会爱屋及乌，对有关的一切也产生好感；反之，则会殃及池鱼。
4）辨别：一旦形成偏好，在需要时会百般寻求。

消费者购买汽车这类昂贵耐用品的学习过程是从搜集有关汽车方面的资料开始的，了解品牌、分析判断、提出方案、实物对比、询问解疑，直至最后采取购买行动。在这个过程中消费者必然会细致地听取营销人员介绍各种车型及其性能等。因此营销人员就需要将学习和购买动机联系起来，运用汽车展销会、广告等刺激性暗示及强化等手段来形成消费者对推销产品的强烈反应，既给消费者一个学习机会，又促进了消费者对产品的需求，从而帮助潜在的顾客完成学习过程，成为现实的顾客。

（6）态度

态度是人们对某个事物所持的持久性和一致性的评价和反应，它体现了一个人对某一事物的喜好和厌恶的内部心理倾向。它包括三个互相联系的成分：信念、情感与倾向。态度的形成是逐渐的，产生于与产品、企业的接触，以及其他消费者的影响、个人的生活经历、家庭环境的熏陶。态度一旦形成，就不会轻易改变。消费者对公司和产品的态度，对公司营销战略的成功或失败至关重要。当消费者对公司营销实践的一个或几个方面持否定态度时，他们不仅自己会停止使用该公司的产品，还会要求亲戚和朋友也这样做。

因此，作为企业应注意研究消费者态度的形成过程，或者强化现有的喜好态度，或者让消费者喜欢上新产品和不了解的品牌，或者让其改变现有态度，提高喜欢的程度。

营销案例　　　　　　　　　**改变态度需要有力的促销方式**

在需要改变消费者的态度时，企业必须有强大的广告宣传手段和有力的促销方式。

日本本田公司的摩托车在进军美国市场时，一开始就面临美国公众对摩托车持否定态度的不利信念。由于受影视剧的影响，美国人常把摩托车同犯罪活动联系在一起，本田公司为了扩大市场，便设法改变美国公众的态度。该公司以"你可以在本田车上发现最温文尔雅的人"为主题，大力开展促销活动，通过广告画面上的骑车人都是教授、美女以及牧师等策略，逐渐改变了公众对摩托车的态度。

2. 影响汽车消费者的购买行为的外在因素

影响汽车消费者的购买行为的内在因素与消费者购买决定直接相关，而外在因素只是对内在因素施加影响，从而间接地影响消费者的购买决定。外在影响因素主要有文化因素、社会因素、家庭因素、政策因素、经济因素和企业因素。

（1）文化因素

文化因素对个人需求和购买行为的影响极其深远。文化因素之所以影响购买者行为，其原因有三点：一是文化的存在可以指导购买者的学习和社会行为，从而为购买行为提供目标、方向和选择标准；二是文化的渗透性可以在新的区域中创造出新的需求；三是文化自身所具有的广泛性和普及性使消费者个人的购买行为具有攀比性和模仿性。所以，营销者在选择目标市场和制定营销方案时，必须了解各种不同的文化对于企业产品的影响，了解购买者对企业产品的实际兴趣。文化因素主要包括文化、亚文化两个方面。

1）文化。文化是人类欲望和行为最基本的决定因素。低等动物的行为主要受本能支配，人类的行为大部分通过学习得来。一个人在社会中成长，受到家庭、环境及社会潜移默化的影响，学到一套基本的价值观、风俗习惯和审美观，形成一定的偏好和行为模式。

① 价值观是人们对社会生活中各种事物的态度和看法。不同的文化背景下，人们的价值观相差很大。在现代文明中，汽车可能是司空见惯的商品，而在另一种文化下，如经济落后地区，汽车对人们就没有太大的意义。

② 风俗习惯是人们根据自己的生活内容、生活方式和自然环境，在一定的社会物质生产条件下长期形成，世代相传，成为约束人们思想、行为的规范。它在饮食、服饰、居住、婚丧、信仰、节日、人际交往各个方面，都表现出独特的心理特征并影响购买行为。

③ 审美观通常是指人们对事物的好坏、美丑、善恶的评价，受社会舆论、思想观念等影响，并制约欲望和需求取向。不同的消费者往往有不同的审美观。审美观不是一成不变的，往往受到社会舆论、社会观念等多种因素的影响，并制约着消费者的欲望和需求。

2）亚文化。一种文化内部，也会因为各种因素的影响，使人们的价值观念、风俗习惯及审美观表现出不同的特征，这就是亚文化。亚文化又被视作"文化中的文化"，亚文化群体的成员不仅具有与主流文化共同的价值观念，还具有自己独特的生活方式和行为规范。就汽车消费者的购买行为而言，亚文化直接影响着不同国家汽车的设计风格和消费者的购车偏好，所以它的影响更为直接和重要，有时甚至是根深蒂固的。

亚文化主要表现在以下方向：

① 民族亚文化：各个民族在宗教信仰、节日、崇尚爱好、图腾禁忌和生活习惯方面有其独特之处，并对消费行为产生深刻影响。

② 宗教亚文化：不同宗教有不同的文化倾向和戒律，影响人们认识事物的方式、对客观生活的态度、行为准则和价值观，从而影响消费行为。每种宗教都有其主要流行地区和鲜明的特点。

③ 地理亚文化：不同的地区有不同的风俗习惯和爱好，使消费行为带有明显的地方色彩。

（2）社会因素

消费者购买行为要受到一系列社会因素的影响，如消费者相关群体、社会阶层等。

1）相关群体。相关群体又称参考群体、榜样群体。相关群体是指那些直接（面对面）或间接影响消费者的个人态度、意见和价值观的群体。相关群体可以是实际存在的社会团体组织，如党派、单位、教会、协会等，也可以是无具体组织的虚拟榜样的一群人，如明星、名人效应影响形成的追星族。

相关群体对个人购买者购买行为的影响是潜移默化的。由于人类天生就具有趋同性和归属感，消费者往往要根据相关群体的标准来评价自我行为，力图使自己在消费、工作、娱乐方面同一定的团体保持一致。在这种意义上，相关群体对汽车产品个人购买行为的影响主要表现在以下几方面：

① 为团体成员提供某一特定的生活方式和消费模式，促使群体内的成员根据特有的消费模式采取购买行为。

② 运用团体力量影响个人购买者的购买态度，改变已有的观念。

③ 影响个人购买者对产品及品牌的选择。

研究表明，汽车消费者的购买行为易受到相关群体的影响。

营销视野	消费者相关群体

人们的消费方式和偏好不是天生的，而是后天形成的，特别是购买汽车这样的大件，在消费的过程中会受到以下消费者相关群体的影响。

（1）亲朋好友

亲朋好友构成的群体是一种非正式群体，它对消费者的影响仅次于家庭。在某些情况下，由于具有共同的价值取向，朋友的看法在消费者看来要比父母和爱人的意见更为重要。

追求和维持与朋友的友谊，对大多数人来说是非常重要的。个体可以从朋友那里获得友谊、安全，还可以与朋友互诉衷肠，与朋友讨论那些不愿向家人倾诉的问题。总之，朋友可以满足人们的很多需要。不仅如此，结交朋友还是一种独立、成熟的标志，因为与朋友交往意味着个体与外部世界建立联系，同时也标志着个体开始摆脱家庭的单一影响。朋友的意见和建议，对消费者选择何种产品和品牌，对于怎样评价所购买的产品均有重要影响。这种影响随个体与朋友的相似程度的增加而增强。某人越是觉得其朋友在某些方面与自己相似，他在做购买决策时受朋友的影响越大。

（2）左邻右舍

在我国，由于传统风俗的影响，人们比较注重邻里关系，"远亲不如近邻"的俗语说明了邻里之间的亲密关系。由于居住相邻，信息、观念能及时交流，他人的消费倾向、选择标准、价值评价等，往往成为人们重要的消费参考。

（3）同学、同事

由于较长时间一起学习或同在一个单位共事，相互接触频繁，同学、同事之间都会互相交流消费信息，甚至出现互相模仿、攀比，所以消费者行为心理来自同学、同事的影响是很自然正常的。

（4）名人、专家

有些影视明星、体育明星、歌唱家以及专家、学者，由于在社会上有一定的影响力，受人崇拜和爱戴，他们的消费选择和消费方式都可能成为消费者的参照。

（5）社会团体

机关、学校、学会、协会、俱乐部等，无论是正式的还是非正式的社会团体，所提倡的道德观、价值观、审美观和消费观都在一定程度上影响着消费者的购买行为和消费心理。

2）社会阶层。社会阶层是国外营销学普遍使用的一个概念。社会阶层是具有类似的价值观、兴趣和生活方式的社会性同质集团。一个人的社会阶层，通常是职业、收入、教育和价值观等多种因素作用的结果。同一社会阶层的人，要比来自两个社会阶层的人行为更加相似。不同的社会阶层有不同的生活方式和购买行为，尤其是那些社会阶层明显的国家或地区的人，在其购买行为上反映出显著的差异性。因此，社会阶层不仅是影响消费者行为的重要因素，而且还被用作细分消费者市场的重要依据。

营销视野	社会阶层的特点

美国管理学家科特勒在《行销管理》一书中指出：几乎所有的人类社会都呈现出某种阶层性，其特点是：

1）在同一阶层内有较为一致的生活方式、价值观。

2）阶层不能以单一的指标来划分，而是需要综合职业、收入、教育水平、价值观等因素来确定。

3）社会的阶层是连续的，不存在不可逾越的界限，因此对个人来说，可以从一个阶层进入另一个阶层。

社会阶层不受单一因素的影响，而是同时受到职业、收入水平、受教育程度、财产等多种因素的影响。社会阶层的划分一般要考虑下列几方面的因素：

① 职业。职业是社会阶层划分中普遍使用的一个变量，许多国家有职业排行榜的资料，即对不同职业的评分。在日常生活中，人们也常以职业为标准来评价一个人的地位和背景。

② 收入水平。个人或家庭的收入是评定社会阶层的一个重要依据，而且有关收入的数据容易获得，评价方法比较简便。

③ 受教育程度。在发达国家，职业类型和收入高低，与所受教育的程度密切相关。我国随着知识经济的到来，以及技术的复杂化和职业的专门化，受过高等教育的各类专业人才越来越被重用。如今，受教育的程度已经成为一个重要因素。

④ 财产。财产包括不动产和一些具有地位象征的物品（如汽车等）。一些价格昂贵的商品是现阶段多数人所支付不起的，有的人便以拥有此类商品来体现自己的优越感。

（3）家庭因素

每个人从幼年起就受家庭的影响，而且这种影响会终其一生。人的价值观、生活习惯、审美观、自我价值等方面的观念和意识多数是从家庭——人生第一课堂中获得的。所以家庭对个人的消费行为的影响最大也最直接。家庭因素包括家庭生命周期和家庭购买决策类型。

1）家庭生命周期。家庭生命周期是一个以家长为代表的家庭生活的全过程，从青年独立生活开始，到年老后并入子女的家庭或死亡时为止。在不同阶段，同一消费者家庭的购买力、兴趣和对产品的偏好会有较大差别。西方学术界通常把家庭生命周期划分为以下9个阶段：

① 单身期。单身期是指离开父母后独居的青年时期。处于这一时期的消费者几乎没有经济负担，消费观念紧跟潮流，注重娱乐产品和基本生活必需品的消费。

② 新婚期。新婚期是指新婚的年轻夫妇，无子女阶段。新婚期的人经济状况较好，具有比较大的需求量和比较强的购买力，耐用消费品的购买量高于处于家庭生命周期其他阶段的消费者。

③ "满巢" Ⅰ期。"满巢" Ⅰ期是指子女在6岁以下，处于学龄前儿童阶段。处于这一阶段的消费者往往需要购买住房和大量的生活必需品，常常感到购买力不足，对新产品感兴趣并且倾向于购买有广告的产品。

④ "满巢" Ⅱ期。"满巢" Ⅱ期是指子女在6岁以上，处于已经入学的阶段。处于这一阶段的消费者一般经济状况较好，但喜欢慎重消费，已经形成比较稳定的购买习惯，极少受广告的影响，倾向于购买大规格包装的产品。

⑤ "满巢" Ⅲ期。"满巢" Ⅲ期是指结婚已久，子女已长成，但仍需抚养阶段。处于这一阶段的消费者经济状况尚可，消费习惯稳定，可能购买富余的耐用消费品。

⑥ "空巢" Ⅰ期。"空巢" Ⅰ期是指子女业已成人分居，夫妻仍有工作能力的阶段。处于这一阶段的消费者经济状况最好，可能购买娱乐品和奢侈品，对新产品不感兴趣，也很少受到广告的影响。

⑦ "空巢" Ⅱ期。"空巢" Ⅱ期是指已退休的老年夫妻，子女离家分居的阶段。处于这一阶段的消费者收入大幅度减少，消费更趋谨慎，倾向于购买有益健康的产品。

⑧ 鳏寡就业期。鳏寡就业期是指独居老人，但尚有工作能力的阶段。处于这一阶段的

消费者尚有收入，经济状况有所下降，消费量减少，集中于生活必需品的消费。

⑨鳏寡退休期。鳏寡退休期是指独居老人，已经退休的阶段。处于这一阶段的消费者收入减少，消费量很小，其主要需要是医疗产品。

处于不同阶段的家庭，其需求特点是不同的，企业在进行营销时只有明确目标消费者所处的生命周期阶段，才能制订适当的营销计划。对汽车营销而言，面临的家庭阶段主要是处于"满巢"期和"空巢"Ⅰ期的各类消费者。

2）家庭购买决策类型。在现代核心家庭中，丈夫、妻子往往是商品购买的主要决策者。夫妻各自的购买决策方式对家庭消费的影响是有很大差别的。总体上，家庭消费行为决策类型可以分为四类：独立支配型、丈夫权威型、妻子权威型和共同决策型。

①独立支配型：夫妻双方都能为自己的购物做出决策。这种类型多属于开放型家庭，一般在经济收入较宽裕、层次较高的家庭中较为常见。这类消费者在购买中的自主性和随意性都比较强，因为其购买行为既不受经济收入的限制，又不受家庭成员的约束。

②丈夫权威型：丈夫在家庭购买决策中居主导地位。这种家庭的主要经济来源以丈夫为主，男性的购买心理与行为在很大程度上代表了家庭的购买行为。同时，还有另一类丈夫权威型家庭，即丈夫的理家能力大大高于妻子，有较高的购物决策能力。

③妻子权威型：妻子在家庭购买决策中居主导地位。这种类型的家庭又分为三种可能的情况：一是家庭收入很高，消费支出的决策已不再成为家庭生活的主要话题，生活内容才是家庭成员关心的对象；二是由于丈夫忙于工作和事业，家庭事务从决策到具体购买都由妻子承担；三是妻子的独立生活、购物、理家能力大大超过丈夫。前两类妻子决策型家庭在购买行为上比较随意、机动性较大，是产品销售中较易被吸引的对象；而后者则往往是市场上的挑剔购买者。

④共同决策型：夫妻双方通过协商来决定购物。这种家庭的主要特点是夫妻双方关系融洽、有良好的教育基础、思想较为开放、适应时代潮流，以及家庭中有良好的沟通环境。这种家庭购买决策的分工不会很明确，以两方相互商量、相互参谋的决策形式为主，因此购买决策往往较为慎重和全面，较少冲动。

私人汽车的购买，在买与不买的决策上，一般属于共同决策型或丈夫决策型，但在款式或颜色的选择上，妻子的意见影响较大。从营销观点来看，认识家庭的购买行为类型，有利于营销人员明确自己的促销对象。

（4）政策因素

一个国家的政策会对消费者的购买行为产生间接的影响。随着私人购车比例的增加，汽车消费政策对汽车市场的影响越来越大。

据有关专家分析，1998年10月以前我国购车方式主要局限于现款购车，1998年10月汽车消费贷款业务由建行首先推出，汽车信贷消费成为拉动汽车消费的重要手段。特别是2009年中央针对金融危机的影响推出的1.6L排量以下乘用车购置税减半的政策，极大地促进了1.6L排量以下汽车的销量。2009年我国汽车销量突破1360万辆，较上年实现40%以上的增长成为全球第一大汽车销售市场。仅仅一项购置税减半政策产生的拉动效益如此之高，由此可见政府如果在其他汽车消费政策方面做出相应调整，将对我国汽车消费产生巨大的影响，并对我国汽车行业的发展产生极大的推动作用。

(5) 经济因素

影响汽车市场购买行为的经济因素主要表现在社会购买力水平和消费者可支配收入这两个方面。

1) 社会购买力水平。社会购买力水平是指在一定时期内用于购买商品的货币总额，它反映该时期全社会市场容量的大小。社会购买力的大小客观上制约了人们能够消费什么、消费多少。例如，在 20 世纪 70 年代，手表、自行车和电视被称为高档耐用消费品，而进入 21 世纪后，汽车则作为新一代高档耐用消费品走进了千家万户。

2) 消费者可支配收入。消费者可支配收入是反映居民家庭全部现金收入中能用于安排家庭日常生活的那部分收入，即用家庭中得到的全部现金收入减去个人所得税、记账花费及家庭从事副业生产支出的费用。尤其是个人可支配收入，它是消费需求变化中最活跃的因素，对汽车这种高档产品的销售具有很大的影响。

社会购买力水平和消费者可支配收入的高低决定了消费者的购买能力，进而影响着他们的购买行为。

(6) 企业因素

企业因素是指企业提供的产品、企业本身的形象、企业的广告宣传等对消费者购买行为形成的刺激和影响。

3.2.4 消费者的购买行为的类型

在研究汽车的消费者购买行为时，我们通常以购买态度为基本标准，因为购买态度是影响个人购买行为的主要因素。按照这种标准划分，汽车的消费者购买行为可分为理智型、冲动型、习惯型、选价型和情感型等几种。

1. 理智型

具有理智型消费行为的消费者购买的思维方式比较冷静，在需求转化为现实之前，他们通常要做广泛的信息收集和比较，充分了解商品的相关知识，在不同的品牌之间进行充分调查、慎重挑选，反复权衡比较。也就是说，这类消费者的购买过程比较复杂，通常要经历信息收集、产品和品牌评估、慎重决策和购后评价等各个阶段，属于一个完整的购买过程，因而其购买决策速度慢、时间长。现阶段，我国的私人汽车消费者的购买行为多属于这种类型。因为多数是初次购买私人轿车的用户，购买汽车要花费较多的资金，且汽车结构复杂、专业性较强，普通消费者了解的汽车知识较少。对于这类消费者，营销人员应制定策略帮助其掌握产品知识，借助多种渠道宣传产品优点，对其施加影响，简化购买过程。

2. 冲动型

具有冲动型消费行为的消费者容易受别人影响而迅速做出购买决策。冲动型消费者通常是情感较为外向、个性心理反应敏捷、情绪容易冲动、随意性较强的顾客。他们一般较为年轻（30 多岁者居多），具有较强的资金实力。对于冲动型消费者来说，易受广告宣传、营销方式、产品特色、购买氛围、介绍服务等因素的影响和刺激，进而引发冲动性购买行为。这种需求的实现过程较短，消费者较少进行反复比较挑选。但是这类消费者常常在购买后会认为自己所买的产品具有某些缺陷或其他同类产品有更多的优点而产生失落感，怀疑自己的购买决策的正确性。针对这类消费者，企业在组织市场营销时，要讲究商品的造型和款式，强化广告宣传等促销措施，充分发挥环境的刺激作用，促使其做出购买决策。此外营销人员还要提供较好的售后服务，通过各种途径经常向消费者提供有利于本企业和产品的信息，使消费者相信自己的购买决定是正确的。

3. 习惯型

具有习惯型消费行为的消费者，通常根据过去的购买经验、使用习惯和自己的品牌偏好做出购买决策。这类消费者的购买决策较少受广告宣传和时尚的影响，其需求的形成多是由于长期使用某种特定品牌的产品并对其产生了信赖感，从而按习惯重复购买，这种购买决策实际上是一种"品牌认同"的购买决策。因此，他们在购买时一般不假思索，不经过挑选，购买决策快、时间短，购买行为比较容易实现。对这类消费者，营销人员应尽量简化购买手续，缩短消费者的购买时间。

4. 选价型

选价型消费行为是指对商品价格变化较为敏感的购买决策。具有这类购买态度的消费者，往往以价格作为购买决策的首要标准。该类购买决策又有两种截然相反的表现形式：一种是选高价决策，即个人消费者更乐意选择购买优质高价的商品，例如那些豪华轿车的消费者多采用这种购买决策；另一种是选低价决策，即个人消费者更注重选低价商品，多数工薪阶层的消费者以及二手车的消费者主要采用这种购买决策。

5. 情感型

情感型消费行为是指容易受情感支配做出购买决策的行为。具有这类购买态度的消费者具有个性心理特征，兴奋性比较强，其情感体验较为深刻，想象力特别丰富，审美感觉灵敏。他们在情感型购买的实现过程中，较易受促销宣传和情感的影响，对商品的选型、色彩及知名度都极为敏感，多以商品是否符合个人的情感需要作为研究购买决策的标准。但他们的注意力容易转移，兴趣容易变换，多属于情感的反映者。国外家庭以女性成员为使用者的汽车用户多属于这种购买行为。企业在组织营销时，应根据这类消费者购买行为的特点，注意商品造型、色彩和命名，所采取的各种营销策略都要有利于引起消费者的想象。对情感型消费者来说，只要商品的品质符合其情感需要，就会做出购买决策。

从总体上来说，我国现阶段的汽车个人消费者，其购买行为类型以理智型占主导，其余类型相对较少，而在西方经济发达国家才更为常见，因此汽车营销人员在开发国内国外两个市场时，应采取不同的营销模式。

掌握了吗？

1）影响消费者购买行为的主要内在因素包括（　　）、（　　）、（　　）、（　　）、（　　）和（　　）。

2）判断题：人的社会阶层是一成不变的。（　　）

3）影响消费者购买行为的主要外在因素包括（　　）、（　　）、（　　）、（　　）、（　　）和（　　）。

4）以汽车消费者的购买态度为标准，可以将汽车的消费者购买行为分为（　　）、（　　）、（　　）、（　　）和（　　）等五种。

拓展升华

比亚迪的刀片电池

消费者购买汽车需要的是方便快捷的用车体验，对于新能源电动汽车，他们最关心的是续航能力、电池的安全性等问题。比亚迪的刀片电池有望改写动力电池的未来，有效地解决这个问题。

在电池汽车领域，曾经出现过磷酸铁锂电池和三元锂电池的路线之争。在很长一段时间内，国内大部分车企为了追求更高的能量密度，一窝蜂地选择了三元锂电池，陷入了对续驶里程的盲目攀比。与此同时，电动汽车自燃事故频发，成为很多人选择电动汽车的顾虑之一。新能源汽车到底需要什么样的电池，重新成为人们关注和思考的话题。

2020年，比亚迪刀片电池问世，成了电动汽车行业新的风向标。经过接近一年的验证，比亚迪向业界证明了刀片电池的可靠性，在2020年4月7日举办的比亚迪纯电全系"佩刀"安天下比亚迪新车发布会上，比亚迪宣布放弃三元锂电池，全面使用刀片电池。

刀片电池将引领全球动力电池新的技术路线，让"自燃"这个词彻底告别新能源汽车。在比亚迪的带领下，在行业内上下游企业的共同参与下，刀片电池有望改写动力电池的未来。

比亚迪的刀片电池问世，鼓舞了国产新能源汽车企业的士气，使得国产新能源汽车有机会参与世界新能源汽车的竞赛！

加油，中国科技！加油，中国汽车品牌！

3.3 汽车消费者的购买决策

开节话题

小李大学毕业后找到了一份喜欢的工作，但离家距离较远且公共交通不便，因此逐渐萌生了买车的想法。小李此后开始在各种媒体收集信息，并向拥有私人汽车的同事、邻居和朋友咨询，充分了解各种车型在使用方面的优点和缺点。在经过仔细比较并试驾后，小李最终决定贷款购买某公司生产的A车。该车已经上市4年，原来主要针对中年人市场，但是近期销售增长率和销售额开始下降，因此该公司对A车的外形设计进行改良，突出其动感绚丽、热烈奔放的特点。新车型推出后通过增加销售网点并提升广告宣传力度，获得了年轻用户的青睐。小李在使用A车一段时间后，对油耗、操控非常满意，唯一不满意的就是隔声效果不好。

营销任务：
试分析，小李在本次购车过程中考虑了哪些内容？其购买决策过程包括哪些环节？

营销理论

决策是人们为了达到某一预定的目标在可供选择的若干个方案中选择最优方案的过程。汽车购买决策是指汽车消费者作为决策主体，为了满足自己对汽车的需求，合理地支配有限的财力和精力，在购买过程中进行的评价、选择、判断、决定等一系列活动。

3.3.1 汽车消费者的购买决策的内容

消费者的购买决策是多种多样的。不同的消费者其购买决策会存在差异，即使是同一个消费者在不同的条件下,其购买决策也会存在区别。虽然消费者的购买决策所包括的内容很多,但不管是哪位消费者的哪种购买决策,概括起来不外乎购买何种车、何时购车、何处购车、由谁购车、为何购车、如何购车等问题,也就是 5W2H(即 Which、When、Where、Who、Why 和 How、How much)。

1. 购买何种车

购买何种车(Which),这是分析汽车购买的客体,即确定购买对象,也是购买决策的核心和首要问题。汽车营销人员可以通过市场调查,研究了解汽车消费者需要什么样的汽车,尽量在外观、品种、质量、性能、价格等方面满足消费者的需求。一般情况下,汽车消费者总是喜欢物美价廉、式样新颖、富有个性的汽车。

2. 何时购车

何时购车(When),即确定购买时间。购买时间的选择取决于消费者对汽车需要的迫切性、交通情况和消费者的空闲时间等因素。其中,消费者对汽车需要的迫切性是购买时间的决定性因素。从表面上看,汽车消费者购买汽车没有时间规律性,但是从深层次来分析,还是有一定的规律可循的。一般情况下,购车者都是喜欢工作之余或是周末去看车。此外,还有季节性购车,所以行业的有"金九银十"之说。

3. 何处购车

何处购车(Where),即确定购买地点。汽车消费者对购买地点的选择取决于汽车经销单位的信誉、购买地点的交通状况、价格以及售后服务质量等因素。随着商品流通体制改革的深化,多种经济成分、多条流通渠道、多种经营方式并存的流通体制格局已经形成,市场上出现了激烈竞争的局面,所以汽车经销企业应当加强管理,从服务质量、选址等方面提升消费者的满意度,成为消费者购车的首选地。

4. 由谁购车

由谁购车(Who),这是分析汽车购买主体,也就是汽车由谁购买的问题。汽车消费者并非都是自己亲自购买,同样,汽车消费者购买的汽车并非都是自己使用。在汽车消费者市场中,消费者的购买行为虽然是以一个家庭为单位的,但参与购买决策的通常并非只有这个家庭成员,很多时候是这个家庭的某个成员或某几个成员,以及与家庭成员相关的其他相关群体,他们在购买决策中各自扮演着不同的角色。在购买决策过程中,可能出现以下角色:

1)发起者:首先提议或想到购买汽车的人。
2)影响者:对最终购买汽车有直接或间接影响的人。
3)决策者:对整个或部分购买决策有最后决定权的人。
4)购买者:实际从事购买行为的人。
5)使用者:实际驾驶汽车的人。

营销案例   **鲜花与白色汽车**

著名的汽车推销员乔·吉拉德,以 12 年来推销 13001 辆汽车的惊人业绩,被《吉尼斯世界纪录大全》收录,并荣获"世界上最伟大的推销员"的称号。

一天,一位中年妇女从对面的福特汽车销售店出来,走进了吉拉德的汽车展厅。她说自己很想买一辆白色的福特汽车,就像她表姐开的那辆,但是福特销售店的销售人员让她过 1 小时之后再去,所以先到这儿来瞧一瞧。

> "夫人，欢迎您来看我的汽车。"吉拉德微笑着说。那位妇女兴奋地告诉他："今天是我 55 岁的生日，想买一辆白色的福特汽车送给自己作为生日礼物。""夫人，祝您生日快乐！"吉拉德热情地祝贺道。随后，他轻声地向身边的助手交代了几句。
>
> 吉拉德领着那位妇女从一辆辆新汽车面前慢慢走过，边看边介绍。在来到一辆雪佛兰轿车前时，他说："夫人，你对白色情有独钟，瞧这辆双门轿车，也是白色的。"就在这时，助手走了过来，把一束鲜花交给了吉拉德。他把这束漂亮的鲜花送给了那位妇女，再次祝她生日快乐。
>
> 那位妇女感动得热泪盈眶，非常激动地说："先生，太感谢您了，已经很久没有人给我送过礼物了。刚才那位福特店的销售人员看到我开一辆旧车，一定以为我买不起新车，所以在我提出要看一看车时，他就推辞说需要出去收一笔钱。我只好上您这儿来等他。现在想一想，也不一定非要买福特汽车不可。"就这样，那位妇女就在吉拉德的店里买了一辆白色的雪佛兰轿车。

在汽车消费决策过程中，可能出现一人充当几种角色的现象，也有可能出现一种角色由多人充当的现象。在汽车消费决策过程中，五种角色的地位不同，心理状态也不相同，满足他们的需要的方法也不相同。汽车企业的营销人员必须有自主性地制定与汽车营销工作相关的营销策略和方法。

5. 为何购车

为何购车（Why），这是对汽车消费者的购买欲望和动机的分析，即权衡购买动机和原因，是消费者购买汽车的初始原因和原动力。当消费者的购车欲望强烈到一定程度时，就会产生购买的动机。因此，分析"为何购买汽车"的关键是对消费欲望和动机的分析。企业应通过对消费者的调查和预测，准确地把握和弄清楚消费者为何购车这一问题。

6. 如何购车

如何购车（How），即购买方式决策，这是对消费者购买方式和付款方式的分析。消费者采取什么方式购车，是一次性付款还是分期付款，是现金支付还是贷款支付，这会影响企业的营销计划，汽车企业应根据消费者的不同要求，制定出相应的汽车销售策略。

7. 购买的价格

购买的价格（How much）是指消费者要花多少钱可以买到自己心仪的商品。购买的价格是对消费者购买汽车能力的分析。一般情况下，汽车消费者总是喜欢性价比较高的汽车，用有限的金钱买到满意的汽车。企业应根据汽车消费者的不同要求，制定出相应的汽车价格策略，也可以适时推出置换业务。

从以上对汽车消费者决策内容的分析可以看出，购买决策具有如下特点：购买决策是购买行为不可缺少的准备阶段；这个阶段是一个脑力活动的过程，因而是一个心理活动的过程，也是一个思维过程。这个心理活动的过程是在一定的思想指导下进行的，目的在于实现购买行为。因此，购买决策是一个自觉的心理过程，它属于消费者心理活动的意志范畴。

3.3.2 汽车消费者的购买决策的过程

消费者在购买某一商品时，均会有一个决策过程。汽车消费者购买的决策过程是确认需求、信息搜寻、购买评估、购买选择、购后行为五个阶段的统一，如图 3-5 所示。当然，在现实的购买活动中，并非所有的购买行为都依次经过这五个阶段。事实上，有时消费者购买行为很简单，从确认需求到决定购买几乎同时进行；有时候，消费者购买过程又比较复杂，

图 3-5 消费者购买决策的五个阶段

不但要经过每个阶段,而且会出现反复。

1. 确认需求

确认需求是消费者购买决策过程的起点。当消费者面对内部或外部的刺激时,就会有需求。例如,生活的变化产生了新的需求,上下班不方便,对现实生活不太满意,看到周围与其条件相仿的人大都有车,以及广告引导等都可能成为其购买汽车的刺激因素。这时只要条件许可,消费者都由此开始确认自己的需求,找出自己到底需要的是什么,需要解决什么问题,并设想结果是怎样的。当这种需求上升到某种程度时就成为一种动力,驱使人们去购买某种物品来获得满足,购买过程就开始了。因此,汽车企业应有意识地安排一些广告、展销会等,激发消费者对本企业汽车产品的需要。

2. 信息搜寻

消费者在确定自己的需求之后,首先寻找有关产品或服务的多方面的信息,以便找到满足自己的消费需求的最佳目标对象。尤其汽车购买行为是一种典型的较为复杂的购买行为,消费者为了了解市场上众多的汽车的分类、规格、性能、适用性,以及厂家和经销商的信誉、实力、能提供的服务等,一般都会经历一个漫长的认识学习的过程,通过各种途径来广泛地搜寻自己意向内的各种相关的汽车的信息,进行综合考虑,最后做出选择。

一般来说,消费者获得信息的来源主要有 4 个方面:人际来源、营销来源、公共来源和经验来源。

(1) 人际来源

人际来源主要包括来自家人、朋友、同事等周边的人提供的信息。有效的人际来源,对购买决策能起到认同或评价的作用。在汽车消费信息的收集过程中,向亲朋好友咨询是其中重要的一个环节。值得一提的是,在中高档汽车消费中,炫耀和身份表征的需求,更加重了亲朋好友对汽车评价在消费过程的作用。

(2) 营销来源

营销来源一般是指广告、经销商、展览,以及其他的营销活动等。这部分信息由于商业色彩较浓,消费者往往对其怀有戒备心理,接受程度不如来自人际来源的信息。但是,营销作为厂商、经销商与消费者沟通的重要手段,也是商家能够直接控制的消费者信息渠道。因此,营销成为厂商、经销商在购买行为实际发生之前,向消费者传递信息的重要渠道。为增强品牌的市场声音、提高消费者的认知度,各类企业无不倾尽全力选择最有效的渠道、有效配置营销活动的类别和预算,使其达到信息传递功能最大化。

(3) 公共来源

公共来源的信息主要是大众传播媒体、消费者评审组织提供的相对客观性和权威性的信息,如评测、调查等。此类信息是很多消费者决策的有力参考依据。如何获取公共信息、从哪方面获取公共信息,是为消费者决策行为提供参考的重要依据。企业对这一方面进行调查研究,也可以有效地辅助企业更有针对性地渗透产品信息、提高品牌认知度。

（4）经验来源

经验来源就是消费者根据自己的知识或者以往消费该汽车的经验，对记忆中原有信息进行回忆的过程。例如，在购买时，你遇到以前熟悉的某个品牌汽车，很可能记起它是否好用，是否受欢迎，以及驾驶性能是否良好。

汽车消费者的主要信息来源是营销来源，互联网逐渐成为消费者了解汽车的主要渠道，短视频等各种新型信息传播手段层出不穷，汽车企业应了解和掌握消费者的信息来源途径并予以评估，在此基础上，设计有效的传播途径，使汽车企业与目标消费者更好地进行沟通。

3. 购买评估

在购买评估阶段，汽车消费者会将需求同获取的信息相结合，形成一套由产品、消费者价值观等因素决定的决策评价标准，然后根据评价标准对相对杂乱无章的信息加以筛选，进行"去粗取精、去伪存真、由此及彼、由表及里"的分析比较，权衡各自的长短优劣，确定对某商品应持的态度和购买意向，以便做出最佳选择。

（1）评价标准

消费者对汽车的评价标准是指根据自身对汽车的特定需求或者期望从轿车中获得的利益而寻求的一些相关的产品特征或属性。一般来说，消费者在对一辆轿车评价时，往往会从安全性、舒适性、品牌、经济性、动力性、可靠性、适用性、操作性、美观性、价格、售后服务等方面来进行。每一个消费者对汽车不同性能的要求是不一样的，因此他们所采用的评价标准也是不一样的。同样，他们对每种评价标准在重要性上也有差异。

（2）评价方法

常用的评价方法是加权评分法，也就是把评价标准的各方面确定下来，并根据各自不同的重要性赋予各自的重要性权数，然后将评价标准各量的表现与重要性权数相乘，得到其总体评价，根据总体评价得分选择最后的购买对象。

营销案例　　　　　　　　A 先生选车

A 先生想买一辆汽车，他把选择定于 4 种车型（广本飞度、上汽大众 Polo、广汽丰田 Yaris L 致炫和东风本田 Life），并且把安全性、操作性、美观性和售后服务作为他的评价标准，赋予每个标准不同的重要性见下表。

车型	评价标准及重要性权数			
	安全性 40%	操作性 30%	美观性 20%	售后 10%
广本飞度	10	8	6	4
上汽大众 Polo	8	9	8	3
广汽丰田 Yaris L 致炫	6	8	10	5
东风本田 Life	4	3	7	8

根据上表我们可以得出 A 先生对各车型评价的总分值：

飞度 = 0.4×10+0.3×8+0.2×6+0.1×4 = 8.0

Polo = 0.4×8+0.3×9+0.2×8+0.1×3 = 7.8

致炫 = 0.4×6+0.3×8+0.2×10+0.1×5 = 7.3

Life = 0.4×4+0.3×3+0.2×7+0.1×8 = 4.9

由此我们可以推测 A 将购买广本飞度轿车。

如果轿车生产厂商能充分地了解消费者的评价行为与偏好，那么就可以根据此来调整自己的竞争战略，进而影响消费者的决策。

营销视野	购买评估注意事项

在消费者对备选方案进行评估选择过程中，有以下几点值得营销人员注意：
1）产品性能是消费者所考虑的首要问题。
2）不同消费者对产品的各种性能给予的重视程度不同，或评估标准不同。
3）多数消费者的评选过程是将实际产品同自己理想中的产品相比较。

4. 购买选择

购买选择是购买过程的关键阶段，这是因为消费者只有做出购买选择后，才会产生实际的购买行为。

在评价阶段，消费者经过对可供选择的汽车产品及品牌的分析比较，初步形成了对某一产品的偏好或购买意向，但购买意向并不等于真正的购买。在意图和决策之间，还有他人的态度和未预期的情况发生，这两个因素可能导致购买不能形成。

营销视野	使购买不能形成的两个因素

购买意向并不等于真正的购买，在意向和决策之间的他人的态度和未预期的情况发生可能导致购买不能形成。

（1）他人的态度

他人的态度对消费者的购买决策的影响程度，取决于他人的反对态度的强度和消费者遵从他人愿望的程度。消费者的购买意图，会因他人的态度而增强或减弱。

（2）未预期的情况发生

消费者的购买意向的形成，总是与预期收入、预期价格和期望从产品中得到的好处等因素密切相关。但是当他欲采取购买行动时，发生了一些意外的情况，诸如因失业而减少收入、因产品涨价而无力购买，或者有其他更需要购买的东西等，这一切都将会使他改变或放弃原有的购买决定。

以上这两个因素的存在都可能会使消费者不能最终形成购买。

5. 购后行为

消费者购买商品后，一般通过自己的使用和他人的评判，对所购买的产品进行再次评估，并把他所观察的产品的实际性能与对产品的期待进行比较，进而产生一定的购后感受，如满意、一般或不满意等，这些感受最终会通过各种各样的行为表现出来。

消费者购后的满意程度取决于消费者对产品的预期性能与产品使用中的实际性能之间的对比。如果汽车产品的实际表现达到了消费者的期望，就会令消费者满意；反之，就会使消费者不满意。购买后的满意程度还决定了消费者的购后活动，如果他们对产品满意，很可能再次购买该种品牌的汽车，并向其他人宣传该汽车的优点。如果他们对产品不满意，反应则截然相反，会通过各种行为来减少不平衡的感受。例如，通过放弃或退货来减少不和谐，或向熟人和亲友抱怨、在互联网上发布信息、向消费者协会投诉等。消费者的购后行为会影响其他消费者，形成连锁效应。调查数据显示，企业的业务水平约有65%来自其固有的、满足的消费者，而失望的消费者中有91%的人绝不会再买令他们失望的那家企业的产品。

汽车企业营销的目标是通过满足消费者的需求来使消费者满意。实现消费者满意是汽车企业与消费者保持长久关系的关键，它能使汽车企业获得信誉。实现消费者满意的最好方法是提供优质的汽车产品和售后服务。与此同时，汽车企业还应该研究对待消费者不满意的方法，采取有效措施尽可能降低消费者的不满意程度，提供良好的沟通渠道供消费者投诉，尽量减少消费者买后不满意的程度，并通过加强售后服务、保持与消费者的联系、提供使他们从积极方面认识产品的特性等方式来提升消费者的满意感。

上面的购买决策过程表明，汽车购买过程实际上在实施购买之前就已经开始了，并且会延伸到购买之后的很长一段时间，才会结束。因此，汽车企业营销人员必须研究汽车消费者的整个购买过程，而不能只是单纯地注意购买环节本身。研究和了解消费者的需要及其购买过程，是市场营销成功的基础。只有这样，汽车企业才能获得有助于满足消费者需要的有用线索。汽车企业只有了解购买过程的各种参与者及其对购买行为的影响，才能为目标市场设计有效的市场营销策划。

营销视野　　　　客户满意度调查表

对于营销人员来说，很需要在一次购买活动完成之后，了解客户的满意程度，这就需要设计一张客户满意度调查表。但在这个调查过程中，不能花费客户过多的时间，不能让客户产生厌烦的感觉，所以调查表应该简单、简洁。以下展示了某企业的客户满意度调查表的实例。

客户满意度调查表

一、客户信息			
客户名称		地址	
电话		传真	
购买地点		产品型号	
二、客户满意度			
(1)产品质量			
1)提供了国家专业产品质量监督检验机构的检验合格报告(产品执行相应的国家、部级规范)		□是　□否	
2)产品性能恰好满足您的购买需求		□是　□否	
(2)消耗时间与精力			
与您预期的时间和精力相比		□提前　□按时　□延期	
(3)价格方面			
与当地相同层次的产品		□性价比更高　□无差别　□性价比低	
(4)营销人员			
营销人员的专业程度高		□是　□否	
三、对本公司服务的满意程度			
公司人员对客户咨询回应及时,接受投诉态度端正并积极处理			□是　□否
售前咨询	□很满意(100)　□满意(80)　□一般(60)　□不满意(0分)		
售中服务	□很满意(100)　□满意(80)　□一般(60)　□不满意(0分)		
售后服务	□很满意(100)　□满意(80)　□一般(60)　□不满意(0分)		
四、其他意见、要求或建议(如其他厂家类产品的差距、市场信息、改进的建议等,建议一经采纳,本公司将对客户给予奖励)(可另附纸)			
		填表日期：　　　年　　月　　日	

掌握了吗？

1）消费者购买决策的内容可以简称为5W2H，其具体内容包括（　　　）、（　　　）、（　　　）、（　　　）、（　　　）和（　　　）、（　　　）。

2）消费者获得购买的信息来源主要有（　　　）、（　　　）、（　　　）和（　　　）等四个方面。

3）消费者购买行为过程包括（　　　）、（　　　）、（　　　）、（　　　）和（　　　）等五个步骤。

拓展升华

"我对新能源电动汽车的看法"消费者调研

为了节能减排，发展低碳经济，参与汽车产业格局第四轮重构，跟上世界汽车发展水平，我国从2001年就开始通过相关扶植政策推动新能源汽车产业的发展。新能源电动汽车应具备什么样的特质，才能被消费者接受呢？

慧聪研究（HCR）联合每经网开展了"我对新能源电动汽车的看法"消费者调研。

关于消费者理想中的新能源电动汽车诉求，43.8%的消费者认为新能源电动汽车价格应在10万~20万元之间；49.7%消费者认为新能源电动汽车的续驶里程应在250公里以上；52.4%的消费者认为新能源电动汽车的行驶时速达到120公里可以满足需求；54.1%的消费者认为应尝试利用家庭电源进行汽车充电；65.4%消费者认为新能源电动汽车的动力电池寿命应在5年以上；48.9%的消费者认为购买新能源电动汽车可以通过线上官方网站选车，再去指定的4S店提车；57.8%的消费者认为技术不成熟是阻碍新能源电动汽车发展的主要障碍。

关于消费者对购买新能源电动汽车的态度，58.8%消费者处于观望状态；36.2%消费者认为新能源电动汽车是新鲜事物，有购买意愿；3.8%的消费者认为新能源电动汽车没有传统车使用方便，持不认可态度。

此次问卷调研表明，消费者需要的是方便快捷的用车体验，对于目前新能源电动汽车所显露出的特征（续驶里程、时速、充电的便捷性），让消费者感受不出强烈的购买意愿，这些问题其实也是新能源电动汽车进一步抢滩车市的症结所在。

本 章 小 结

1）汽车市场营销的核心就是满足消费者的需要和欲望。行为科学认为，消费者行为都有一定的消费动机，而消费动机又产生于消费者需要。

2）消费者需要是指消费者在一定的社会经济条件下，为了自身生存与发展而对商品的需求和欲望。汽车消费者需要具有多样性、层次性、伸缩性、发展性、可引导性、关联性和可替代性等特征。消费者需要的产生，有赖于消费者个人当时的生理状态、社会情境以及个人的认识。

3）人的需求是多种多样的，心理学界对需求进行了多种形式的划分，具有代表性的是马斯洛的需求层次理论。他认为人的基本需要可以分为生理需要、安全需要、社交需要、尊重需要和自我实现需要。其中，生理需要是指人类最基本的需要，是人类为维持和延续生命而产生的对外界条件不可缺少的需要;安全需要是指人类在社会生活中,希望自己没有危险、不受伤害,确保平安的需要;社交需要是指人与人之间感情交流、保持友谊与忠诚、渴望得到爱情、得到重视和容纳等方面的需要;尊重需要是指人类在社会生活中希望有一定的社会地位和自我表现的机会,获得相应的荣誉,受到别人的尊重,享有较高的威望等需要;自我实现需要是指人们希望充分发挥自己的才能,干一番事业,获得相应成就,实现理想目标,成为自己所期望的人的需要。人类的上述五种需要是相互联系的,前两种需要是低层次的基本需要,后三种需要是较高层次的发展需要。人类的需要是一个由低级向高级发展的阶梯,只有当低层次需要得到基本满足之后,才会产生并开始追求新的、高一层次的需要。

4)消费者购买动机是指消费者为了满足自己一定的需要而引起购买行为的愿望或意念,它是能够引起消费者购买某一商品和劳务的内在动力。消费者购买动机具有复杂性、转化性、公开与内隐的并存性、冲突性和指向性。

5)消费者的购买动机有如下作用:①引起和驱动作用;②指引和引导作用;③维持和加强作用。

6)根据马斯洛的需求层次理论和麦古尼的心理学动机理论,可将我国汽车消费的动机分为情感动机、求实购买动机、求新购买动机、求名购买动机、求优购买动机、求美购买动机、求廉购买动机、嗜好购买动机、从众购买动机9类。

7)消费者的购买行为,就是指消费者个人或家庭为了满足自己物质和精神生活的需要,在某种动机的驱使和支配下,用货币换取商品或劳务的实际活动。其包含两个方面的内容:①消费者的购买行为是个持续的过程;②消费者的购买行为是交换行为。

8)消费者购买行为模式是指用于表述消费者消费过程中的全部或局部变量之间的因果关系的理论描述。其主要有刺激-反应模式、恩格尔模式、维布雷宁模式和马歇尔模式等四种模式。其中刺激-反应模式包括投入刺激、"黑箱"作业、消费者行为三个阶段。

9)消费者的购买行为是在消费者内在因素的直接作用下发生的,同时也受到一系列外部环境因素的影响。其中,内在决定因素也可称基本决定因素,包括消费者的需求、动机、个性、知觉、学习、态度等。外在因素对内在因素施加影响,从而间接地影响消费者的购买决定,包括文化因素、社会因素、家庭因素、政策因素、经济因素和企业因素。

人们经历的三种知觉过程、分别是选择性注意、选择性扭曲和选择性记忆。

文化因素中的价值观、风俗习惯和审美观,以及亚文化(如民族亚文化、宗教亚文化、地理亚文化等)对消费者的需求和购买行为的影响极其深远。

消费者购买行为会受到一系列社会因素,如消费者相关群体、社会阶层等的影响,其中消费者相关群体包括亲戚朋友、左邻右舍、同学、同事、名人、专家、社会团体等;社会阶层的划分一般要考虑职业、收入、教育和价值观等因素。

在不同家庭生命周期阶段,同一消费者家庭的购买力、兴趣和对产品的偏好会有较大差别。西方学术界通常把家庭生命周期划分为:单身期、新婚期、"满巢"Ⅰ期、"满巢"Ⅱ期、"满巢"Ⅲ期、"空巢"Ⅰ期、"空巢"Ⅱ期、鳏寡就业期、鳏寡退休期9个阶段,企业在进行营销时只有明确目标消费者所处的生命周期阶段,才能制订适当的营销计划。

一个国家的政策会对消费者的购买行为产生间接影响。随着私人购车比例的增加,汽车消费政策对汽车市场的影响越来越大。

影响汽车市场购买行为的经济因素主要表现在社会购买力水平和消费者可支配收入这两个方面，两者的高低决定了消费者的购买能力，进而影响着他们的购买行为。

企业提供的产品、企业本身的形象、企业的广告宣传等对消费者购买行为形成刺激和影响。

10）我们以购买态度为基本标准，将汽车的消费者购买行为分为理智型、冲动型、习惯型、选价型和情感型等几种类型。

11）汽车购买决策是指汽车消费者作为决策主体，为了满足自己的对汽车的需求，合理地支配有限的财力和精力，在购买过程中进行的评价、选择、判断、决定等一系列活动。它的内容包括5W2H（Which、When、Where、Who、Why、How、How much）。在购买决策过程中，可能出现发起者、影响者、决策者、购买者、使用者等角色。在这些角色中，可能出现一人充当几种角色的现象，也有可能出现一种角色由多人充当的现象。这些角色都可能影响购买决策。

12）消费者在购买某一商品时，均会有一个决策过程。消费者购买行为过程是确认需求、信息搜寻、购买评估、购买选择、购后行为五个阶段的统一。一般来说，消费者获得信息的来源主要有4个方面：人际来源、营销来源、公共来源和经验来源。

复习思考题

1）消费者需要的特征是什么？其产生的起因包括哪些方面？
2）如何理解马斯洛的需求层次理论。
3）我国汽车消费者购买动机的分类对汽车营销人员有什么意义？
4）根据汽车消费者购买行为的影响因素，汽车营销人员在汽车销售过程中应注意什么问题？
5）举例说明影响汽车消费者购买行为的因素主要有哪些。
6）汽车消费者购买决策的内容对汽车营销人员的启示是什么？
7）如何理解汽车消费者购买决策过程的每一阶段？

营 销 实 务

进行汽车消费者购车行为市场调研，分析汽车购买行为的主要影响因素、购买决策的影响人以及影响力，并写出调研报告。

学习任务 4　实施汽车市场的 STP 策略

学习目标

知识目标
◇ 了解市场细分的概念与作用
◇ 掌握汽车市场细分的条件与标准
◇ 掌握汽车目标市场的选择标准和选择模式
◇ 掌握选择汽车目标市场的策略，以及影响策略选择的因素
◇ 理解市场定位的定义、作用与进行汽车市场定位的策略
◇ 掌握目标市场定位的方式，了解汽车市场定位的步骤

能力目标
◇ 能根据汽车市场细分的条件与标准对汽车市场进行细分
◇ 能在汽车市场细分的基础上进行汽车目标市场的选择
◇ 能运用市场定位策略，针对目标市场进行汽车产品的定位

基本概念
◇ 市场细分
◇ 目标市场
◇ 市场定位

引入案例　　　　　　　　　　　奇瑞 QQ 卖疯了

"奇瑞 QQ 卖疯了！"在北京亚运村汽车交易市场，2003 年 9 月 8 日至 14 日的单一品牌每周销售量排行榜上，奇瑞 QQ 以 227 辆的绝对优势荣登榜首！奇瑞 QQ 能在这么短的时间内拔得头筹，归结为一句话：这车太酷了，讨人喜欢。

在北京街头会时不时地看到奇瑞 QQ 的靓丽身影。虽然只是价格约为 4 万元的小车，但是奇瑞 QQ 那艳丽的颜色、玲珑的身段、俏皮的大眼睛、邻家小女儿般可人的笑脸，在滚滚车流中是那么显眼，仿佛街道就是她一个人表演的 T 型台。

（1）开发背景

奇瑞公司成立于 1997 年，该公司拥有整车外形等十多项专利技术，先后推出了 SQR 系列发动机和奇瑞风云系列轿车，2003 年 5 月推出奇瑞 QQ 系列和奇瑞东方之子系列轿车。

微型客车曾在 20 世纪 90 年代初期持续高速增长，但是自 90 年代中期以来，各大城市纷纷取消"面的"，限制微型客车。在这种情况下，奇瑞公司经过认真的市场调查，精心选择微型轿车打入市场。其新产品不同于一般的微型客车，是微型客车的尺寸、轿车的配置。QQ 微型轿车在 2003 年 5 月推出，6 月就获得良好的市场反应，到 2003 年 12 月，已经售出 28000 多辆，同时获得多个奖项。

奇瑞QQ令人惊喜的外观、内饰、配置和价格是奇瑞公司占领微型轿车这个细分市场成功的关键。

（2）目标市场

奇瑞QQ的目标客户是收入不高，但有知识、有品位的年轻人，同时也兼顾有一定的事业基础、心态年轻、追求时尚的中年人。一般大学毕业两三年的白领阶层都是奇瑞QQ潜在的客户，人均月收入2000元即可轻松地拥有这款轿车。

为了吸引年轻人，奇瑞QQ除了轿车应有的配置以外，还装载了独有的"I-say"数码听系统，成了"会说话的QQ"。据介绍，"I-say"数码听系统是奇瑞公司为用户专门开发的一款车载数码装备，集文本朗读、MP3音乐播放、U盘存储多种时尚数码功能于一身，让奇瑞QQ与计算机和互联网紧密联系起来，完全迎合了离开网络就像鱼儿离开水一样的年轻一代的需求。

奇瑞QQ的目标客户是对新生事物比较感兴趣、富于想象力、崇尚个性、思维活跃、追求时尚的年轻群体。虽然由于资金的原因他们注重实际，对品牌的忠诚度较低，但是对汽车的性价比、外观和配置十分关注，是容易互相影响的消费群体。从整体的需求来看，他们对微型轿车的使用范围要求较宽。奇瑞公司把奇瑞QQ定位于"年轻人的第一辆车"，从使用性能和价格比上满足他们通过驾驶奇瑞QQ所实现的工作、娱乐、休闲、社交的需求。

（3）整合市场营销策略

奇瑞QQ作为一个崭新的品牌，在进行完市场细分与品牌定位后，采用了立体化的整合市场营销传播策略。以大型互动活动为主线，具体的活动包括"QQ价格网络竞猜""QQ秀个性装饰大赛""QQ网络Flash大赛"等，为2003年的市场营销传播大造声势。

相关信息的立体传播：通过目标群体关注的报纸、电视、网络、户外、杂志等媒介，将奇瑞QQ的品牌形象、品牌诉求等信息迅速传达给目标消费群体和广大受众。

各种活动点面结合：通过新闻发布会和传媒的评选活动，形成全国市场的互动，并形成了良好的市场营销氛围。在所有的市场营销传播活动中，特别是"QQ网络Flash大赛"和"QQ秀个性装饰大赛"，都让目标消费者参与进来，在体验之中将品牌潜移默化地融入消费者的内心，与消费者产生情感共鸣，达到了良好的营销效果。

奇瑞QQ作为奇瑞公司诸多品牌战略中的一环，抓住了微型轿车这个细分市场的目标消费者。但关键在于要用更好的产品质量去支撑品牌，在市场营销推广中注意客户的真实反应，及时反馈并主动解决客户提出的问题会更加突出品牌的公信力。

奇瑞公司总经理助理金弋波介绍："因为广大用户的厚爱，奇瑞QQ现在供不应求。作为独立自主的企业，奇瑞公司什么时候推出什么样的产品完全取决于市场需求。对于一个受到市场热烈欢迎的产品，奇瑞公司的使命就是多生产出质量过硬的产品，让广大用户能早一天开上自己中意的时尚个性的奇瑞QQ。"

奇瑞QQ的成功，引起了其他微型车厂商的关注，竞争必将日益激烈。2004年3月奇瑞公司推出0.8升排量的奇瑞QQ，该车具有全自锁式安全保障系统、遥控中控门锁、四门电动车窗等功能，排量更小、燃油更经济、价格更低。新的奇瑞QQ选取了"炫酷派""先锋派"等前卫名称，希望能够再掀市场热潮。

点评：

汽车企业无法在整个市场上为所有用户服务，只能在市场细分的基础上选择对本企业最有吸引力并能有效占领的那部分市场为目标，并制订相应的产品计划和营销计划为其服务。这样汽车企业就可以把有限的资源、人力、财力用到能产生最大效益的地方，确定目标市场。选择那些与企业任务、目标、资源条件等一致，与竞争者相比本身有较大优势，能产生最大利益的细分市场作为企业的目标市场并做出合理的市场和产品定位是STP营销的主要任务。

问题与讨论：

1）奇瑞QQ的目标市场是什么？

2）奇瑞QQ成功的原因是什么？

汽车企业在市场营销过程中，面临许多营销机会，在对市场调查和预测的基础上，需要做出选择，确定自己的目标市场。在选择目标市场时，需要对市场机会进行认真的分析比较，从中选出最有吸引力的细分市场，从而确定正确的营销策略。因此，汽车企业应实行STP营销策略，如图4-1所示，即市场细分（Segmentation）、选择目标市场（Targeting）、产品定位（Positioning）。该策略需采取以下三个步骤：①按照一定的标准对市场进行细分；②评估选择对本企业最有吸引力的细分部分作为自己为之服务的目标市场，实行目标营销；③确定自己在汽车市场上的竞争地位，搞好产品的市场定位。STP营销策略是企业营销战略的核心，是决定营销成败的关键。

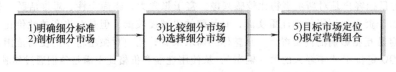

图4-1 STP营销策略的流程

4.1 汽车市场细分

开节话题

> 在乘用车市场，比亚迪涉及燃油车和新能源车两大领域。自2008年推出全球首款量产插电式双模电动车以来，比亚迪陆续推出e6、秦、唐、宋、元、汉等多款新能源车型，并获得了市场的极大认可。
> 　2020年3月，比亚迪推出刀片电池，把电动车的安全性提升到了一个新高度，彻底解决了市场的安全痛点。搭载刀片电池的首款车型"汉"，自2020年7月上市以来，连续5个月销量攀升，在当年12月突破1.2万辆，实现了我国品牌首次成功立足于豪华轿车市场。在成功投放汉之后，比亚迪在2021年8月推出2021款唐、9月上市宋PLUS、12月下线了全球首款定制网约车D1，实现产品持续热销，品牌逐渐迈向中高端。
> 　自此，比亚迪生产的汽车涵盖了从紧凑型轿车到豪华轿车的跨越，满足了不同层次的消费者的需要。
> 　（资料来自互联网，有删改。）
>
> **营销任务：**
> 世界上有可以满足所有消费者需求的一款车吗？

营销理论

汽车企业不可能为所有用户提供有效服务，也不可能满足所有的用户需求。国际著名营销学专家、营销工程学创始人，美国的盖瑞·利连安（Gary L. Lilien）博士在上海交通大学讲演时说："正确的市场细分是企业生存发展的战略基础。"只有正确细分了市场，找准了营销对象，有针对性地开展营销，才能使企业达到利润最大化。

4.1.1 市场细分的含义

1. 市场细分的概念

市场细分（Market Segmentation）是营销人员通过市场调研，根据消费者需求的不同，把整个市场划分成不同的消费群的过程。这里所讲的消费群，我们称之为细分市场。每一个细分市场都是由需求倾向类似的消费者构成的群体，不同细分市场的消费者之间则有着明显的需求差别。例如，奇瑞QQ就是以消费者的年龄、收入、购买汽车追求的利益等因素为依据，将汽车市场划分为不同的消费群；而奥迪的A6、A8主要是以商务市场为目标，主要面对传统、低调的商务人士；而宝马的5系和7系，则主要面对时尚、充满活力的商务人士，他们更加强调驾驶的乐趣。所有细分市场的总和便是整体市场。

市场细分的客观基础是消费者需求的异质性。进行市场细分的主要依据是异质市场中需求一致的消费群，实质就是在异质市场中求同质。市场细分的目标是聚合，即在需求不同的市场中把需求相同的消费者聚合到一起。因此，市场细分实际上是一种求大同、存小异的市场分类方法。它不是对商品进行分类，而是对需求各异的消费者进行分类，是识别具有不同需求和欲望的消费者或用户群的活动过程。

市场细分这个概念是由美国市场营销学家温德尔·史密斯（Wendell R. Smith）于1956年总结了企业的实践活动之后首先提出来的。它的提出，顺应了第二次世界大战后美国众多商品市场由卖方市场转化为买方市场这一新的市场形势，是一些企业市场营销实践经验的概括和总结，是企业市场营销观念的新发展，也是企业营销贯彻以市场为导向的营销原则的合乎逻辑的产物。这一概念的提出，对于企业的发展具有重要的促进作用。

2. 市场细分的作用

市场细分在企业确定目标市场、有效制定营销组合策略、确定企业经营方向、了解消费者需求和提高企业综合效益上有着显著的作用。

（1）有利于选择目标市场和制定市场营销策略

市场细分比较具体，比较容易了解消费者的需求，企业可以根据自己经营思想、方针及生产技术和营销力量，确定自己的服务对象，即目标市场。企业针对较小的目标市场，便于制定特殊的营销策略。同时，在细分市场上，信息容易了解和反馈，一旦消费者的需求发生变化，企业可迅速改变营销策略，制定相应的对策，以适应市场需求的变化，提高企业的应变能力和竞争力。

丰田的产品细分策略正是基于产品的明确区分，打破了传统的同一品牌的方案，制定了雷克萨斯、皇冠、凯美瑞等品牌面向不同的用户群需求

（2）有利于发掘市场机会，开拓新市场

通过市场细分，企业可以对每一个细分市场的购买潜力、满足程度、竞争情况等进行分析对比，探索有利于本企业的市场机会，使企业及时做出投产、异地销售决策或根据本企业的生产技术条件编制新产品开拓计划，进行必要的产品技术储备，掌握产品更新换代的主动权，开拓新市场，以更好地适应市场的需要。

（3）有利于集中人力、物力投入目标市场

任何一个企业的资源、人力、物力、资金都是有限的。通过细分市场，选择适合自己的目标市场，企业可以集中人、财、物及资源，去争取局部市场上的优势，然后再占领自己的

目标市场。

（4）有利于企业提高经济效益

前面三个方面的作用都能使企业提高经济效益。除此之外，企业通过市场细分，可以面对自己的目标市场，生产出适销对路的产品，既能满足市场需要，又可增加企业的收入。产品适销对路可以加速商品流转，加大生产批量，降低企业的生产销售成本，提高生产工人的劳动熟练程度，提高产品质量，全面提高企业的经济效益。

4.1.2 汽车市场细分的条件与标准

1. 汽车市场细分的条件

众所周知，产品的差异化必然导致生产成本和推销费用的相应增长，所以企业必须在市场细分所得收益与市场细分所增成本之间做一个权衡。为了使细分市场有实用价值，使之能为汽车企业选择目标市场提供有价值的依据，我们得出有效的细分市场必须具备以下四个特征。

（1）差异性

差异性是指在某种汽车产品的整个市场中确实存在购买与消费上明显的差异性，并且对不同的营销组合因素和方案有不同的反应，足以成为细分的依据。

（2）可衡量性

可衡量性是指根据汽车的某种特性因素划分出的每个细分市场，其规模、购买力和特性应该是能够加以衡量的。细分市场的规模必须使汽车企业有利可图，有一定的现实需求量和潜在需求量。如果某些细分变数或购买者的需求和特点很难衡量，细分市场后无法界定、难以描述，那么市场细分就失去了意义。一般来说，一些带有客观性的变数，如年龄、性别、收入、地理位置、民族等，都易于确定，并且有关的信息和统计数据，也比较容易获得；一些带有主观性的变数，如心理和性格方面的变数，就比较难以确定。

（3）可进入性

可进入性是指汽车企业对该细分市场能有效地接近和为之服务的程度，也就是能进行有效的促销和分销，即考虑营销活动的可行性。一是汽车企业能够通过一定的广告媒体把产品的信息传递到该市场众多的消费者中去，二是产品能通过一定的分销渠道抵达该市场。一个市场可进入，说明该市场的竞争不激烈，竞争者相对较少，或本企业在该市场的竞争中有绝对或相对的优势。汽车市场细分必须是汽车企业能够进入并占有一定份额的，否则没有现实意义。

（4）足量性

足量性是指细分市场的规模应达到足够获利的程度。一个细分市场应该是值得为之设计一套营销规划方案的尽可能大的同质群体。它包括两个内容：

1）该市场有充足的现实需求量，其需求水平能符合企业当前的销售期望水平。

2）该市场有潜在需求，有较好的潜在发展前途，能为企业获得较大的利润，有利于企业持续地开拓该市场。细分市场规模的大小，应考虑其包含的人和购买力要达到值得企业设立一套独立的营销方案。

2. 汽车市场细分的标准

市场细分的标准有很多，造成消费者需求特征多样化的所有因素都可以视为市场细分化的依据或标准，称为细分变量。市场细分的主要依据是地理因素、人口因素、心理因素和行为因素等四大类，见表4-1，每一大类又包括一系列的细分变量。

表4-1 汽车市场的细分标准

细分标准	细分变量
地理因素	地理位置、城镇大小、地形、地貌、气候、交通状况、人口密集度等
人口因素	年龄、性别、职业、收入、民族、宗教、教育、家庭人口、家庭生命周期等
心理因素	生活方式、性格、购买动机、态度等
行为因素	购买时间、购买数量、购买频率、购买习惯（品牌忠诚度），以及对服务、价格、渠道、广告的敏感程度等

（1）按地理因素细分

按地理因素细分，就是按照消费者所处的区域，以及地理环境、气候特点、人口密度、城市乡村等内容来细分市场。这既是一种传统的细分方法，又是相对稳定的细分标准。地理位置不同的消费者，在购买习惯、购买力水平、购买方式等方面都会有很大的差异。由于地理环境的差异，国外汽车制造商在把在国外畅销的车型输入我国的时候，都要根据我国的路况特点进行改装、调试，甚至十几万公里的实际测试。因此，对汽车市场进行地理细分是非常必要的。

1）地理位置。可以按照行政区划来进行细分，见表4-2。在我国，可以划分为东北、华北、西北、华南等几个地区；也可以按照地理区域来进行细分，如划分为省、自治区、直辖市，以及市、县等；或者划分为内地、沿海、城市、农村等。在不同地区，消费者的需求显然存在较大差异。

表4-2 我国汽车市场按地理因素划分的细分市场

划分标准	典型细分
地理位置	东北、华北、西北、华南等 省、自治区、直辖市，以及市、县等 内地、沿海、城市、农村等
城市规模（人口）	中国在城市统计中对城市规模的分类标准以市区常住人口为考量因素： 巨大型城市——1000万以上 特大城市——300万~1000万 大城市——100万~300万 中等城市——50万~100万 小城市——50万以下
地形	平原、丘陵、山区、沙漠地带等
气候	热带、亚热带、温带、寒带等

2）城市规模。以常住人口为考量因素可划分为巨大型城市、特大城市、大城市、中等城市、小城市和乡镇。处在不同规模城市的消费者，在消费结构方面存在较大差异。

3）地形和气候。按地形可划分为平原、丘陵、山区、沙漠地带等；按气候可分为热带、亚热带、温带、寒带等。不同自然环境下的消费者对汽车质量、动力性能和操控性能的要求会有不同。

（2）按人口因素细分

人口是构成消费者市场的基本要素之一，有人的地方就会有衣食住行的消费需求。按人口统计因素细分，就是按年龄、性别、收入、职业、受教育程度、家庭人口等变数，将市场划分为不同的群体。由于人口变数比其他变数更容易测量，并且适用范围比较广，因而人口变数一直是细分汽车市场的重要依据。

1) 年龄。不同年龄段的消费者，由于生理、性格、爱好、经济状况的不同，对汽车的需求往往存在很大的差异。因此，可按年龄将市场划分为许多各具特色的消费群。

2) 性别。按性别可将市场划分为男性市场和女性市场。汽车在用途上有明显的性别特征。在购买行为、购买动机等方面，男女之间也有很大的差异。

3) 收入。市场上的消费者需求是以消费者的货币支付能力为前提的。人们的需求会随着收入水平的高低呈等级差异。根据平均收入水平的高低，可将消费者划分为高收入、次高收入、中等收入、次低收入、低收入五个群体。货币收入不同，人们的消费结构以及购买商品的习惯、爱好、方式都会有所不同，它将直接影响消费者的需求欲望和支出模式。例如，普通工薪阶层和私营企业老板在购买轿车的价格、要求和目的上会有很大的不同。

4) 职业。不同职业的消费者，由于知识水平、工作条件和生活方式等不同，其消费需求存在很大的差异。

5) 受教育程度。受教育程度不同的消费者，在志趣、生活方式、文化素养、价值观念等方面都会有所不同，因而会影响他们的购买种类、购买行为和购买习惯。

6) 家庭人口。按家庭人口可分为单身家庭（1人）、小家庭（2~3人）、大家庭（4~6人或6人以上）。家庭人口数量不同也会出现需求差异。

（3）按心理因素细分

很多收入水平、地理位置、同一文化影响下的消费者却有着截然不同的消费习惯和特点，这是因为消费者的心理因素在起作用。汽车市场细分的心理因素主要包括消费者的生活方式、性格、购买动机等内容。

1) 生活方式。生活方式是人们对工作、消费、娱乐的特定习惯和模式，不同的生活方式会产生不同的需求偏好，如"传统型""新潮型""节俭型""奢侈型"等。这种细分方法能显示出不同群体对汽车商品在心理需求方面的差异性。

2) 性格。消费者的性格与对产品的喜爱有很大的关系。性格可以用外向与内向、乐观与悲观，以及自信、顺从、保守、激进、热情、老成等词句来描述。性格外向、容易感情冲动的消费者往往好表现自己，因而他们喜欢购买能表现自己个性的产品；性格内向的消费者则喜欢大众化，往往购买比较平常的产品；富于创造性和冒险心理的消费者，则对新奇、刺激性强的商品特别感兴趣。

3) 购买动机。购买动机细分即按消费者追求的利益来进行细分。消费者对所购产品追求的利益主要有求实、求廉、求新、求美、求名、求安等，这些都可作为细分的变量。例如，有人购买汽车是为了代步，有人购买汽车是为了炫耀。因此，汽车企业可对市场按利益变数进行细分，确定目标市场。

（4）按行为因素细分

按行为因素细分，就是根据人们的知识、态度及对产品的反应和使用情况，将购买者分为不同群体。许多市场营销人员认为行为因素是进行市场细分的最佳起点。这些因素包括购买时机、寻求的利益、使用者的情况、使用率、品牌崇信度等。对于汽车市场的行为因素，营销人员要主要考虑购买时间。汽车消费具有时间性，俗话说"金九银十"，因此汽车企业可以根据消费者产生需要、购买或使用产品的时间进行市场细分，在适当的时候加大促销力度，采取优惠价格，以促进产品的销售。

4.1.3 汽车市场细分的方法和程序

1. 市场细分的方法

市场细分的方法有很多种，主要有单一变量法、主导因素排列法、综合因素细分法、系列因素细分法等。

（1）单一变量法

所谓单一变量法，是指根据市场营销调研结果，把选择影响消费者或用户需求最主要的因素作为细分变量，从而达到市场细分的目的。这种细分法以公司的经营实践、行业经验和对组织客户的了解为基础，在宏观变量或微观变量之间，找到一种能有效区分客户并使公司的营销组合产生有效对应的变量而进行的细分。

（2）主导因素排列法

所谓主导因素排列法，是指用一个因素对市场进行细分，如按排量大小将乘用车市场进行细分。这种方法简便易行，但难以反映复杂多变的消费者需求。

（3）综合因素细分法

所谓综合因素细分法，是指用影响消费需求的两种或两种以上的因素进行综合细分，例如用生活方式、收入水平、年龄三个因素将乘用车市场进行细分。

（4）系列因素细分法

所谓系列因素细分法，是指当细分市场所涉及的因素是多项时，并且各因素是按一定的顺序逐步进行的，可由粗到细、由浅入深，逐步进行细分。采用系列因素细分法，目标市场将会变得越来越具体。

2. 市场细分的程序

市场细分作为一个比较、分类、选择的过程，应该按照一定的程序来进行，通常有以下几步。

（1）正确选择市场范围

企业根据自身的经营条件和经营能力确定进入市场的范围，如进入什么行业、生产什么产品、提供什么服务。产品市场范围应以消费者的需求，以及产品本身的特性来确定。

（2）列举潜在消费者的基本需求

选定产品市场范围以后，企业可以从地理、人口、心理和行为等变量入手，通过访问或其他方式，向一组有代表性的消费者了解他们内在的购买动机、态度、行为模式等，然后，找出影响消费者购买决策最重要的几个变量，比较全面地列出潜在消费者的基本需求，并排序。这一步能掌握的情况可能不太全面，但却为以后的深入分析提供了基本资料和依据。

（3）分析潜在消费者的不同需求，初步划分市场

企业将所列出的各种需求通过抽样调查进一步搜集有关市场信息与消费者的背景资料，运用因素分析法将高度相关的变量剔除，因为这些变量是消费者群的共同需求，虽然在市场营销组合设计时不应该被忽视，但不能作为市场细分的依据；接着，对存在不同需求特点的变量，利用综合分析进行差异比较，通过这种差异的比较，划分出几个相对统一的消费者群，即初步的细分市场。

(4) 筛选

根据有效市场细分的条件，进一步认识每一个细分市场的消费者需求及行为特点，考虑各子市场有没有必要再做细分，或重新合并。

(5) 为细分市场定名

根据潜在消费者基本需求上的差异，将其划分为不同的群体或子市场，并赋予每一子市场一定的名称。为便于操作，可结合各细分市场上消费者的特点，用形象化、直观化的方法细分市场，如某旅游市场分为商人型、舒适型、好奇型、冒险型、享受型、经常外出型等。

(6) 评估与选定目标市场

通过前面几步，企业基本确定了市场细分。在调查基础上，企业要测量各个细分市场的潜量，即估计每一细分市场的消费者数量、购买频率、平均每次的购买数量等；对细分市场的产品竞争状况及其发展趋势做出分析，评价其吸引力；寻找可能的获利机会，选择与本企业经营优势和特色相一致的子市场，作为目标市场。没有这一步，就没有达到细分市场的目的。

经过以上六个步骤，企业便完成了市场细分的工作，就可以根据自身的实际情况确定目标市场并采取相应的目标市场策略了。

掌握了吗？

1) STP营销策略的三个步骤分别是（　　　）、（　　　）和（　　　）。
2) 市场细分的客观基础是消费者需求的（　　　），其实质就是（　　　）。
3) 有效的细分市场必须具备的特征包括（　　　）、（　　　）、（　　　）和（　　　）。
4) 市场细分的依据（标准）包括（　　　）、（　　　）、（　　　）和（　　　）。

拓展升华

大众汽车细分市场的ABCD

汽车企业的细分市场是如何细分的？

国内市场对乘用车的分级方式，多沿用德国大众汽车公司的标准，通过轴距和排量划分从A00到D：A00代表微型轿车；A0代表小型轿车；A代表中低级轿车；B代表中高级轿车；C代表高级轿车；D代表豪华轿车。汽车市场分级及其价格区间如图4-2所示。

有人说，大众只有一款车，就是经典的高尔夫，高尔夫加个尾巴是速腾，拉长之后是帕萨特，改个名字叫迈腾，改成溜背是CC，再拉长是辉昂（进口车型是辉腾），拍成方的是途昂，拍成扁的是尚酷，多两个座椅是夏朗，加高底盘是途观，再放大一点儿就是途锐。因此大众车被戏称"俄罗斯套娃"系列。

一汽大众轿车从A到B的分级如图4-3所示。

上汽大众轿车从A0到C的分级如图4-4所示。

另外，进口大众曾经有一款D级车——辉腾，如图4-5所示，现已停产。

同一级别的汽车可以从价格、车型、配置等方面交叉细分。

现阶段，国产轿车重点致力于A级、B级轿车，但是若提升行业实力、树立民族信心，必须往高端市场发展。

学习任务④ 实施汽车市场的STP策略

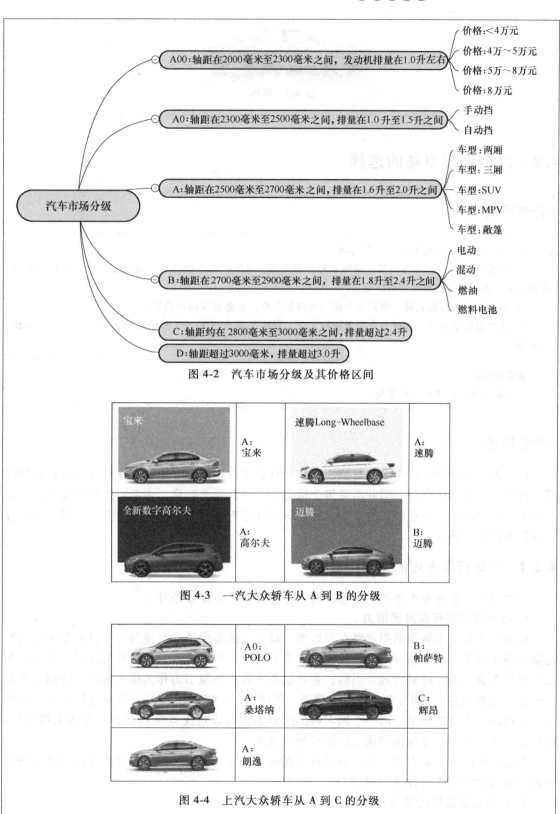

图 4-2 汽车市场分级及其价格区间

图 4-3 一汽大众轿车从 A 到 B 的分级

图 4-4 上汽大众轿车从 A 到 C 的分级

图 4-5 辉腾

4.2 汽车目标市场的选择

开节话题

比亚迪的目标客户包括以下三类人群：
1) 95 后年轻人，这类客户属于新购车势力的人群，对国产的东西比较容易接受，没有受到比亚迪的燃油车口碑影响，愿意尝试新事物。
2) 国企和政府公职人员，他们属于使用导向型客户，愿意选择国产品牌。
3) 比亚迪的老客户，这部分人属于换购人群，置换的需求很大，了解比亚迪的品牌历史，钟情比亚迪品牌。

营销任务：
汽车企业该如何选择目标市场？

营销理论

目标市场是企业产品的消费对象，即企业打算去占领的细分市场。在对市场进行细分之后，就有了多个市场机会，但并不是每个机会，企业都要去获取。企业必须根据每个子市场的潜力、竞争状况、企业的实力、长远目标等进行分析、判断，然后决定把一个或几个细分市场作为目标市场。

4.2.1 汽车目标市场的选择标准

一般而言，企业考虑进入的目标市场，应符合以下标准或条件。

1. 有一定的规模和发展潜力

企业进入某一市场是期望能够有利可图。对企业欲提供的产品或服务，目标市场应具有足够的潜在购买力。如果市场规模狭小或者趋于萎缩，企业进入后难以获得发展。此时，企业应仔细考虑，不宜轻易进入。当然，企业也不应以市场吸引力作为唯一标准，特别是要力求避免"多数谬误"，即与竞争企业遵循同一思维逻辑，将规模最大、吸引力最大的市场作为目标市场。大家共同争夺同一个顾客群的结果是，造成过度竞争和社会资源的无端浪费，同时使消费者的一些本应得到满足的需求受到忽视。

企业的产品开发能力或方向应和目标市场的需求变化方向一致，以使企业能够随市场需要或购买方向的变化而保持销售能力。

2. 细分市场结构的吸引力

细分市场可能具备理想的规模和发展特征，然而从赢利的观点来看，它未必有吸引力。

美国著名学者波特认为有五种力量决定整个市场或其中任何一个细分市场的长期内在吸引力。这五种力量是同行业竞争者、潜在的新参加的竞争者、替代产品企业的竞争、购方砍价的能力和关键供应商砍价的能力。通过分析这五种竞争力量，汽车企业可以评判哪些细分市场对本企业具有强大的吸引力。通常情况下，进入壁垒高而退出壁垒低的细分市场对汽车企业有更强的吸引力。

3. 符合企业目标和能力

某些细分市场虽然有较大的吸引力，但不能推动企业实现发展目标，甚至分散企业的精力，使之无法达到其主要目标，这样的市场应考虑放弃。另外，还应考虑企业的资源是否适合某一细分市场。只有选择那些企业有条件进入、能充分发挥其资源优势的市场作为目标市场，企业才会立于不败之地。

此外，企业在选择进入目标市场时，还必须考虑在该细分市场中，可以有效地获取市场的信息或建立市场信息系统。同时，企业营销活动所需资源的取得，应当相对容易。

4.2.2 目标市场的选择模式

目标市场是企业拟选择的细分市场。企业在选择目标市场的过程中，应将目标市场的营销战略与选择目标市场的方式相结合，进行综合考虑。我们用横坐标 M1、M2、M3 代表细分市场，纵坐标 P1、P2、P3 代表企业可以提供的产品，总结出如图 4-6 所示的五种汽车目标市场的选择模式。

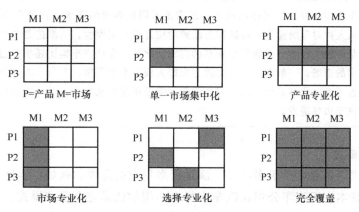

图 4-6　汽车目标市场的选择模式

1. 单一市场集中化模式

单一市场集中化模式即企业只选取一个细分市场，只生产一类产品，供应某一单一的顾客群，进行集中营销。这是一种最简单的模式。

采用这种模式的企业可以清楚地了解细分市场的需求，从而树立良好的信誉，在细分市场上巩固地位，同时，可以实现规模经济效益。但是这种模式有个很大的缺点，在市场情况发生变化时，也就是消费者的需求变化的时候，企业就没有产品来满足消费者的需求，因而面临很大的风险。

2. 产品专业化模式

产品专业化模式即企业集中生产一种产品，并向各类顾客销售这种产品。例如，冰箱企业生产的产品，可以供应给居民家庭这个细分市场，也可以供应给酒店及餐饮企业，还可以供应给医院实验室。

企业采用这种方式，可以发挥技术力量，有利于形成和发展技术优势，在该领域树立良好的形象，减少风险。但是要注意一点，企业若采用这种模式，当该领域被一种全新的技术与产品替代时，产品的销售量会有大幅度下降的威胁。

3. 市场专业化模式

市场专业化模式即企业选择某一顾客群作为目标市场，并为这一市场生产开发所需要的一系列产品。例如，海尔公司既生产冰箱，也生产空调，还生产洗衣机等一系列家用电器。

这种市场专业化模式可以帮助企业树立良好的、专业化的声誉。多产品经营在一定程度上也分散了市场风险，但是，相比于单一市场集中化模式，它对企业的生产能力、经营能力和资金实力都提出了更高的要求。

4. 选择专业化模式

选择专业化模式即企业选择几个目标市场，并为各个市场分别提供所需的产品。例如，云南红塔集团既生产卷烟，也生产汽车，还生产建材。

这种模式的最大优点在于能够分散市场风险，但是所选的细分市场有可能缺乏内在的逻辑联系，属于非相关的多元化发展，很难获得规模经济。此外，还要求企业必须具备很强的驾驭市场的能力。

> **营销案例** 　　　　　　　**吉利汽车集团的选择专业化模式**
>
> 　　吉利汽车集团生产多品牌、多规格的汽车，以满足不同顾客群的需求。吉利金刚官方指导价 3.99 万元起，满足低收入人群对车的需求；帝豪作为品牌的拉升工具而面世，瞄准的是中档车的市场；博越以科技感和颜值满足年轻人舒适驾乘和轻松畅享的需求。此外，吉利汽车集团还生产过美人豹跑车。跑车市场这种较为狭窄的市场，一般老牌的公司因为想赚大钱而不愿意做，吉利汽车集团迅速进入了空白的细分市场。这种选择专业化模式使它虽然起步较晚，但是还比较成功。之后，吉利汽车集团收购沃尔沃，则更是向高端汽车市场进发。

5. 完全覆盖模式

完全覆盖模式即企业生产很多产品，满足很多用户的需要。例如，美国可口可乐公司在软饮料市场上、日本丰田汽车公司在汽车市场上，用的就是完全覆盖模式。实力较为雄厚的企业采取这种方式，可以达到较好的经营效果。

采用完全覆盖模式，由于企业的生产品种日益增多，广告宣传、分销渠道和推销方法都要实行多元化，这样势必会提高生产成本和销售费用，从而影响企业的经济效益。另外，如果无限地扩大生产品种，必然会受到企业的资源状况和技术的限制，使企业往往难以应付。因此完全覆盖模式通常是一些市场领导者、大企业，为了谋求市场领导者地位所采取的一种模式。

4.2.3　汽车目标市场的选择策略

所谓目标市场策略，是指企业对客观存在的不同消费者群体，根据不同商品和劳务的特点，采取不同的市场营销组合的总称。企业选择的目标市场不同，提供的商品和劳务就不同，采用的市场营销策略也不一样。一般来说，有三种目标市场策略可供选择：无差异市场策略、差异性市场策略和集中性市场策略，如图4-7所示。除第一种策略外，后两种策略都是在细分市场的基础上确定的。

1. 无差异市场策略

无差异市场策略是指企业将产品的整个市场视为一个目标市场，用单一的市场营销策略开拓市场，即用一种产品和一套市场营销方案吸引尽可能多的消费者，如图4-7a。如果各个分市场之间对某种产品的需求共性大于个性，企业可将各种子市场之间的差异忽略不计，而采用无差异市场策略。一般来说，这种策略适用于那些有着广泛需求，从而能够大量生产和销售的产品，例如当年的福特汽车公司生产黑色T型车。

无差异市场策略的特点是忽略细分市场之间的差异，只提供一种产品在整个市场上销售，只注意消费者在需求方面的共同点，而不管他们之间的差异。采用这一策略的优点包括：①企业可以依赖大量的生产、储运和销售来降低单位产品的成本；②可以利用无差异的广告宣传，以及其他促销手段，从而节约大量的营销费用；③不做市场细分，减少了市场调研、产品开发等方面的费用。但是，事实上除极少数产品外，消费者对绝大多数产品的需求是不完全相同的。

2. 差异性市场策略

差异性市场策略是指企业把整个大市场细分为若干个不同的市场群体，依据每个小市场在需求上的差异性，有针对性地分别组织经销商品和制定营销策略，即组织不同的商品，根据不同的商品制定不同的价格，采用不同的分销渠道，应用多种广告设计和广告宣传，去满足不同消费者的需求，如图4-7b所示。通用汽车公司就针对不同财力、目的和个性的消费者，设计和生产出了不同类型、型号的汽车，并采用不同的市场营销组合方式应对不同的消费者。

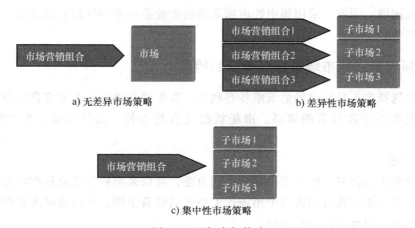

a) 无差异市场策略　　b) 差异性市场策略

c) 集中性市场策略

图4-7　目标市场策略

差异性市场策略的依据是市场消费需求的多样化特性。不同的消费者具有不同的爱好、不同的个性、不同的价值取向、不同的收入水平和不同的消费理念等，从而决定了他们对产品有不同的需求倾向。实行差异性市场策略的优点包括：①企业可以采用小批量、多品种的生产方式，并在各细分市场上采用不同的营销组合，以满足不同的消费者需要，从而扩大企业的销售；②企业具有较大的经营灵活性，不只依赖一个市场、一个产品，从而可以降低经营风险；③一旦企业在几个细分市场上获得成功，有助于提高企业的形象，提高产品的市场占有率。

差异性市场营销策略的不足之处主要体现在两个方面,一方面是增加市场营销成本,由于产品品种多,管理和储运成本将增加;由于企业必须针对不同的细分市场制订不同的营销计划,会增加企业在市场营销调研、促销和渠道管理等方面的营销成本。另一方面是可能使企业的资源配置不能有效地进行集中,有可能会顾此失彼,甚至在企业内部出现争夺资源的现象,使拳头产品难以形成优势。因此,差异性市场策略适合实力强大的、资源丰富的集团企业。

3. 集中性市场策略

集中性市场策略也称密集性市场策略。它是指企业把整个市场进行细分后,选择一个或少数几个细分市场作为目标市场,实行专业化经营,即企业集中力量向一个或少数几个细分市场推出商品,占领一个或少数几个细分市场的策略,如图4-7c所示。集中性市场策略的依据是:与其在整体市场占有很小的份额,不如集中企业的营销优势在少数细分市场上占有较大的,甚至是居于支配地位的份额。这一策略特别适合资源有限的中小企业。中小企业由于受财力、技术等方面因素的制约,在整体市场上可能无力与大型企业抗衡,但如果集中资源优势在大型企业尚未顾及或尚未建立绝对优势的某个或某几个细分市场上进行竞争,成功的可能性更大。

采用集中性市场策略的优点包括:①有利于准确把握客户的需求,有针对性地开展营销活动;②有利于降低生产成本和营销费用,提高投资收益率。

集中性市场策略的局限性体现在两个方面。一方面是市场区域相对较小,企业发展受到限制。另一方面是潜伏着较大的经营风险,一旦目标市场突然发生变化,如消费者的兴趣发生转移,或强大竞争对手进入,或新的更有吸引力的替代产品出现,都可能使企业因没有回旋余地而陷入困境。因此,采用集中性市场策略的企业必须密切注意目标市场的动向,做好充分的应变准备。

4.2.4 选择汽车目标市场策略应考虑的因素

前述三种选择汽车目标市场的策略各有利弊。在营销实践中,企业究竟选择哪种目标市场策略,主要取决于所经营的商品、市场状况及自身条件。具体来说,企业需考虑以下因素。

1. 企业资源

如果企业资源条件好、经济实力和营销能力强,可以采取差异性目标市场策略。如果企业资源有限,无力把整体市场或几个市场作为自己的经营范围,则应该考虑选择集中性市场策略,以取得在小市场上的优势地位。

2. 产品特点

对同质性强的产品,如果消费者不加以严格区别和挑选,竞争将主要集中在价格上,这类产品适合采用无差异市场策略。如果产品的质量因生产者的不同而存在较为明显的差别,而消费者在选购产品时主要以产品特性作为依据,如汽车、家电等,这类产品就适宜采用差异性市场策略或集中性市场策略。

3. 产品的市场生命周期

一般来说,产品从进入市场到退出市场要经过四个阶段。产品处在不同的阶段,应采取不同的市场营销策略。企业应随着产品所处的市场生命周期阶段的变化而变换市场营销策略。当产品处于投放期时，同类竞争产品不多，市场竞争不激烈，企业主要是探测市场需求和潜在客户，可采用无差异市场策略。当产品进入成长期或成熟期时，同类产品增多，市场竞争日益激烈，为确立竞争优势，企业可考虑采用差异性市场策略。当产品步入衰退期时，为保持市场地位，延长产品的生命周期，全力应对竞争者，可考虑采用集中性市场策略。

4. 市场特点

市场特点是指各细分市场之间的区别程度。当市场上的消费者需求比较接近，偏好及其特点大致相似，对市场营销策略的刺激反应大致相同，对营销方式的要求无太大差别时，企业可采用无差异性市场策略。当市场上的消费者需求的同质性较小，明显地对同一商品在花色、品种、规格、价格、服务方式等方面有不同的要求时，就宜采用差异性市场策略或集中性市场策略。

5. 竞争状况

竞争是市场经济的必然产物，是价值规律起作用的结果，企业普遍存在于激烈竞争的市场环境中。企业在进行目标市场策略选择时，还要充分考虑竞争者尤其是主要竞争对手的市场营销策略。企业采用哪种目标市场策略，需要针对主要竞争对手所采取的市场营销策略而定。当主要竞争对手采取差异性市场策略时，企业就应当采用差异性市场策略；若主要竞争对手的力量较弱，则可采用无差异市场策略。此外，还要考虑竞争者的数量，当市场上同类产品的竞争者较少、市场竞争不激烈时，企业可采用无差异市场策略；当竞争者比较多、市场竞争激烈时，企业可采用差异性市场策略或集中性市场策略。

企业在选择目标市场时应当分析其所处的市场竞争地位。竞争地位是指企业在目标市场中所占的位置，它是企业规划竞争战略的重要依据。根据企业在目标市场所处的位置，企业可以分为领先者、挑战者、跟随者和补缺者。企业所处位置不同，所采取的定位策略也不同。

（1）领先者定位策略

这是指企业选择的目标市场尚未被竞争者发现，企业率先进入市场，抢先占领市场的策略。企业采用这种定位策略，必须符合以下几个条件：①该市场符合消费发展趋势，具有强大的市场潜力；②本企业具备领先进入的条件和能力；③进入的市场必须有利于创造企业的营销特色；④提高市场占有率，使本企业的销售额在未来整个市场中占40%左右。

（2）挑战者定位策略

这是指企业把市场位置定在竞争者的附近，与在市场上占据支配地位的，亦即最强的竞争对手对立，并最终把对方赶下现居的市场位置，让本企业取而代之的市场定位策略。企业采取这种定位策略，必须具备以下条件：①要有足够的市场潜力；②本企业具有比竞争对手更丰富的资源和更强的营销能力；③本企业能够向目标市场提供更好的商品和服务。

（3）跟随者定位策略

这是指企业发现目标市场竞争者很多，而该市场需求潜力又很大，企业跟随竞争者挤入该市场，与竞争者处在一个位置上的策略。企业采用这种策略，必须具备下列条件：①目标市场还有很大的需求潜力；②目标市场未被竞争者完全垄断；③企业具备挤入市场的条件和与竞争对手"平分秋色"的营销能力。

（4）补缺者定位策略

这是指企业把自己的市场位置定在竞争者没有注意到和占领的市场位置上的策略。当企业对竞争者的市场位置、消费者的实际需求和自己经营的商品属性进行评估分析后，如果发现企业所面临的目标市场并非充满竞争者，而是存在一定的市场缝隙或空间，而且自身所经营的商品又难以与竞争者正面抗衡，这时企业就应该把自己定在目标市场的空当位置，与竞争者成鼎足之势。企业采用这种市场定位策略，必须具备以下条件：①本企业有满足这个市场所需要的货源；②该市场有足够数量的潜在消费者；③企业具有进入该市场的特殊条件和技能；④经营必须赢利。

企业在选择目标市场策略时应综合考虑上述因素，权衡利弊之后，方可做出选择。目标市场策略应相对稳定，但当市场形势或企业实力发生重大变化时，则应及时转换。

掌握了吗？

1）企业考虑进入的目标市场，应符合的标准或条件分别是（　　）、（　　）、（　　）和（　　）。

2）⋯⋯⋯⋯⋯其是主要竞争对手的市⋯⋯⋯⋯⋯实力和采取的市场营销⋯⋯⋯⋯⋯差异性市场策略或集中⋯⋯⋯⋯⋯或差异性市场策略。此⋯

3）⋯⋯⋯⋯⋯⋯（　　）、（　　）、（　　）、（　　）。

4）影响汽车目标市场营销策略选择的因素包括（　　）、（　　）、（　　）、（　　）和（　　）。

拓展升华

2020年我国豪华车销售情况启示

豪华汽车品牌在2020年再次取得了强劲增长——车越买越贵，就像房子越买越大一样，成为不可逆的消费升级趋势。乘联会的数据显示，我国2020年豪华车市场销量为279万辆，同比增幅高达19.9%。这样的数字或许是面对2020年第一季度的汽车市场困境时谁也未曾想到的。同时，豪华汽车品牌在2020年已经是连续三年逆市大涨——2018、2019、2020年是我国汽车市场销量连续下跌的三年，国产狭义乘用车新车销量分别下跌3.9%、9.2%和6.3%，但同期豪华车市场销量分别上涨17.6%、11.7%和19.9%。

2020年，豪华车终端零售占乘用车的市场份额提升至17.9%，体现出豪华品牌市场较强的韧性。从需求端看，换购推动消费者品牌升级，中高端换购需求持续提升；从供给端看，入门豪华产品以及豪华车较大的折扣率，抢占了合资品牌20万~25万元的中端市场；同时国产降价的特斯拉上升势头明显，引领豪华新能源市场终端零售向上突破。上述多重因素共同推动了2020年豪华车市场的优异表现。

随着社会的进步，人们的物质生活和精神生活都有了较高的需求，汽车消费者对购车也有了更高的需求，国产高端豪华品牌是否应当抓住豪华车这个目标市场更上一层楼值得业界思考。

4.3 汽车市场定位

开节话题

德系豪华车的代表品牌是宝马和奔驰，如图4-8所示。

　　　　宝马　　　　　　　　　　奔驰

图 4-8　宝马与奔驰

你听说过"开宝马、坐奔驰"这句话吗？

营销任务：
基于STP理论，试分析上面这句话的含义，并进一步分析企业应如何进行市场定位。

营销理论

4.3.1　市场定位概述

1. 定义

　　企业选择了目标市场后，往往会发现其他企业的同种产品，也就是说竞争者已在这个市场上捷足先登了，并占据了有利的市场地位。企业为了出奇制胜就必须着手进行竞争分析，辨明市场竞争者处于什么地位，以及其实力和经营特色如何。在此基础上，确定本企业的市场营销组合进入目标市场的相应的市场定位，这也是企业实施市场定位的前提。

　　市场定位是指企业针对潜在客户的心理进行营销设计，创立产品、品牌，或企业在目标客户心中的某种形象或某种个性特征，保留深刻的印象和独特的位置，并把这种形象或个性特征有力、生动地传递给目标客户，使该产品在市场上确定强有力的竞争位置。简而言之，就是在客户心中树立独特的形象。市场定位的实质是使本企业与其他企业严格区分开来，使客户明显感觉和认识到这种差别，从而在客户心中占有特殊的位置。因此，企业的市场定位并非随心所欲的，而是必须对竞争者所处的市场位置、客户的实际需求和本企业经营商品的特性做出正确的评估，然后确定适合自己的市场位置。

营销视野　　　　　学者对市场定位的描述

　　市场定位是在20世纪70年代由美国学者艾·里斯提出的。此后，营销界对市场定位进行了各种研究，以下介绍几位学者对市场定位的阐述。

（1）艾·里斯（Al Ries）和杰克·特劳特（Jack Trout）对定位的阐述

　　定位是对现有事物的一项创造性工作，其以产品为出发点，针对一种商品、一项服务、一家企业、一所机构甚至一个人。但定位的对象不是这些，而是针对潜在顾客的思想，也就是说要为产品或其他对象在潜在顾客的大脑中确定一个合适的位置。具体来说，就是要与竞争者的产品显示出与众不同的特色。这就要求企业从各个方面为产品打造特定的市场形象，从而在目标顾客心中形成特殊的偏爱。

（2）科特勒对定位的阐述

定位就是对公司的产品进行设计，从而使其能在顾客心目中占有一个独特的、有价值的位置的行动。为了突出定位的重点，要求公司决定向目标顾客推出多少差异，以及推出哪些差异。

（3）麦卡锡对定位的阐述

市场定位要建立在顾客观点的基础上，定位是指顾客对市场中现有的或将要提供的品牌的看法。但竞争对手在市场中的表现相似的时候，定位问题尤其重要，一旦认识到顾客的想法，就可以来决定是让产品或营销组合顺其自然，还是应该对其重新定位。

2. 市场定位的作用

（1）市场定位有利于建立企业及产品的市场特色，是参与现代市场竞争的有力武器

在现代社会，很多产品处于买方市场，而同类产品无论在技术还是质量上差异都不是很大。市场却是有限的，为争夺有限的市场，各个企业进行了激烈而残酷的竞争。有效的市场定位可以在一定程度上使产品区别于其他企业的产品，在目标顾客心目中形成独特的形象，产生偏爱，从而防止被其他企业的产品替代，形成有效的竞争优势。

（2）市场定位决策是企业制定市场营销组合策略的基础

企业的市场营销组合要受到其市场定位的制约。例如，如果某企业决定生产销售优质、低价的产品，那么广告宣传的内容就要突出强调其产品质优、价廉的两个特点，要让目标顾客相信货真价实，低价也能买到好产品；因此，这就要求分销储运效率要高，保证低价出售仍能获利。也就是说，企业的市场定位决定了其必须设计和发展与之相适应的市场营销组合。

4.3.2 汽车市场定位策略

市场定位的根本目的，就是要在目标市场上建立本企业产品的竞争优势，并使目标顾客充分认识自己的这种优势。各个企业经营的产品不同、面对的顾客不同、所处的竞争环境也不同，因而市场定位的策略也不同。一个企业可以通过哪些策略来使自己区别于竞争对手呢？总的来说，企业可以在产品差异化、服务差异化、员工差异化、渠道差异化和形象差异化等方面创造差别。

1. 产品差异化

产品差异化就是从产品质量、款式、性能、一致性、耐用性、可靠性、可维修性等方面实现差别。

当年沃尔沃发明了安全带，并将安全带的图形运用在自己的logo（标志）上，从而使沃尔沃在安全性方面与其他汽车区别开来。另外，前面讲到的"开宝马"也是宝马公司从汽车产品操控性能上将自己区别于其他汽车品牌。

营销案例	比亚迪销量比肩德系豪华品牌

电池燃爆问题一直都是消费者重点关注的新能源汽车问题，也是纯电市场的痛点。2021年，比亚迪率先为全系车型换装磷酸铁锂刀片电池，安全性再次提升。安全性的提升增强了消费者购买新能源汽车的信心，比亚迪乘用车2022年3月全系销售104338辆，同比增长160.9%，首款搭载刀片电池的车型——比亚迪汉DM销售12359辆，环比增长524.9%，领跑中国品牌中大型轿车市场，成功立足中大型C级豪华轿车市场，甚至成为唯一比肩德系豪华品牌的中国汽车品牌！

2. 服务差异化

服务差异化就是向目标市场提供与竞争者不同的优异服务。在汽车营销中，服务差异化主要体现在以下几个方面。

（1）订货方便

这是指如何使顾客以最为便利的方式向公司订货。网络的普及和电子商务的产生为顾客提供了一种随时随地可以订货的购物方式，这种便利的订货方式已经开始被广泛使用。

（2）客户培训

客户培训是指对客户单位的雇员进行培训。特许经营是当今汽车销售行业中比较常见的渠道策略，大多数汽车整车制造厂都会对它的特许经销商进行培训。此外，客户培训也可以看作是教会顾客如何使用他们的新汽车，这项工作不一定要靠汽车销售顾问来进行，一本详细的使用说明书也可以起到客户培训的作用。

（3）客户咨询

客户咨询是指向客户无偿或有偿地提供有关资料、信息系统和提出建议等服务。例如，雪佛兰顾问式服务中要求销售顾问为客户提供提醒服务，其中包括：提醒消费者按时享受生产商或经销商的承诺服务（如 5000 公里的免费保养）；提醒消费者注意某些使用常规，例如年检、购置保险等。

（4）维修

维修是指购车者所能获得的修理服务。在我国，由于受收入水平的影响，人们对耐用消费品的售后修理服务的质量与方便性格外重视。

（5）多种服务

公司还可以找到许多其他方法或是提高各种服务来增加价值，也可以将上述差异化因素融合起来。如果将企业提供的服务和产品融合一体的话，那么企业可以根据提供的服务的差异性为产品定位。在汽车营销过程中，中高档汽车面对的消费者的价格弹性相对较低，对这些消费者来说，服务可能比价格更具有吸引力。例如，顾问式服务是一种全方位、全过程的服务，是对消费者在整个购车过程，乃至从第一次购买新车到旧车置换，再到第二次购车的整个生命周期的服务。同时，这也是一种个性化的服务。

营销案例 　　　　　　　　　**雷克萨斯的服务至上**

雷克萨斯当年在被德系的宝马、奔驰、奥迪和美国本土的凯迪拉克统治着的美国豪华车市场的崛起，靠的就是它的核心理念：服务至上。它就是以差异化服务"虏获"消费者的心。丰田章男曾说"我们的每台车，基本上都是跪着卖出去的"，以此来形容雷克萨斯的高服务质量。雷克萨斯从售前到售后，从维修到保养每一个环节都能让车主感受到宾至如归的服务。在中国豪华车市场，雷克萨斯率先推出 4 年/10 万公里的免费保修及免费保养服务。

事实证明，企业的竞争力越能体现在对顾客的服务上，市场差别化就越容易实现。

3. 员工差异化

员工差异化就是通过聘用和培训比竞争者更为优秀的人员以获取差别优势。

雷克萨斯品牌的奠基人丰田英二曾说："人才是经营的关键，它将决定企业的盛衰。"雷克萨斯充分意识到只有完善的人才培养体系，才能保证品牌服务的可持续性，而人才培养的关键，是给所有的人才指明合理的职业发展规划路径。雷克萨斯的服务至上理念深入人心,但是衡量服务优秀与否的难度是比较大的。因此,雷克萨斯一方面把服务过程尽可能地标准化,另一方面是把服务理念以文化的方式传递给服务人员。自 2011 年开始,雷克萨斯就在中国开展售后服务技能大赛,这成了雷克萨斯展示品牌服务形象与检验人才技能水平的窗口。每年一届的售后服务技能大赛,代表了雷克萨斯售后服务和技术的最高水平。

> **营销案例　　　　　　雷克萨斯的"金字塔式"人才培养体系**
>
> 尽管今天传统汽车销售的方式已经发生了改变,但在雷克萨斯看来,经销商服务人才是优质服务的基础。雷克萨斯采用"金字塔式"人才培养体系,对员工的组成结构有着严格的规定,例如在售后维修部的构成比例是:技师 40%、高级技师 30%、故障诊断技师 20%、故障诊断总技师 10%。
>
> 依托于"金字塔式"人才培养体系,雷克萨斯为每一位员工提供全方位、持续性的职业素养与技能培训。
>
> 此外,为了强化经销商的服务品质,雷克萨斯还面向全国经销商展开许多专题培训,包括钣喷基础培训、精致保养培训、混合动力原理及技术培训等。

4. 渠道差异化

渠道差异化就是企业从渠道策略、设计、建立、管理、维护、创新等方面与竞争对手形成差别,让渠道以最佳的效率保持与目标市场的接触。广汽新能源凭借着"25 小时"特殊理念的渠道模式,颠覆了传统渠道模式。从渠道模式上帮助经销商实现资产轻量化、功能管理模块化等功能,有效提高消费者的黏性和深度开发价值。

5. 形象差异化

形象差异化就是在产品的核心部分与竞争者雷同的情况下塑造不同的产品形象以获取差别优势。在用户心中,"奔驰"就具有豪华和优质的含义。形象差异是一项不可忽视的定位指标,为树立汽车品牌形象,可利用标志、气氛和特殊事件等来完成。

(1) 标志

汽车的标志和品牌是密不可分的一个整体,它们共同体现汽车的形象。标志将品牌视觉化和形象化,并通过其设计和造型来传达出某种文化、精神和追求。标志容易建立起品牌与消费者之间的沟通与认知。通过标志,人们可以轻而易举地辨认出不同类型的汽车品牌。

> **营销案例　　　　　　劳斯莱斯的车标**
>
> 英国著名品牌劳斯莱斯用两个 R 字叠合作为商标,这是创始人查理·劳斯(Charles Rolls)与亨利·莱斯(Henry Royce)两个人的姓的第一个字母,象征着你中有我,我中有你,体现了两个人融洽及和谐的关系。车头上是展翅欲飞的飞天女神雕塑。风姿绰约的女神以登上劳斯莱斯车首为愉悦之泉,沿途微风轻送,摇曳生姿,象征"速度之神""狂喜之神"和美丽的爱情。

(2) 气氛

一个组织生产或传送其产品或服务的场所是一个产生有利形象的途径。采取特许经营模式的汽车销售商都会要求所有特许经销商都采用同样的外观和内部装潢,甚至要求办公用品的摆放、墙面装饰画的样式都要完全相同,这些都是该企业 CI 形象的体现。又例如,顾问式销售服务要求业务员每天进入销售场地时,都要检查个人物件是否摆放妥当、环境是否整洁悦目,因为井井有条的物品和整洁的环境可以体现汽车的质量优秀,以及公司一丝不苟的生产作风。

(3) 特殊事件

企业可以通过由其赞助的各类活动营造某个形象。这一点在汽车营销中表现最明显的就是每年举行的一级方程式赛车。世界著名的赛车生产厂商不但为该赛事提供用车，有的还自己组队参加，在比赛中自然展示本企业产品的卓越质量，也通过赛车手的出色表演赋予赛车不同的精神面貌。另外，企业还可以通过其他一些特殊事件来展示自己的形象，如公司纪念日、创始人诞辰日等。

事实上，许多企业进行市场定位的策略不只是一个，而是多个策略同时使用。因为要体现企业及其产品的形象，市场定位必须是多维度的、多侧面的。

营销视野	进行市场定位的三问
	科学而准确的市场定位是建立在对竞争对手所经营的商品具有何种特色、顾客对该商品的各种属性的重视程度等进行全面分析的基础上的。为此，企业进行市场定位时应问自己以下三个问题： 1）目标市场上的竞争者提供何种商品给顾客？ 2）顾客确实需要什么？ 3）目标市场上的新顾客是谁？

4.3.3 目标市场定位方式

1. 初次定位

初次定位是指刚刚成立的企业或新产品开始进入目标市场的时候，企业从零开始整合所有的营销策略，使产品能够符合目标市场的需要。特斯拉进入市场时定位于高端时尚的纯电动汽车，其客户聚焦在高薪人群，他们接受新事物的能力强，有着较好的环保意识，并且具有更强的炫耀欲望。特斯拉高端时尚节能的定位完美地符合了目标客户群的需求。

2. 重新定位

重新定位也可称二次定位或再定位。它是指企业变动产品特色改变目标顾客对其原有的印象，使目标顾客对其产品新形象有一个重新认识。市场重新定位对于企业适应市场环境、调整市场营销战略必不可少。

营销案例	红罐王老吉的重新定位
	王老吉在消费者心目中原有的定位是药茶。药茶是药，无须也不宜经常饮用，这样的定位导致王老吉销量不佳。后来王老吉做了重新定位，推出红罐王老吉，将王老吉的定位从药茶重新定位为预防上火的饮料，并打出"怕上火就喝王老吉"的广告。既然是饮料就可以经常喝，这样的定位让王老吉销量大增。

一般来说，企业产品在市场上的初次定位即使很恰当，但在出现下列情况时也需考虑重新定位：一是在本企业产品定位附近出现了强大的竞争者，侵占了本企业品牌的部分市场，导致本企业产品市场萎缩和产品品牌的目标市场占有率下降，或者已经无力抵抗；二是消费者偏好发生变化，从喜爱本企业的品牌转移到喜爱竞争者的品牌；三是由于市场的低迷或者饱和，企业需要开拓新的市场。

| 营销案例 | 丰田皇冠的重新定位 |

一向以低调、奢华、高贵著称的丰田皇冠，在丰田品牌形象不断下行、皇冠轿车 2014 年全年销量不及竞争对手奥迪 A6L 月销量的情况下，丰田皇冠重新定位于驾驶、运动、年轻，于 2015 年 3 月推出第十四代，把竞争对手由原来的奥迪 A6L、宝马 5 系和奔驰 E 级等高档 C 级轿车，下调为奥迪 A4L、宝马 3 系、奔驰 C 级、沃尔沃 S60 和英菲尼迪 Q50L 等高档 B 级车。

恰到好处的重新定位，有的时候能够给企业带来一个新的发展机会。事实证明，这次丰田皇冠的重新定位并不成功，不仅没有带来预期的销售量，反而带来了太多的质疑，这些质疑又直接影响了它的市场表现，直至在 2020 年 4 月 28 日皇冠正式停产。

3. 对峙定位

对峙定位又称竞争定位，或称针对式定位。它是指企业选择靠近现有竞争者的市场位置，争夺同样的顾客，彼此在产品、价格、分销及促销等各个方面差别不大。现有行业竞争者的定位方式大多是对峙定位。例如，"可口可乐"与"百事可乐"、"蒙牛"与"伊利"、"王老吉"与"加多宝"之间就是"强强对抗"的竞争，其定位方式就是对峙定位。汽车行业的上汽大众帕萨特与一汽大众迈腾、日产天籁、丰田凯美瑞等竞品车的定位方式也是对峙定位。

对峙定位有一定的风险，但是也能激励企业学习竞争者的长处，发挥自己的优势。

4. 避强定位

避强定位也叫创新式定位。它是指企业避开目标市场上强有力的竞争对手，将其位置确定于市场的一个空白点，开发并销售目标市场上还没有的某种特色产品，开拓新的市场领域。

避强定位能够较快地让企业立足于市场，在目标顾客心中树立一种形象。由于它的风险较小，成功率较高，很多中小企业都乐意采用。

当年，奇瑞 QQ 就是避开强势对手，成功地在中国私家车市场开辟了一个新的汽车细分市场，引领了年轻人的汽车消费时尚。"年轻人的第一辆车"的市场定位树立了其经济又实用的形象，从此打开了中国私家车的新局面。

当然，避开强势对手，找到空白的细分市场是很难的，或者找到了，但其需求也难以满足，所以这种避强定位成功的案例并不是特别多。

例如，在汽车市场，德国大众享有"货币的价值"之美誉，日本的丰田则侧重于"经济可靠"，瑞典的沃尔沃讲究"耐用"。一般情况下，越是在利益、解决问题的方法和需求上赋予竞争者所没有的属性，定位就越好。

当企业和市场情况发生变化时，就需要对目标市场定位的方向进行调整，使企业的市场定位符合创立企业特色、发挥企业优势的原则，从而取得较多的销售利润。

4.3.4 汽车市场定位的步骤

市场定位的关键是企业要设法在自己的产品上找出比竞争者更具有竞争优势的特性，这就要求企业在产品特色上下功夫。因此，企业市场定位的全过程可以通过以下四大步骤来完成。

1. 分析目标市场的现状，确定潜在的竞争优势

这一步骤的中心任务是回答以下三个问题：①竞争对手的产品定位如何？②目标市场上

顾客欲望的满足程度如何，以及确实还需要什么？③针对竞争者的市场定位和潜在顾客的真正需要的利益要求企业应该及能够做什么？要回答这三个问题，企业的市场营销人员必须通过调研，系统地分析上述问题的有关资料并报告相关研究结果，从而有助于企业确定自己的潜在竞争优势。

2. 准确选择竞争优势，对目标市场进行初步定位

一个企业的竞争优势是本企业能够胜过竞争者的能力。这种能力既可以是现有的，也可以是潜在的；既可以是竞争者不具备的能力，也可以是竞争者虽然具备，但本企业能够胜其一筹的能力。真正具有开发价值的优势应该是较强的、开发成本较低的优势。竞争优势的选择过程，实际上就是一个企业与竞争者各方面实力相比较的过程。通过比较，企业选出最适合本企业的优势项目，以初步确定企业在目标市场上所处的位置。

3. 显示独特的竞争优势

企业要通过一系列的宣传促销活动，将自己独特的竞争优势准确地传播给潜在顾客，并在顾客心中留下深刻的印象。首先，企业应使目标顾客了解、知道、熟悉、认同、喜欢和偏爱本企业的市场定位，在顾客心中建立与该定位相一致的形象。其次，企业要通过各种努力强化目标顾客形象、保持目标顾客的了解、稳定目标顾客的态度和加深目标顾客的感情来巩固与市场相一致的形象。最后，企业应注意目标顾客对其市场定位理解出现的偏差，或由于企业市场定位宣传上的失误而造成的目标顾客误会，及时纠正与市场定位不一致的形象。

4. 制定市场营销组合

为了具体实现所确定的市场定位战略，企业必须创造性地制定市场营销组合，即4P组合策略。市场定位战略要明确产品或品牌需重点诉求的核心利益。

掌握了吗？

1）目标市场定位主要可以通过（　　　）差异化、（　　　）差异化和（　　　）差异化、（　　　）差异化和（　　　）差异化来实现。

2）企业的定位方式有（　　　）、（　　　）、（　　　）和（　　　）四种。

拓展升华

雷克萨斯的售后服务人才培养体系

雷克萨斯品牌的奠基人丰田英二曾说："人才是经营的关键，它将决定企业的盛衰。"雷克萨斯充分意识到只有完善的人才培养体系，才能保证品牌服务的可持续性，而人才培养的关键，是给所有的人才指明合理的职业发展规划路径。

他们采用"金字塔式"人才培养体系，对于技师的培养从最初的1级、2级，逐级递增。在售后体系中，一个经销商的维修技师的组成结构是有着严格规定的：技师40%、高级技师30%、故障诊断技师20%、故障诊断总技师10%。

雷克萨斯的服务至上深入人心，同时，其也知道服务属于非标准类范畴，所以衡量服务优秀与否的难度是比较大的。不过，雷克萨斯一方面把服务进行尽可能地标准化，另一方面是把服务理念以文化的方式传递给服务人员。

例如，雷克萨斯自2011年开始就在中国开展售后服务技能大赛，这成了雷克萨斯品牌展示品牌服务形象与检验人才技能水平的窗口。

有人说，经济越发达，服务人才的作用就越大，雷克萨斯深谙此道。

本 章 小 结

1）汽车企业在市场营销过程中，面临许多营销机会，在对市场调查和预测的基础上，可实行 STP 营销策略，即市场细分化（Segmentation）、选择目标市场（Targeting）、产品定位（Positioning）。该策略需采取三个步骤：①按照一定的标准对市场进行细分；②评估选择对本企业最有吸引力的细分部分作为自己为之服务的目标市场，实行目标营销；③确定自己在汽车市场上的竞争地位，搞好产品的市场定位。STP 营销策略是企业营销战略的核心，是决定营销成败的关键。

2）市场细分是营销人员通过市场调研，根据消费者需求的不同，把整个市场划分成不同的消费群的过程。市场细分的客观基础是消费者需求的异质性。市场细分是一种求大同、存小异的市场分类方法。市场细分有利于选择目标市场和制定市场营销策略；有利于发掘市场机会，开拓新市场；有利于集中人力、物力投入目标市场；有利于企业提高经济效益。

3）有效的细分市场必须具备差异性、可衡量性、可进入性、足量性等特征。汽车市场细分的标准很多，一般认为主要细分依据是地理因素、人口因素、心理因素和行为因素等四大类。对汽车市场进行细分，其中地理因素主要考虑地理位置、城镇规模、地形和气候等；人口因素主要考虑年龄、性别、收入、职业、受教育程度、家庭人口等；心理因素主要包括消费者的生活方式、性格、购买动机等；行为因素主要考虑购买时间。

4）市场细分的方法主要有单一变量法、主导因素排列法、综合因素细分法、系列因素细分法等。市场细分的过程包括：正确选择市场范围；列举潜在消费者的基本需求；分析潜在消费者的不同需求，初步划分市场；筛选；为细分市场定名；评估与选定目标市场。

5）目标市场是企业产品的消费对象，即企业打算去占领的细分市场。一般而言，企业考虑进入的目标市场，应符合有一定的规模和发展潜力、细分市场结构有吸引力且符合企业目标和能力等标准或条件。

6）目标市场是企业拟选择的细分市场。企业在选择目标市场的过程中，应将目标市场营销战略与选择目标市场的方式相结合，进行综合考虑。企业有五种选择目标市场的模式：①单一市场集中化模式；②产品专业化模式；③市场专业化模式；④选择专业化模式；⑤完全覆盖模式。

7）所谓目标市场策略，是指企业对客观存在的不同消费者群体，根据不同商品和劳务的特点，采取不同的市场营销组合的总称。企业选择的目标市场不同，提供的商品和劳务就不同，采用的市场营销策略也不一样。一般来说，有三种目标市场策略可供选择：①无差异市场策略；②差异性市场策略；③集中性市场策略。

8）目标市场策略的选择主要取决于企业资源、产品特点、产品的市场生命周期、市场特点、竞争状况等因素。根据企业在目标市场所处的地位，可以分为领先者、挑战者、跟随者和补缺者。企业所处地位不同，所采取的定位策略也不同。企业在选择目标市场策略时应综合考虑上述诸因素，权衡利弊之后，方可做出选择。目标市场策略应相对稳定，但当市场形势或企业实力发生重大变化时，则应及时转换。

9）市场定位是指企业针对潜在客户的心理进行营销设计，创立产品、品牌，或企业在目标客户心目中的某种形象或某种个性特征，保留深刻的印象和独特的位置，并把这种形象或个性特征有力、生动地传递给目标客户，使该产品在市场上确定强有力的竞争位置。简而言之，就是在客户心目中树立独特的形象。市场定位具有两大作用：①市场定位有利于建立企业及产品的市场特色，是参与现代市场竞争的有力武器；②市场定位决策是企业制定市场营销组合策略的基础。

10）市场定位的根本目的就是要在目标市场上建立本企业产品的竞争优势，并使目标客户充分认识自己的这种优势。企业可以在产品差异化、服务差异化、员工差异化、渠道差异化和形象差异化等方面创造差别，从而使自己区别于竞争对手。

11）企业的定位方式有初次定位、重新定位、对峙定位和避强定位等四种。

12）企业市场定位的全过程可以通过以下四大步骤来完成：①分析目标市场的现状，确定潜在的竞争优势；②准确选择竞争优势，对目标市场初步定位；③显示独特的竞争优势；④制定市场营销组合。

复习思考题

1）为什么要进行市场细分？
2）汽车市场细分的条件与标准是什么？如何进行汽车市场细分？
3）针对某一汽车企业，选择目标市场策略。
4）不同目标市场策略各有何优缺点？汽车企业应如何选择目标市场？
5）结合实际情况说明目标市场选择和市场细分有什么关系。
6）汽车目标市场定位的方式有哪些？
7）试分析某汽车产品的STP策略。

营销实务

选择某一汽车产品，对其进行客户画像的描述，并对这一产品的市场定位进行评价。

学习任务 5　实施汽车产品策略

学习目标

知识目标
◇ 掌握汽车产品的整体概念
◇ 掌握汽车产品的组合策略
◇ 掌握新产品的含义，了解汽车新产品开发的方式和过程
◇ 掌握汽车产品的生命周期的概念，以及其各阶段的特点和营销策略
◇ 掌握品牌的含义，以及建立汽车产品品牌的策略

能力目标
◇ 能在掌握产品整体概念的基础上，针对不同的产品层如何实现顾客价值
◇ 能运用品牌策略进行汽车产品品牌策划
◇ 能根据汽车企业的实际情况，理解、分析与选择产品组合策略

基本概念
◇ 汽车产品的整体概念
◇ 汽车产品的组合
◇ 新产品
◇ 产品的生命周期
◇ 产品品牌

引入案例　　比亚迪：新老产品结合，扩大市场份额

在国内汽车市场整体不景气、许多品牌叫苦不迭时，比亚迪的表现却势如破竹，节节上扬。2022年6月，比亚迪再次"卖爆"，月销134036辆，同比增长162.7%，2022年上半年累计销售超64万辆，蝉联国内新能源乘用车销量冠军。

比亚迪新老产品结合，扩大市场份额。比亚迪乘用车分为四个系列，分属四个不同的网络，分别是王朝网络、海洋网络、腾势网络和高端品牌网络。其中王朝网络和海洋网络是重点拉动销量的两大网络车型，两者布局了8万~30万元的产品。腾势定位在中高端，定价在30万~50万元区间；高端品牌则是目前国产车的天花板级别，价格从50万~100万元。

（1）王朝网络

比亚迪王朝网络包括"秦、唐、宋、元、汉"等几大车系，其中定位比较高端的车型主要为比亚迪汉、比亚迪唐。比亚迪唐和比亚迪汉不论在售价还是尺寸方面，定位都比其他车型更加高端，且均有着出色的产品力。唐EV和汉EV两款车的颜值均符合消费者的主流审美，续驶里程都达700公里以上。在保障超长续航的同时，两款车还能兼顾强劲的动力输出，其中唐EV零百加速4.4秒、汉EV零百加速3.9秒。

（2）海洋网络

比亚迪海洋网络分为海洋系列和军舰系列。海洋系列为纯电动车型，有海豚、海鸥、海豹、海狮等。其中，对标 Model 3 的海豹，零百加速仅 3.4 秒。军舰系列有"巡洋舰""护卫舰""登陆舰""驱逐舰"，以及"战列舰"等，有轿车、SUV 和 MPV 车型，均为 DM-i 和 DM-p 车型。整个海洋网络主打年轻化和运动化。

（3）腾势网络

腾势网络是比亚迪全新的新势力品牌，直接对标蔚来和理想，是高档 SUV 车型，在产品力上做到毫无保留，现有的两款车型分别是时尚型 SUV 和全尺寸 SUV。

（4）高端品牌

比亚迪的高端品牌在内部称为 Revolution，主打硬派越野、超跑和全尺寸 SUV 或 MPV，是比亚迪占据超豪华市场的重要车型，产品价格在 80 万元以上。

比亚迪乘用车产品体系可以总结为"三全"的快速扩张：全产品（CAR+SUV+MPV+新品类）+全市场（中国+海外）+全覆盖（从 6 万~100 万元）。

未来，比亚迪仍将不断推出新产品，进一步扩大市场份额。

点评：

比亚迪采取的是战略优势营销策略，稳定系统地研究消费者，针对消费者的需求与竞争对手推出性价比有优势的产品，再依托丰富的资源与产品线，将市场组合起来，稳定推广，不断挤压竞争对手的生存空间。

问题与讨论：

1）试根据此案例，分析比亚迪是如何扩大市场份额的。

2）比亚迪在扩大市场份额方面运用了哪些营销策略？

伟大品牌的核心是伟大的产品，产品是市场供应品的关键元素。产品策略是汽车企业最重要的市场营销要素，是汽车企业市场营销活动的支柱和基石。企业的市场营销活动，总是要以一定的产品去占领市场，产品是市场营销的物质条件；产品也是市场营销组合因素中的核心因素，是其他营销组合策略的基石，价格、渠道、促销等组合因素是因产品的存在而存在的，也会因产品的变化而变化，进而决定着企业的生存和发展。因此企业必须针对目标市场的需要，加强产品开发和产品投放决策。本章主要介绍汽车的产品组合策略、产品生命周期策略、新产品开发策略，以及品牌策略等。

5.1 汽车产品组合策略

开节话题

2021 年 8 月 29 日第二十四届成都国际车展开幕，如图 5-1 所示的全新奥迪 Q2L 正式上市，新车售价为 22.88 万~26.88 万元。作为改款车型，全新奥迪 Q2L 在外观、内饰、导航系统、音响、后排空间等细节上都进行了升级。

图 5-1 全新奥迪 Q2L

> **营销任务：**
> 请查阅资料，了解一汽奥迪在售汽车有哪些系列以及包括哪些车型。

营销理论

现代营销奠基人之一，美国市场学家西奥多·莱维特说过，未来竞争的关键，不在于工厂能生产什么产品，而在于其产品能提供的附加利益。这句话深刻地揭示了产品的本质，以及产品的整体概念。产品是营销组合中最重要也是最基本的要素，在确定营销组合时，首先需要考虑提供什么样的产品，才能满足顾客的需求。

5.1.1 汽车产品的整体概念

传统的观念认为，产品只是实物，其实不然。产品不仅包括有形的实物，还包括无形的信息、知识、版权、实施过程，以及劳动服务等内容。产品是能够提供给市场以满足需要和欲望的任何东西。产品在市场中包括实体商品、服务、体验事件、人物、地点、财产、组织、信息和观念。

对产品的思考必须超越有形产品或服务本身，应从顾客的角度来认识和理解产品概念。也就是说，顾客购买产品，是想真正从中获得什么，而不只是产品本身，购买产品是让顾客满意的过程。对汽车产品来说，顾客需要的是汽车能够满足自己运输或交通的需要，以及满足自己心理和精神上的需要，如身份、地位、舒适等。此外，汽车产品的用户还希望汽车厂家能够提供优质的售后服务，如备件充裕、维修网点多、上门服务、"三包"（即包修、包退、包换）等。

由此可见，现代市场营销产品的概念是一个包含多层次内容的整体概念。产品的不同层次可以体现不同的顾客价值，作为营销者，需要考虑组成产品整体概念的五个层次，如图5-2所示。每个层次都增加了更多的顾客价值，它们构成了顾客价值体系。

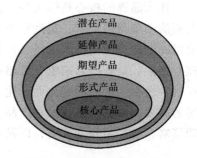

图5-2 汽车产品的五个层次

1. 核心产品

核心产品又称实质产品，是最基本的层次，是指向消费者提供能够满足其需要的基本效用或利益，即产品在使用价值方面的基本功能，同时这也是购买者的需求中心。

汽车消费者购买某种品牌的汽车产品并不是为了占有或获得汽车产品本身，而是为了满足某种需要，例如为了能运输货物或代替步行或彰显身份等。这就是汽车产品的核心内容。汽车产品实体只是产品效用或利益的载体，消费者购买汽车产品的目的不是载体本身，而是通过载体达到的某种功效。离开了功效，汽车产品就失去了存在的价值。作为一名汽车营销人员，必须认识到自己是利益的提供者。

2. 形式产品

形式产品又称为基础产品，是指核心产品借以实现的基本形式，即产品的外观和特色，是核心产品的载体。

汽车产品的形式产品是指汽车产品出现于市场时具有可触摸的实体和可识别的面貌，包括产品的品质、款式、形状、品牌、包装，以及说明书等。汽车市场营销学将汽车形式产品归结为由四个标志所构成，即质量水平、外观特色、汽车造型、汽车品牌。例如，奔驰轿车就是由其乘坐舒适、结构合理、造型精美、著名的品牌构成，从而给消费者一种作为核心利益的满足感受和高地位象征。作为一名汽车营销人员，应该首先着眼于汽车消费者购买汽车产品时所追求的实际利益，以求更好地满足汽车消费者的需要，然后寻求实际利益得以实现的形式，进行汽车产品设计。

营销视野　　　　　消费者出行形式的选择

为了满足出行的需求，我们除了可以购买汽车，还可以购买如图5-3所示的自行车、电动车、摩托车或滑板，再或者我们什么都不买，直接走到大街上，拿出手机扫描随处可见的共享单车、共享电动车或共享汽车的二维码。这些产品都是满足我们的出行需要这个效用或利益的载体。

图5-3　其他几种出行方式

满足消费者不同需要的基本效用或利益的形式是不一样的。

3. 期望产品

期望产品是购买者购买产品时希望和默认得到的与产品密切相关的一组属性和条件。

汽车消费者期望得到舒适的乘员舱、良好的操控、导航设施、安全保障设备等。汽车期望产品主要是消费者购买汽车前对汽车的一种期望。这种期望是否能够得到满足，将影响消费者的购买决策。作为一名汽车营销人员，不能仅仅从核心产品出发去进行营销，还必须完整地了解消费者的期望。

4. 延伸产品

延伸产品又称附加产品，是指消费者购买形式产品和期望产品时所能得到的附加服务和利益。产品的品牌定位和竞争发生在延伸产品层次。

汽车产品的延伸产品包括服务、装饰、信贷、承诺、保养、维修等。延伸产品表面上和形式产品没有多大关系，却是顾客购买产品后的一种现实需求。在核心价值和形式产品都极为相似的情况下，延伸产品对消费者的影响是极为重要的。汽车企业只有向消费者提供具有更多实际利益、能更完美地满足其需求的延伸产品，才能在竞争中获胜。随着经济的发展，消费者的购买需求会从物质需求越来越偏向于精神方面的需求。消费者的需求是一个整体系统，延伸产品使营销人员必须正视消费者的整体消费系统。汽车产品的延伸产品带给消费者的核心利益会越来越突出。

作为营销人员，对汽车延伸产品的设计应该注意三点：第一，每个附加利益都会增加成本。营销人员在设计汽车的延伸产品时，应考虑是否有汽车消费者愿意承担因此而产生的额外费用。第二，附加利益随着时间的延续会变成期望利益。为了提高竞争力，吸引汽车消费者，竞争者会向汽车消费者提供越来越多的汽车延伸产品，营销人员应根据汽车消费者的需要和竞争者的动向，不断改进。第三，竞争者可能反其道而行之。当企业为其附加产品提高价格时，某些竞争者可能会大幅度降低价格，用一个很低的价格为消费者提供一个期望产品，吸引其他细分市场的汽车消费者。例如，与豪华型轿车同时存在的也有经济型轿车，后者以低廉的价格满足汽车消费者最基本的代步需要。

> **营销案例**   **马自达阿特兹的 L3 自动驾驶技术**
>
> 马自达阿特兹在各种碰撞测试中的好评拿到手软，这些成绩得益于马自达阿特兹"武装到牙齿"的主动安全——搭载 i-ACTIVSENSE 智能安全辅助系统。
>
> i-ACTIVSENSE 智能安全辅助系统能够有效地减轻人为因素对行车安全的影响，使马自达阿特兹具备 L3 级别的自动驾驶技术。该系统在原有的智能辅助照明系统（AFS）、倒车预警系统（RCTA）、盲点监测系统（BSM）、紧急制动警示系统（ESS）、低速制动辅助系统（SCBS）、动态稳定控制系统（DSC）、牵引力控制系统（TCS）等众多主动安全配置基础上，增加了 360°全景监控系统、TPMS 智能胎压监测，以及 AEB 夜间行人监测系统。这些系统的搭载组成了一个完整的守护网，环环相扣守护道路交通安全。这也充分表明，作为一家世界一流车企，马自达正认真地履行着自己需要承担的社会责任。
>
> 马自达的"人马一体"主动安全体系的核心概念就是"以人为本"，阿特兹不仅对驾驶者的安全负责，还对整个社会交通安全负责。
>
> 正是由于阿特兹具有其竞品所没有的延伸产品价值，使其在同类车型市场上具有强大的竞争力，在 B 级车里占有一席之地。随着时间的延续，越来越多的汽车产品将具备 L3 级别的自动驾驶技术，甚至更高一级的自动驾驶技术。

5. 潜在产品

潜在产品是指所有延伸产品在内的现有产品中，可能发展成为未来最终产品的潜在状态的产品，是现有产品可能的演变趋势和前景。例如，普通汽车可以发展为水陆两用的汽车等。汽车延伸产品主要是针对今天的汽车产品，而汽车潜在产品则代表着今天的汽车产品可能的演变趋势。

综上所述，汽车企业必须以核心产品为中心，不断开发创新适合消费者需求的新品种，并提高产品质量，以更好地满足消费者的需求。形式产品给消费者的感观印象，对激发消费者的购买欲望具有促进作用。延伸产品可以说是解决了消费者的后顾之忧。企业若能很好地提供形式产品和延伸产品，消费者就会放心地购买、安心地使用此产品，对其他消费者也能起到一种示范和广告宣传的作用。期望产品为企业检查其形式产品或延伸产品是否很好地满足了消费者的期望提供了参考，而潜在产品为企业不断地改进产品、开发新产品提供了方向。目前，发达国家市场的产品竞争多集中在附加产品层次，而发展中国家市场的产品竞争主要集中在期望产品层次。在产品核心功能趋同的情况下，谁能更快、更多、更好地满足消费者的复杂利益整合的需要，谁就能拥有消费者、占领市场，从而取得竞争优势。企业如果对产品整体策划得好，就会从起跑线开始领先于竞争对手，可以在相当长的一段时间里处于市场的"无竞争"状态。

5.1.2 汽车产品的组合

企业为了实现营销目标，充分有效地满足目标市场的需求，必须有一个优化的产品组合。企业产品的宽度、深度和相关性的组合与变化，能使企业不断地适应市场，满足不同的顾客需求。

1. 产品组合的概念

产品组合也称为产品品种配备，是指企业生产和销售的所有产品线和产品品种的有机组合或搭配。它包括所有的产品线和产品项目。

所谓汽车产品线，是指密切相关的汽车产品的系列。这些汽车产品有类似的功能，满足顾客类似的需要，只是在规格、档次、款式等方面有所不同。例如，一汽奥迪汽车分为 A 系列轿车、Q 系列越野车、S 系列运动车、RS 系列高性能运动车、TT 系列跑车等多个产品系列。汽车产品线（产品系列）又由若干汽车产品项目组成，产品项目是可以依据规格、档次、款式或其他属性加以区分的明确的产品单位，如奥迪的 A 系列轿车包括 A1、A3、A4、A5、A6、A8 等。

2. 汽车产品组合的变数

产品组合的衡量，通常可以采取四个变数：产品宽度、产品长度、产品深度和产品相关度。奥迪公司生产的部分汽车产品组合见表 5-1。

表 5-1 奥迪产品组合（部分）

	汽车产品线的宽度				
	A 系列轿车	Q 系列越野车	S 系列运动车	RS 系列高性能运动车	TT 系列跑车
汽车产品线的长度	A1		S1		
	A2	Q2	S3		
	A3	Q3	S4	RS 3	
	A4	Q5	S5	RS 4	TT Coupe
	A5	Q7	S6	RS 5	TT RS
	A6	Q8	S7	RS 6	
	A7		S8		
	A8				

（1）产品组合的宽度

产品组合的宽度是指该公司具有多少条不同的产品线。表 5-1 表明，奥迪产品组合的宽度是 5 条（实际上，奥迪还有表中未被列出的产品线）。产品线的数量越多，说明其产品组合的宽度越宽。

（2）产品组合的长度

产品组合的长度是指产品组合中的产品项目总数。在表 5-1 中，奥迪的 Q 系列包括 Q2、Q3、Q5、Q7、Q8 等产品项目，表中 5 条产品线的产品项目总数是 26。产品组合的平均长度是总长度（这里是 26）除以产品线数（这里是 5），结果为 5.2。

（3）产品组合的深度

产品组合的深度是指产品线中的每一产品有多少个品种，多者为深，少者为浅。通过计算每一系列的产品品种数目，就可以计算出产品组合的平均深度。一个企业各个产品线的平均深度，即为企业的产品组合深度。

营销案例	2022 款奥迪 A6L 的产品组合深度

2022 款奥迪 A6L 有 2 种排量（2.0T、3.0T），2 种驱动方式（前轮驱动和 quattro 智能四轮驱动），8 种款型（豪华致雅、豪华动感、臻选致雅、臻选动感、尊享致雅、尊享动感、旗舰致雅、旗舰动感等），6 种颜色（天云灰、传奇黑、朱鹭白、白金色、日珥红、星际黑）等，还有其他配置的不同，共有几十种品种，不同的品种满足消费者不同的需求。

(4) 产品组合的相关度

产品组合的相关度也称为一致性、关联性，是指各条产品线在最终用途、生产条件、分销方面或者其他方面相互关联的程度。最终用途是指各个产品线的产品所提供的实用价值，也就是产品的核心内容。生产条件是指产品的生产、工艺流程、加工技术等。分销方面是指产品的分销渠道、仓储运输等。由于奥迪公司的大部分产品都是通过同样的分销渠道——汽车4S店出售的，因此可以说，奥迪公司的这些产品线在分销方面具有一致性，但是奥迪不同产品线的产品对消费者的消费目的是不一样的，我们又可以说，奥迪公司的产品线在消费目的上缺乏一致性。研究产品组合关联性的强弱，可以有效地降低企业经营的风险。

5.1.3 汽车产品的组合策略

产品组合策略的制定过程就是企业根据市场环境、企业能力和企业目标，对产品组合的宽度、长度、深度和相关度进行不同组合的过程。尽管产品组合的宽度、长度、深度和相关度与企业的销售量和利润大小不存在必然的比例关系，但是一个汽车企业为了获得最大的销量和利润，确定最佳的汽车产品组合是十分重要的。进行产品组合的分析，目的就是要通过分析企业各产品线中各种产品类别的市场表现，找出市场贡献最大、市场占有率最高的产品。

汽车产品组合具有宽度性组合和深度性组合两种类型。汽车超市和汽车专营店所体现的就是这两种不同的组合类型，见表5-2。

表5-2 汽车产品组合的类型

类型	组合宽度	组合深度	组合长度	组合相容度
汽车超市	宽	浅	长	差
汽车专营店	窄	深	短	好

产品组合策略对企业的营销决策具有非常重要的意义：增加产品组合的宽度，扩大经营范围，可降低车型单一的风险，同时也可以提高企业的竞争能力与适应能力；增加产品组合的长度，可使产品线丰满，同时给每种产品增加更多的变化因素，有利于企业细分市场，满足不同的客户需要，从而提高产品的市场占有率和用户满意度。常见的汽车产品组合策略有以下几种。

1. 扩大汽车产品组合策略

扩大汽车产品组合策略是指企业为了扩大汽车产品的经营范围，满足消费者的需要，从而增加汽车产品组合的长度和宽度或者扩展汽车产品组合的深度和相关度的策略。

营销案例	产品组合扩展

企业的生产能力过剩会促使产品线经理开发新的产品项目。推销队伍和分销商也希望产品线更为全面，以满足顾客的需求，因而也向企业施加压力。基于这样的原因，很多企业会选择产品组合扩展策略。例如，上海大众在普桑打下市场后，成功推出桑塔纳2000和帕萨特，还开发出经济型轿车；广州本田在本田雅阁成功的基础上，迅速推出低价位的飞度；上海通用在别克君威热销之后，又成功地将赛欧推向市场。这些都是成功的产品组合扩展的典范。

(1) 产品线扩展策略

产品线扩展策略也称全线全面型策略，是指企业将产品线加长，提升企业的经营档次、扩大企业的经营范围的策略。当企业发展到一定规模和较成熟的阶段，想继续做强做大，攫取更多的市场份额时，或是为了阻止、反击竞争对手时，往往会采用产品线扩展策略，利用消费者对现有产品的认知度和认可度，推出新产品，以期通过较短的时间、较低的风险来快速赢利，迅速占领市场。产品线扩展策略具体有以下三种形式：

1）向上延伸策略。向上延伸策略是指企业在原来中低档汽车产品的基础上，开始生产高档汽车产品。一般来说，向上延伸可以有效地提升品牌资产价值，改善品牌形象。例如，吉利公司于2009年7月在吉利自由舰、金刚金鹰、远景为代表的吉利"新三样"产品线基础上开发出吉利帝豪，成功进入B级车市场，一举获得成功，实现了企业的战略转型。再如，日本汽车公司在原有产品基础上导入独立的高端品牌：丰田推出雷克萨斯（Lexus）品牌，日产推出英菲尼迪（Infinity）品牌，本田推出讴歌（Acura）品牌，这些都是企业扩大汽车产品组合的向上延伸策略的例子。企业采用向上延伸策略拓展市场，会使经营安全性得到加强。

向上延伸策略也存在着一定的局限性。在企业品牌的定位过程中，消费者往往在企业经营的过程中就已经给企业品牌定位了，这时如果企业进入高档产品市场，消费者不一定会很快地接受，这个认知的改变过程也许会有相当长的一段时间，这段时间对于企业而言是具有很大风险的。而且，由于企业是初次进入高档产品市场，无论是在技术上，还是经营管理上，以及后勤保障上，都会存在很大的不足，不利于发挥企业的一贯优势。

2）向下延伸策略。向下延伸策略是指企业在原来高档汽车产品的基础上，通过运用自己的品牌价值的优势，进入中低档汽车产品市场。叱咤风云的广州本田雅阁是一款中高档轿车，为了实现从中高档轿车向经济型轿车的跨越，2003年9月，广州本田推出了飞度，采用的就是产品向下延伸策略。

采用向下延伸策略可以使企业完善产品线，也会带来负面影响。首先，不利于企业品牌形象的建立，如"奔驰"给消费者的感受是永远生产高档车的品牌，给购买者传达的是一种尊贵的身份，如果它开始生产家用经济型轿车，那么"奔驰"这个品牌的原有价值就很有可能下降。其次，由于中低档汽车的生产厂家过于集中，会导致企业的竞争压力增大。最后，对于一些原先经营高档汽车产品的经销商来说，也会由于中低档车的利润下降，而不愿意合作，从而削弱分销渠道。

营销视野	企业选择向下延伸策略的理由

企业采用向下延伸产品线的理由有以下两个方面：

1）公司注意到低档市场中有巨大的成长机会。由于高档市场的消费者比较少，企业的销售量也就比较小，而中低档市场拥有庞大的消费群，有利于企业占领整个市场。

2）公司可有效地阻止竞争对手的攻击。生产高档汽车产品的企业进入中低档市场，能使企业填补产品线的空隙，拖住低档产品市场的竞争者，使它们不能进入高档市场，从而有效地阻止其他竞争对手的攻击，提高企业的市场份额。

3）双向延伸策略。双向延伸策略是指企业在取得中档汽车产品市场优势以后，决定向上、向下两个方向延伸：一方面增加高档汽车产品，提高企业的整体形象；另一方面进入低档汽车产品市场，扩大企业的市场占有率。采用此策略可填补自身产品线的空档，扩大市场阵地、产品覆盖面、企业的消费者领域，防止竞争对手的攻击性行为。事实上，很多汽车企业刚进入市场时都采用定位于中档汽车市场的做法，等占领中档市场后，则快速采用双向延伸策略，来提高销量，以及提升企业的整体形象。

（2）加深汽车产品的组合深度

加深汽车产品的组合深度，可以占领同类汽车产品更多的细分市场，迎合更广泛的消费者的不同需要和爱好。加深汽车产品的组合深度可以从排量、驱动方式、款型、颜色等配置方面进行。例如，上汽大众帕萨特不但有销量领先的330TSI 精英版 2.0T 和 330TSI 豪华版 2.0T 车款，还有330TSI 尊贵版 2.0T、280TSI 商务版 1.4T 和 280TSI 精英版等车款。每款车还有不同的颜色、不同的内饰等配置，这些配置加深了汽车产品组合的深度。

任何事物的发展都是辩证的。总体来说，扩大产品组合的优点在于：首先，有利于企业充分利用其资源优势，扩大经营规模，降低经营成本，提高企业竞争能力；其次，有利于满足客户的多种需求，进入和占领多个细分市场；最后，有利于企业分散风险。但扩大汽车产品组合往往会分散企业的精力，增加管理困难，有时会使边际成本加大，还会相应地降低企业的市场主打产品的威力，甚至由于新产品的质量、性能等问题，而影响本企业原有产品的信誉，进而给企业的经营带来一定的风险。对我国汽车企业来说，在正确运用产品组合策略上，一定要有清醒的认识，从企业自身的实际出发，不盲目运用产品组合策略。

营销案例	比亚迪的产品延伸策略

比亚迪的王朝网络包括秦、唐、宋、元、汉等17种车型，海洋网络包括海豹、驱逐舰、海豚等6种车型。

以比亚迪汉为例，首先可分为汉 EV 纯电动和汉 DM 插电混动，此外，还有颜色、里程、是否四驱等多种选择。

比亚迪现行产品车型从产品的宽度、深度等方面实现了产品延伸策略。

2. 缩减汽车产品组合策略

缩减汽车产品组合策略也称市场专业型策略，是指企业为降低经营风险，缩减或取消那些获利小的生产线或产品项目，集中资源生产那些获利多的产品线或产品项目的策略。该策略有缩减汽车产品组合宽度、深度、相容度三种情况。采取缩减策略有以下好处：首先，企业可以集中力量对某些能带来较大利润的产品进行改质，提高专业化水平，降低生产经营成本，对留存的汽车产品可以进一步改进设计、提高质量，从而增强竞争力，以求从经营较少的产品中获得较多的利润；其次，有利于企业减少资金占用，加速资金周转；最后，有利于广告促销、分销渠道等的目标集中，提高营销效率，提高企业在某领域的知名度。但缩减产品组合策略会相应地减少企业汽车产品的市场覆盖率，丧失部分市场，增加汽车企业的经营风险。因此，一个汽车企业对于某种汽车产品，在决定是否将其淘汰之前，应慎之又慎。

营销案例	吉利收购沃尔沃

吉利上演了全球汽车业为之一惊的"蛇吞象"壮举。2010年8月2日下午，吉利集团与福特汽车公司在伦敦举行沃尔沃资产交割仪式，吉利以18亿美元成功收购沃尔沃，成为中国汽车产业海外战略的关键性转折事件，颠覆了全球汽车业的传统秩序。

> 吉利收购沃尔沃使吉利真正意义上拥有了豪华汽车品牌，完善了吉利的产品线，提升了吉利在全球汽车行业的地位。
>
> 福特陆续把捷豹、路虎卖给印度塔塔集团，把沃尔沃卖给吉利集团，把阿斯顿·马丁和马自达的部分股份卖出，放弃了控股地位，转为合作关系，执行其"One Ford 战略"。这个战略最终帮助福特最快渡过了难关。

产品组合策略的成功机会取决于消费者的认知或理解。任何事物的发展都是辩证的，对于我国汽车企业来说，在如何正确地运用产品组合策略上，一定要有清醒的认识，要从企业自身的实际情况出发，不盲目运用产品组合策略，若处理不好，则必然给企业乃至国家造成很大的损失。

掌握了吗?

1) 产品整体概念包含的五个层次分别是（　　　）、（　　　）、（　　　）、（　　　）和（　　　）。
2) 产品品牌定位和竞争发生在产品整体概念的（　　　）层次。
3) 产品组合的四个变数（维度）分别是（　　　）、（　　　）、（　　　）和（　　　）。
4) 产品线扩展策略包括（　　　）、（　　　）和（　　　）三种。

拓展升华

加油，小鹏汽车！

小鹏汽车自 2014 年成立以来，取得了非凡的成绩。2018 年 1 月 9 日，小鹏汽车在 CES 国际电子消费展全球首秀，量产车 G3 上市，到 2022 年 7 月已经拥有了 P5、P7、G3i、G9 等四种车型，其中小鹏 P7 多次获得中国新能源月销量冠军。例如，2021 年 9 月，小鹏 P7 以 7512 辆的月度销量，超越了曾经的销量冠军理想 ONE、蔚来 ES6，在中国造车新势力纯电车型销量排行榜中占据第一。

2021 年 9 月
新势力车型销量排行榜

排名	车型	销量
1	小鹏 P7	7512
2	理想 ONE	7094
3	蔚来 ES6	5260
4	哪吒 V	5009
5	零跑 T03	3807
6	蔚来 EC6	3390
7	哪吒 U	2690
8	小鹏 G3	2656
9	威马 E5	2370
10	蔚来 ES8	1978

数据来源：乘联会新能源乘用车零售销量数据

2021 年 9 月
豪华中级轿车销量排行榜

排名	车型	销量
1	Model 3	19120
2	宝马 3 系	9113
3	小鹏 P7	7512
4	奔驰 C 级	7227
5	奥迪 A4	6881
6	凯迪拉克 CT5	5867
7	捷豹 XEL	1107
8	沃尔沃 S60L	1028
9	红旗 H7	451
10	英菲尼迪 Q50L	315

数据来源：乘联会乘用车零售销量数据

此外，小鹏 P7 在豪华中型轿车销量排行榜中位列第三，仅次于特斯拉 Model 3 和宝马 3 系，超过了豪华三巨头中的奥迪和奔驰。也就是说，现在小鹏汽车在国内已经全面打开了知名度，并且品牌建设也较为成功，是大家乐意选择的豪华品牌之一。

另外，2021 年 9 月 24 日，小鹏汇天正式对外分享由其自主研发的第五代飞行汽车旅航者 X2 的未来城市应用场景，这也是小鹏汇天首次对外公开展示其对于飞行汽车自主飞行、场景起降、后台调度等的未来构想，并展示出充电、飞控、自动驾驶等高智能科技。

世界五大航展之一的第十三届中国国际航空航天博览会（珠海航展）期间，纯电动力飞行器——小鹏旅航者 X2 于航展 9 号馆亮相并全程参与展出。

X2 可搭载 2 位乘客，最大载重 200 千克，续航时间可达 35 分钟，设计飞行高度为 1000 米以下，最大飞行时速为 130 公里。具有自动驾驶功能的 X2 可根据设定的飞行高度、飞行速度、飞行时间，沿着规划的航线自动飞行。

此外，小鹏汇天正在进行下一代飞行汽车的研发，这款产品将真正实现飞行器与汽车的耦合，既能在陆地上跑也能在空中飞，并有望在 2024 年正式与公众见面。

小鹏正以自己的步伐从用户的角度出发，推出更多更好的产品，完善其产品线。

5.2 汽车新产品开发策略

开节话题

上海国际车展于 2021 年 4 月 21—28 日在国家会展中心（上海）如期举办。本次上海车展不仅是 2021 年全世界第一场 A 级车展，也是 2021 年全球最受关注的汽车盛会。本次车展共吸引了 1000 多家企业参展，全新的一汽大众揽境、全新换代的汉兰达、中期改款的起亚智跑 Ace 等车型在本次车展亮相或上市。

营销任务：
请思考，以上提到的车型是我们在营销学中说到的新产品吗？企业为什么要不断更新产品？

营销理论

企业没有创新就等于坐以待毙，新产品开发是企业创新的主要表现。新产品开发要坚持"生产一代，试制一代，研究一代和构思一代"的思路，保持产品的持续升级换代。这对企业保持产品优势、开拓新市场、提高经济效益都起着决定性的作用，是企业在激烈竞争中生存和发展的命脉。新产品开发流程的目标是将创新的产品尽快地推向市场。

5.2.1 新产品开发概述

1. 新产品的含义

所谓汽车新产品，是指在一定地域内从未试制生产过的，具有一定新质的产品。新质是指结构、性能、材质、技术等方面有所改进或独创。新产品包括以下四种类型。

（1）全新产品

全新产品主要是指采用新原理、新技术、新材料、新设计、新工艺研制而成的具有新结构、新功能的前所未有的汽车产品。这种新产品一般需要经历相当长的开发时间才会出现，是第一次进入市场。它们的出现往往会改变人们的生产方式和生活方式，绝大多数汽车企业都不易提供这种新产品。

（2）革新产品

革新产品是指采用各种科学技术，对现有汽车产品进行较大的革新，使产品的性能有较大的突破，从而给使用者带来新的利益的产品，例如，在纯电动汽车基础上推出增程式电动汽车。

营销视野	增程式电动汽车

增程式电动汽车是在纯电动汽车基础上，增加一个内燃机用来发电，给动力电池充电或直接驱动电机增加续驶里程，从而克服纯电动汽车续驶里程短的缺点。

增程式电动汽车的工作原理是：在电池电量充足时，动力电池驱动电机，提供整车驱动功率需求，此时发动机不参与工作；当电池电量消耗到一定程度时，发动机起动，带动发电机为电池提供能量，对动力电池进行充电；当电池电量充足时，发动机又停止工作，由动力电池驱动电机，提供整车驱动。

（3）改进新产品

改进新产品是指使用各种改进技术，针对现有汽车产品，改良其性能、结构和外形，提高其质量，以求得规格型号的多样性和款式花色的翻新。例如，在汽车上增加某些配置。一般说来，这类汽车新产品与原有的汽车产品差别不大，开发比较容易，而且进入市场后，比较容易被汽车消费者接受；但同时也较易被仿效，竞争激烈。

（4）新名称产品

新名称产品是指企业对现有汽车产品只做很小的改变，或突出汽车产品某一方面的特点。使用一种新名称，就可成为一种新产品。有时，这种新产品是仿制市场上某种畅销的产品，只是标出新名称，便于竞争。

营销案例	比亚迪的驱逐舰05和秦PLUS DM-i

2022年3月上市的比亚迪驱逐舰05是2021年3月上市的比亚迪秦PLUS DM-i的姊妹车型。驱逐舰05的定位略高于秦PLUS DM-i，其综合配置标准也比PLUS DM-i高，当然在价格、配置、内饰设计及用料方面，驱逐舰05都要高于秦PLUS DM-i。两者在动力上都搭载了相同的发动机与电机，只不过在动力上，秦PLUS DM-i并没有使用VVT的发动机特有技术，而驱逐舰05却采用了这种技术。

汽车新产品的"新"是由汽车消费者所确认的，只要汽车消费者认为某种汽车产品具有其他汽车产品没有的特点，能给自己带来某种新的效用或利益，这种汽车就是"新产品"。

2. 新产品开发的方式

企业根据自身的特点和环境条件可以选择不同的新产品开发方式，一般有四种方式可供企业选择。

（1）独立研制

独立研制是指企业完全依靠自己的科研、技术力量研究开发新产品，它是新产品开发的基本形式。这种方式可以密切结合企业的优势和特点，形成一定的产品系列，使企业在某一方面具有领先地位，但需投入大量的人力、财力、物力，有很大的风险。因为企业掌握的信息有限,开发能力有限,风险由企业独自承担,加上现代技术发展变化快,市场风云多变,消费者口味不断更替,所以采用这种方式应当慎重,注意取他人之长,集众家智慧,力求新产品开发成功。

(2) 技术引进

技术引进是指通过与外商进行技术合作,引进先进技术、购买专利来开发新产品。引进有两种形式:一是引进样品进行仿制;二是引进先进的工艺技术,用于新产品的设计生产。采用技术引进的方式可缩短开发时间,节约研制费用,风险也较小,而且可以促进企业技术水平和生产效率乃至产品质量的提高,在企业科研、技术能力有限的情况下是一种有效的方式,可通过加快开发速度,尽快将产品推向市场而获利。但企业引进的技术,通常是已经开发出来的技术,因此有必要对其新的程度和市场容量进行分析,估计自身的竞争能力。从国外引进的技术,要对技术的成熟程度、先进性、适应性及经济性进行充分论证,防止因某一方面考虑不周给企业造成不利。

(3) 研制与引进相结合

研制与引进相结合是指企业把引进技术与本企业的开发研究结合起来,在引进技术的基础上,根据本国国情和企业技术特点,将引进技术加以消化、吸收、再创新,研制出适合本国的具有特色的新产品,满足消费者的需求。这种方式采取"两条腿走路"的方针,投资少、见效快,产品有一定的先进性和特色,并能促进企业的技术改造和创新,是一种较好的开发方式。

(4) 协作研制

协作研制是指企业之间以及企业和科研、教学单位之间协作进行新产品开发。它有利于充分利用社会的科研能力,弥补企业力量不足,把科技成果转化为生产力,促使其商品化,比较符合建立市场经济体制过程中我国企业和科研、教学单位的实际需要。

营销视野	市场开拓者失败的弱点和模仿者成功的理由

斯蒂文·施纳拉斯(Steven Schnaars)研究了28个行业中模仿者超过创新者的例子,得出以下结论:

1) 失败的开拓者的弱点包括:新产品过于粗糙、定位不恰当或太超前于需求高峰;产品开发成本耗尽了创新者的资源;缺少与后进入的大公司的竞争资源;管理不完善或不健康,且骄傲自大。

2) 模仿者的成功在于:提供低价格,不断改进产品,或使用了战胜开拓者的残酷商战。

3. 新产品开发的意义

在社会经济迅速发展的今天,企业面临的各种环境条件也在不断发生变化,如不及时开发新产品的适应环境,企业就会面临被淘汰的境地。如今创新已经成为时代发展的主旋律,对企业而言,开发新产品具有十分重要的战略意义,是企业生存与发展的重要支柱。

(1) 新产品开发是企业发展的生命线

在激烈的市场竞争中,不论是哪家企业,成功或失败都取决于企业能不能用性能更好、质量更高、成本更低、款式更新的产品赢得市场。产品的市场生命周期规律告诉我们,任何产品都有投入期、成长期、成熟期和衰退期,因此企业要成长、要发展,就必须不断进行新产品的开发,而且在新知识经济时代,新技术转化为新产品的速度不断加快,产品的市场生命周期越来越短。40 年前，产品的市场生命平均周期是 8 年；20 年前，产品的市场生命平均周期为 5 年；10 年前，产品的市场生命平均周期为 3 年。所以只有不断开发适合市场需要的新产品，才能确保企业的持续发展。

（2）新产品开发是企业保持其市场竞争优势的重要条件

随着新技术的发展和市场竞争的白热化，产品的生命周期开始变得越来越短。一个产品、一种型号在市场上畅销几年的时代一去不复返了。因此，只有不断创造出适应市场需要的新产品并持续地强化研究开发能力，才是企业生产力的源泉，才能保持企业竞争的优势。谁开发产品快，谁就能掌握市场的主动权，就能在竞争中处于有利地位；反之，则处于不利地位，面临丧失市场的危险。研究表明，市场先入者凭借先入为主的优势占有市场份额，相对于从竞争对手中抢夺市场份额要容易得多。曾经被夸耀为世界最强大的美国汽车工业，也曾由于向大众化的节能小型汽车转产的步伐迟缓，而遭到日本汽车的排挤并陷入困境。因此，企业必须重视科研投入，注重新产品的开发，以新产品占领市场、巩固市场，不断提高市场的竞争力。

（3）新产品开发是充分利用企业资源，增强企业活力的条件

开发新产品、打开新的经营领域是企业竞争力的要素之一。企业在单一产品方向上开发新产品和系列产品虽然可以扩大生产规模，但是单一产品的市场容量毕竟有限，这样就会限制企业的发展。因此，企业需要通过开发新的产品进入新的领域，寻求新的发展空间。世界上规模巨大的跨国公司几乎都涉足许多行业。开辟新的经营领域还可以提高企业抵御市场风险的能力。在市场经济中，各种产品的发展程度是不平衡的，并且具有很大的不确定性，有的产品可以有较长时间的稳定需求，而有的产品的市场需求却十分短暂。开发新的产品，进入新的领域，拓宽经营范围，可以降低经营风险。同时，企业不断创造新产品，才会有压力，才需要新人才、新技术、新工艺、新设备，职工积极性、创造性才能充分发挥，从而激发企业的生机和活力。

（4）新产品开发是提高企业经济效益的重要途径

一个成功的企业，各种产品在其生命周期的各个阶段应该平衡发展，即当某些产品处在成熟期时，另一些新产品已开始被推向市场；当某些产品开始出现衰退时，另一些产品进入快速成长期，这样的状态能够保持企业经济效益的稳步上升。实现这一目标的保证就是新产品的不断开发。而且，对于创新型的产品来说，先进入市场的企业可以享有制定本行业标准的特权。这样的做法等于为竞争对手制造了进入壁垒，延迟业内竞争的到来，使企业获得更大的利益。

综上所述，开发新产品不仅有利于企业的成长、进步和竞争能力的提高，也将使企业对社会、自然环境的适应能力大大提高。因此，要把握未来就要把握先机开发出好的新产品并且尽快占领市场，唯此，企业才会在激烈的竞争中永远立于不败之地。

5.2.2 新产品开发的过程

新产品开发是一项复杂的系统工程，它涉及面广、科学性强、费用支出大，有时延续的时间比较长，并且对企业的发展有着十分重要的影响。从市场营销的观点出发，一个完整的汽车新产品的开发要经历提出创意、创意筛选、概念发展、制定营销战略规划、商业分析、产品研制、市场试销和商品化共 8 个阶段，如图 5-4 所示。

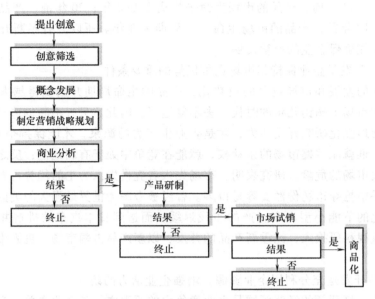

图 5-4 新产品开发管理过程

1. 提出创意

新产品始于构思，构思贵在创新。汽车产品构思是汽车新产品诞生的开始。创新构思必须源于实际的调研。这一阶段主要解决应该去发展什么样的产品、向顾客提供什么样的消费利益等消费问题。

（1）创意来源

现代企业越来越感到"闭门造车"式的发明创造已不适应社会经济发展和市场需要。一个汽车新产品应当适应汽车市场的需要，因此汽车企业在进行新产品开发前应当进行充分的市场调查。在实际调研的基础上进行创新性的构思，其创意来源如下：

1）消费者。消费者是产品的满足对象，汽车消费者的需求是开发汽车新产品的起点和归宿，因此汽车消费者的需求是汽车产品创新构思的重要来源。汽车企业可通过直接调查、用户座谈会、电话咨询、信函调查等多种途径，搜索、收集汽车消费者的欲望和要求。例如，克莱斯勒汽车公司就曾询问汽车消费者对汽车喜欢与不喜欢的意见、应该做什么改进，以及对每个改进他们愿意花费的费用等，这种调查对产品改进提供了大量的创意。

2）竞争产品。采用逆向思维，从产品出发来研究分析产品的原理，根据竞争对手产品的成功和失败，克服其缺点，发扬该产品的优势，生产出更优秀的产品。日本公司经常采用此方法，例如本田摩托车的开发。

3）销售者。销售者包括推销员、中间商，他们直接联系广大汽车消费者，最先感受到汽车消费者的不满与抱怨，也最早感到竞争的压力。他们一方面了解企业，另一方面又了解消费者，所以提出的设想成功率较高，在20世纪50年代后越来越受到重视，现在许多高层次决策部门人员都出身于推销员。

4）科技人员。新产品开发本身是在其开发过程中产生的，但在开发过程中产生试用产品，若可行，再推广到其他的领域中。许多产品由科技人员提出，通过奖励制度、一定的科研项目等来实现。

公司一定要使新产品的每一项目具有显著的差异,并且公司要检查一下计划开发的产品项目是否有市场需求,而不单单是为满足公司内部的需要,避免出现由于创意不准而带来的无穷祸害。例如,福特公司在研制著名的埃德塞尔(Edsel)汽车时,只是考虑满足公司内部在福特和林肯之间定位上的需要,而不是满足市场需要,从而损失了 3.5 亿美元。

(2) 创新方法

创新的方法有很多,如产品属性列举法、强行联系法(地毯—指南针—麦加)、消费者问题分析法、头脑风暴法等,这里重点介绍头脑风暴法。

头脑风暴法又称智力激励法、BS 法、自由思考法,是由美国学者亚历克斯·奥斯本(Alex Faickney Osborn)于 1939 年首次提出的、1953 年正式发表的一种激发思维的方法。此法经各国创造学研究者的实践和发展,至今已经形成了一个发明技法群,深受众多企业和组织的青睐。其目的在于广开言路,充分鼓励和激励参与者动脑筋、想办法,使大家的各种创新构思,各种设想、联想,甚至空想、幻想等都能公开地、无保留地发表出来。具体做法如下:

1) 参加人数一般为 5~10 人,最好由不同专业或不同岗位人员组成。
2) 会议时间控制在 1 小时左右。
3) 设主持人一名,主持人只主持会议,对设想不做评论。
4) 设记录员 1~2 人,要求其认真地将与会者的每一设想不论好坏都完整地记录下来。
5) 在开会时,让一切设想自由发表,全部记录下来。

| 营销视野 | 运用头脑风暴法的原则 |

在运用头脑风暴法得到新产品创意时,为使与会者畅所欲言、互相启发和激励、达到较高效率,必须严格遵守下列原则:

1) 禁止批评和评论,也不要自谦。
2) 目标集中,追求设想数量,越多越好。
3) 与会人员一律平等,各种设想全部记录下来。
4) 主张独立思考,不允许私下交谈,以免干扰别人的思维。
5) 提倡自由发言,畅所欲言,任意思考。
6) 不强调个人的成绩,以小组的整体利益为重,注意和理解别人的贡献,人人创造民主环境,不以多数人的意见阻碍个人新观点的产生,激发个人追求更多更好的主意。

2. 创意筛选

新产品创意筛选是指用一系列评价标准对各种新产品创意构思进行甄别比较,从中把最符合评价标准的创意构思挑选出来。筛选方法有很多,我们重点介绍多设想加权评分法和经验比较选择法。

(1) 多设想加权评分法

此方法从市场吸引力和企业开发实力与专长两大项对各创意进行评分赋值,经过计算得出最高分的创意即为选择项。其赋值方法见表 5-3。

(2) 经验比较选择法

经验比较选择法的做法,具体说来包括以下三个步骤:

1) 找出各种创意的"不利点"与"有利点"。

表 5-3　多设想加权评分法的赋值方法

评价项目		权重	新产品创意											
			创意1		创意2		创意3		创意4		创意5		创意6	
			评分	分值	评分	分值	评分	分值	评分	分值	评分	分值	评分	分值
市场吸引力	①需求规模													
	②需求增长潜力													
	③需求弹性													
	④需求季节波动													
	⑤现有竞争地位													
	⑥竞争程度													
	⑦潜在进入者													
	⑧替代品威胁													
	⑨政治因素													
	⑩法律法规													
	小计													
开发实力与专长	①技术可行性													
	②技术专有性													
	小计													

2）将各个"不利点"与"有利点"按由较差到很差、较好到很好的顺序进行排列。

3）将各项的"不利点"与"有利点"进行比较，选择有利点明显强于不利点的创意。

需要注意的是，这一阶段必须尽量避免两种失误：一种是误舍，即将有希望的新产品构思设想放弃；一种是误用，即将一个没有前途的产品设想付诸实践，结果惨遭失败。

营销视野　　　　　　　开发新产品失败的原因

开发新产品具有很大的风险，一项调查表明新产品在美国市场上遭到失败的比例很高：消费品40%、工业品20%、服务行业18%。其失败原因在于以下几点：

1）由于事先的市场调查失误，过高地估计新产品的潜在需求量。

2）很多新产品的失败是由于产品设计决策不当，新产品不能很好地符合顾客的需求。

3）新产品成本高于预期成本，最终售价过高，但又存在替代产品且价格较低。

4）广告宣传不当，不能正确树立新产品的形象。

5）政府及社会的限制。

从中得到的启示：把握新产品开发每个阶段的管理点，其成功率会得到提高。

3. 概念发展

产品创意是公司本身希望提供给市场的一个可能产品的设想。它只是为新产品开发指明了方向，必须把新产品构思转化为新产品概念，才能真正指导新产品开发。产品概念是用有意义的消费者术语精确阐述的产品创意，即将新产品创意具体化，描述出新产品的性能、具体用途、形状、优点、外形、价格、名称、提供给消费者的利益等，让消费者能一目了然地识别出新产品的特征。一个产品创意通过思考诸如谁使用该产品、产品提供的主要功能是什么、该产品提供的主要利益是什么、该产品适用于什么场合等问题，可能转化为若干产品概念。企业通常会从中选择一个最有发展潜力的概念，并根据这个概念制定营销战略规划。

4. 制定营销战略规划

对已经形成的新产品概念制定营销战略规划是新产品开发过程的一个重要阶段。该规划将在以后的开发阶段中不断完善。营销战略规划包括以下三个部分：

1）描述目标市场的规模、结构和消费者行为，新产品在目标市场上的定位、市场占有率及前几年的销售额和利润目标等。

2）对新产品的价格策略、销售策略和第一年的营销预算进行规划。

3）描述预期的长期销售量和利润目标，以及不同时期的营销组合。

5. 商业分析

产品概念一旦形成后，就可对产品进行商业分析。在商业分析中，管理层必须复审产品的销售量、成本和利润预计，以确定它们是否满足公司的目标。如果它们能符合，那么产品概念就能进入产品研制阶段。若不成功，再回到创意。随着新信息的到来，该商业分析也可以做进一步的修订和扩充。

6. 产品研制

产品研制主要解决新产品概念能否转化为在技术上和商业上可行的产品这一问题。它是将目标顾客的要求转化为产品原型，再通过一系列的功能测试、顾客测试以及鉴定来完成的。根据美国科学基金会的调查，新产品研制过程中的产品实体开发阶段所需的投资和时间分别占总开发费用的30%、总时间的40%，并且技术要求很高，是最具挑战性的一个阶段。

7. 产品试销

新产品试销的目的是了解市场规模，以及消费者和经销商处理、使用、再购买该产品的方式。这是对新产品正式上市前所做的最后一次测试，并且该次测试的评价主要通过消费者的货币来反映。市场试销是对新产品的全面检验，可为新产品是否全面上市提供全面、系统的决策依据，也为新产品的改进和市场营销策略的完善提供启示，有许多新产品是通过试销改进后才取得成功的。

营销案例	美国新口味可口可乐试销

20世纪70年代末，美国可口可乐公司面对百事可乐来势汹汹的竞争，想推出新口味的可乐来挽救市场。可口可乐公司经过几年的研发，花400万美元在13个城市对19万名顾客进行了口味测试。测试者都说这口味不错，可口可乐公司最后于1985年推出了新口味可乐，但是正式推入市场时，竟遭到了众多人的反击，甚至还出现了反对新可乐的游行示威活动，他们打出了"不喝可口可乐""还我老口味，还我老可乐"等口号。

营销视野	市场试销决策时应明确的事项

为对新产品进行全面检验，获得新产品是否全面上市的决策依据，最终取得成功，市场试销决策应明确以下几点：

1）确定试销的地区和范围。

2）确定具体的试销点。

3）确定试销时间。试销时间多长，与产品的技术性能有关，而且时间是很敏感的因素，技术高时间长，技术低时间短。试销时间过长，会使竞争者有充分时间来仿造，为其所利用而打入市场，但试销时间过短，顾客对此产品了解不够。

4）确定收集的资料和数据，以及试销结束后应采取的行动。收集的主要数据包括试用率（第一次购买人数占该地区消费者人数的比例，反映产品的外观对消费者的刺激情况）和再购率（消费第二次再来购买产品的人数比率，反映产品的内在价值及满足需求能力）。

当然，并不是所有的汽车产品都必须经过市场试销。有些选择性不大的产品，企业对之抱有信心，有成功的把握，就无须进行市场试销。采用与否及采用程度如何，一方面取决于投资成本和风险，另一方面取决于时间压力和研究成本。

8. 商品化

汽车新产品一旦定型，就应当不失时机地立刻将其推向市场。汽车产品投产之后，企业应在以下几方面慎重决策：①When——何时推出新产品；②Where——何地推出新产品；③How——如何推出新产品。

在汽车产品商品化进程中，汽车企业必须考虑制订完善的营销计划，建设销售网络，需要训练并激励销售人员，安排好广告与促销。所有这些，都必须支付庞大的费用，许多正式上市的新产品，其第一年的销售费用有时高达销售收入的一半以上。

通常，汽车产品并不是从一开始便向全国市场推出的，而是先向主要的地区与市场推出。如果对结果充满希望，汽车企业可能尝试以激进的方式全速促销该产品，尤其在竞争者将跃入同一市场时，更应如此。如果汽车企业缺乏足够的信心，以渐进的方式较缓慢地进入市场，固然可以避免损失，但会失去许多机会利润。

掌握了吗？

1）判断对错：只有从未出现过的新车型才是新产品。（　　　）
2）新产品的四种类型分别是（　　　）、（　　　）、（　　　）和（　　　）。
3）新产品开发的四种方式分别是（　　　）、（　　　）、（　　　）和（　　　）。
4）新产品开发要经历的八个阶段分别是（　　　）、（　　　）、（　　　）、（　　　）、（　　　）、（　　　）、（　　　）和（　　　）。
5）新产品创意的来源有（　　　）、（　　　）、（　　　）、（　　　）和（　　　）。
6）判断对错：运用头脑风暴法获得创意时，与会各方要对其他参与者提出的创意进行评判。（　　　）

拓展升华

各级车展为新车上市提供舞台

在业内，车展级别分为A、B、C、D四个级别。衡量一个车展的级别及影响力，主要看厂家的品牌宣传、新车上市首发。

(1) A级车展

A级车展是各大汽车厂家动用其全球资源全力以赴投入的国际性车展，它对新车的数量和展示规模都有特别的要求，参展的专业人士也必须达到一定的数量，主要展示新技术、概念车和一些新车的全球新发。按照目前的国际惯例,被公认的国际车展有"五大车展":北美车展、法国巴黎车展、瑞士日内瓦车展、德国法兰克福车展和日本东京车展。我国的北京车展与上海车展每两年一届,开始为B级车展,由于我国市场的迅速发展,现也被国际认为是A级车展。

(2) B级车展

B级车展由厂家直接参加,并且偏向于消费类。在国内,业内普遍承认的B级车展有成都车展和广州车展。

(3) C级车展

C级车展一般为省会城市的汽车博览会,如长沙国际车展、武汉国际车展等。此类车展一般为厂商在当地进行新车上市活动,以促销为主要目的,展台搭建一般为厂家标准展具。该类车展车辆优惠幅度较大,举办频率一般为一年一届。

(4) D级车展

D级车展一般为各主流媒体在大中型城市举办,影响力大多局限于举办地点所在的城市,展台搭建一般是由经销商合作的广告公司或者主办方进行。该级别的车展主要以促进成交为目的,参展商一般会拿出较大的让利来走量,促进成交。例如,广州采购车展即为典型的D级车展,自举办以来,其规模也不断提高。

5.3 汽车产品的生命周期及策略

开节话题

捷达的产品生命周期

2019年2月26日,捷达(JETTA)品牌在德国狼堡向全球发布,开启捷达完美升级之旅,从此捷达从单一车型升级为独立品牌,开启了"承非凡·启新境"的全新篇章。2019年4月16日,捷达品牌首秀上海国际车展。

捷达,生于大众,长于中国。作为当年的"老三样",捷达帮助中国消费者启蒙了用车生活。在过去的近30年里,捷达秉承非凡的德国技术和大众匠心,以安全可靠、性能卓越、经济节能的卓越品质深入400多万中国车主的心,用诚挚的匠心书写了无数传奇。

从1991年一汽大众汽车有限公司正式成立,捷达作为中国一汽与德国大众合作的结晶在长春投产下线开始,捷达经历了七代升级换代,完成了其产品周期的一个全过程。到2019年8月成为独立的捷达品牌,它又获得了重生!

营销任务:

试从产品生命周期理论分析,捷达为何要从单一车型升级为独立品牌?

营销理论

市场营销学认为产品和人类一样有生命,也就是产品具有生命周期。

5.3.1 汽车产品的生命周期理论概述

产品的生命周期是现代市场营销的一个重要概念。企业对自己产品的生命周期发展变化的研究，有助于掌握其市场地位和竞争动态，为制定产品策略提供依据，对增强企业的竞争能力和应变能力也有重要意义。

汽车产品的生命周期是指从汽车产品试制成功进入市场开始，在市场上由弱到强，又由盛转衰，再到被市场淘汰所经历的全部过程。

营销视野	产品的生命周期的四个含义

纵观产品的生命周期，具有以下四个含义：
1) 产品有一个有限的生命。
2) 产品销售经过不同的阶段，每一个阶段都对销售者提出了不同的挑战。
3) 在产品的生命周期不同的阶段，产品利润有高有低。
4) 在产品的生命周期不同的阶段，产品需要不同的营销、财务、制造、购买和人力资源战略。

从理论上分析，完整的汽车产品的生命周期分为四个阶段，即市场导入期、市场成长期、市场成熟期和市场衰退期。销售额和利润额随产品进入市场时间的长短而发生变化，通常表现为类似S形、近似正态分布的曲线，被称为产品市场生命周期曲线图，如图5-5所示。汽车产品的生命周期的各阶段在市场营销中所处的地位不同，具有不同的特点。

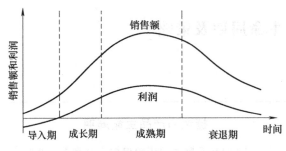

图5-5　产品市场的生命周期曲线图

1. 市场导入期

汽车产品的市场导入期是指汽车产品投入市场试销的初期阶段。在此阶段的汽车产品知名度还不高，消费者对其不够了解，所以生产、销售量低；为打开市场，企业对该产品的促销宣传等费用较大，因此利润低，有时甚至亏损，企业通常无利可图。

2. 市场成长期

汽车产品的市场成长期是指汽车产品经过试销，消费者对其有所了解，销路打开，销售量迅速增长的阶段。此阶段的标准是销售量快速增长。在此阶段，汽车产品定型，知名度日益扩大，厂商大批量投入生产；分销途径已经疏通，销售增长率迅速增加，成本大幅度降低，利润增长；同时，竞争者也开始加入。

3. 市场成熟期

汽车产品的市场成熟期是指汽车产品的市场销售量已达饱和状态的阶段。这一阶段持续的时间一般长于前两个阶段，并使营销管理者面临难度最大的挑战。在这个阶段，销售量和利润额达到高峰后开始呈下降趋势，市场竞争加剧，产品成本和价格趋于下降，但在成熟期后期，营销费用开始渐增。

在售的大多数产品都处于生命周期的成熟阶段，因此大部分营销管理者处理的正是这些成熟产品。

成熟阶段仍可分成三个期间：成长、稳定和衰退。第一个期间是成熟中的成长，此时由于分销饱和而造成销售增长率开始下降。虽然一些后续的消费者还会进入市场，但已没有新的分销渠道可开辟了。第二个期间是成熟中的稳定，由于市场已经饱和，销售量增长与消费者增长呈同一水平。大多数潜在的消费者已使用过该产品，而未来的销售正受到人口增长和重置需求的抑制。第三个期间是成熟中的衰退，此时销售的数量开始下降，消费者也开始转向其他产品和替代品。

4. 市场衰退期

汽车产品的市场衰退期是指汽车产品已经陈旧、老化被市场淘汰，新产品逐渐取代老产品的阶段。在这个阶段，市场竞争激烈；销售增长率为负值，利润渐少，开始出现替代品，老产品最后因无利可图而退出市场。在这个阶段，企业因利润太少或无利可图而停止该产品的生产和经营，该产品的市场生命周期也就结束了。

营销视野	产品的生命周期与产品的使用寿命

产品的生命周期与产品的使用寿命两者之间存在本质的不同。

现代市场营销所指的产品的生命周期是指市场寿命（又称为经济寿命），其长短取决于消费者的需求变化、市场竞争的激烈程度、产品更新换代的速度和科技进步的快慢等多种市场因素的影响。

产品的使用寿命是指产品投入使用到损坏报废所经历的时间。其受产品的自然属性和使用频率等因素影响。

产品的生命周期是一种抽象理论。虽然各个阶段的转化一般没有具体的数量界限，难以非常具体地去描述它，但它又是客观存在的，是可以被感知的，通常根据产品的销售量、销售增长率和利润等变化曲线的拐点去划分。不同产品的生命周期长短，以及各个阶段时间的长短，都可能有较大的差别。但总的来说，随着科技进步的加快以及竞争的加剧，产品的生命周期有缩短的趋势。

对企业来说，理想的产品生命周期的形态应该是：导入期和成长期要短，投入要少，很快达到销售的高峰，并持续很长的时间，企业可以获取大量利润；衰退期要缓慢，利润缓慢减少。企业应当通过实施正确的营销策略，尽量让产品的生命周期按理想的形态发展。

营销视野	汽车产品的生命周期的不同形态

各种汽车产品虽有生命周期，其形状近似正态分布曲线，但这只是反映变化趋势的基本模式，并不是所有的汽车产品都一定要经过这四个阶段。在现实生活中，具体产品的生命周期形态是多种多样的。以下四种特殊的产品生命周期值得我们了解：风格型、时尚型、时髦型、扇贝型，如图5-6所示。

风格型是指一种特点突出的表现方式。风格一旦产生，可能延续数代，根据人们对产品的兴趣而呈现出一种循环再循环的模式，时而流行，时而不流行。

时尚型是指在某一领域里，大家所接受且欢迎的风格。时尚型的产品生命周期的特点是，刚上市时很少有人接受（独特阶段），但接受人数随着时间慢慢增长（模仿阶段），终于被广泛接受（大量流行阶段），最后缓慢衰退（衰退阶段），消费者开始将注意力转向另一种更吸引他们的时尚。

时髦型是指一种来势汹汹且很快就吸引大众注意的时尚。时髦型产品的生命周期往往快速成长又快速衰退，主要是因为它只是满足人类一时的好奇心或需求，所吸引的只限于少数寻求刺激、标新立异的人，通常无法满足更强烈的需求。

扇贝型主要是指产品生命周期不断地延伸再延伸，这往往是因为产品创新或不时发现新的用途。

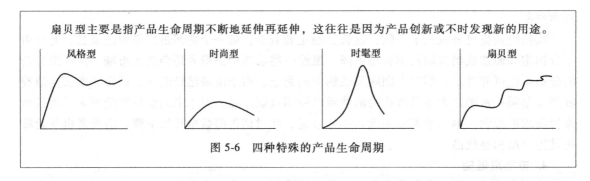

图 5-6　四种特殊的产品生命周期

针对产品的生命周期的规律，企业必须做到：①为处于不同发展阶段的产品制定适当的营销策略，即产品的阶段营销策略；②不断地做好产品改进和新产品的开发工作，不断地向市场推出新产品，以取代那些处于衰退期和即将进入衰退期的产品。否则，企业就不可能持久地立足于市场。

5.3.2　汽车产品的生命周期各阶段的营销策略

汽车产品在不同生命周期阶段具有不同的市场特点，需要制定与其相应的不同的营销目标和营销策略。

1. 导入期的营销策略

在导入期，为了建立新产品的知名度，企业需要大力促销、广泛宣传，引导和吸引潜在用户，争取打通分销渠道，并占领市场。营销策略要突出一个“准”字，即市场定位和营销组合要准确无误，符合企业和市场的客观实际。若把价格与促销两个营销因素综合起来考虑，各设高、低两档，则对处于导入期的汽车产品的营销策略有如图 5-7 所示的四种，企业可以根据自己的情况灵活运用。

		促销	
		高	低
价格	高	快速掠取策略	缓慢掠取策略
	低	快速渗透策略	缓慢渗透策略

图 5-7　导入期的四种营销策略

(1) 快速掠取策略

快速掠取策略即以高价格和高促销费用推出新产品。实行高价是为了在单位销售额中获得最大的利润，花较多促销费用是为了引起目标市场的注意，加快市场渗透。成功实施这一策略可以尽快收回新产品开发的投资。它的适用条件是：①产品确有特点，有吸引力，但知名度还不高；②市场潜力很大，并且目标用户有较强的支付能力。国内外汽车公司在推出富有特色的中高级轿车时常采用这一策略。

(2) 缓慢掠取策略

缓慢掠取策略即以高价格低促销费用将新产品推入市场，目的是花尽可能少的促销费用获得最大限度的收益。这种策略的适用条件是：①市场规模有限；②产品已有一定的知名度；③目标用户愿意支付高价；④潜在的竞争并不紧迫。

(3) 快速渗透策略

快速渗透策略即以低价格和高促销费用推出新产品。其目的在于先发制人，以最快的速度打入市场，该策略可以给企业带来最快的市场渗透率和最高的市场占有率。这种策略的适用条件是：①市场规模很大，但用户对该产品还不了解；②多数购买者对价格十分敏感；③潜在竞争的威胁严重；④单位成本有可能随生产规模扩大和生产经验的积累而大幅度下降。日本、韩国的汽车公司在刚进入北美市场时便较多采用此种营销策略。

（4）缓慢渗透策略

缓慢渗透策略即企业以低价格和低促销费用推出新产品，促使市场迅速地接受新产品。低促销费用可以实现更多的净利润。这种策略的适用条件是：①市场规模很大且消费者熟悉该产品；②市场对价格敏感。

营销视野	市场开拓者的优势

我们通常把将新产品导入市场的称为市场开拓者。市场开拓者在开拓市场时虽然会冒很大的风险，但是也会有很多的优势：

1）如果消费者试用过并感到满意，就会偏好市场开拓者的品牌，产生消费偏好。
2）开拓者成为估价产品等级特征的标准。
3）能抓住更多的使用者。
4）开拓者具有规模经济、技术领先，拥有稀有资源和其他进入壁垒，从而获得优势。

2. 成长期的营销策略

新产品上市后如果适合市场的需要，即进入成长期。成长期的标志是销售迅速增长，其营销策略的重点应放在一个"好"字上，即保持良好的产品质量和服务质量，切忌因产品销售形势好就急功近利、粗制滥造、片面追求产量和利润。在成长期，企业为了尽可能长时间地维持市场增长而采取下列战略：

1）根据用户需求和其他市场信息，改进产品质量并增加新产品的特色和式样。
2）积极开辟新的细分市场和增加新的分销渠道。
3）广告的重点从产品知名度转移到产品偏好上，并进一步创名牌。
4）在适当的时候降低价格，以吸引对价格敏感的用户，抑制竞争，吸引另一层次对价格敏感的购买者。

上述市场扩张策略可以提升企业的竞争地位，但同时也会增加营销费用，使利润减少。因此，对于处于成长期的产品，企业常面临两难抉择：是提高市场占有率，还是增加当期利润量？如果把大量的钱用在产品改进、促销和分销上，企业能获得一个优势地位，但要放弃获得最大的当前利润的机会，而这些利润有希望在下一阶段得到补偿。

3. 成熟期的营销策略

产品进入成熟期的标志是销售增长变慢，市场趋于稳定，并持续较长的时间。由于销售增长慢，竞争日益加剧，名牌逐渐形成。这个阶段的营销策略，应突出一个"争"字，即争取稳定的市场份额，延长产品的市场寿命。

企业对处于这个阶段的产品不应满足于保持既得利益和市场地位，而要积极进取，进攻是最好的防御。这个阶段可供选择的基本营销策略有以下3种：

1）市场改进策略，即寻找新的细分市场和营销机会，特别是要提高产品的地区覆盖率，挖掘更多的新用户。
2）产品改进策略，即企业可通过改变产品特性，吸引顾客，扩大销售。它又包括两方面的策略，一方面是提高产品质量，主要是改善产品性能，如提高汽车的动力性、经济性、操纵稳定性、舒适性、制动性和可靠性等，创名牌、保名牌。此种策略适用于企业的产品质量有改善的余地，而且多数买主期望提高质量的场合。另一方面是增加产品的功能，即提高产品的使用功效，如提高轿车的观瞻性、舒适性、安全性和动力性，以及使小型车高级化等措施。这些措施都有利于增加产品品种、扩大用户选择余地，使用户得到更多的效用。

3）营销组合改进策略，即通过改变定价、分销渠道，以及促销方式来尽可能地延长产品的成熟期。

> **营销视野　　营销组合改进的关键性问题**
>
> 产品进入成熟期，除了可以对市场和产品进行改进以外，还可以从价格、分销、促销等营销组合方面进行改进。
>
> 1）价格。降价会吸引新试用者和新用户吗？如果是，要不要降低标价？或者通过特价、数量上或先购者的折扣、免费运输、较容易的信贷条件等方法降价？或用提高价格来显示产品质量好？
>
> 2）分销。公司在现有的分销网点能够获得比较多的产品支持和陈列吗？公司能够渗入比较多的销售网点吗？公司的产品能够进入某些新类型的分销渠道吗？
>
> 3）广告。广告费用应该增加吗？对广告词句或文稿应该修改吗？宣传媒介载体组合应该更换吗？宣传的时间、频率或规模应该变动吗？
>
> 4）营销推广。公司应该采用以下何种方法来加快促销：廉价销售、舍去零头、折扣、赠品？
>
> 5）人员推销。销售人员的数量和质量应该增加或提高吗？销售队伍专业化的基础应该变更吗？对销售区域应该重新划分吗？对销售队伍的奖励方法应该变更吗？销售访问计划需要改变吗？
>
> 6）服务。公司能够提高交货速度吗？公司能扩大对顾客的技术援助吗？公司能提供更多的信贷？

4. 衰退期的营销策略

销售衰退的原因很多，包括技术进步、消费者口味的改变、国内外竞争的加剧等。所有这些都会导致生产能力过剩、削价竞争增加和利润被侵蚀。这种销售衰退也许是缓慢的，也许很迅速；销售量可能会下降到零，也可能在一个低水平上持续多年。在这个阶段，营销策略应突出一个"转"字，即有计划、有步骤地转产新产品。根据汽车行业的相对吸引力和企业在本行业中是否具有一定的竞争实力，企业对处于衰退期的产品，可采取收割或放弃策略。

（1）收割

收割就是要求一方面要维持销售额，另一方面要从一种产品或一项业务中逐渐减少成本，如减少研发成本以及对工厂和设备的投资。企业也可能降低产品质量，撤销某些服务项目，减少用于广告的开支。许多成熟的产品都使用这种策略。在实行收割策略期间，只要销售量不暴跌，便可大大增加企业的现金流量。

（2）放弃

放弃就是让公司面临着进一步的决策：是彻底停产放弃，还是把该品牌卖给其他企业；是快速舍弃，还是渐进式淘汰。如果这种产品有强大的分销能力，并且口碑好，企业也许可以将它出售给其他企业；如果企业找不到买方，就必须决定是迅速还是缓慢结束这个品牌。需注意的是，企业的老产品停产后，应继续安排好其配件供应，为以前的顾客保留部件库存量和维修服务，以保证在用老产品的使用需要。否则，企业形象仍会受到损害。

综上所述，产品的生命周期各阶段及相应的营销策略见表5-4。

表 5-4 产品的生命周期各阶段及相应的营销策略

产品的生命周期	导入期	成长期	成熟期	衰退期
销售额	低	迅速上升	达到顶峰	下降
单位成本	高	平均水平	低	低
利润	无	上升	高	下降
营销策略	建立知名度	抢占市场	争取利润最大	推出新产品

掌握了吗？

1）产品的生命周期可以分为（   ）、（   ）、（   ）和（   ）四个阶段。

2）按产品的生命周期的顺序，用一个字分别描述各阶段的营销策略的重点分别是（   ）、（   ）、（   ）和（   ）。

3）判断对错：产品的生命周期的成熟期越短越好。（   ）

4）判断对错：产品的生命周期的导入期越短越好。（   ）

5）综合考虑产品价格与促销两个因素，产品的生命周期的导入期的营销策略有（   ）、（   ）、（   ）和（   ）四种。

6）成熟期可供选择的基本营销策略有（   ）、（   ）和（   ）。

7）企业对处于衰退期的产品，可采取（   ）或（   ）的策略。

拓展升华

红旗品牌发展历程简述

红旗轿车在大多数中国人心中，饱含着深深的民族情感。它是我国轿车工业的开端，也是我国自主、自强民族精神的体现。

1）红旗品牌的诞生背景（1950年—1958年）：先试制了东风牌轿车，后研发红旗。

◇ 第一款自主轿车东风CA71诞生（1958年）：从无到有的蜕变。

2）红旗品牌的诞生与首款车型研发（1958年）：向祖国大庆献礼。

◇ 第一批红旗CA72型轿车诞生与应用（1958年—1963年）：用于国庆十周年庆典。

3）红旗品牌的鼎盛时期（1960年—1970年）：党和国家领导人陆续坐上红旗轿车。

◇ 狠抓红旗CA72的生产质量（1960年—1965年）：质量提升明显，试制新车。

◇ 最经典的红旗CA770轿车诞生（1965年）：质的蜕变。

◇ 打造红旗CA770的衍生车型（1965年—1970年）：CA771、CA772、CA773应用于各种场合。

4）红旗品牌暂时停产（1970年—1981年）：某些原因导致红旗品牌停产。

◇ 红旗CA774型轿车的研发（1972年—1979年）：某些因素导致设计停止。

◇ 红旗轿车停产（1981年）：产品缺陷太多，且无全新款型替代。

5）红旗轿车短暂停产（1981年—1996年）：生产停止，但研发未停止。

◇ 基于海外技术不断研发新车（1982年—1986年）：红旗CA750、CA760、CA770G等。

◇ 再次开始自主研发新车（1987年—1995年）：社会发起或仅为特殊场合打造。

6)红旗品牌"贴牌换标"(1996年—2008年):从复产到再"停产"。
7)后红旗时代(2008年至今):自主研发,新车不断。
(资料来源:汽车之家网,有删改。)

5.4 汽车品牌策略

开节话题

2021年3月15日,英国品牌评估机构"品牌金融"(Brand Finance)发布2021汽车行业报告(Automotive Industry 2021),排出"2021全球最有价值的100个汽车品牌"排行榜(Auto 100 2021),表5-5是此次品牌榜中的前10名。

表5-5 2021全球最有价值的100个汽车品牌排行榜中的前10名

排名	品牌	所在地	品牌价值/增长率	所属集团
1	丰田(Toyota)	日本	594.79亿美元/+2.4%	丰田汽车
2	梅赛德斯奔驰(Mercedes-Benz)	德国	582.25亿美元/-10.5%	戴姆勒集团
3	大众(Volkswagen)	德国	470.20亿美元/+4.7%	大众汽车集团
4	宝马(BMW)	德国	404.47亿美元/-0.1%	宝马集团
5	保时捷(Porsche)	德国	343.26亿美元/+1.2%	大众汽车集团
6	特斯拉(Tesla)	美国	319.86亿美元/+157.6%	特斯拉汽车
7	本田(Honda)	日本	313.66亿美元/-5.2%	本田汽车
8	福特(Ford)	美国	226.76亿美元/+22.5%	福特汽车
9	沃尔沃(Volvo)	瑞典	177.50亿美元/+4.9%	吉利控股集团
10	奥迪(Audi)	德国	171.87亿美元/+1.3%	大众汽车集团

与2020年相比,丰田前进一位,跃居首位,奔驰品牌价值暴跌了10.5%,以致丢了连续三年的榜首位置;特斯拉品牌表现最好,继2020年以65%的增长率成为成长最快的品牌外,2021年特斯拉的品牌价值继续暴涨157.6%,首次进入全球最具价值汽车百强榜的前10名,升至第6位。此外,共有20余个中国汽车品牌进入百强榜,排名最高的吉利,列第21位。

营销任务:
试分析,如何理解汽车品牌的品牌价值?企业为什么要实施品牌策略。

成功的品牌具有高溢价并能引发很高的品牌忠诚度。目前,对于国内消费者来说,轿车不仅是代步的工具,还承载着象征身份和地位的功能。研究表明,我国消费者在购车决策时,除价格因素外,品牌占有最重要的地位,特别是初次购车者,他们更重视品牌声誉这一外在属性。所以在乘用车领域,汽车品牌是影响消费者购买的关键因素。对许多汽车企业而言,品牌是企业进入市场、占领市场的武器,甚至是企业的生命。现在品牌战略已经被越来越多的企业所重视。

5.4.1 品牌理论概述

每个品牌都是企业个性化的标志。它不仅代表企业的形象、企业的发展历程，还传播企业的某些新信息，代表着一种生活方式。

1. 品牌的含义

品牌的英文单词 Brand，源自古挪威语 Brandr，意思是"烧灼"。人们用这种方式来标记家畜等需要与其他人加以区分的私有财产。到了中世纪的欧洲，手工艺匠人用这种打烙印的方法在自己的手工艺品上烙下标记，以便消费者识别产品的产地和生产者，保护生产者和消费者的利益，以防止消费者买到劣质产品，这就产生了最初的商标。在之后的几个世纪，品牌已经成为把不同制造者的商品区分开来的方法。品牌当今扮演的是改进消费者的生活并且提高公司的商业价值的重要角色。

美国市场营销协会（AMA）对品牌做了如下定义：品牌是一种名称、术语、标记、符号或设计，或是它们的组合运用，其目的是借以辨认某个销售者或某群销售者的产品，并使之同竞争对手的产品区别开来。一个品牌就是在某些方式下，能将它和用于满足相同需求的其他产品区别开的一种产品的特性。

现在的品牌含义已被拓展了，它已与企业的整体形象联系起来，是企业的"脸面"，即企业形象。一个好的品牌商品往往使人对生产该产品的企业产生好感，最终将使消费者对该企业的其他产品产生认同，从而能够提高企业的整体形象。因此，品牌战略实际上已演变成为企业为适应市场竞争而精心培养核心品牌产品，再利用核心产品创立企业品牌形象，最终提高企业整体形象的一种战略，是企业用来参与市场竞争的一种手段。

营销视野　　　　　　　　　品牌相关术语

品牌包括品牌名称、品牌标志、商标。

（1）品牌名称

品牌名称是指品牌中可以用文字表述的部分，如奇瑞、丰田、奔驰、奥迪等。

（2）品牌标志

品牌标志是指品牌中可以识别但不能用文字表述的部分，如 CHERY（奇瑞）、TOYOTA（丰田）、Mercedes-Benz（奔驰）、Audi（奥迪）、理想（理想）、NIO（蔚来）、比亚迪汽车（比亚迪）、TESLA（特斯拉）等。

（3）商标

商标是一个法律术语，是指受法律保护的一个品牌或品牌的一部分。商标是获得国家相关机构认可的，是某个企业有专用权的品牌，受到法律保护，其他任何企业都不得仿效使用。

我国习惯上对一切品牌不论其注册与否，统称商标，所以有"注册商标"与"非注册商标"之分。《中华人民共和国商标法》规定，注册商标是指受法律保护、所有者享有专用权的商标，用®表示；非注册商标是指未办理注册手续、不受法律保护的商标。

---

2. 品牌的属性

一个品牌，有看得见的部分——品牌名称或标识，也有看不见的部分——品牌的核心价值，看不见的部分支撑了看得见的部分。

品牌之所以有价值，是它包含了销售者向购买者提供的一组特定的利益和服务，好的品牌传达了质量的保证。一个品牌能传达出以下六个层次的内容：

1）属性。一个品牌首先给人带来特定的属性，例如，上海通用公司的别克车表现出昂贵、优良制造、工艺精良、耐用、高声誉、快捷等属性。该企业可以利用这些属性中的一个或几个做广告宣传。许多年来，别克的宣传是其工程质量全世界一流，这就是为了显示该汽车的属性是精心设计的。

2）利益。一个品牌不能局限于一组属性，顾客不是购买属性，他们是购买利益。属性需要转化为功能利益和情感利益。属性"耐用"可以转化为功能利益，如"这车帮助我体现了重要性，令人羡慕"。属性"优良制造"可以同时转化为功能利益和情感利益，如"万一出交通事故，我也是安全的"。

3）价值。品牌体现了制造商的某些价值观，例如，别克车体现了高性能、安全、威信等。品牌营销者必须推测出在寻找这些价值的特定的汽车购买群体。

4）文化。品牌可能附加象征了一定的文化，例如，别克意味着美国文化，体现了汽车的高效率和高品质，以及个人身份的象征。

5）个性。品牌代表了一定的个性，使得它所代表的产品区别于其他竞争者的产品。

6）使用者。品牌还体现了购买或使用这种产品的是哪一类消费者。事实上，产品所表示的价值、文化和个性，均可反映在使用者的身上。

正是品牌所包含的丰富内容，决定了品牌在营销中具有重要的作用。

3. 品牌在市场营销中的作用

1）品牌对生产者的意义：有助于产品的销售和占领市场；有利于订单处理和对产品的跟踪；有助于稳定产品的价格，减少价格弹性，增强对动态市场的适应性，减少未来的经营风险；有助于市场细分，进而进行市场定位；有助于开发新产品，节约新产品投入市场的成本；有助于企业保护产品的某些特征，不被竞争者模仿，从而抵御竞争者的产品竞争，保持竞争优势；有助于树立产品和企业形象，为吸引忠诚顾客提供机会。

营销视野	我国汽车的品牌价值

品牌是一个企业长期经营、沉淀在市场和顾客心中的结果，其核心不是广告宣传有多好，而是产品的品质有多优良。品牌是企业的无形资产。在英国品牌评估机构"品牌金融"（Brand Finance）发布的2021汽车行业报告（Automotive Industry 2021）中，最具价值的汽车品牌中国排名前10的见表5-6。

表5-6　2021年最具价值汽车品牌中国排名前10

中国排名	品牌名称	所属集团	世界排名
1	吉利（Geely）	吉利控股集团	21
2	哈弗（Haval）	长城汽车	25
3	比亚迪（BYD）	比亚迪公司	30
4	蔚来（NIO）	蔚来汽车	56
5	江淮汽车（JAC Motors）	江淮汽车	57
6	荣威（Roewe）	上汽集团	61
7	长城（Great Wall）	长城汽车	63
8	福田（Foton）	北汽集团	64
9	中国重汽（Sinotruk）	中国重汽集团	68
10	宝骏（Bao Jun）	上汽集团/通用汽车	69

2）品牌对消费者的意义：有助于消费者识别产品的来源或产品制造厂家；有助于消费者避免购买风险，降低购买成本；有利于消费者形成对某些品牌的偏好。

3）品牌自身的意义：品牌自身的意义在于其所具有的巨大的无形资产价值。正如可口可乐公司所说，即使其厂房被全部烧毁，只要"可口可乐"这个品牌在，消费市场就不会消失。汽车品牌是消费者因听到或看到某汽车产品的品牌名称或标志而产生的关于汽车产品、技术水平、企业实力、保障、承诺、企业文化等联想和认知印象的总和。例如，人们看到奔驰的标志，就会联想到奔驰汽车的稳重、拥有者的事业成功。汽车品牌是汽车企业可持续发展的重要资源之一。

营销视野	汽车品牌的"牌格"

按照美国著名品牌管理权威戴维·阿克（David Aaker）的理论，品牌和人一样有各种不同的认同和"牌格"。汽车的"牌格"就是汽车人格特征的描述，它是通过创始人奠定其品牌核心价值之后而形成的。汽车品牌人格化特征的形成需要经历一个相对持久的过程，而且这种"牌格"一旦形成就会沉淀为很深厚的品牌资产附着在产品上，通过市场传播和推广根深蒂固地留存在大众脑海里，进而转化为对汽车品牌的一种膜拜或魂牵梦绕的幻想。世界著名汽车品牌所具有的人格化魅力构成吸引消费者的永恒力量，随着年代的久远，这种魅力与日俱增，结合各种社会与心理因素，汽车"牌格"异化为社会身份、地位、财富甚至职业的象征，并成为人们在社会环境中存在的第二身份特征。例如，在某些人眼中，奔驰是出入上流社会的成功人士，劳斯莱斯是身份显赫的贵族，福特则被认为是中规中矩的中产阶级白领，特斯拉是高科技的代名词。

汽车"同质化"的时代已经到来。目前，在我国市场出现的新车中，同等价位的汽车产品无论性能还是技术含量，都越来越接近。这对消费者来说，购买哪一个品牌的汽车，很大程度上取决于消费者对该汽车品牌的认知程度。品牌能够带来忠诚的顾客群，能够带来稳定的市场份额，能够带来强大的竞争力，能够带来巨大的无形价值，能够使企业持续生存。品牌建设工作迫在眉睫。

营销视野	品牌与价格

在企业发展过程中，品牌与企业产品价格有着十分密切的关系。产品价格始终影响企业的销售收入及利润，而决定产品售价的除了产品的性能、技术含量、用途等之外，往往还存在一个无形的东西，那就是企业的品牌。同时，有些品牌产品的利润率也远远高于一般产品。同一种类型的商品，名牌商品与普通商品的售价可相差数倍。由此不难看出，品牌作为企业的无形资产，是企业的一笔巨大财富。在市场上，某品牌的产品，只要其有优良的质量，只要其质量在消费者心中产生了信誉，其品牌就有了价值。即使这个品牌的产品价格相对其他同类产品要高很多，消费者仍买它，并把它的高价作为一种身份的象征。例如，劳斯莱斯、奔驰以及特斯拉，都能给企业带来很多利润。2021年，特斯拉的品牌价值同比飙升，与此同时，其全球销量936172辆，同比增长87%；营业总收入达到538.23亿美元，同比增长71%；净利润55.19亿美元，同比增长665%。

5.4.2 汽车品牌策略

当前汽车市场的生产力已经处于过剩状态，所有开放市场经济国家都不同程度地进入了买方市场，市场竞争的环境、手段与过去相比都发生了很大的变化。在这种情况下，汽车企业取胜的主要手段已不再单纯以产品本身来竞争，还包括品牌的竞争。可以说，未来国际市场竞争的主要形式将是品牌的竞争，品牌战略的优势将成为企业在市场竞争中出奇制胜的法宝。汽车产品的品牌策略主要有四种：个别品牌策略、统一品牌策略、多品牌策略、合作品牌策略。

1. 个别品牌策略

个别品牌策略就是企业对各种不同的产品分别使用不同的品牌名称。例如，丰田汽车公司旗下的品牌有雷克萨斯、皇冠等不同品牌。企业采取个别品牌策略的好处，主要体现在两个方面：一方面，可以在市场上形成不同价位、不同档次的汽车产品，能够严格区分不同产品和品种；另一方面，各品牌的声誉相互不受影响。个别品牌策略的营销费用会比较多。

2. 统一品牌策略

统一品牌策略就是企业的所有产品统一使用一个品牌名称。例如，宝马汽车的产品就统一使用一个品牌。企业采取统一品牌策略的好处，主要体现在：①企业宣传介绍新产品的费用开支较少，便于企业统一管理品牌；②易于让消费者记住企业的整体形象。但是，统一品牌策略也有一个非常突出的缺点：一旦发生某一产品的危机事件，就会影响整个企业。

3. 多品牌策略

所谓多品牌策略就是汽车企业对同一产品使用两个或两个以上的品牌的策略。例如，德国大众集团分为奥迪和大众两个品牌群，奥迪品牌群包括奥迪、西雅特（SEAT）和兰博基尼（Lamborghini）等品牌，大众品牌群包括大众汽车（VW）、斯柯达（Skoda）、宾利（Bentley）和布加迪（Bugatti）等品牌。各个品牌均有其自己的标识，自主经营，产品从紧凑车型到豪华车型应有尽有。各个品牌形象相互之间是既有差别又有联系的，不是大杂烩，有着整体大于个别的意义。一个汽车企业实施多品牌策略，可以降低风险，增加赢利机会。企业采用此策略具有以下优势：

1）多品牌策略使企业有机会最大限度地覆盖市场。随着市场的成熟，消费者的需要逐渐细分化，一个品牌不可能保持其基本意义不变而同时满足几个目标。

2）多品牌策略有助于限制竞争者的扩展机会，使竞争者感到在每一个细分市场的现有品牌都是进入的障碍。在价格大战中，多品牌策略可以捍卫主要品牌，把那些次要品牌作为小股部队，给发动价格战的竞争者以迅速的侧翼打击，使竞争者首尾难顾。

3）多品牌策略有助于突出和保护核心品牌。领先品牌肩负着保证整个产品门类的赢利能力的重任，其地位必须得到捍卫；否则，一旦它的魅力下降，产品的单位利润就难以复升。当需要保护核心品牌的形象时，那些次要品牌成为前哨阵地，与此同时，核心品牌的领导地位则可毫发无损。

因此，多品牌策略有助于覆盖市场、降低营销成本、限制竞争对手，以及有力地回应零售商的挑战。

4. 合作品牌策略

合作品牌（也称为双重品牌）是指两个或更多的品牌在一种产品上联合起来，每个品牌都期望另一个品牌能强化整体的形象或购买意愿。这是一种伴随着市场激烈竞争而出现的新型品牌策略，它体现了公司之间的合作。产品使用合作品牌是现代市场竞争的结果，也是企业品牌相互扩张的结果。

这种品牌策略在我国汽车行业很常见，如"一汽大众""上海通用""东风雪铁龙"

等。合作品牌策略的优点在于它结合了不同企业的优势，可提高自己品牌的知名度，从而增加销量额，增强产品的竞争力，同时节约了各自产品进入市场的时间和费用。

营销案例　　　　　　　著名汽车公司的品牌战略

无论是居世界销量第一的通用汽车公司、老牌的大众汽车公司，还是后来居上的丰田汽车公司，都无一例外地采取了多品牌策略以抵御竞争对手，并扩大自己的市场占有率。

大众品牌一向被认为是中、低消费水平的人群选择的对象，众所周知的甲壳虫成为其品牌的代表。但是，近年来，大众也进入豪华车细分市场，与奔驰、宝马等高档车竞争。大众推出帕萨特 V6 豪华型后，相应地采取了一系列品牌管理手段和分销策略，成功地将这一新品牌推荐给了目标消费群。

同样，从 20 世纪 90 年代开始，日本的汽车制造商也纷纷开始向原本不敢染指的高档车市场进攻。1989 年丰田汽车推出高端品牌雷克萨斯，而日产汽车则推出英菲尼迪，本田推出了讴歌，这几款车的装备和豪华程度紧逼奔驰和宝马。最终，这几款车（特别是雷克萨斯）在美国的成功营销，打破了欧洲豪华车的垄断格局，从而改变了美国人认为日本只能生产小型低档车的印象。

5. 品牌策略的误区

随着我国汽车市场的成熟、消费者消费行为的理性和汽车产品及服务日趋同质化，品牌越来越成为重要的差异化优势来源。有研究表明，汽车厂商的赢利能力与其销量中的品牌溢价销量所占比例具有较高的相关度。因此，塑造品牌或者构建怎样的品牌架构是目前我国汽车企业、在激烈的价格竞争中寻求突破的关键策略。但是，汽车企业在品牌策略的运用过程中，普遍存在以下几大误区。

（1）错把名牌当品牌

名牌产品是民族工业的精华和骄傲，是重要的无形资产，能创造出比同类非名牌产品更高的价值。无论是发达的经济强国，还是新崛起的工业化国家，无不把发展名牌事业作为一项至关重要的战略。但名牌产品并不一定是品牌产品，名牌产品更多的是注重产品的名气，而品牌在消费者心目中有优先提及性、丰富的联想性，还有排他性。因此，名牌如果没有抓好产品质量和技术创新，没有科学的、全面的和有效的市场营销策略，没有长时间的持续管理能力，就会徒劳无功或者事倍功半。

（2）品牌过度依赖广告

广告不能创造品牌，只能传播品牌。正是因为广告对于品牌建设的重要性，而且又是最直观的表现，所以掩盖了品牌建设中深层次的内涵，造成企业在品牌建设过程中过度依赖其至单纯依赖广告的情况，以至于产生重形式、轻内容的炒作思维。

广告的作用在于表现品牌的外在特点，它能提高品牌的知名度和识别价值，树立品牌的外在形象，但是这些是不能直接促进销售的，只是一个铺垫。能真正实现品牌价值的是品牌的顾客忠诚度和顾客满意度，这两个重要指标不是单靠广告就能建立的，更多还是需要从品牌的内涵中去挖掘，包括产品品质、价格、购买便利程度、客户关系、售后服务、附加利益等众多方面。因此，品牌建设是存在于营销全过程的。丰田公司自 20 世纪 90 年代采用三个椭圆形组成的商标以来，其广告宣传只占其全部宣传的很小一部分，更多的是丰田公司的内在文化。企业的独特文化是其他公司无法复制的，也是长时间支撑其品牌价值的灵魂。

（3）忽视持续经营能力对品牌的重要性

世界上真正能够成为长寿企业的企业并不多，美国《财富》杂志的有关数据显示，在美国，大概有60%的企业平均寿命不超过5年，只有2%的企业能够存活50年，而中小企业的平均寿命一般不超过7年，大企业的平均寿命则不足40年，世界500强企业的平均寿命通常为40~42年。为什么众多企业短寿？是因为没有市场？产品落后？还是别的原因？从我国品牌的发展过程来看，不难发现，很多曾经辉煌的企业，它们的衰败过程惊人相似，那就是快速成长、快速衰败。破解企业长寿或短命的秘密，对理解品牌建设的精髓有着重大的意义。

在品牌持续经营过程中常出现两个方面的问题：其一，表现在品牌生命周期上，也就是产品生命周期上，当产品生命周期进入衰落阶段时，品牌也步入了衰退期；其二，表现在品牌维护不佳上，企业往往认识到了品牌的重要性，因此通过电视等传播媒体进行一番宣传，就认为以后可以坐享其成了，缺乏持续的品牌形象维护，当意识到品牌对消费者的吸引力不及竞争品牌时，已经让竞争品牌占了上风。实际上，品牌是建立在消费者长期信任的基础上的，持续经营对品牌的内涵建设具有重要的作用。

（4）经营观念忽视品牌的内涵

对品牌的内涵认识不深，表现在以产品观念或销售观念经营品牌。很多企业期望通过强烈的广告攻势获得较高的市场份额，但是只顾推销，未能满足消费者的真正需求，从而最终退出市场。品牌所包含的不只是产品品质和品牌的知名度，它实际上是一个综合系统，其价值以系统的方式表现。例如，奔驰的品牌内涵包括其产品品质、产品市场定位、品牌文化、产品标准化生产及品质保障机制、品牌形象推广、特许经营的市场扩张模式等，这个系统构成是奔驰品牌的内涵，缺乏内涵的单一品牌推广是无法奏效的。

（5）品牌定位错误

品牌目标市场定位错误表现为进入了不正确的细分市场，市场规模不足以支持品牌成长。市场定位模糊是指在品牌经营时未明确产品的目标市场，甚至期望产品老少皆宜、妇孺皆知，在产品推广时未能形成针对某一特定目标市场的有效策略，从而造成品牌失败。

（6）品牌形象混乱

品牌形象混乱的主要表现如下：

1）品牌文化建设不足，品牌命名不符合消费文化，以及品牌标识设计陈旧。一些企业在品牌命名时喜用洋名，却忽视了其所面对的消费群的文化特征，还有一些企业品牌标识未注重设计的品质感或未关注标识对于目标消费群的影响度，或一直沿用明显过时的符号，使品牌形象受损。

2）一些品牌在经营时品牌形象不统一，造成品牌所面对的目标市场不一致。

（7）品牌延伸失误

多元化发展是现代企业发展的主题，但在多元化发展过程中，企业也最容易步入品牌延伸的陷阱。一些品牌在获得了一定的市场知名度后，就想借机将品牌资产延伸到新的市场，但是在品牌延伸时却由于缺乏基本的市场研究，将品牌延伸到与原领域截然不同甚至有冲突的领域，造成品牌的衰落。例如，雪佛兰被定义为美国家用轿车品牌，如果把雪佛兰这个品牌用于大货车或大客车，则消费者就会很难接受。

品牌延伸决策要考虑的因素有品牌的核心价值与个性、新老产品的关联度、行业与产品的特点、产品的市场容量、企业所处的市场环境、企业发展新产品的目的、市场竞争格局、企业的财力，以及企业品牌的推广能力等。上述因素中品牌的核心价值与个性又是最重要的，它是企业品牌的精髓。因此，品牌的延伸应以不与原有核心价值与个性相抵触为原则。

掌握了吗？

1) 判断对错：品牌是靠广告树立的。（　　）
2) 一个品牌能传达出的六个层次的内容分别是（　　　）、（　　　）、（　　　）、（　　　）、（　　　）和（　　　）。
3) 通常汽车产品的品牌策略主要有（　　　）、（　　　）、（　　　）和（　　　）四种。

拓展升华

品牌是靠广告建立起来的吗？

你是如何知道帕萨特的？是通过广告宣传？朋友介绍？还是什么途径？先看看2019年发生了什么。

2019年年底，帕萨特因为在中保研的正面25%偏置碰撞测试中，A柱断裂，车内假人头部直接撞到方向盘上，整体碰撞成绩垫底，让昔日B级车标杆跌落谷底。

为挽回颜面，中保研2020年8月收到了上汽大众自愿重新测试的请求，中保研随后随机从4S店买了一辆2020款帕萨特进行重新测试。这一次，碰撞测试的结果直接反转，2020款帕萨特车内外乘员及行人安全指数为优秀，辅助安全评测为优秀，并且在耐撞性与维修经济性方面也一如既往地获得了A。

2020款帕萨特这次碰撞测试能获得满分，会不会打消消费者心中的顾虑？对待这样一款曾经有过故事的车型，消费者会不会因为它的改变做出相应的改变？经销商终端对这款车有什么样的评价？帕萨特品牌价值会有所提升吗？

本章小结

1) 产品策略是企业最重要的市场营销要素，是汽车企业市场营销活动的支柱和基石。产品决定着企业组合营销策略中的价格、渠道、促销等组合因素。

2) 产品是能够提供给市场以满足需要和欲望的任何东西，可以是有形的，也可以是无形的，包括有形的与无形的实体商品、服务、体验事件、人物、地点、财产、组织、信息和观念等。

3) 产品是一个包含多层次内容的整体概念，包含核心产品层、形式产品层、期望产品层、延伸产品层和潜在产品层。产品的不同层次体现不同的顾客价值：①汽车核心产品向汽车消费者提供能够满足其需要的基本效用或利益；②汽车形式产品是核心产品借以实现的基本形式，是核心产品的载体；③汽车期望产品是汽车购买者购买汽车时希望和默认得到的与产品密切相关的一组属性和条件；④汽车延伸产品是汽车消费者购买形式产品和期望产品时所能得到的附加服务和利益，产品的品牌定位和竞争发生在延伸产品层；⑤汽车潜在产品是现有产品可能的演变趋势和前景。

4) 企业为了实现营销目标，充分有效地满足目标市场的需求，必须有一个优化的产品组合。汽车产品组合也称为产品品种配备，是指企业生产和销售的所有产品线和产品品种的有机组合或搭配。汽车产品线是指密切相关的汽车产品的系列。产品组合包含宽度、产品长度、产品深度和产品相关性等四个变数。简单来说，产品组合的宽度是指公司产品线的条数，产品组合的长度是指产品的项目总数，产品组合的深度是指产品线中的每一产品的品种数，产品组合的相关度是指各条产品线在最终用途、生产条件、分销渠道或者其他方面相互关联的程度。

5）企业要根据市场环境、企业能力和企业目标，对产品组合的宽度、长度、深度和相关度进行不同的组合。常见的汽车产品组合策略有扩大汽车产品组合策略和缩减汽车产品组合策略。其中，扩大汽车产品组合策略包括产品线扩展策略（向上延伸、向下延伸和双向延伸）、加深汽车产品的组合深度。缩减汽车产品组合策略包括缩减汽车产品组合宽度、深度、相容度三种情况。

6）企业没有创新就等于坐以待毙。汽车新产品是指在一定地域内从未试制生产过的，具有一定新质的产品。它包括四种类型：全新产品、革新产品、改进新产品、新名称产品。

7）企业可以根据自身的特点和环境条件，从以下四种方式中选择新产品的开发方式：①企业完全依靠自己的科研、技术力量进行独立研制；②企业通过与外商进行技术合作，引进先进技术、购买专利进行技术引进；③企业把引进技术与本企业的开发研究结合起来进行研制与引进相结合；④企业之间以及企业和科研、教学单位之间协作进行研制。

8）新产品开发是企业生存与发展的重要支柱，对企业具有十分重要的战略意义。新产品开发的作用如下：①企业发展的生命线；②企业保持其市场竞争优势的重要条件；③充分利用企业资源，增强企业活力的条件；④提高企业经济效益的重要途径。

9）新产品开发是一项复杂的系统工程。从市场营销观点出发，一个完整的汽车新产品的开发要经历提出创意、创意筛选、概念发展、制定营销战略规划、商业分析、产品研制、市场试销、商品化 8 个阶段。汽车新产品的创意源于消费者、竞争产品、销售者和科技人员。头脑风暴法由美国学者奥斯本于 1939 年首次提出。其目的在于广开言路，充分鼓励和激励参与者动脑筋、想办法。创意筛选阶段应尽量避免误舍和误用。

10）产品生命周期与产品寿命周期是两个不同的概念，汽车产品生命周期是指从汽车产品试制成功进入市场开始，在市场上由弱到强，又由盛转衰，再到被市场淘汰所经历的全部过程。从理论上分析，完整的汽车产品的生命周期分为四个阶段：市场导入期、市场成长期、市场成熟期和市场衰退期。每个阶段都有各自不同的特点，企业应当用不同的策略来对待它。

11）在汽车产品的市场导入期，汽车知名度不高。汽车企业需要大力促销，可采取快速掠取策略、缓慢掠取策略、快速渗透策略、缓慢渗透策略，实现一个"准"字。

12）在汽车产品的市场成长期，汽车产品销售量迅速增长，竞争者开始加入。企业应保持良好的产品质量和服务质量，实现一个"好"字。

13）在汽车产品的市场成熟期，汽车产品的销售量和利润额达到高峰后开始呈下降趋势，市场竞争加剧。这时汽车企业可采取市场改进策略、产品改进策略、营销组合改进策略，争取稳定的市场份额，延长产品的市场寿命，突出一个"争"字。

14）在汽车产品的市场衰退期，汽车新产品逐渐取代老产品，汽车企业可采取收割或放弃策略有计划、有步骤地转产新产品，突出一个"转"字。

15）成功的品牌具有高溢价并能引发很高的品牌忠诚度。品牌是一种名称、术语、标记、符号或设计，或是它们的组合运用。汽车企业可以通过品牌将产品或销售者或竞争者区别开来。品牌的价值传达了属性、利益、价值、文化、个性、使用者等六个层次的内容。

16）未来国际市场竞争的主要形式将是品牌的竞争，汽车产品的品牌策略包括个别品牌策略、统一品牌策略、多品牌策略、合作品牌策略等。

17）在我国，品牌存在七大误区：①错把名牌当品牌；②品牌过度依赖广告；③忽视持续经营能力对品牌的重要性；④经营观念忽视品牌的内涵；⑤品牌定位错误；⑥品牌形象混乱；⑦品牌延伸失误。

复习思考题

1）解释并理解汽车产品的整体概念。
2）什么是产品组合？其类型有哪些？汽车产品的组合策略的意义是什么？
3）对于汽车企业来说，如何确定一个最佳的汽车产品组合？
4）什么是产品的生命周期理论？在不同的产品周期阶段，应采用何种营销策略？进行汽车产品生命周期研究对汽车营销的意义是什么？
5）什么叫汽车新产品？它包含哪些类型？汽车新产品的开发策略有哪些？
6）试阐述新产品开发的过程。
7）品牌对汽车企业有什么实际作用？

营 销 实 务

选择某一汽车企业，分析其产品组合策略并提出其品牌建立的对策。

学习任务 6　实施汽车产品定价策略

学习目标

知识目标
- 了解汽车产品定价的概念
- 理解影响汽车产品定价的主要因素
- 掌握汽车产品定价的基本方法
- 掌握汽车产品的定价策略
- 掌握汽车产品定价的程序
- 了解汽车产品价格调整时各方的反应
- 理解汽车产品价格调整的原因与对策

能力目标
- 能针对汽车企业的内外部环境进行汽车产品定价方法的选择
- 能灵活运用各种定价策略进行汽车产品的定价
- 能针对竞争对手的调价情况进行企业产品价格调整策略的选择

基本概念
- 定价
- 企业目标
- 需求价格弹性
- 定价方法
- 定价策略
- 价格调整

引入案例　　　　　　　　　雅马哈摩托的定价策略

当日本摩托车四大品牌之一的雅马哈公司的决策者们决定创造出世界上最快、最令人激动的摩托车时,他们清楚地知道,影响他们决策的是以后的销售和盈利状况。雅马哈公司在1982年—1984年的摩托车市场衰退中遭受了数十亿美元的损失。另外,高额关税也使雅马哈的产品竞争力减弱,如果新的决策是错误的,将有令公司破产的危险。

新产品暂定名V-MAX,市场反馈表明,V-MAX的设计看起来很有气势,能给人们留下深刻的印象。使其具有气势是雅马哈的设计者们一直追求的。V-MAX的发动机有99~103千瓦的输出功率,是市场上动力最强的发动机。新车动力足、外观好,名字也动人,现在到了定价的时候了。

最初,雅马哈的助理生产经理约翰·鲍特认为,消费者希望得到速度最快的摩托,并且也准备为此支付高价,他们愿意为此付出4000~5000美元;如果性能确实卓越,5500美元的价格也是合理的。

"通常情况下,消费者有他们自己的意愿价格,而这种意愿价格,通常比实际成本低25%。"雅马哈美国生产经理丹尼斯·斯德凡尼说,"一般情况下,我们一方面寻找降低成本的途径;另一方面使产品具有特点,令其更加吸引人,这样就有人愿意为此支付额外的钱。"

雅马哈的营销者考虑了许多影响定价的因素。除了消费者的预期心理外,他们还不得不考虑竞争产品的价格,如川崎、铃木和哈雷等。产品的制造成本加上从日本运到美国的运输费用,构成了最低价。在美国的经营费用、经销广告费用也是一个影响定价的因素。此外,树立产品的权威形象,也是影响定价的一个因素。

综合上述所有因素,雅马哈的营销者们决定把价格定为5299美元。这在当时虽不是最高,但已接近了市场的最高价。到1987年,雅马哈的零售价涨到5899美元,1988年则达到6000美元。

精心设计的促销活动,主要是放在强调V-MAX和其他摩托车的不同之处上,正如广告部经理所说:"V-MAX有两个主要的特点:第一是该产品外观是独一无二的,第二是它具有高超的性能。"

促销活动很成功,市场调研表明,消费者喜欢V-MAX,认为它是非凡的外观和高性能的完美结合。大多数购买者认为产品定价是合理的,一家杂志评价说"雅马哈值这个价"。尽管V-MAX第一年的销售额就超过了预期目标,但是来自哈雷的竞争仍然是强烈的。助理生产经理约翰·鲍特说:"因为开始的销售势头很高,有5000辆的订单,所以我们在第二天就扩大了生产。"到1988年,该公司决定以更高的价格向市场提供总数有限的新款V-MAX摩托车1500辆。这种把有限供给和高价相结合的办法,意在进一步提高V-MAX的形象。正如鲍特所说:"V-MAX在市场上赢得了巨大的声誉,骑手们看来承认它确实是一种独特的创新产品。"

点评:

雅马哈新型摩托车的营销成功,除其设计者根据消费者的需要,设计出了"动力足、外观好、名字也动人"的车子以外,还源于经营者综合考虑了影响产品定价的一系列因素,制定了完整的价格体系,并辅以行之有效的促销手段。

问题与讨论:

1)你认为雅马哈摩托车在定价时应着重考虑哪个因素?
2)促销活动对企业实施的定价策略有何影响?

定价策略是市场营销组合中一个十分关键的组成部分。作为资源配置和调节供需的杠杆,价格从来都是一个十分敏感的话题,它是决定公司市场份额和盈利率的最重要因素之一。在市场营销活动中,汽车产品的价格不仅是汽车商品价值的货币表现形式,而且会随着市场需求、市场竞争状况的变化而变化。价格在市场营销活动中有着十分微妙的作用,成功的企业都善于巧妙地利用价格策略去吸引更多的顾客。在我国汽车市场竞争日益激烈的今天,价格策略成为国内汽车企业重要的营销手段。本章将从汽车产品定价概述、影响汽车产品价格的主要因素、汽车产品的基本定价方法、汽车产品的价格策略等方面进行讨论。

6.1 汽车产品定价概述及其主要的影响因素

开节话题

"十万级纯电精品"比亚迪海豚萌动上市

2021年8月29日,"纯电新物种"比亚迪海豚在成都车展萌动上市,四款车型的售价区间为9.38万~12.18万元,同时为用户带来包括金融服务、维修保养、数据流量等多重好礼。伴着青春劲舞,比亚迪海豚化身萌力代言,引燃发布会现场热情。

比亚迪海豚是海洋车系的首款车型,同时也是首款采用"海洋美学"设计理念的车型,首款基于e平台3.0打造的车型,更是首款使用比亚迪全新logo的量产车。

(1) 萌动设计,海豚让你一眼心动

比亚迪海豚的整车设计以"海豚"的生物形象为主线,融入了丰富的海洋元素。其外观轮廓圆润饱满,特征鲜明,且活力十足,充分展示了海豚的力量感与亲和力。海豚的内饰线条柔美,充满海洋世界的种种奇思妙想,营造出人与海豚、自然环境和谐共生的欢快场景。大胆的色彩创意和巧妙的内外色彩组合形式,让海豚成为年轻人城市生活的专属时尚个性标签。

(2) 聪慧智联,海豚带你玩出花样

海豚搭载DiLink3.0智能网联系统,拥有性能强大的硬件平台和成熟的内容生态。12.8英寸自适应旋转悬浮Pad以灵活的显示模式,为用户带来一流的视觉观感;全新的UI设计,操作更加直观清晰。DiLink3.0系统还打通了用户账号体系,让手机、车机无缝连接,实现了人-车-社会-生活场景的全面融合。全场景数字钥匙解决方案,可通过云端、蓝牙和手机NFC车钥匙进行操作,VTOL放电黑科技更为生活情趣注入无限快乐能量。

(3) 治愈空间,海豚送你一路惬意

凭借2700mm的超长轴距,海豚打造了堪比B级车的舒适大空间。海豚为用户的日常出行设计了20余处实用、灵活的储物空间,行李舱可轻松收纳四个20寸规格的登机箱。全新设计的座椅乘坐舒适;skin care肤质内饰完美诠释了海豚的温暖、治愈;出色的底盘调校兼顾舒适与驾驶的双重需要;出色的NVH性能不仅远超同级,更加入海豚音效成为重要的识别信息,达到听觉与视觉的和谐统一。

(4) 靠谱技术,海豚让你出行无忧

作为比亚迪e平台3.0的首次落地,海豚搭载全球首款深度集成八合一电动力总成,系统综合效率达到行业领先的89%。海豚同时也是同级别车型唯一搭载热泵系统的车型,无论制冷还是制热均具备更高的能效,配合电池包制冷剂直冷直热技术,确保电池包始终处于最佳工作温度,为海豚的冬季续驶里程带来20%的提升。海豚为用户提供两种不同容量的动力电池包,完美平衡了系统效率和续驶能力。无论高效出行还是驾驶乐趣,均可在两种不同的动力配置中找到解决方案。

(5) 无忧安全,海豚给你安心体验

海豚搭载"超级安全"的刀片电池,其自身既是能量体,也是结构件,可以起到加强车身结构的作用。新能源车专属的安全车身结构,具有更合理的应力传递路径,可以为车内乘员和电池包提供最直接的保护。除了周全的被动安全解决方案外,海豚还标配IPB智能集成制动系统,可提供十余项主动安全功能。更有DiPilot智能驾驶辅助系统,为日常出行带来便利、安心的体验。

比亚迪海豚是专为年轻用户打造的"十万级纯电精品"。通过创新技术持续赋能产品品质和用户体验,比亚迪海豚以用户价值的高起点,在颜值、空间、安全、智联科技、驾乘体验等方面,具备明显的竞争优势,不仅成为同级别车型的标杆,而且是取代同价位燃油车的新能源"行动派",以助力年轻用户轻松开启都市梦想。

(资料来源:比亚迪官网,有删改。)

> **营销任务：**
> 试分析影响比亚迪海豚价格的因素有哪些。

营销理论

6.1.1 汽车产品定价概述

价格是营销组合中唯一可以带来收入的要素，也是营销组合中最灵活的要素。

1. 汽车产品定价的概念

价格直接关系着市场对产品的接受程度，影响着市场需求量即产品销售量的大小和企业利润的多少，无论是生产者、消费者还是竞争对手，对产品的价格都十分关注。对于产品价格，从经济学和市场营销学的观点看，其含义是不同的。

（1）经济学观点

从经济学的观点看，价格是严肃的，是不可随意变动的。价格是商品价值的货币表现形式，是由社会必要劳动时间决定的。经济学强调价格形成的物质基础，价格总是与利润的实现紧密联系在一起，即价格=总成本+利润。因此，经济学所说的价格强调的是价格形成的物质基础。产品定价是一门科学，是非常严格的。

（2）市场营销学观点

从市场营销学的观点看，价格是活泼的，是可以根据需要改变的。产品的价格是在产品理论价格的基础上，结合不断变化的市场情况，在研究产品进入市场、占领市场、开拓市场的情况下的应变价格，是消费者的心理体验，属于"价值工程"的范畴，即心理、感觉上的投入与收入之比，也就是平常所说的"值"与"不值"。价格的制定必须以消费者能接受为出发点，在客观经济规律允许的范围内自由定价，遵循客观的经济规律来进行定价决策和调节。当供求关系发生变化时，价格就会出现如图6-1所示的变化。因此，市场营销学所说的价格强调的是形成的主观因素。因此，定价不仅是一门科学，而且是一门艺术。企业应研究定价的技巧和策略，发挥市场价格的杠杆作用。

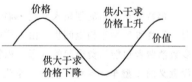

图 6-1 价格围绕价值上下波动

其实，在一定意义上说，经济学和市场营销学两者所说的价格并不是彼此对立而是相互统一的。经济学着重研究产品的理论价格，它把各种具体的市场现象进行抽象，将产品价格定义为价值的货币表现，从根本上规定了价格形成的本质。市场营销学研究的价格则是企业为了促进销售，获取利润，既要考虑成本的补偿，又要考虑消费者对价格的接受能力，从而使定价具有买卖双方决策的特征。将产品价格定义为消费者必须而又愿意支付的货币数量，从根本上规定了价格形成的现象。将两者结合起来，无疑可以保证企业产品定价的科学性和艺术性。

2. 汽车定价的意义

价格是供求关系的信号，与经营者和消费者的利益休戚相关，是影响交易成败的重要因素。企业定价是为了达到促进销售、获取利润的目标。这就要求企业既要考虑成本的补偿，又要考虑消费者对价格的接受能力，从而使定价策略具有买卖双方双向决策的特征。价格既是调节市场供需的杠杆,也是进入市场的门槛。

(1) 价格是调节供需的杠杆

在计划经济条件下,由于商品短缺,我国直接用政府的计划手段配置经济资源,忽视了价格在调节供求关系上的作用。因为只有这"看得见的手",才能"保障供给",才能有效地把有限的经济资源集中用在"刀刃"上。如今,时过境迁,在流通领域,更多的是经营者在绞尽脑汁用定价策略促销自己的产品,赢得市场。

营销视野	2009年汽车购置税政策与汽车销量

随着经济社会的发展,人们的收入和购买力水平的提高,汽车已渐入寻常百姓家。一石激起千层浪,2009年年初,为了应对世界金融危机、振兴我国汽车工业,国家出台小排量汽车的减税措施,规定自2009年1月20日至2009年12月31日,对1.6升及以下的小排量乘用车减按5%的税率征收车辆购置税。减税政策刺激了汽车市场的消费,在此政策影响下,小排量汽车的销售量大幅提高,市场份额大幅提高。

2009年我国汽车产销量分别为1379.10万辆和1364.48万辆,同比增长48.30%和46.15%,创历史新高。其中乘用车累计销量首次超过1000万辆,1.6升及以下小排量乘用车销售719.55万辆,同比增长71.28%,占乘用车销售总量的69.65%,增长率和市场占有率为历年新高。我国超越美国成为世界第一大汽车生产和消费国。

(2) 价格是进入市场的门槛

消费者是有价格意识的群体。价格低,市场的进入门槛低,消费者的数量就多,市场占有率就高;反之,市场占有率就低。显然,产品价格与市场占有率之间,存在着相当高的"反相关关系"。

营销视野	福特汽车公司

福特汽车公司的创始人亨利·福特于1896年制造出了自己的第一辆汽车。自此以后,福特A型、B型、C型和N型车相继问世。由于这些车价格昂贵,只能成为极少数有钱人的"宠物"。为了生产出大多数消费者也能消费得起的汽车,福特公司率先采用了"流水作业法",于1908年春天推出了具有划时代意义的T型车。亨利·福特"毕生的愿望"是每分钟生产一辆汽车,并为此孜孜以求,到1925年,实现了每10秒就能生产一辆T型车。这不但提高了生产效率,而且降低了生产成本,汽车价格也由8000美元降到了850美元。"门槛"原为一尺,现在削了九寸,买主纷至沓来,产品供不应求。福特车的年产量高达30万辆,占据了美国市场份额的70.80%。福特放低"门槛"迎客来,不但登上了"汽车大王"的宝座,而且带动了美国和世界汽车工业的发展。

营销视野	价格-质量的关系推论

汽车的价格和质量认知是互相影响的。价格昂贵的汽车自然被认为是具有优异的质量。质量优异的汽车也理所应当地被认为是值较多的钱,尽管通常这些价格都高于它们的实际价值。表6-1显示出消费者对于汽车的认知价值是如何脱离它们的实际价值的。当消费者可以获得其他关于质量的真实信息时,价格作为质量的指示器的作用便不那么明显了。当这些信息无法获得的时候,价格就被当作质量的标志。

华尔街的摩根士丹利（Morgan Stanley）用了 J. D. Power 2003 年可依赖的汽车研究中的数据，通过三年多的跟踪调查，并同 CNW 市场研究公司（Courier Network Inc.）进行认知质量的调查，找到哪些汽车品牌价值被低估了，哪些汽车品牌的价值被高估了，见表 6-1。

表 6-1 消费者对于汽车的认知价值和实际价值的比较

被高估的品牌	认知质量超过实际质量的百分比
路虎	75.3%
起亚	66.6%
大众	58.3%
沃尔沃	36.0%
奔驰	34.2%
被低估的品牌	实际质量超过认知质量的百分比
水星	42.3%
英菲尼迪	34.1%
别克	29.7%
林肯	26.3%
克莱斯勒	20.8%

6.1.2 影响汽车产品定价的主要因素

在营销学中，价格是一个变量，它受到企业、消费者、竞争者、营销环境等许多因素的影响，这些因素既包括内部因素，也存在外部因素，具体来说主要包括企业目标、产品的成本、消费者的需求和竞争对手。定价时必须首先对这些因素进行分析，认识它们与汽车产品价格的关系，再据此选择定价策略。

1. 企业目标

所谓定价目标是指企业通过制定一定水平的价格，所要达到的预期目的。企业为产品定价时，首先必须有明确的定价目标。不同的汽车企业在不同时期可以通过定价实现不同的目标。如果营销部门对企业目标有一个清晰的把握，那么确定价格在内的营销组合，便是一件相对容易的事情。相反，如果定价与企业的目标相背离，可能花了很大精力，结果并不是企业想要的。定价目标一般可分为利润目标、市场占有率目标、维持企业生存目标、保持产品质量目标和稳定价格目标。

营销案例	通用汽车和固特异的定价目标	
每个公司的定价目标是不一样的，且同一个公司在不同的历史时期的定价目标也不一样。		
公司名称	定价主要目标	定价附属目标
通用汽车	20%资本回收率	保持市场份额
固特异	对付竞争者	保持市场地位和价格稳定
上表中，通用汽车的定价目标是资本的回收率，以及保持市场份额，而固特异的定价目标就是如何去对付竞争对手，以及还要保持市场地位和价格的稳定。		

(1) 利润目标

以利润为汽车定价目标是指汽车企业期望获取销售利润而确定的价格目标。利润目标是企业定价目标的重要组成部分，获取利润是企业生存和发展的必要条件，是企业经营的直接动力和最终目的。因此，利润目标被大多数企业采用。由于企业的经营哲学及营销总目标不同，这一目标在实践中有以下三种形式：

1) 争取利润最大化。以最大利润为汽车定价目标是指汽车企业期望获取尽可能多的销售利润。采用这种定价目标，必须要求被定价产品市场信誉高，在目标市场上占有优势地位。因而，这种定价目标比较适合具有竞争优势的中小汽车企业或处于成熟期的名牌汽车。

一般而言，企业追求的应该是长期的、全部产品的综合最大利润。企业通常都是通过提高市场占有率、扩大销售量、增强市场优势等方式，来追求长期利润最大化。这样，企业就可以拥有更好的发展前景。

营销视野	最大利润目标与高价
最大利润目标并不必然导致高价，价格太高，会导致销售量下降，利润总额可能因此而减少。有时，高额利润是通过采用低价策略，待占领市场后再逐步提价来获得的；有时，企业可以采用招徕定价艺术，对部分产品定低价，赔钱销售，以扩大影响，招徕顾客，带动其他产品的销售，进而获取最大的整体效益。	

2) 获得目标利润。以目标利润定价就是在成本的基础上加上目标利润。根据实现目标利润的要求，汽车企业要估算汽车按什么价格销售、销量达到多少才能实现预期的目标利润。一般来说，在行业中具有较强的实力、竞争力比较强、处于领导地位的企业可以采用这种目标。

3) 实现适度利润。以适度利润为汽车定价目标，是指汽车企业在补偿社会平均成本的基础上，适当地加上一定量的利润作为汽车价格，以获取正常情况下合理利润的一种定价目标。以最大利润为目标，尽管从理论上讲十分完美，也十分诱人，但实际运用时常常会受到各种限制。所以，很多企业按适度原则确定利润水平，并以此为目标制定价格。采用这种方式，产品价格不会显得太高，从而可以阻止激烈的市场竞争，或可以协调投资者和消费者的关系，树立良好的企业形象。

适度利润目标是一种兼顾企业利益和社会利益的定价目标，它既可以使企业避免不必要的竞争，又能获得长期利润，而且由于价格适中，消费者愿意接受，还符合政府的价格指导方针。但适度利润的实现，必须充分考虑产销量、投资成本、竞争格局和市场接受程度等因素，否则，适度利润只能是一句空话。适度利润定价目标多见于处于市场追随者地位的中小汽车企业。

(2) 市场占有率目标

以市场占有率为汽车定价目标是指汽车企业以期望达到某一汽车销售额或市场占有率而确定的价格目标。市场占有率，又称市场份额，是企业的销售量（额）占同行销售量（额）的百分比，是企业经营状况、产品竞争力的直接反映。企业的产品只有在市场上占有一定份额后，才能有较强的市场控制力，享受到更大的规模经济效益，才有可能获得更高的长期利润。因此，市场占有率与利润的相关性很强，从长期来看，较高的市场占有率必然带来高利润。

营销视野　　市场占有率与投资收益率

美国相关研究指出：当市场占有率在10%以下时，投资收益率大约为8%；市场占有率在10%~20%之间时，投资收益率在14%以上；市场占有率在20%~30%之间时，投资收益率约为22%；市场占有率在30%~40%之间时，投资收益率约为24%；市场占有率在40%以上时，投资收益率约为29%。因此，以市场占有率为定价目标具有获取长期较好利润的可能性。

市场占有率目标在运用时存在着保持和扩大两个互相递进的层次。保持市场占有率的定价目标的特征是根据竞争对手的价格水平不断调整价格，以保证足够的竞争优势，防止竞争对手占有自己的市场份额。扩大市场占有率的定价目标就是从竞争对手那里夺取市场份额，以达到扩大企业销售市场乃至控制整个市场的目的。采用此定价目标应具备以下条件：

1）企业有雄厚的经济实力，可以承受一段时间的低价所造成的经济损失，或者企业的生产成本本来就低于竞争对手。

2）企业对其竞争对手的情况有充分了解，低价可以阻止现有的和可能出现的竞争者进入或者有从竞争对手手中夺取市场份额的绝对把握。否则，企业不仅不能达到目的，反而很有可能会受到损失。

3）产品的价格需求弹性较大，低价会增加销量。企业采用薄利多销策略，在总利润不低于企业最低利润的条件下，尽量降低价格，促进销售，扩大盈利。这样，降低价格而导致的损失可以通过销量的增加得到补偿。

在实践中，市场占有率目标被国内外许多企业所采用，其方法是以较长时间的低价策略来保持和扩大市场占有率，增强企业竞争力，最终获得最优利润。但是，价格只是提高市场占有率的一个重要但非决定性的因素，更多的情况下，市场占有率的增加要通过非价格因素的竞争才能实现。

营销案例　　淘宝的最高市场份额目标

企业通常在进入一个新的细分市场时将获取最高市场份额作为定价目标。

淘宝在创立之初以规模为其"核心竞争力"。为了实现规模，淘宝实施"免费"策略——靠第一个"三年免费"打败eBay易趣；靠第二个"三年免费"继续扩大规模，让腾讯拍拍、百度有啊等后来者无以立足。此策略使淘宝的规模占据了国内电子商务市场的80%份额，几乎就是垄断，就算是淘宝B2C，也占据国内B2C市场的半壁江山。在阿里巴巴高层管理者看来，规模才是淘宝制胜的武器，只要规模足够大了，盈利只是时间的问题。

（3）维持企业生存目标

当汽车企业由于经营管理不善，或由于市场竞争激烈、顾客需求偏好突然变化而造成产品销路不畅、大量积压、资金周转不灵，甚至濒临破产时，汽车企业要把维持生存作为自己的主要目标——生存比利润更重要。这时，汽车企业只要能收回变动成本或部分固定成本即可，以求迅速出清存货，减少积压，收回资金。这种目标只能是汽车企业面临困难时的短期目标，长期目标仍然是要获得发展，否则终将破产。

（4）保持产品质量目标

以保持产品质量为汽车定价目标就是汽车企业在市场上树立以质量领先的目标，从而在汽车价格上做出相应的安排。创造具有高感知质量、品位和地位的产品，是很多企业的追求。从完善的汽车市场体系来看，高价格的汽车自然代表或反映汽车的高性能、高质量及其优质服务。如果企业的经营目标是以高质量的产品占领市场，这就需要实行"优质优价"策略，以高价来保证高质量产品的研究与开发成本以及生产服务成本。采取这一目标的汽车企业必须具备以下两个条件：一是拥有高性能、高质量的汽车，二是能够提供优质的服务。其产品都在消费者心目中享有一定的声誉，企业可以利用消费者的求名心理，制定一个较高的产品价格。例如，奔驰汽车通过产品本身的质量、品位和高价，赢得大量稳定忠诚的顾客群。要塑造这样一个品牌，关键在于通过营销和过硬的产品质量改变顾客对产品的认识，这可能需要一个十分漫长的过程。

（5）稳定价格目标

稳定的价格通常是大多数企业获得一定目标收益的必要条件，价格稳定可以有效地避免不必要的价格竞争。市场价格越稳定，经营风险就越小。价格波动太大且较频繁，则容易造成市场紊乱，从而使消费者无所适从，损害产品乃至企业在消费者心中的形象。这种定价目标比较适合在行业中占主导地位的大型企业，这些企业往往后备资源丰富，主要着眼于长远发展，需要一个稳定的市场。

总之，将定价目标分为利润目标、市场占有率目标、维持企业生存目标、保持产品质量目标、稳定价格目标，只是一种实践经验的总结。它既没有穷尽所有可能的定价目标，又没有限制每个汽车企业只能选用其中的一种。企业在制定自身的定价目标时，会遇到不同的情况和约束条件。企业应根据自身的性质和特点，在需要与可能的基础上，坚持全局观念，保持各目标之间的一致性，具体情况具体分析，权衡各种定价目标的利弊，灵活确定自己的定价目标。为了提高企业定价的效果，企业决策者可以按照图 6-2 所示的决策图来确定产品的定价目标。

2. 产品的成本

成本分为两种，即固定成本和可变成本。固定成本是指在一定限度内不随产量和销售量的增减而变化，具有相对不变性质的各项成本费用，如固定资产的投资、折旧、房地租及企业管理经费等，这些费用不论企业产量为多少都必须支出。变动成本是指随着产量或销售量的增减而变化的各项费用，如原材料消耗、储运费用、产品进价、进货费用、计件工资等，它们在一定范围内随着产品销售量变化而成正比例变化。

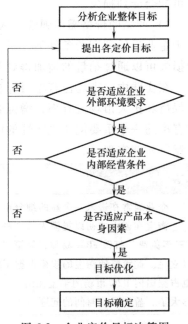

图 6-2 企业定价目标决策图

汽车产品的成本是汽车企业能够为产品设定的底价。汽车生产企业为了保证再生产的顺利实现，产品价格必须能够补偿产品生产、分销和促销的所有支出，并补偿企业为产品承担风险所付出的代价，同时也要保证一定的盈利。因而汽车企业必须了解成本的变动情况，尽可能去掉产品的过剩功能，节省一切不必要的消耗，降低成本，降低价格，从而扩大销售，增加盈利。成本低是产品价格竞争力强的重要基础。

汽车成本是一个复杂的价值系统，它涉及规划、设计、工艺、制造、质量、采购、销售、财务、劳动等汽车制造的全过程和企业经营的各方面，努力降低成本是我国汽车企业当前的一个战略性行为，而不仅仅是战术性经营行为。

3. 消费者的需求

消费者的需求对汽车定价的影响，主要通过汽车消费者的需求能力、需求强度、需求层次反映出来。汽车定价首先要考虑汽车价格是否适应汽车消费者的需求能力，如果消费者的需求能力强，汽车企业在定价时，可以定得高一些；反之，则应定得低一些。其次要考虑消费者的需求强度，如果消费者对某品牌汽车的需求比较迫切，且对价格不敏感，汽车企业在定价时，可定得高一些；反之，则应定得低一些。另外，不同的需求层次对汽车定价也有影响，对于能满足较高层次需求的汽车，其价格可定得高一些；反之，则应定得低一些。

此外，汽车产品的价格也会影响消费者的购买需求。经济学的需求规律原理告诉我们，如果其他因素保持不变，消费者对某一商品需求量的变化与这一商品价格变化的方向相反，如果商品的价格下跌，需求量就上升，当商品的价格上涨时，需求量就相应下降。

营销视野	产品需求的价格弹性

不同的产品，其市场需求对价格变动的反应是不一样的。在经济学中我们用需求的价格弹性这一术语来分析，在现实生活中常见的是缺乏弹性和富有弹性两种情况。

1) 缺乏弹性，即价格的大幅度变动对需求量变动影响不大，如图6-3中产品B所示，此时可以维持原价或提高价格。

2) 富有弹性，也就是说价格的微小变动能够引起需求量的较大变动，如图6-3中产品A所示，此时可以适当调低价格，薄利多销。

普通大众需要的汽车属于富有弹性的商品，汽车企业的营销者在适当的时候需考虑适当降价，以刺激需求，促进销售，增加销售收入。

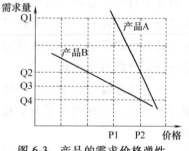

图6-3 产品的需求价格弹性

营销视野	我国三次乘用车购置税调整政策

2008年，美国发生次贷危机后引发华尔街风暴，短时间内演变为全球性的金融危机。在国际金融危机的冲击下，全球汽车市场面临着严峻的形势，我国车市也同样受到了国际环境的影响。为振兴汽车产业销量，2009年，财政部、国家税务总局下发了《关于减征1.6升及以下排量乘用车车辆购置税的通知》，规定自2009年1月20日至2009年12月31日购置的1.6升及以下排量的乘用车，暂减按5%税率征收车辆购置税。此后，为扩大内需促进汽车产业健康发展，经国务院批准，对2010年1月1日至12月31日购置1.6升及以下排量乘用车，暂减按7.5%的税率征收车辆购置税。减税政策的出台，对于培育汽车消费市场，有效拉动汽车消费，扩大国内需求，促进汽车产业的稳定较快发展具有重要意义。在减征乘用车车辆购置税的政策推动下，2009年和2010年，中国乘用车销量分别为1033.13万辆和1375.78万辆，同比分别增长52.93%和33.17%。自2009年开始，我国的乘用车产销量超过美国，成为世界第一汽车产销大国。

2015年，我国汽车市场再次低迷，乘用车销量连续下滑，市场压力持续攀升。财政部、国家税务总局于2015年9月29日发布了《关于减征1.6升及以下排量乘用车车辆购置税的通知》，规定自2015年10月1日起至2016年12月31日止，对购置1.6升及以下排量乘用车暂减按5%的税率征收车辆购置税。而后，在此次减征乘用车车辆购置税政策即将到期之时，财政部、国家税务总局于2016年12月13日发布《关于减征 1.6 升及以下排量乘用车车辆购置税的通知》，规定自 2017 年 1 月 1 日起至 12 月 31 日止，对购置 1.6 升及以下排量的乘用车暂减按 7.5% 的税率征收车辆购置税。在减征汽车购置税的政策刺激下，2016 年和 2017 年，中国乘用车销量分别为 2437.7 万辆和 2471.83 万辆，同比增长 15.28% 和 1.4%。

2022 年 4 月，汽车销量呈断崖式下降，国家再次出手。2022 年 5 月 31 日，财政部、国家税务总局发布《关于减征部分乘用车车辆购置税的公告》，为促进汽车消费、支持汽车产业发展，对购置日期在 2022 年 6 月 1 日至 2022 年 12 月 31 日期间内且单车价格（不含增值税）不超过 30 万元的 2.0 升及以下排量乘用车，减半征收车辆购置税。相比于此前两次减税政策均围绕售价 20 万元以下的 1.6 升及以下排量乘用车展开，此次减税政策首次惠及了不超过 30 万元的 2.0 升及以下排量乘用车，直接扩大了减征范围。那么，其救市效果将如何呢？我们拭目以待！

4. 竞争对手

影响汽车企业定价决策的另一个重要因素是竞争对手，因为大多数情况下，市场上并非只有一家企业。汽车定价是一种挑战性行为，我们必须了解谁是我们的竞争对手，以及他们的战略是什么、优势是什么。任何一次汽车价格的制定与调整都会引起竞争对手的关注，并导致竞争对手采取相应的对策。在制定价格之前，应该对市场上竞争对手的产品价格、质量和各方面的性能有一个全面的了解，并以此为基础对自身的产品进行定位，才能使产品价格更有针对性和竞争力。在这种对抗中，竞争力强的汽车企业定价自由度较大；竞争力弱的汽车企业定价的自由度相对较小。

在现代市场竞争中，价格战容易导致两败俱伤，风险较大。所以，很多汽车企业往往会避开价格战，而在汽车质量、促销、分销和服务等方面下功夫，以巩固和扩大自己的市场份额。

总之，影响汽车价格的因素比较多，其中企业的目标决定了汽车产品定价的方向，产品成本决定了汽车价格的最低基数，消费者的需求决定了汽车产品的最高价格，竞争对手的价格提供了制定汽车价格的参照点。汽车市场的定价工作必须充分考虑各种因素的综合影响，采取正确的定价方法，才能保证定价的成功。

掌握了吗？

1) 企业通过定价实现的目标可能有（　　　）、（　　　）、（　　　）、（　　　）和（　　　）。
2) 影响企业定价的因素有（　　　）、（　　　）、（　　　）和（　　　）。
3) 产品的成本可以分为（　　　）和（　　　）。
4) 判断对错：营销成本属于可变成本。（　　　）

拓展升华

纯电中型轿车的选择

比亚迪海豹、蔚来 ET5、特斯拉 Model 3 三者互为强劲对手，作为消费者，这三款纯电中型轿车应该怎么选呢？

（1）价格对比

比亚迪海豹官方预售价格 21.28 万~28.98 万元，蔚来 ET5 官方指导价 32.8 万~38.6 万元，特斯拉 Model 3 则为 29.1 万~36.79 万元。从价格上来看，比亚迪海豹的门槛最低。对比三款车的入门版车型，主/被动安全系统、舒适性配置基本上已经配齐，比亚迪海豹的价格最低、性价比最高。

（2）智能科技

在硬件方面，无论是芯片的总算力，还是摄像头和雷达的数量，蔚来 ET5 都领先于其他两款车，并且是三车中唯一搭载了激光雷达的车型。激光雷达对消费者最大的好处就是能看得更远，能提前感知路况，提升驾驶安全性。比亚迪海豹的智能芯片数量最少，一共 14 颗，蔚来 ET5 是 29 颗，特斯拉 Model 3 是 21 颗。

在智能驾驶方面，特斯拉 Model 3 是走得较靠前的，整车的 OTA 升级，无论是常规更新，还是对性能、智能驾驶等底层控制，都比其他两款车做得更彻底。特斯拉 Model 3 的 FSD（完全自动驾驶功能包）系统的智能化程度相当高。蔚来 ET5 搭载的 NAD 自动驾驶系统具备全栈自动驾驶技术能力，能实现高速公路、城区、泊车和换电场景的全覆盖，带来比较轻松的点到点的自动驾驶体验。从理论上来说，在驾驶辅助系统上，特斯拉 Model 3 能做到的，蔚来 ET5 同样可以做到。比亚迪海豹的智能驾驶辅助系统仅能支持 L2 级别的自动驾驶，包括 ACC 自适应巡航、车道居中等常见的功能。

（3）动力参数

比亚迪海豹和特斯拉 Model 3 均提供后驱版本和四驱版本，其中特斯拉 Model 3 的高性能全轮驱动版零百加速时间仅为 3.3 秒，在三款车中加速最快，可以带来更加极致的提速感。蔚来 ET5 全系标配了前后双电机、四驱系统，虽然在零百加速时间上不占优势，不过实际开起来，在驾驶体感上并不会有多大差别。

在驾驶操控层面，比亚迪海豹搭载独有的 CTB 电池车身一体化技术，以及 iTAC 智能转矩控制系统，让车辆更具可玩性，其性能操控的上限更高，更有驾驶乐趣。

从续航上来说，比亚迪海豹和蔚来 ET5 都有 700 公里续航的型号，不过比亚迪海豹 700 公里长续航版本预售价为 26.28 万元，要比蔚来 ET5 的 38.6 万元低 12 万多元。

（4）舒适性

对比三台车的车身尺寸，比亚迪海豹拥有最长的车身和轴距，蔚来 ET5 则拥有最长的车宽和最高的车高。在车身三围方面，比亚迪海豹和蔚来 ET5 旗鼓相当，都领先于特斯拉 Model 3，这意味着在乘坐空间上，也更为舒适。

在舒适性配置方面，与三车售价相近的车型对比，比亚迪海豹和蔚来 ET5 的整体配置都要高于特斯拉 Model 3，其中比亚迪海豹多出软硬悬架调节、真皮座椅，从硬件上提升了乘坐舒适性。蔚来 ET5 多出的全车电动吸合门以及多达 256 颗车内氛围灯，在满足舒适性的同时，也更有格调。

在外观上，三款车都呈现出相近的造型设计，运动风格十足。特斯拉 Model 3 的前照灯造型自带"双眼皮"，透露着几分可爱；比亚迪海豹和蔚来 ET5 的前照灯狭长犀利，透露着几分"凶狠劲"。

在内饰上，特斯拉 Model 3 内饰仅为一块中控大屏+方向盘，看上去非常简单，对于第一次开特斯拉的车主来说，可能会不习惯。蔚来 ET5 比特斯拉 Model 3 多了液晶仪表盘，开起来不会觉得别扭，中控台还多出 NOMI "小人偶"，使得整体内饰看上去有几分俏皮。比亚迪海豹的出风口没有做隐藏式设计，并且保留了变速杆，在布局上和燃油车更像，此外运用了大量曲线元素，看上去更有层次感，不过也更为复杂。

作为消费者，这三款车供你选择的话，你到底该怎么选呢？

6.2 汽车产品的基本定价方法

开节话题

2020年5月19日，比亚迪官方宣布旗下中大型车——比亚迪汉正式开启预售，共推出4款车型，包含3款EV车型以及1款PHEV车型，预售价区间为23.00万~28.00万元。2020年7月12日比亚迪汉正式上市，EV版本的补贴后售价确定为22.98万~27.95万元，共分为三个版本，其中四驱高性能版本和超长续航版本均搭载了"刀片电池"，使得其续驶里程得到了很大的保障。比亚迪汉是比亚迪王朝系列的热门车型，填补了C级车的空位，也给比亚迪开启了高端车型的市场大门。

以2020款比亚迪汉EV超长续航版尊贵型为例，从2020年10月至2021年8月，它在此期间的销量与价格如图6-4所示。

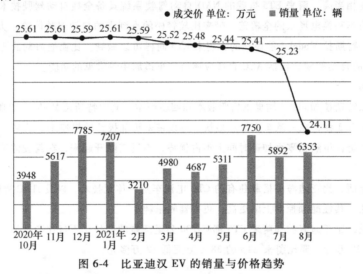

图6-4 比亚迪汉EV的销量与价格趋势

营销任务：
试讨论，比亚迪汉EV采取了什么定价方法？

汽车定价方法是指汽车企业为了在目标市场上实现定价目标，从而给汽车产品制定一个基本价格或浮动范围的方法。在实际操作中，企业往往侧重于选择影响因素中的一个或几个因素来确定定价方法。影响定价的三个最基本的因素是产品成本、消费者需求和市场竞争，由此产生了三种汽车定价方法：汽车成本导向定价法、汽车需求导向定价法和汽车竞争导向定价法。

6.2.1 成本导向定价法

顾名思义，成本导向定价法就是以汽车生产成本为基础，加上一定的利润和应纳税金来制定汽车价格的方法，是一种主要以成本为依据的定价方法。它包括成本加成定价法和目标利润定价法。

1. 成本加成定价法

所谓成本加成定价法是指按照单位成本加上一定百分比的加成来制定产品销售价格。加成的含义就是一定比率的利润，这是成本导向定价法的基本形式。其计算公式如下：

$$P = C(1-r)$$

式中，P 代表单位产品价格；C 代表单位产品成本；r 代表加成率。

营销案例	特斯拉的定价

特斯拉的定价是以原产地价格为基准点，再加上运费、装卸费、保险等费用而确定的。

例如，2014年首批 Model S 进入中国市场之时，特斯拉按照全球市场成本来决定其价格，就是在美国销售价格的基础上，再加上运输、保险等成本。自特斯拉在中国建厂后，中国生产的 Model Y 运输到欧洲，则以中国价格为基准点加上运费、装卸费用等就是欧洲的定价，这也是它在欧洲的价格比在中国市场价格更高的原因。

2. 目标利润定价法

所谓目标利润定价法是根据企业所要实现的目标利润来定价的一种方法，一般要利用"盈亏平衡图"来分析。其解析公式如下：

$$P = C + p$$

式中，P 代表单位产品价格；C 代表单位产品成本；p 代表单位目标利润。

企业在采用目标利润定价法定价时，首先应明确所要实现的目标利润是多少；然后根据销售量的预测，确定出统计期的产品销售量 Q，再核算出单位产品的可变成本 C_v，以及统计期内应回收的固定成本总额 C_f，从而完成定价工作。

成本导向定价法（包括成本加成定价法和目标利润定价法）反映了基本的价格原理，即只有当产品的平均价格水平高于总成本时，企业才能进行有效的再生产。它们的优点是简便、易行、易用，对买方，企业"将本求利"，公平合理；对同业者，可缓和价格竞争，减少矛盾。但这种方法也存在一些缺点，它只从卖方的角度考虑，容易忽视市场需求和竞争，其定价过程脱离市场，"闭门造车"，所定价格要么高于市场可接受价格，面临滞销风险；要么低于市场可接受价格，面临市场抢购和机会损失风险。而且这个定价过程使得企业有利可图，企业缺乏技术革新、主动控制和降低成本的动力和压力。

营销视野	盈亏平衡图

盈亏平衡图是一种总收入、总成本和总利润，三者随着产销量的不同而变化的关系图，如图6-5所示。

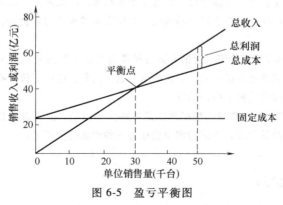

图6-5 盈亏平衡图

6.2.2 市场需求导向定价法

市场需求导向定价法是以市场需求为中心，汽车企业依据消费者对汽车需求的差别和对汽车价值的感受或认知来定价的方法。

1. 对汽车需求的差别定价法

这种方法是指汽车企业根据市场对汽车的需求差别来制定汽车的价格，这些需求的差别可能来自目标消费者、汽车的颜色与样式或者销售时间（季节）。

1）按汽车的目标消费者制定价格。即使是同一商品，对于不同消费者，其需求弹性不一样。有的消费者对价格敏感，适当给予优惠可引导其购买；有的消费者则对价格不敏感，可照价收款。

2）按汽车的颜色与样式制定价格。由于消费者对同一品牌、规格的汽车的不同颜色、样式偏好程度不同，需求量也不同，因此不同的价格可以吸引不同需求的消费者。例如，同款的凯美瑞，白色比其他颜色要贵 2000 元，且其销量仍大于其他颜色的凯美瑞。

3）按销售时间（季节）制定价格。同一种汽车因销售时间（季节）不同，市场需求量也不同。汽车企业可据此采取不同的价格，争取最大销售量。

2. 对汽车价值的理解定价法

汽车价值的理解定价法就是汽车企业根据汽车消费者对汽车价值的感受或认知来制定汽车价格的方法。所谓"感受价值"或"认知价值"，是指买方在观念上所认同的价值，而不是产品的实际价值。例如，宝马、奔驰、奥迪等作为一线豪华汽车，可能其他牌子的汽车质量已赶上并超过它们，但名气不如它们响亮，仍然卖不了那么高的价格。又如，在市场上，一罐可口可乐零售价格 3 元左右，而在高级饭店定价 10 元甚至更高，这就是由于环境、气氛、服务等因素提高了产品的附加值，使顾客愿意支付那么高的价格。因此，卖方可运用各种营销策略和手段（优美的装潢、优雅的环境、高质量的服务等），影响买方的感受，使之形成对卖方有利的价值观念，然后再根据产品在买方心目中的价值来定价。

市场需求导向定价法考虑了市场需求对产品价格的接受程度，因此如果运用得当，会给企业带来额外好处，提高企业或产品的身价，增加企业的收益。

营销视野	采用市场需求导向定价法的两项关键工作

汽车企业可以生产质量优异、性能独特、内饰豪华的汽车，以此来提升用户的感受价值，提高产品的身价，从而提升本企业产品在用户心目中的地位。采用市场需求导向定价法，汽车企业要做好以下两项关键工作：

1）找到比较准确的顾客感受价值。营销人员要尽量将产品的价格定在与大多数消费者感受价值相近的水平上，这样才可以获得定价的成功。要做到这一点，汽车企业在定价前必须认真做好营销调研工作，对消费者的感受价值做出比较准确的估计。

2）准确预测不同价格下的销售量。根据预测的各种汽车销量，测算各种价格相应的利润，以最大总利润对应的价格作为产品的定价，相应的需求量作为该种产品的生产量。

6.2.3 竞争导向定价法

竞争导向定价法是一种根据竞争状况确定价格的定价方法，以市场上主要竞争者的价格作为企业定价的基准,结合企业与竞争者之间的产品特色,制定具有竞争力的产品价格,并随时根据竞争者价格的变动进行调整。竞争导向定价法包括随行就市定价法和竞争投标定价法两种。

1. 随行就市定价法

随行就市定价法是以同类汽车产品的平均价格作为本企业定价的基础定价方法。在以下情况下汽车企业适合采取这种定价方法:

1) 难以估算成本。
2) 企业打算与同行和平共处。
3) 如果另行定价,很难了解购买者和竞争者对本企业的价格反应。

在实践中,随行就市定价法是同质产品市场的惯用定价方法。它可以较准确地体现汽车价值和供求情况,获得合理的利润;同时,也有利于协调同行业的步调,融洽与竞争者的关系。

2. 竞争投标定价法

在汽车交易中,采用招标、投标的方式,由一个卖主(或买主)对两个或两个以上相互竞争的潜在买主(或卖主)出价(或要价)、择优成交的定价方法,称为竞争投标定价法。竞争投标定价法是大多数通过投标争取业务的企业通常采取的竞争导向定价法。竞标的目的在于争取合同,因此企业考虑的重点是竞争者会报出何种价格,企业制定的价格应比竞争者的低,而不局限于成本或需求状况。当然,企业必须事先确定一个最低的获利标准来投标:价格低于成本将有损利益;价格过高于成本虽然增加了利润,但不利于中标。

竞争投标定价法的显著特点是招标方只有一个,处于相对垄断的地位,投标方有多个,处于相互竞争的地位。成交的关键在于投标者的出价能否战胜其他竞争对手从而中标。此定价法主要在政府集中采购、处理走私罚没汽车以及企业处理库存产品时采用。例如,上海市对机动车牌照的竞拍就属于这种形式。

不管是随行就市定价法还是竞争投标定价法,竞争导向定价法最大的优点在于考虑到了产品价格在市场上的竞争力。但它具有以下主要缺点:

1) 过分关注在价格上的竞争,容易忽略其他营销组合可能造成产品差异化的竞争优势。
2) 容易引起竞争者报复,导致恶性的降价竞争,使企业毫无利润可言。
3) 实际上竞争者的价格变化并不能被精确地估算。

值得强调的是,汽车企业在使用竞争导向定价法时,必须考虑竞争者可能针对本企业的价格所做出的反应。从根本上来说,汽车企业使用竞争导向定价法是为了利用价格来为本企业的产品适当定位、同竞争者抗争。

> **掌握了吗?**

基于产品定价有诸多影响因素,汽车企业进行产品定价时最常用的方法包括(　　　　)、(　　　)和(　　　)。

拓展升华

产品价格组成在客户价格中的应用

一位客户觉得启辰 T90 的性能、车型、颜色等方面符合自己对车的需求,就是觉得价格还是高了点,报怨道:"哈弗 H6 现在价格降到了低于 10 万元,启辰 T90 的价格还是有点高呀!"

销售顾问说:"有一句俗话叫一分钱一分货,相信您也是知道的。而且您说的低于 10 万元的应该也是上一代 H6 了,哈弗在这一代换新之后,除了最低配,价格都在 10 万元以上了。而且买车肯定得考虑后期维护的成本吧!哈弗车的小毛病多得就像它的销量一样,油耗也高得惊人,很多哈弗车主开玩笑说'自从买了哈弗车,都能开汽车修理厂了'。而我们 T90 采用日产三大件,品质可靠有保障,后期维护成本低。"

客户听了销售顾问的解释,觉得相当在理,当即交款订车。

作为销售顾问,要懂得客户的消费心理,回答客户的问题不能只说结果,要有理有据、合情合理。产品定价的方法不仅供厂家运用,销售顾问运用得法也可以取得事半功倍的效果。

6.3 汽车产品的价格策略

开节话题

吉利星越上市定价

2019 年 5 月 10 日,号称史上最帅的吉利汽车——星越上市。自上市开始,吉利星越一直热度不减。作为吉利旗下的全新轿跑型 SUV,星越颜值媲美宝马 X6,拥有吉利 CMA 架构的出身、同级最强三大件,以及丰富的越级科技配置,但其售价仅为 13.58 万~21.68 万元。

在外观方面,吉利星越走的是"轿跑 SUV"路线,前脸采用了面积较小的纯黑色水波涟漪式中网设计,并与两侧灯组相连,整体感很强,下方"大嘴"格栅使得该车看上去运动感十足。

在内饰方面,吉利星越的"运动基因"非常强烈,中控台微微向驾驶员一侧倾斜,赛车式的方向盘以及向早期赛车致敬的副驾侧面扶手在极力体现其性能,因此吸引了广大年轻人。

在动力方面,吉利星越搭载了源自沃尔沃 Drive-E 系列 VEP4 T5 版本的 2.0T 发动机,以及一台 1.5T 发动机,其中 2.0T 发动机的最大功率为 175 千瓦,最大转矩达到 350 牛·米,而 1.5T 发动机的最大功率为 130 千瓦,最大转矩 255 牛·米。

有人评价说,购买吉利星越就是花 10 多万元买到了 40 万元的配置,超值了!

营销任务:

请讨论吉利星越上市时采用的是怎样的定价策略。

营销理论

汽车价格策略是指汽车生产企业通过市场调研,对顾客的需求、企业的生产成本,以及市场竞争状况进行分析,从而选择一种能吸引顾客、实现营销目标的价格对策。在激烈的市场竞争中,定价策略是企业争夺市场的重要武器,是企业营销组合策略的重要组成部分。价格决策必须根据产品的特点、市场需求、产品的生命周期、消费者的心理及竞争情况做出,并且与公司的营销战略、目标市场和品牌定位一致。

6.3.1 新产品的定价策略

新产品定价选用何种策略是一个十分重要的问题。在激烈的市场竞争中，汽车企业开发的汽车新产品能否及时打开销路、占领市场和获得满意的利润，除了汽车新产品本身的性能、质量及必要的营销策略，还取决于汽车企业能否选择正确的定价策略。在新产品上市时，消费者需求量较大而市场竞争者却很少，因而汽车企业定价的自由度比较大。汽车企业既可以把新产品价格定得高一些，尽快收回投资；也可以把新产品价格定得低一些，以利于扩大市场，限制竞争者的加入。新产品定价主要有以下三种策略可供汽车企业选择。

1. 撇脂定价策略

撇脂定价策略是一种汽车高价保利策略，它利用人的求奇、求名和求新心理，在汽车新产品投放市场的初期，将汽车价格定得较高，以便在较短的时间内收回投资，并获得较高的利润。高价格维持一段时间后，随着竞争者的加入，供应产品的增加，汽车企业再把产品价格降下来。这种策略如同从牛奶中提取奶油一样，首先把牛奶中的精华部分取走，故称撇脂定价策略。

（1）撇脂定价策略的适用条件

撇脂定价策略一般适用以下几种情况：

1）汽车企业研制、开发的产品技术新、难度大、开发周期长、成本高，新产品较难仿制，竞争性小，需求价格弹性相对不高，暂时难以立即降低价格，竞争者也难以迅速进入市场。

2）汽车产品的用途、质量、性能或款式等产品要素，与高价格相符合。高价可以使汽车新产品一投入市场就树立起性能好、质量优的高档品牌形象。

3）有足够多的用户能接受这种高价并愿意购买，并且高价不会使用户产生牟取暴利的感觉。

（2）采用撇脂定价策略的好处

1）利用了新产品上市时用户求新、好奇的心理，以及竞争和替代品都很少的有利时机，通过高价在短时间内收回投资。

2）汽车企业获得高额利润后，更能提高企业的竞争实力，进而可有效地抑制竞争者的竞争。

3）定价较高，为以后的降价留下了利润空间，便于在竞争者大量进入市场时主动降价，增强竞争能力；同时，也符合消费者对价格由高到低的预期心理。

（3）采用撇脂定价策略的弊端

1）在汽车新产品尚未建立起声誉时，高价不利于打开市场，一旦销售不利，汽车新产品就有夭折的风险。

2）如果没有特殊的技术、资源等优势，高价格高利润会引来大量竞争对手，使高价格难以维持太久。

营销案例	宝马 iX3 的定价策略

2020 年 11 月宝马 iX3 新车正式上市，售价区间为 39.99 万 ~ 43.99 万元。宝马 iX3 基于燃油版宝马 X3 打造而来，在保留宝马家族设计风格的同时，加入了新能源汽车的元素，如封闭式双肾格栅、蓝色

装饰边框等。而其内饰设计基本与燃油版宝马 X3 一致，仅在部分细节上增加了新能源汽车的元素。来自乘联会的数据显示，宝马 iX3 在 2021 年累计销售 21814 辆。

上市不到两年，宝马 iX3 的售价就做了很大的调整，宝马经销商对 iX3 的报价降到了 31.19 万~34.31 万元之间。

2. 渗透定价策略

渗透定价策略是一种与撇脂定价策略相反的策略，它利用人的求实、求廉心理，在汽车新产品投放市场时，将汽车价格定得较低，使消费者易于接受，以期吸引大量用户，便于打开和占领市场，赢得较高的市场占有率。"薄利多销"即为此种策略的经营思想，品质优良的产品凭借低价优势，可以迅速形成市场的热点，吸引大量的客户。

（1）渗透定价策略的适用条件

渗透定价策略一般适用以下几种情况：

1）新产品所采用的技术已经公开，或者易于仿制，竞争者容易进入该产品市场，利用低价可以排斥竞争者，占领市场。

2）企业上市的汽车新产品在市场上已有同类产品，但是本企业比生产同类汽车产品的企业拥有较大的生产能力，并且该产品的规模效益显著，可以通过规模生产降低成本、提高效益。

3）该类汽车产品市场供求基本平衡，新产品的价格需求弹性高，低价可以吸引顾客，扩大市场份额。

（2）渗透定价策略的优点

这种策略的利弊与高价策略刚好相反，是一种着眼于企业长期发展的策略，其主要优点如下：

1）利用低价迅速打开新产品的市场销路，占领市场，从多销中增加利润。

2）低价可以阻止竞争者进入，有利于控制市场。

（3）渗透定价策略的弊端

1）投入资金大，回收慢，风险大，如果产品不能打开市场，或遇到强大的竞争对手，企业就会一败涂地。

2）低价可能影响产品的品牌形象和企业的声誉，因为广大消费者有低质低价的想法。

营销案例	比亚迪秦 PLUS DM-i 的低价策略

作为比亚迪 2021 年发售的第一款热销车型，秦 PLUS DM-i 于 2021 年 3 月 8 日正式上市，售价仅为 10.58 万~14.58 万元。自新车发布开始，这款配用全新 DM-i "非常混合动力"的新车型一直深受消费者喜爱，刚刚正式上市就获得了高达 60 万辆的订单信息。在市场大环境不太好的情况下，其销量却能逆流而上，一路飙升，2021 年全年售出 194220 辆，其中 12 月更是售出 25943 辆。除了获得出色的销量成绩之外，比亚迪秦 PLUS DM-i 在 2021 腾讯汽车"全民神车"的评选活动中又斩获了"2021 年度强混动神车"的称号。

营销视野	定价策略的选择标准

撇脂定价策略和渗透定价策略各有利弊，汽车企业选择哪一种策略更合适，应根据市场需求、竞争情况、市场潜力、生产能力和汽车成本等因素综合考虑。

汽车撇脂定价策略与渗透定价策略的选择标准见表 6-2。

表 6-2　定价策略的选择标准

定价策略选择标准	撇脂定价策略	渗透定价策略
汽车市场需求水平	高	低
与同类竞品的差别性	较大	不大
汽车价格需求弹性	小	大
汽车企业生产能力扩大的可能性	小	大
汽车消费者购买力水平	高	低
汽车产品目标市场潜力	不大	大
汽车产品仿制的难易程度	难	易
汽车企业投资回收期的长短	较短	较长
汽车产品的质量	优	一般
汽车产品的生命周期	短	长

3. 满意定价策略

满意定价策略是一种介于撇脂定价策略和渗透定价策略之间的汽车定价策略。汽车企业用这种策略所定的价格比撇脂价格低，而比渗透价格高，是一种中间价格。这种汽车定价策略由于能使汽车生产者和消费者比较满意而得名。由于这种价格介于高价和低价之间，因而这种价格策略稳妥、风险小，一般会使汽车企业收回成本和取得适当盈利。这也是一种保守策略，可能失去获得高利的机会。

6.3.2　产品组合定价策略

一个汽车企业往往不只生产一种产品，会有多个系列的多种产品同时生产和销售。这些汽车产品之间的需求和成本既相互联系，又存在一定程度的"自相竞争"。这时候的汽车企业定价就不能只针对某一产品独立进行，而要结合相关联的一系列的产品，组合制定出一系列的价格，使整个产品组合的利润最大化。这种定价策略主要有两种情况：产品线定价策略和附带选装配置的汽车产品组合定价策略。

1. 产品线定价策略

这种定价策略就是要把一个汽车企业生产的汽车产品线各系列产品作为一个产品组合来定价，可以充分发挥产品线内在关联性的积极效应。在其中确定某一车型采取渗透定价策略，以较低的车价吸引大量消费者，占领市场份额；同时又确定某一车型采取撇脂定价策略，让其在该系列汽车产品中充当品牌质量象征和收回投资的角色，以提高该系列汽车的品牌效应；再者，产品线中的其他产品也分别依据其在产品线中的角色不同，而制定不同的价格。这种策略更注意系列汽车产品作为产品组合的整体化，强调产品组合中各汽车产品的内在关联性，因此汽车企业应根据市场状况，合理组合价格，使系列产品有利于销售，以发挥汽车企业多种产品的整体组合效应。

运用产品线定价策略，能形成本企业的价格差异和价格等级，使本企业的各类产品定位鲜明，且能服务于各种消费能力层次的消费者，并能使消费者确信本企业是按质论"档"定价，给市场一个"公平合理"的定价印象。这一策略比较适合广大消费者对汽车企业而不是对某个具体产品的信念较好的情况下采用。

营销案例 　　　　　　　　　　一汽丰田的产品线定价策略

一汽丰田有皇冠、荣放、威驰、凌放、奕泽、卡罗拉等车型,其中售价仅为15万元左右的卡罗拉车型销量贡献最大,2019年销量35万余辆,占品牌总量的48.5%;而售价为30万元左右的皇冠虽然销量不大,但给品牌带来了品牌质量象征,提高了品牌效应。

2. 附带选装配置的汽车产品组合定价策略

这种定价策略就是将汽车产品的配置与汽车产品看作产品组合来进行定价。汽车企业首先要确定产品组合中应包含的可选装配置产品,再对汽车及选装配置产品进行统一合理的定价。例如,汽车价格相对较低,而选装配置的价格相对稍高一些,这样既可吸引汽车消费者,又可通过选装配置来弥补汽车的成本,增加企业的利润。

附带选装配置的汽车产品组合定价策略一般适用于有特殊、专用汽车附带选装配置的汽车,如360全景、皮座椅、电动尾门、倒车雷达、360航空软包脚垫、底盘装甲、行车记录仪等。一般而言,非必需附带品应另行计价,以让用户感到"合情合理"。

营销视野　　　　　　　　　　　　汽车的零整比

汽车的零整比是指具体车型配件价格之和与整车销售价格的比值,是一个衡量维修成本的指标,如图6-6所示。

2013年在央视3·15晚会上曾曝光了汽车行业的零整比乱象,其中,北京奔驰C260零整比高达12.6,这就属于获得暴利。汽车企业过度运用附带选装配置的汽车产品组合定价策略。图6-7所示为企业被要求限期整改前后2014年部分汽车的零整比数据。

图6-6　汽车的零整比

图6-7　2014年部分汽车的零整比

6.3.3　折扣和折让定价策略

在汽车市场营销中,汽车企业为了竞争和实现经营战略,经常对汽车价格采取折扣和折让策略，直接或间接地降低汽车价格，以争取消费者，扩大市场份额。灵活运用折扣和折让策略，是提高汽车企业经济效益的重要途径。具体来说，常见的折扣和折让策略有以下几种。

1. 数量折扣

数量折扣是根据买方购买的汽车数量多少，分别给予不同的折扣。消费者购买的产品数量越多，折扣越大，因为大量购买能使企业降低生产、销售、储运、记账等环节的成本费用。在现实生活中，几个朋友看中同一店里的汽车而到店购买，得到一定的优惠就属于数量折扣。

数量折扣可分为累计数量折扣和非累计数量折扣。前者规定购买者在一定时期内，购买汽车达到一定数量或一定金额时，按总量给予一定折扣的优惠，目的在于使消费者与汽车企业保持长期的合作，维持汽车企业的市场占有率。后者是指只按每次购买汽车的数量多少给予折扣的优惠，这可刺激消费者大量购买，减少库存和资金占压。这两种折扣价格都能有效地吸引消费者，使汽车企业能从大量的销售中获得较多的利润。

营销视野   **汽 车 团 购**

汽车团购就是许多准备买车的人通过网络、手机短信或电话等各种方式进行组团，组成十几人甚至更多人的团队集体去和经销商砍价，达到以优惠价格买到新车的目的。

汽车团购一般能拿到个人在展厅拿不到的价位，能为消费者带来切实的利益，同时也能为汽车经销商带来明显的销量。可以说汽车团购已经成为一种时尚的购车方式，实现广大车友的实惠购车梦想，做到省钱、省事、省力、省心。

汽车团购需要经过精心周密的策划组织，汽车厂家和经销商也会更加支持这种新的消费模式，现在有更多的汽车厂家和经销商会组织各种不同形式的团购活动，让更多的客户通过团购的方式来买车。

---

2. 现金折扣

现金折扣是对按约定日期提前付款或按期付款的消费者给予一定的折扣优惠价，其折扣直接与消费者的货款支付情况挂钩。当场立即付清时得到的折扣最多，而在超过一定付款期后，不仅得不到折扣，反而还可能要交付一定的滞纳金。例如，消费者在30天内必须付清货款，如果10天内付清货款，则给予2%的折扣。

因折扣带来的回报率通常要比银行利率明显高一些，所以消费者一般都不会放弃这种折扣价格。采取现金折扣的目的是鼓励消费者尽早付款以利于资金周转，减少信用成本和呆账。

3. 功能折扣

功能折扣又称贸易折扣、交易折扣，是指制造商根据中间商的不同类型和不同分销渠道所提供的不同营销功能（推销、储存、服务等）给予不同的折扣。例如，制造商报价"100元、折扣20%及10%"，表示给零售商折扣20%，即卖给零售商的价格是80元；给批发商则在此基础上再折扣10%，即卖给批发商的价格是72元。这是因为批发商和零售商的功能不同。

4. 季节折扣

季节折扣是与时间有关的折扣，是指在销售淡季时，给消费者一定的价格优惠。它可以在鼓励消费者淡季购买汽车的同时，使汽车企业的生产和销售在一年四季保持相对稳定，加速资金周转、减少库存、节省管理费用。

5. 价格折让

价格折让也是一种减价形式。当消费者或经销商为厂商带来其他价值时，厂商为回报这种价值而给予客户或经销商一种利益实惠，即折让。消费者在采取"置换"方式购买新车时，只要付清新车价格与旧车价格的差价即可。

营销视野　　　　　　　　　　　二手车置换

现在二手车置换已逐渐成为汽车企业的"第二战场"，二手车置换业务在世界各国都已成为流行的销售方式。二手车置换成为汽车经销商的另一个盈利点，对经销商和消费者都有非常重要的作用。

（1）周期短、时间快

车主只需将旧车开到汽车经销店，二手车评估师免费对旧车进行评估，车主选好心仪的新车后，只要付清中间的差价即可完成置换手续，剩下的所有手续都由汽车经销店免费代为办理。

（2）品质有保证，风险小

汽车经销店的二手车评估师都是经过认证的持证上岗的从业人员，对于消费者而言，车况、车质让人安心，消除了不懂车不知道怎么挑车的疑虑。

（3）有利于净化市场，增强市场竞争力

消费者对汽车经销店的信任，会让一大批违规操作的组织或个人在这个领域没有立足之地。以汽车厂商为主导的品牌二手车置换模式，将打破二手车市场"自由散漫"的传统，重新构建全国二手车交易新的游戏规则。

在汽车消费市场中，一般不采用打折的方法，而采用直接降价或赠送礼包的方式促销。此外，在汽车企业采取折扣或折让定价策略时，折扣的限度为多少，还要综合考虑市场上各方面的因素。例如，一旦实施折扣定价，可能会遭到强大竞争对手的更大折扣反击，这样可能会形成竞相折价的局面，进而出现两种情况：要么市场总体价格水平下降，在本企业市场占有率没有得到扩大的情况下将利益转嫁给了消费者，和竞争对手两败俱伤；要么会因与竞争对手实力的差距而被迫退出竞争市场。

因而，汽车企业在采取折扣和折让定价策略时，一定要考虑本企业的实力、竞争者实力、折扣成本、企业流动资金成本、消费者的折扣心理等多方面的因素，才能有效地实现销售目标。

6.3.4　心理定价策略

汽车消费者的心理需求是多方面的，求实、求廉、求名、求奢、求新、求美者都有。既然如此，汽车的价格也要考虑消费者的心理特点，从而采取心理定价策略。心理定价策略就是指汽车企业在定价时利用消费者的心理因素，有意识地将汽车价格定得高或低，以满足消费者心理的、物质的和精神的多方面需求，通过消费者对汽车产品的偏爱或忠诚，引导消费者消费，扩大市场销售量（销售额），从而获得最大效益。常见的心理定价策略有以下几种。

1. 整数定价策略

在高档汽车定价时，把汽车价格定成整数，不带尾数。凭借整数价格来给消费者留下高档消费品的印象，提高汽车品牌形象，满足汽车消费者的某种心理需求。

整数定价策略适用于汽车档次较高、需求的价格弹性比较小、价格高低不会对需求产生较大影响的汽车产品。

2. 尾数定价策略

尾数定价策略是与整数定价策略相反的定价策略，是指汽车企业利用消费者求廉的心理，在汽车定价时，不采用整数报价，而是采用带尾数的定价策略。带尾数的汽车价格给消费者直观上一种便宜的感觉，消费者还会认为汽车企业是经过了认真的成本核算才制定的价格。这种定价策略可以提高消费者对该定价的信任，从而激起消费者的购买欲望。

尾数定价策略一般适用于需求价格弹性较大的、档次较低的经济型汽车。此外，尾数定价策略还可以利用尾数的寓意给消费者带来美好的祝愿。

营销视野	产品价格的客观数字主观化
古今中外都存在着客观数字主观化的心理现象。常见的客观数字主观化谚语包括：三六九朝上走；二五八不会差；八是发，九是久。 比亚迪就充分运用了客观数字主观化的这一心理现象进行产品定价，例如，汉的定价是20.98万~27.98万元，海豚的定价是9.38万~12.18万元，秦的定价是6.49万~8.19万元，e6的定价是30.98万~36.98万元。	

3. 声望定价策略

声望定价策略是指利用消费者的仰慕心理，根据汽车产品在消费者心目中的声望、信任度和社会地位来确定汽车价格的一种汽车定价策略。声望定价策略可以满足某些汽车消费者的特殊欲望，如地位、身份、财富、名望和自我形象等，还可以通过高价格显示汽车的名贵优质。有报道称，在美国市场上，某些质高价低的中国产品常常竞争不过某些相对质次价高的韩国产品，其原因就在于，在美国消费者眼中低价就意味着低档次。

声望定价策略一般适用于知名度高、市场影响大的著名品牌的高档汽车，如凯迪拉克等。但需要说明的是，名牌车在各种产品档次中都存在，所以并不一定都适合定高价，如福特T型车、大众公司的甲壳虫、高尔夫等汽车，其知名度之高，不能不属于名牌汽车。但它们都是以经济实惠而著名的，都不属于高档汽车。因而汽车企业对名牌产品进行定价时，应酌情考虑，而不能一概定高价。

4. 招徕定价策略

招徕定价策略是指汽车企业利用许多消费者有贪图价廉的心理，将某种汽车产品的价格定得非常高或非常低，以引起消费者的好奇心理和观望行为，吸引消费者，从而带动其他产品销售的汽车定价策略。例如，某汽车企业利用某节假日推出某一款车型降价出售，过一段时间又利用季节更替推出另一种车型，吸引消费者时常关注该企业的汽车，促进降价产品的销售，同时也带动同品牌其他正常价格的汽车产品的销售。

招徕定价策略常被汽车超市、汽车专卖店采用。

营销案例	雷克萨斯总裁签售会宣传语
没有重磅让利，哪敢惊动您？ 不是每一次期待都如期而至。 没有真实的特"惠"价格，怎么敢通知您？ 一个挑战价格底线的机会， 一个错过必会后悔的机会， 就在雷克萨斯总裁签售会——临沂和凌站。	

> 十重大礼，击穿底价，
> 循环抽奖，好礼不停。
> 属于暑期的 high 购来啦！
> 8 月 22 日，暑期大放"价"，
> 临沂和凌总裁签售会，驾到！

5. 分级定价策略

分级定价策略是在定价时，把同类汽车分为几个等级，不同等级的汽车，采用不同价格的一种汽车定价策略。这种定价策略能使消费者产生货真价实、按质论价的感觉，容易被消费者接受。这些不同等级的汽车若同时提价，对消费者的"质价观"冲击不会太大。汽车企业在采用分级定价策略时应注意，产品等级的划分要适当，级差不能太大或太小，否则达不到应有的效果。

营销案例 　　　　　　　奥迪、大众和斯柯达

德国大众与中国一汽、上汽合作，在中国生产三大品牌的车型：奥迪、大众和斯柯达。三者有着明确的分工和定位：奥迪主打豪华高端领域；大众主打走量大众市场；斯柯达比大众的定位更低一级，更多是主打大众之下的市场，与大众品牌进行互补。虽然斯柯达的产品运用了很多大众的技术，但在产品层面，更多是通过高性价比来赢得市场。

每一品牌的汽车都能满足汽车消费者某一方面的需求，汽车价值与消费者的心理感受有着很大的关系，这为汽车心理定价策略的运用提供了空间。

掌握了吗？

1）新产品定价的三种策略分别是（　　　）、（　　　）和（　　　）。
2）撇脂定价策略的实质是一种（　　　）策略。
3）采用撇脂定价策略可以在较（　　　）的时间内收回投资，并获得较（　　　）的利润。
4）采用渗透定价策略便于打开和占领市场，赢得较（　　　）的市场占有率。
5）一个汽车企业将生产的产品线各系列产品作为一个产品组合来定价，采用的定价策略是（　　　）。
6）在购买同一款汽车时，消费者因选择不同配置而支付不同的价格，此时汽车企业采用的定价策略是（　　　）。

拓展升华

比亚迪汉 EV 的定价策略

在很多消费者眼里，自主品牌近几年发展得不错，但是如果售价高于 20 万元，便不太会去考虑。因此，20 万元的售价成了自主品牌向上发展的一层厚实、坚硬的"天花板"。

虽说如此，也有不少品牌努力尝试打破这层天花板，例如比亚迪。它推出的唐 EV 定价在 27.79 万~37.79 万元之间，这款旗舰 SUV 在当时以全新的产品力帮助比亚迪树立了高品质形象。在轿车领域，2020 年比亚迪带来一款造型、性能、续航皆属上乘的佳作——汉 EV，继续向 20 万元天花板发起冲击。

在外观上，汉 EV 采用了最新 Dragon Face 设计语言，整体视觉效果高端优雅。前脸采用封闭式中网，左右两侧的车灯造型别致，微微上扬，一条银饰镀铬穿过封闭式中网连接两侧车灯，令前脸显得更为舒展与开阔。汉 EV 的车身比例协调，型面设计简雅，灵动的腰线从 C 柱开始向上部逐渐收窄，与隐藏式门把手设计相配合，勾勒出动感洗练的轿跑姿态。汉 EV 的风阻系数非常让人惊艳，仅为 0.233，甚至低于特斯拉 Model S 的 0.24。

在内饰部分，汉 EV 采用的是环抱式设计语言，风格简洁明快，不繁杂。最抓人眼球的依旧是比亚迪王朝家族的特色——大尺寸悬浮式旋转中控屏。此外，在细节方面，汉 EV 也打磨得很精致，它的中控台采用了哑光银色加以点缀，有效提升了内饰质感，在用料上更是出手阔绰，运用了大量软性材质、钢琴烤漆、缝线工艺，营造出了不俗的豪华感。

在配置方面，汉 EV 搭载最新一代 DiPilot 智能驾驶辅助系统与 DiLink 系统。这两个系统是比亚迪在智能驾驶与智能网联领域的两大成果。汉 EV 将拥有的 DiTrainer "教练模式"，乃业内首创，具有自我更新进化能力，可以将用户的驾驶习惯与驾驶场景相结合，提升用户的行驶便捷性。

汉 EV 的动力性能指标超越小鹏 P7 和特斯拉 Model 3，并以 3.9 秒的成绩进军全球量产车零百加速"3 秒俱乐部"，而小鹏汽车 P7 最好的加速成绩也只到了 4.3 秒。

在续航上，汉 EV 搭载了高安全性、长续航的"刀片电池"，单电机版 NEDC 续驶里程为 605 公里，双电机版 NEDC 续驶里程为 550 公里，无论是哪一个数据，都能打消消费者长期以来的续航焦虑。

无论是设计、性能还是续航，汉 EV 都展现出了不俗的实力，那么这款精品国产车定价多少才合适呢？我们不妨来猜测一下，目前比亚迪在轿车领域最贵的车是秦 Pro EV，售价在 14.99 万～20.49 万元之间，从汉 EV 的定位和产品力来看，它的级别和定价肯定会高于秦 PRO EV。

再来看它的竞品，小鹏 P7 的定价在 22.99 万～34.99 万元之间。汉 EV 的性能优于小鹏 P7，从这一点来看，它的价格应该会略高于小鹏 P7。

特斯拉 Model 3 虽然从级别标准上来说不算是汉 EV 的对手，但是它的"攻击"范围向来广泛，和豪华品牌、新势力、传统车企都能构成竞争关系。特斯拉 Model 3 的定价在 29.18 万～41.98 万元之间，从性能、续航等方面来看，汉 EV 均优于特斯拉 Model 3，但是它的品牌力不如特斯拉，且特斯拉 Model 3 正当红。

为了强化汉 EV 的竞争力以及在市场的定位，最后汉 EV 的价格定在了 21.48 万～32.98 万元，低于特斯拉 Model 3。

6.4　价格调整

开节话题

自 2022 年开年以来，以特斯拉为代表的众多新能源汽车品牌纷纷涨价。

2022 年 3 月，特斯拉曾在一周之内三度调价，累计涨价幅度在 1 万～3 万元。6 月 17 日，特斯拉又发布消息称，特斯拉国产 Model Y 长续航版涨价 1.9 万元，价格为 39.49 万元，新车交付周期 20～24 周。6 月 15 日晚间，特斯拉已经更新了美国官网多款车型售价，最大涨幅为 6000 美元（约合人民币 4 万元），最长交付等待时间为一年。

本土新能源汽车品牌也有不同程度的价格上调。

3 月 18 日，小鹏汽车宣布上调部分车型售价 1.01 万～2 万元。3 月 15 日，比亚迪官方发布公告称，将对王朝系列和海洋系列新能源车的官方指导价进行上调，上调幅度为 3000～6000 元。4 月 20 日，比亚迪多款车型再次宣布调价，价格上涨幅度为 0.6 万～1.6 万元。

> **营销任务：**
> 试分析，2022年新能源汽车调整价格的原因是什么？面对新能源汽车价格全面上调，燃油车会有什么反应？

营销理论

在汽车生产经营过程中，汽车企业和竞争者都会面对不断变化的环境，从而调整产品价格，并可能由此引发一系列的价格竞争。所谓价格调整，是指汽车企业在汽车销售的过程中，根据本企业营销战略的发展变化和汽车销售市场的价格波动，以及市场竞争对手的价格特点，对已经确定下来的汽车价格进行调整，从而有利于市场营销和汽车促销的价格策划。

汽车企业到底应该在什么时候调整产品价格；消费者和竞争者会做出什么反应？竞争者为什么要调整产品价格？汽车企业应该采取什么对策？……这些都是汽车企业要考虑的问题。

6.4.1 汽车企业调价的原因

1. 降价

在国外，降价曾经是汽车普及的推动力。美国汽车的普及要归功于福特T型车的批量生产导致的价格大幅下降，日本汽车的普及要归功于丰田在第二次世界大战后的不断降价。在我国汽车市场发展过程中，也伴随着众多降价行为。降价是一种常态，也是一种市场竞争行为。汽车产品的降价，不仅受国家政策、社会责任、行业责任、中外合资合作双方的关系磨合的限制，也受一些根深蒂固的思想限制。在这些组合因素的限制下，简单的降价行为变得不再单纯。

营销案例　　　　采用降价提升销量

降价在汽车行业很常见，下至几万元的家用车，上至几十万元的豪华车，销售终端都会为了进一步增加销量而给出比较大的降价幅度。

"八折虎七折豹，六折老沃找人要，五折凯迪偷着笑"——这句话调侃的就是市面上的一些二线豪华品牌，面对影响力和保值率上的差距，靠降价来扩大销量。

例如，路虎发现运动版官方指导售价35.68万~45.58万元，共有4款车型在售。从实际成交价格来看，终端给出8万多元的降幅，部分地区甚至能达到10万元，优惠后入门版车型已经跌破30万元，甚至能达到25万~27万元。用买一辆宝马X1的钱就能买到一辆豪华中型SUV，对消费者很有吸引力。

一般来说，汽车企业降价的原因有很多，不外乎内部情况的需要，以及外部环境发生变化。当然，汽车企业的最终目的还是想通过制定降价策略来适应经济形势，优化客户关系。汽车企业采用降价的方式是基于以下原因。

（1）汽车企业自身需要

汽车企业降价是和自身资源、市场状况，以及自身的战略紧紧结合在一起的，它们直接影响着降价策略和降价效果。

学习任务 6　实施汽车产品定价策略

| 营销案例 | 全新雅阁的降价 |

全新雅阁的降价是与广汽本田生产规模提高、配套体系建立、新产品推出、战略目的相结合的。雅阁对广汽本田太重要了。雅阁定位于中高级轿车，而中高级轿车是汽车企业的效益担当。2020 年，雅阁累计销量超 21 万辆，位居中高级轿车市场第一位。

2021 年 10 月 9 日，全新雅阁正式上市，这是第十代雅阁的中期改款。两三年一次改款，四五年一次换代，这是本田推新车的节奏，同时也是汽车诞生 100 多年来，被印证行之有效的更新频率。本田没有因为造车新势力的崛起，而改变自己奔跑的速度，相比于"跑得快"，"跑得远"更重要。

本次中期改款，全新雅阁多达九款型号，产品力整体提升，价格也有所调整。例如，260 TURBO 豪华版，官方售价由 19.98 万元下调为 19.28 万元；还有入门款车型 1.5T 低功率 230TURBO 的售价由 17.98 万元降至 16.98 万元。

影响企业采用降价策略的自身需要因素主要包括：

1）汽车企业产能的提高。汽车行业规模效益特别明显，汽车生产规模的提高、产能的提高，能够有效地分担高额的产品研发成本，进一步降低生产成本。汽车企业产能的提高，能改变供求关系，打破短期的供求平衡。汽车企业通过降价、提高销量来保证市场上的产品有序地供应。汽车企业产能的提高，能降低采购成本，实现边际效益。

2）管理效率的提高。管理效率的提高带来生产效率、营销效率的提高，从而使汽车企业成本有效降低。管理效率的提高是汽车企业持续发展的基础。

3）产品所处生命周期阶段的变化。汽车产品在其生命周期发展过程中，会由于市场其他各方面因素的影响，如新产品的加入、消费者习惯的改变等，造成市场上的供过于求，汽车企业为了消化产能与库存而采取降价措施。

（2）竞争对手的压力

价格竞争是我国汽车产业现阶段常用的一种手段，是各大厂商扩大市场占有率，特别是提高品牌影响力的关键。汽车企业为应付竞争者降价压力，采取"反价格战"，即制定比竞争者的价格更有竞争力的价格。因此，从竞争角度考虑，汽车企业降价的原因如下：

1）竞争对手对同一级别或者较为类似的产品施行降价策略，汽车企业迫于竞争压力而跟进。

2）竞争对手在老产品的基础上对产品进行了改进或推出了新的汽车产品，汽车企业为了保持现有的市场占有率，也会对现有产品实施降价策略。

3）竞争对手因自身经营问题对产品进行降价处理，则这时汽车企业也有可能为了保持一种平等的竞争势态而应战。通过降价，保持产品价格竞争力，同时也保证汽车企业的综合竞争力。

（3）市场需求不足导致降价

降价在一定程度上是为了满足消费者低价格的需求，以及促进更多的需求。汽车消费需求的变化及影响消费需求因素的变化，都会对汽车企业的价格策略产生一定的影响。从需求方面考虑，导致汽车企业采取降价的原因有如下几点：

1）从宏观角度来说，汽车市场供求关系失衡。特别是由于种种原因，相当一部分消费者受一定因素的影响短期内持币待购，从而造成了一定时间内的供求失去平衡，导致一部分汽车企业进行降价刺激消费。

2）从企业供求关系来说，汽车企业多个产品或某个产品和供应大于消费者的需求，造成库存。汽车企业会通过多个产品或某一个产品降价来刺激消费增长。

3）从产品生命周期来看，进入衰退期的产品，由于消费者对其失去了消费兴趣，需求弹性变大，逐渐被市场淘汰。为了吸引对价格比较敏感的购买者和低收入需求者，维持一定的销量，汽车企业对其降价可能是唯一的选择。

4）从汽车消费环境来看，油价上升、汽车消费信贷受到抑制等因素，导致消费者在一段时间内采取观望策略。在此种情况下，部分汽车企业极可能采取降价来促使消费者加速购买。

2. 提价

一般来说，汽车企业之所以进行提价调整，大都是因为成本增加、通货膨胀、市场需求强劲和产品开发加快等几个方面的原因。除此以外，选装配件增加、豪华程度提高、技术含量增加、安全系数提高等也是价格上涨的原因。提价一般会引起消费者、中间商甚至汽车企业推销人员的不满，但成功的提价决策会增加企业的利润。

营销视野	价格上升与企业利润的关系

麦肯锡咨询公司的相关研究证明了定价对于利润的重要性。

通过对 2400 家公司的研究，麦肯锡咨询公司得出结论：价格提升 1% 会为企业创造 11.1% 的利润。对比来看，可变成本、数量和固定成本分别提升 1% 只能使利润分别产生 7.8%、3.3% 和 2.3% 的增长。

在以下两种情况下，汽车企业必须考虑提价：

1）由于通货膨胀引起成本增加，汽车企业无法在内部自我消化这部分成本，这时必须考虑提高产品价格。

营销案例	新能源汽车价格上调

2022 年注定是不平凡的一年。

受国际局势的影响，全球主要电动车厂商在高昂成本的压力下纷纷提价。特斯拉、福特、通用、RIVIAN 和 Lucid 等厂商纷纷提高了某些电动车型的价格。

通用汽车将悍马（Hummer）电动皮卡的价格上调 6250 美元，车价达到 8.5 万~10.5 万美元。通用称大宗商品价格的上涨和物流成本的增加是提价的主要原因。

伯恩斯坦研究机构（Bernstein Research）的数据显示，至 2022 年 6 月，特斯拉最畅销的 Model Y 车型已经提价四次，价格总共上涨约 9%，售价为 6.99 万美元。

根据君迪的数据，总体而言，2022 年 5 月美国电动汽车的平均售价较上年同期上涨了 22%，约为 5.4 万美元。相比之下，同期燃油汽车的平均售价增长了 14%，至 4.44 万美元。

2）汽车企业的产品供不应求，无法满足所有消费者的需要，按照经济学规律，可以通过提价将产品卖给需求强度大的消费者，这样不但平衡了需求，而且也增加了收益。

营销视野	《汽车销售管理办法》规定严禁汽车加价销售

自 2017 年 7 月 1 日起施行的《汽车销售管理办法》规定，经销商应当在经营场所以适当形式明示销售汽车、配件及其他相关产品的价格和各项服务收费标准，不得在标价之外加价销售或收取额外费用。诸如上牌、出库、装饰、保险等费用，也均不能强制要求消费者支付。

汽车企业决定提高产品价格时，还必须考虑到底是一次性大幅度提价还是多次小幅度提价，消费者对后一种方式比较容易接受。

6.4.2 各方对价格变化的反应

在汽车企业实行价格变化后，各方的反应不一。

1. 消费者的反应

衡量调价成功与否的重要标志是汽车企业所确定的价格能否被消费者所接受。为此，汽车企业必须重视消费者对调价的反应，并根据反应制定相应的策略。

（1）降价

当汽车降价时，消费者对企业降价做出的反应是多种多样的，有利的反应是认为汽车企业让利于消费者，不利的反应主要包括：

1）这款汽车可能将被最新型号所替换。

2）这款汽车可能有某些缺点，导致销售情况不好。

3）这个汽车企业在财务方面可能有些麻烦，它可能不会继续经营下去，那未来需要的零配件供应可能出现问题。

4）这款汽车的价格可能还会进一步下跌，等待观望应当是最合算的做法。

5）这款汽车的价格降了，可能它的质量也会下降或配置减少。

（2）提价

当汽车企业提价时也会出现各种反应。有利的反应是认为汽车企业的产品质量提高，价格自然应该提高，或认为这种产品畅销，供不应求，因此提高了售价，而且价格还可能继续上升，不及时购买就可能买不到。不利的反应是认为汽车企业想通过提价获取更多的利润。消费者还可能做出对汽车企业无害的反应，如认为提价是通货膨胀的自然结果。

正是因为消费者对汽车企业调价有不同的反应，所以汽车企业在进行调价前，必须慎重研究可能出现的消费者对调价行为的反应，特别是不利的反应，以便在进行调整的同时，加强与消费者的沟通，争取消费者的理解与支持。

2. 竞争者的反应

当一个汽车企业将某产品进行调价时，竞争者可能会考虑下列问题：

1）它为什么要变动这个价格？它是想悄悄地夺取市场，利用过剩的生产能力，适应成本的变动状况，还是要引领一个行业范围内的价格变动？

2）这个企业做这个价格变动是临时的还是长期的措施？

3）如果我对此不做出反应，我的市场份额和利润将会发生什么样的变化？其他企业是否将做出反应？

由此，竞争者会做出跟进或不跟进的反应。

当一个汽车企业降价时，其他竞争者如果不跟进降价，大多数消费者因为价格最低而到这个该企业购买产品。降价可以扩大市场份额，提高市场占有率。当一个汽车企业降价时，竞争者采取"反价格战"，降价幅度更大。这种情况下，不仅会抵消降价效果，甚至会恶化行业的销售环境，使相关企业的利润都下降。汽车企业调高价格后，如果竞争者并不提高价格，消费者可能会转而购买竞争者的汽车。这时，对调高价格的汽车企业来说，原来供不应求的市场可能会变成供过于求的市场。

3. 本企业的反应

针对竞争者的调价，汽车企业最好的反应是根据情况而变化。汽车企业必须考虑产品所处生命周期的阶段、它在公司的产品业务组合中的地位重要性、竞争者的意图和资源、市场对于价格和质量的敏感度、数量成本的关系和可供选择的各种机会。

竞争者降价总是进行过精密的市场准备的，汽车企业不可能在短时间内做出好的应对措施，要对付竞争者降价可以按如图6-8所示的程序进行。

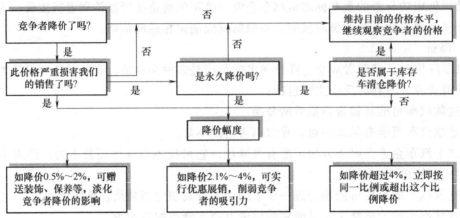

图6-8　汽车企业应对竞争者降价的价格反应程序

6.4.3　企业应对调价的对策

产品的基本价格制定后，企业还要依据市场需求和产销的具体情况以及竞争对手的情况，随时对产品价格进行调整，以达到营销目标。价格调整讲究适时、适度、规矩、主动四原则。所谓适时，即把握好降价调整的时机；所谓适度，即把握好降价调整的尺度；所谓规矩，即中规中矩，遵循一定的规律；所谓主动，即伺机而动，调整价格并不是一种被动的防御策略，而是一种主动的进攻战术。

1. 提价

价格作为经营行为中最为敏感的环节，牵一发而动全身，一次提价行为必然涉及方方面面。消费者通常会对企业的降价保持正常的态度，但不降反升的反常规做法可能会让消费者困惑。因此，企业要提价成功应注意以下几个方面。

（1）完善企业的提价基础

成功提价不仅可以提高企业的利润，增强企业的综合实力，同时也在很大程度上可以提升企业产品品牌的美誉度。企业的提价基础主要包括：

1）企业的产品具有较大的市场基础。企业产品的提价必然在很大程度上导致产品销售量的下降，因此企业这时的提价策略不应是追求一个短期的增量，而应该是一个稳健的发展过程，如果没有深厚的基础，反而会使企业一蹶不振。

2）企业的品牌具有较高的认可度。消费者对企业品牌的认可度往往反映了一个企业的综合实力，这就像不同的人做同一样事，消费者总是情愿相信自己熟悉的、印象好的、有能力的一方。

3）拥有高忠诚度的消费者。高忠诚度体现在消费者实实在在地从产品中得到利益，并且发展为一种信任和依赖。这样的消费者只要他们仍然觉得物有所值，就容易理解并接受企业提价。

（2）合适的提价时间

提价往往很容易减少产品的销售量，也就是说在提价成功之前，销售量会有一个下降的时间，找到合适的提价时间就是为了尽可能地减少由于提价而引起的销售量下降的负面影响。例如，汽车在销售旺季的销售量大，汽车企业就不应该采用提价策略；反之，汽车在销售淡季的销售量小，汽车企业对汽车产品提价，不会对销售量产生很大的冲击。

营销案例	汽车销售中价格调整的方式
	一汽丰田订车即送3000元精品； 宝马交一万抵三万，限量发售； 订沃尔沃有礼，万元礼包随车送； 福特置换节，享万元补贴； "嘉"人团圆，礼金200元油卡； 长安见面礼，到店即领取； 购买雪佛兰指定车型加1元即可获得精美大礼包。 以上是各大汽车经销商在进行价格调整时，采用的各种手段与话术。

在让消费者承受提价的时候，企业应该避免被认为是"价格骗子"。消费者的记忆会长久保留，在市场疲软时，他们会群起而反对价格骗子。所以，企业在实施提价的时候，应该告诉消费者为什么要提价，并且获得消费者的谅解和支持。企业的推销人员应该帮助消费者寻找适当的途径，以实现经济性。

2. 降价

企业采用降价策略时，应当注意以下几个问题。

（1）把握降价的主动权

古语云：先发制人，后发制于人。降价的主动性是指降价行为是由谁起主导作用的，率先发动价格战与被动应付价格战之间存在很大的差异性。当行业处于价格敏感时期，先发动价格战的企业会获得巨大收益，而应战者的收益会少得多。

先动者可以在其他竞争对手没有进行有效反应之前获得高于行业平均水平的收益率。这取决于先动者所采用的具体行动，同样，竞争对手也会由于竞争需要而进行反击。但竞争对手在采用策略之前，需要一定的时间去研究市场上的竞争态势、是否需要进行反击、采用什么方式反击，以及如何组织资源去实施反击等。于是，先动者就有机会获得消费者的忠诚，从而为后来的跟进者制造感情障碍，通常这种先动的优势在开发新产品或者新的服务方面表现得更为明显。

另外，率先降价可以节约大量的广告费用，每当一个企业率先降价的时候，媒体都会有大量的报道，这种报道的影响力是巨大的。但跟进者的速度越快，就越能削弱先动者的优势。跟进者模仿、学习和创新能力越强，先动者能够保持的优势时间就越短。

（2）控制降价的幅度

所谓降价幅度是指降价前的产品价格与降价后的产品价格的差值。差值越大，表示幅度越高；差值越小，则表示幅度越低。价格战中的降价与例行的价格调整不一样，例行的价格调整幅度有高有低。价格战中的调价幅度越高,对市场产生的影响越大;反之,调价幅度越小,对市场产生的影响也就越小。因此,价格战中的降价幅度很少会低于10%。如果低于这个幅度,那么价格战的影响力就会大打折扣。

营销视野	降价幅度直接关系到降价策略能否成功
	在企业的经营中,由于多种原因,经常会面临价格战。降价幅度直接关系到降价策略能否成功。只有非常剧烈的价格变动,才具有杀伤力,才会引起社会和消费者的关心,才能在短期内形成销售热潮。通常消费者会相信,在一个较大幅度的降价之后,不会再次大幅降价。企业的大幅降价,会引发消费者的购买热情,而多次小幅降价却无法达到这个效果。因为会有很多消费者猜想,后面是不是还有更大的降价行动?唯恐买早了吃亏。小幅降价反而会造成汽车购买者观望。

(3) 寻找合适的降价时机

降价时机的选择可能决定着汽车产品的市场表现。汽车企业在实施降价策略过程中,首先要知道什么是降价时机,降价时机选择和竞争者是否可能跟进、是否有实力跟进,以及跟进的时间长短和竞争车型的多少有关,它直接影响着企业的降价效果。因此,汽车企业在选择降价时机时应注意以下几点:

1)产品销售量增长时降价。汽车企业采取这种策略的目的是主动出击,以价格换市场。在产品刚进入市场或市场销量低迷时,由于在产品品质一定或者相当的情况下,汽车价格低,降价幅度大,则销量高或者上升,反之汽车销量低或者下降。同样的道理,企业在一种产品销量增长时主动降价,在同样的市场环境下产品的销量一定增长;而当产品销量下滑时,企业被动降价,产品的销量则不一定增长。

2)竞争对手与其经销商签订大批销量合同时降价。当经销商与汽车企业签订完合同后,会形成大幅压货的情况,这时的汽车企业一般是很难降价跟进的。因为按照汽车企业和经销商的汽车销售政策和合同,如果汽车企业在把汽车卖给经销商之后再调低汽车的市场指导价,汽车企业要赔偿旧价格与新价格的差额。如果合同另有约定,汽车企业还需要另外向经销商支付违约金。如果汽车企业在此时降价就意味着,在约定的付款时段内不仅利润将大幅减少,同时还要向下游的经销商付款,这将让自己的财务不堪重负。

3)在竞争产品成长时降价。考虑在这个时机降价,一般来说,是因为可以通过降价遏制新的竞争产品成长。由于在成长期的车型,消费者对该车还处于一个认知过程,并没有完全接受并形成品牌忠诚度,这时的降价策略的实施就可以在一定的程度上改变消费者的行为结构。如果等到新车型成长起来、消费者认可之后再去降价,就很难遏制新车型的增长势头了。例如,成长中的比亚迪在2022年月销量屡屡超过特斯拉,已然成为特斯拉最强劲的竞争对手。为了应对来自竞争对手的压力,特斯拉继2022年9月给予保险补贴8000元之后,于2022年10月24日宣布,特斯拉在售的Model 3及Model Y全系车型再次降价,降价幅度在1.4万~3.7万元不等。

另外,在企业选择降价时机时,还有一个相关的重要问题是降价周期如何把握。如果降价周期太短,容易打击消费者的信心,反而造成新一轮的持币待购;如果降价周期太长,产品销量有可能受到更大的抑制,等于是把市场拱手让给了竞争对手,而且容易错失降价的最好时机。也就是说,企业在降价过程中要正确把握降价的周期。

营销视野　　　市场领导者企业面对竞争者调价的选择

市场领导者企业常常面临一些较小的企业为努力取得市场份额而进行的有挑战性的降价。市场领导者企业在这时有以下几种选择：

1) 维持原价。市场领导者企业维持原来的价格和利润幅度的理由包括：①如果降价，会失去很多利润；②维持原价不会失去很多的市场份额；③当必要时，会重新获得市场份额。市场领导者企业感到能抓住好的消费者，而放弃一些消费者给竞争者。

2) 维持原价和增加产品价值。市场领导者企业通过改进其产品、服务和信息沟通的方法维持原价和增加产品价值。市场领导者企业发现，维持原价和花钱去改进产品，比降价和以较低毛利来经营要合算得多。

3) 降价。市场领导者企业可以降低自己的价格，以达到竞争者价格的水平。它这样做的理由包括：①它的成本将随着数量增加而下降；②它将失去很多市场份额，因为该市场对价格是敏感的；③一旦它失去市场份额，就要使尽全力来重新获得市场份额。

4) 提高价格的同时改进质量。市场领导者企业在改进质量的同时提高价格，并引入一些新品牌与那些对自己进行攻击的品牌竞争。

5) 推出廉价产品线进行反击。在经营产品中增加廉价品种，或者另外创立一个廉价品牌。

总之，汽车企业会由于多种原因而引起价格调整，但无论是提价还是降价，都可能影响整体战略部署，也极可能影响到整个汽车市场的价格格局，打破与竞争对手形成的价格和谐与默契，更重要的是极可能会打乱消费者的期望。所以，汽车企业在采取价格调整策略之前明确价格调整的真实原因，制定科学的目标，制定切实可行的调价策略，是目前提升我国汽车市场环境的一项重要任务。

掌握了吗？

1) 企业产品降价的原因主要有（　　　）、（　　　）和（　　　）。
2) 影响汽车企业采用降价策略的自身需要因素主要包括（　　　）、（　　　）和（　　　）。
3) 汽车企业必须考虑提价的情况包括（　　　）和（　　　）。
4) 汽车企业要提价成功，应注意的方面包括（　　　）和（　　　）。
5) 判断对错：汽车产品的价格只能降不能提。　　　　　　　　　　　　（　　　）
6) 汽车企业采用降价策略时，应当注意的问题包括（　　　）、（　　　）和（　　　）。

拓展升华

价格异议的处理

作为一名汽车销售顾问，应当如何理解并处理客户异议呢？

客户异议，就是客户对产品、销售顾问的推销方式和交易条件等持怀疑态度，从而提出否定或反对的意见。

有人认为，客户提出异议是一件非常不好的事。其实，价格异议是客户买车前有意提出的价格要求，也是客户讨价还价的最后一道防线。

汽车销售顾问该如何处理价格异议？在处理客户异议时，不要企图说服对方，而要帮助客户了解他能获得的价值。因此，汽车销售顾问应从材料、工艺和售后服务等方面证明价格的合理性，或者在紧要的关头提供赠品补偿或象征性的降价。

客户异议处理实例

客户提出： "这款车还行，就是太贵了！"

异议解析： 销售顾问可以将客户异议的重心转移到车子的配置和性能上，或者通过对比凸显优势，或者将重心转移到满足客户的虚荣心上，从而使客户了解自己能获得的价值。

客户异议处理：

从配置和性能角度回答："您真是眼光独到，看中的是我们这里性价比最高的一款车！您看它的外形时尚、现代，太空舱式设计使风阻系数仅为0.308，配置2.0升发动机，零百加速只需9.7秒，百公里油耗仅为6.4升，达到国六排放标准。值得一提的是，它周身遍布高科技的智能网络，还有中央固定集控式方向盘、随动转向氙气前照灯、博世最高版本ESP及全系列标配的定速巡航和限速器，使驾乘更轻松安全。如此完美的一辆车，才需要14.98万元，简直是物超所值啊！您说呢？"

从对比凸显优势角度回答："其实我们公司对周边的4S店做过市场调研，在同一档次的汽车中，我们品牌的价格相对较低，但配置是最齐全的，售后服务也是最完善的。"

从满足客户的虚荣心角度回答："您说得对，这车系出名门又是最新款式，价格确实是贵，但像您这样的成功人士就该坐这样的好车呀！因为只有这样的好车才能带给您既豪华又安全的感受，彰显您与众不同的身份和地位，您说对不对？"

客户异议处理要向客户友好地解释产品物超所值的原因，设法让客户理解产品的价值和认同由此带来的利益，让客户相信产品的价格与价值是相符的。

本 章 小 结

1）定价策略是市场营销组合中一个十分关键的组成部分。它是决定公司市场份额和盈利的重要因素之一。

2）经济学强调价格形成的物质基础，它认为价格是商品价值的货币表现形式，由社会必要劳动时间决定；市场营销学认为价格是消费者的心理体验，强调的是形成的主观因素，属于"价值工程"的范畴，即心理、感觉上的投入与收入之比。

3）企业定价是为了达到促进销售，获取利润的目标。它是调节供需的杠杆，也是进入市场的门槛。

4）价格是一个变量，它受到企业目标、产品的成本、消费者的需求、竞争对手的影响。其中企业目标可分为利润目标、市场占有率目标、维持企业生存目标、保持产品质量目标、稳定价格目标。汽车产品的成本分为固定成本和可变成本。固定成本是指在一定限度内不随产量和销售量的增减而变化，具有相对不变性质的各项成本费用，也叫不变成本；变动成本是指随着产量或销售量的增减而变化的各项费用。

5）汽车定价方法是指汽车企业为了在目标市场上实现定价目标，从而给汽车产品制定一个基本价格或浮动范围的方法。汽车定价方法包括汽车成本导向定价法、市场需求导向定价法和竞争导向定价法。其中，汽车成本导向定价法就是以汽车生产成本为基础，加上一定的利润和应纳税金来制定汽车价格的方法，包括成本加成定价法和目标利润定价法等几种具体方法。市场需求导向定价法是以市场需求为中心，汽车企业依据消费者对汽车需求的差别和对汽车价值的感受或认知来定价的方法。它包括对汽车需求的差别定价法和对汽车价值的理解定价法。竞争导向定价法是一种根据竞争状况确定价格的定价方法，以市场上主要竞争者的价格作为企业定价的基准，结合企业与竞争者之间的产品特色，制定具有竞争力的产品价格，并随时根据竞争者价格的变动进行调整。竞争导向定价法包括随行就市定价法和竞争投标定价法两种。

6）汽车价格策略是指汽车生产企业通过市场调研，对顾客的需求、企业的生产成本，以及市场竞争状况进行分析，从而选择一种能吸引顾客、实现营销目标的价格对策。常见汽车产品价格策略包括：新产品定价策略、产品组合定价策略、折扣和折让定价策略、心理定价策略。其中新产品定价策略包括撇脂定价策略、渗透定价策略、满意定价策略等；产品组合定价策略包括产品线定价策略、附带选装配置的汽车产品组合定价策略等；折扣和折让定价策略包括数量折扣、现金折扣、功能折扣、季节折扣、价格折让等；心理定价策略包括整数定价策略、尾数定价策略、声望定价策略、招徕定价策略、分级定价策略等。

7）在汽车生产经营过程中，汽车企业和竞争者都会面对不断变化的环境，从而调整产品价格。所谓价格调整，是指汽车企业在汽车销售过程中，根据本企业营销战略的发展变化和汽车销售市场的价格波动，以及市场竞争对手的价格特点，对已经确定下来的汽车价格进行调整，从而有利于市场营销和汽车促销的价格策划。

8）不管是降价还是提价，汽车企业调价都有一定的原因，降价原因不外乎以下几点：①汽车企业自身产能的提高、管理效率的提高，以及产品所处生命周期阶段的变化；②竞争对手的压力；③市场需求不足。提价更多是因为成本增加、通货膨胀、企业的产品供不应求等。

9）针对企业的调价，消费者、竞争对手、本企业会有不同的反应。

10）在汽车企业进行提价时，应注意本企业是否有完善的提价基础、要选择合适的提价时间；在选择降价策略时，应注意把握降价的主动权、控制降价的幅度、寻找合适的降价时机。

复习思考题

1）简述汽车定价的概念。
2）影响汽车定价的因素有哪些？
3）说明汽车新产品定价的策略。
4）简述消费者心理和汽车定价之间的关系。
5）汽车折扣和折让定价的策略种类有哪些？
6）汽车制造商为什么要进行价格调整？应对调价的策略有哪些？
7）举例说明某一具体车型的定价方法。

营 销 实 务

请针对某款汽车正在进行的价格调整，试说明其原因。

学习任务 7　实施汽车产品分销渠道策略

学习目标

知识目标
◇ 掌握产品分销渠道的含义、特点及职能
◇ 了解汽车分销渠道的类型与模式
◇ 掌握汽车分销渠道设计的影响因素、基本流程以及评估
◇ 了解汽车分销渠道成员的选择与管理策略
◇ 掌握汽车4S店的优势、劣势和各部分的作用
◇ 了解新能源汽车新的代理直营模式

能力目标
◇ 能识别分销渠道的各种类型以及汽车分销渠道的模式

基本概念
◇ 分销渠道
◇ 分销渠道的长度
◇ 分销渠道的宽度
◇ 分销渠道设计
◇ 分销渠道管理

引入案例　　奇瑞的分网销售

2000年,2000辆;2001年,2.8万辆;2002年,5万多辆……诞生于汽车工业基础相对薄弱的安徽芜湖,的奇瑞汽车把自己的头"三把火"烧得特别旺,刚出生不久的QQ便来了一个惊艳的销量三级跳。但是,2004年,奇瑞在风云的基础上,增添了旗云、东方之子两款车型,但全年奇瑞汽车的销量仅为8万多辆,只是年初制定的销售目标的一半,而且微型乘用车QQ在总销量中占到了一半以上。

2005年3月,李峰上任奇瑞销售公司总经理。与李峰同时到来的,还有来自其他汽车公司的一批营销高手。在经过近3个月的市场行动("QQ震撼降价行动"和订单管理)和调研之后,奇瑞正式推出了使其命运发生戏剧性转折的产品分网销售模式。

在分网体系下,经销商的"势力"被重新划分,压缩了"势力"范围,一家经销商最多只能总经销1~2款产品。如果需要销售其他车型,需要向区域内享有该车型总经销权的经销商提车。作为二级代理商销售汽车,代理商仅能获取销售奖励提成,其销售业绩将被计入该车型一级代理商名下。不同网络的一级代理商之间互为二级代理,这样就从体系上消除了竞价现象,大大提高了经销商的单店销量与利润。2005年,奇瑞的销量奇迹般地达到了18.9万辆!2006年,奇瑞的销量猛冲到30.5万辆,进入全国前4名。借助于分网模式,奇瑞培养和锻炼了一大批渠道代理商,为高速发展铺平了道路。

点评：

分网销售模式就是汽车企业将旗下不同品牌或车型的汽车，授权给不同经销商进行独立销售的渠道模式，经销商可以更进一步钻研市场、管理市场，进行消费者维护工作。诞生于20世纪90年代末期的奇瑞汽车，虽然在市场上有很多可借鉴的营销模式，但简单的邯郸学步注定不能成功。只有创新分销模式，才能使汽车企业真正赢利，并立足于中国汽车市场。

问题与讨论：

1）汽车产品的分销模式有哪些？
2）中间商的功能有哪些？

分销是企业营销组合要素中的一个重要方面。随着市场竞争的不断加剧，企业要在市场中立于不败之地，并不断发展壮大，就要重视分销管理。汽车产品分销渠道是将汽车产品实现其价值的重要环节，它包括科学地确定汽车销售路线、合理地规划汽车销售网络、认真地选择汽车经销商、高效地组织汽车储运、及时地将品质完好的汽车提供给顾客，以满足消费者的需求。汽车产品分销渠道策略是汽车企业经营管理的重要组成部分，是汽车市场营销组合中的一个关键因素，它的宗旨是加速汽车产品的流通和销售资金的周转，提高汽车企业和中间商的经济效益。

7.1 汽车产品的分销渠道

开节话题

《汽车销售管理办法》于2017年7月1日起施行

汽车产业是国民经济重要的战略性、支柱性产业，是稳增长、扩消费的关键领域。党中央、国务院多次就搞活汽车流通、扩大汽车消费做出重要部署。商务部认真贯彻落实中央要求，加快推进汽车流通领域供给侧结构性改革，不断深化汽车流通体制改革，在促进新车消费、活跃二手车市场、开展汽车平行进口试点、促进老旧车报废等方面都取得了重要进展。2017年4月5日，商务部发布《汽车销售管理办法》，并于2017年7月1日起施行。同时废止2005年发布的《汽车品牌销售管理实施办法》。这是汽车流通领域具有里程碑意义的一件大事。

营销任务：

试分析《汽车销售管理办法》出台后汽车特许经销商（汽车4S店）的出路。

营销理论

要成功地创造价值就需要成功地传递价值。全面营销者正逐渐地完善他们的商业价值网络。汽车企业有了适销对路的产品和合理的价格，还必须通过适当的分销渠道，才能克服产品在企业与用户之间存在的时间、地点、数量和所有权等方面的差异和矛盾，实现产品从生产者到用户的流通，并不断增强汽车企业抵御市场风险的能力。要实现这些目标，一个重要而复杂的前提就是汽车企业必须建立一套既能发挥其产品优势，又能适应市场变化的分销体系。

7.1.1 分销渠道概述

1. 分销渠道的定义

分销渠道也称销售渠道、营销渠道或贸易渠道，是指在产品从制造商向最终消费者（用户）转移过程中，取得产品所有权或帮助转移所有权的所有组织和个人，即由生产者到消费者（用户）的流通过程中所经过的各个环节连接起来形成的通道。分销渠道的起点是生产商，终点是消费者（用户），中间环节包括批发商、零售商、代理商和经纪人，其是分销渠道的成员，共同构筑起分销渠道，如图7-1所示。中间商在分销渠道中起到连接生产商与消费者（用户）桥梁的作用。

图 7-1 分销渠道的结构

分销渠道的结构可以用长度和宽度来描述。分销渠道的长度是指产品从生产商流向用户的整个过程中，所经过的中间层次。中间层次越多，渠道长度越长。分销渠道的宽度是指组成分销渠道的每个层次中间商的数量。同一层次中间商越多，分销渠道就越宽。

2. 分销渠道的特点

（1）分销渠道是产品从起点到终点的通道

产品分销渠道不管是否经过中间环节或经过几道中间环节，其起点是生产商，而终点是能最终实现产品价值的消费者（用户）。完整的分销渠道是指产品自始至终的流通过程，而非产品流通过程中的某一阶段。

（2）分销渠道是一个由不同企业或人员构成的整体

分销渠道的组织是由产品流通过程中的渠道成员组成的，这些渠道成员是产品流转所经过的通道中的各类中介机构，其中包括生产商自身的销售机构，以及中间代理商、批发商、零售商和承担实体分配的储运商。正是通过这些中介机构网络，产品才能上市行销。处于分销渠道两端的生产商和消费者（用户）及各种职能的中介组织被统称为渠道成员。渠道成员可以是企业，也可以是个人，其共同的职责是帮助制造商转移产品的所有权。

（3）分销渠道的途径是由产品流转环节衔接的

分销渠道是产品从生产商转移到消费者（用户）的途径，而这一途径是由各流转环节所衔接的。例如，某一生产商的产品，其销售机构卖给批发商，批发商又卖给零售商，消费者又从零售商处购得产品，这就是某一产品的分销途径。当渠道成员之间发生购销活动时，产品流转的环节就连接成一体，推动产品由生产商到消费者（用户）的流动，从而形成了产品分销的通道。

（4）分销渠道的分布呈现网络形态

分销渠道是由承担不同职能的渠道成员所构成的，这些成员分布于各个区域内，形成星罗棋布的网络状态。20世纪90年代中期开始，人们把这种网状的分销渠道称作分销网络。著名的学者斯托夫（Stoff）认为，未来的市场，只不过是一个张开的网，谁掌握了网络，谁就掌握了市场。现代企业都十分重视分销网络建设,已经不是简单地从产品转移的通道去思考分销问题,而是从企业整个营销体系运作系统来构思渠道建设。分销渠道从实物流、所有权流、现金流、信息流、促销流来构思生产商与消费者(用户)之间的通道,从而提高企业整体运作能力,达到提高企业竞争力的目的,如图7-2所示。

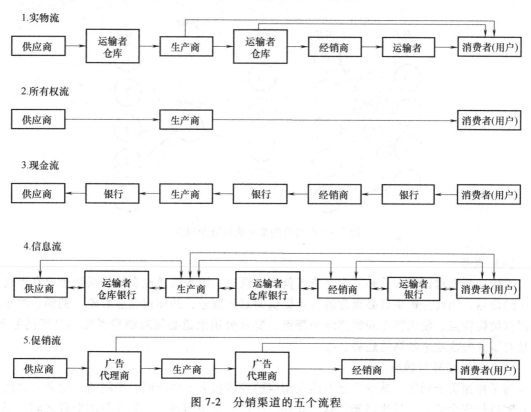

图7-2 分销渠道的五个流程

3. 分销渠道的职能

利用中间商的目的就在于他们能够更有效地推动商品广泛地进入目标市场,弥合了产品、服务和其使用者之间的缺口。中间商凭借自己的经验、专业知识及活动规模,会比生产商干得更加出色。因此,汽车分销渠道的主要职能是实现产品所有权的转移,负责收集与反馈同潜在消费者(用户)、竞争对手和其他参与者的信息,弥补生产商和消费者(用户)之间在时间、地点、所有权上的缺口等。具体来说,分销渠道具有以下职能。

(1) 收集、提供信息

汽车分销渠道的中间商能直接接触市场和车辆消费者,能了解市场的动向和消费者的实际情况。这些信息都是汽车企业产品开发、促销等创造需求和全盘经营必不可缺的。在信息化社会,由渠道系统承担的这一职能越来越重要。

(2) 刺激需求,开拓市场

市场营销的本质在于创造需求。分销渠道系统通过其分销行为和各种促销活动来创造需求、扩展市场。分销渠道所采用的促销手段与生产商是相同的,主要包括人员推销、广告、营业推广、公共关系等。分销渠道协助、配合生产商或者独自开展促销活动。

(3) 减少交易次数

中间商存在的理论根据之一就是在分销过程中介入中间商可以减少卖方和买方之间的交易次数。

从图 7-3 中可以看出，在市场 M1 中卖方和买方直接交易，其次数为 20 次，而在市场 M2 中介入中间商 I，一共只需 9 次便可完成交易。

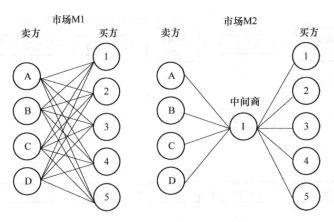

图 7-3　中间商的交易次数减少职能

（4）服务

现代社会要求销售人员必须为消费者负责，同时，服务质量也直接关系到企业在市场竞争中的命运，因而分销渠道必须为消费者提供满意的服务，并体现企业形象。例如，汽车产品因其结构特点、使用特点和维修维护特点，要求分销渠道必须对消费者提供良好的服务，而且有服务要求越来越高的趋势。

（5）资金结算与融通

为了加速资金周转，减少资金占用及相应的经济损失，生产商、中间商、消费者之间必须及时进行资金清算，尽快回笼货款。此外，生产商与中间商、中间商与消费者之间，还需要相互提供必要的资金融通和信用，共同解决可能遇到的困难。

（6）风险承担

产品从生产领域到消费领域转移的过程中会面临许多不确定的因素和物质实体的损耗，如市场需求变动、不可抗拒的天灾人祸、运输和存储及装卸过程中的商品破损等。这些风险均要由分销渠道成员承担。

需要说明的是，分销渠道的以上功能，并不意味着所有的中间商都必须具备。中间商的具体功能可以只是其中的一部分，这与中间商的类型和作用有关。通常对从事乘用车分销业务的中间商，基本的功能要求主要集中在整车销售、配件供应、维修服务、信息反馈等方面（称作"四位一体"，即 4S）。当然，随着汽车市场的发展，汽车中间商的功能也会变化，如履行车辆置换、旧车回收、二手车交易、汽车租赁等业务职能。

营销视野	汽车生产商选择中间商的理由

汽车生产商选择中间商意味着将部分销售工作委托给中间商，而这种委托意味着放弃对于如何推销产品和销售给谁等方面的某些控制权，同时也会丧失一部分利润。以下是汽车生产商愿意这样做的理由：

> 1）汽车生产商选择中间商可以减少资金压力。例如，通用汽车公司在北美通过8000多个独立经销商出售它的汽车。要知道，买断这些经销商，即使是通用汽车公司也很难筹集到这笔现金。
> 2）将建立自己的销售渠道的资金运用到增加主要业务的投资上，可获得更大的利益。有资料表明，如果一个企业在制造业上的投资回报率是20%，那么其零售业务的投资回报率只有10%。
> 3）对于汽车这种产品，直接营销并不可行。

7.1.2 分销渠道的类型

分销渠道的类型可根据不同的标准进行分类。

1. 直接渠道与间接渠道

按产品在流通过程中是否有中间环节来划分，可以把分销渠道划分为直接渠道与间接渠道。

（1）直接渠道

直接渠道是指产品在从生产者流向最终消费者的过程中不经过任何中间商转手，直接把产品销售给消费者。直接渠道是工业用品分销渠道的主要类型。在消费品市场，直接渠道也有扩大优势，具体形式有厂商直接销售、派员上门推销、邮寄销售、电话销售、电视销售和网上销售等。其优点是销售及时，直接了解市场，便于产销沟通、提供售后服务，有利于控制价格；不足是销售费用高，销售范围受到较大限制。

（2）间接渠道

间接渠道是指产品从生产领域转移到消费者或用户手中经过若干中间商的分销渠道。这是一种多层次的分销。间接渠道是消费品分销渠道的主要类型，有些工业品也采用间接渠道。其优点是使交易次数减少，节约流通领域的时间和费用，使企业集中精力搞好生产，可以扩大销售范围；不足是中间商的介入使生产者和消费者不能直接沟通信息，不易准确地掌握消费者需求，消费者也不易了解企业的情况。

2. 长渠道与短渠道

长渠道与短渠道是根据产品在从生产者向消费者转移的过程中，所经过的中间环节的多少来划分的。

（1）长渠道

长渠道是指生产者利用两个或两个以上的中间商，把产品销售给消费者或用户。一般销售量较大、销售范围广的产品宜采用长渠道。长渠道可以充分利用各类中间商的职能，发挥他们各自的优势，扩大销售；其缺点是流通费用增加，不利于减轻消费者的价格负担。

（2）短渠道

短渠道是指生产者利用一个中间环节或自己销售产品。一般销售批量大，市场比较集中或产品本身技术复杂、价格较高的适用短渠道。短渠道可以使商品迅速到达消费者手中，减少商品使用价值的损失，有利于开展售后服务、降低产品价格。短渠道的不足是生产者承担的商业职能多，不利于集中精力搞好生产。

3. 宽渠道和窄渠道

宽渠道与窄渠道（最窄渠道）是根据生产商在某一区域目标市场选择的中间商数目的多少来划分的。

（1）宽渠道

宽渠道是指生产商在某一区域目标市场上选择尽可能多的中间商来销售自己的产品。其优点是分销面广,可以使消费者随时随地买到产品,促使中间商展开竞争,使生产者有一定的选择余地,提高产品的销售效率。宽渠道的不足在于各个中间商推销的商品不专一,不愿意花费更多的促销精力;生产者与中间商是一种松散关系,不利于合作。

(2) 窄渠道

窄渠道是指生产商在某一区域目标市场上只选择少数几个中间商来销售自己的产品。其优点是被选择的中间商在当地市场有一定的地位和声誉,容易合作;有利于借助中间商的信誉和形象提高产品的销售业绩。窄渠道的不足在于中间商要求折扣较大,生产商开拓市场费用比较高。

(3) 最窄渠道

最窄渠道又称独家分销,是指生产商在某一区域目标市场上只选择一家中间商销售其产品。所选的中间商一般在当地极有声望,居于市场领先地位。其优点是独家分销使生产商与中间商双方关系紧密,生产商对中间商给予促销支持,中间商会通力合作,业务手续大为简化,便于产品销售,也便于信息反馈;不足是产品销售面狭窄,市场占有率低,不便消费者购买。

4. 现代分销渠道系统

现代分销渠道系统是按照分销的组织形式来划分的。随着市场经济的发展和企业在竞争中逐渐成熟,促使新的分销组织形式的不断出现。

(1) 垂直分销系统

垂直分销系统也称为纵向联合系统,是由生产商、批发商、零售商根据纵向一体化的原理组成的渠道销售系统,分为契约型产销结合和紧密型产销一体化。在垂直分销系统中,其中某一环节的渠道成员占主导地位,称为渠道领袖,它可凭借优势地位,联合或支配渠道其他成员共同开辟某种产品的产销通道,可以控制渠道中其他成员的行为,减少分销渠道的冲突,更好地协调产品流通。

(2) 水平分销系统

水平分销系统也称为横向联合系统,是由两个以上的生产商联合开发共同的分销渠道所建立的分销系统,分为松散型联合和固定型联合。水平分销系统可以较好地集中各有关企业在分销方面的相对优势,有利于开展分销活动,扩大各企业的市场覆盖面,减少各企业在分销渠道方面的投资,提高分销活动的整体效益。

(3) 集团分销系统

集团分销系统是指以企业集团的形式,结合企业组织形式的总体改造来促使企业分销渠道的发展和改革。企业集团中的销售机构和物流机构同时可以为集团内的各生产企业承担产品分销业务。集团分销系统是一种比较高级的联合形式,能集商流、物流、信息流于一体,分销功能比较齐全,系统控制能力和综合协调能力都比较强,对分销活动能进行比较周密的系统策划,并能建立起高效的运行机制,从而促使分销活动的整体效益有更大的提高。

7.1.3 汽车分销渠道的模式

汽车是一种昂贵的消费品,汽车生产商一般不与顾客直接进行交易,而是采用间接的分销渠道。我国汽车分销渠道具有多重性，不适宜采用全国统一的渠道模式，生产商会根据目标市场的具体情况，使用多重渠道的销售模式。不同的汽车生产商，从自身的特点出发，采取了各有所异的汽车分销渠道模式。例如，低档的家用乘用车可采用密集型宽渠道，以方便顾客的购买；中档家用乘用车一般可采用选择性宽渠道，以保持品牌塑造功能，减少渠道冲突；高档家用乘用车一般可采用独家代理渠道，以保持品牌的高端品质。整体来说，汽车分销渠道的模式可以分成如图7-4所示的5种类型。

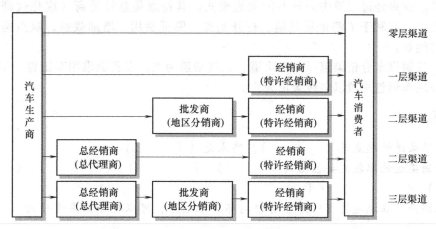

图7-4　汽车分销渠道的模式

1. 零层渠道模式（由汽车生产商直售型）

汽车生产商不通过任何中间环节，直接将汽车销售给消费者。这是最简单、最直接、最短的分销渠道。它的主要优点是，能缩短产品的流通时间，使其迅速转移到消费者或用户；减少中间环节，降低产品损耗；生产商拥有控制产品价格的主动权，有利于稳定价格；产需直接见面，便于了解市场，掌握市场信息。迅速开发与投放满足消费者需求的汽车产品。但这种销售模式需要生产商自设销售机构，因而不利于专业化分工，难以广泛分销，不利于企业拓展市场。

2. 一层渠道模式（由生产商转经销商销售型）

汽车生产商先将汽车卖给经销商，再由经销商直接销售给消费者。这是经过一道中间环节的渠道模式。它的特点是，中间环节少、渠道短，有利于生产商充分利用经销商的力量，扩大汽车销路，提高经济效益。我国许多专用汽车和重型载货汽车生产企业都采用这种分销方式。

3. 二层渠道模式（由生产商经批发商转经销商销售型）

汽车生产商先把汽车批发销售给批发商（或地区分销商），由其转卖给经销商，最后由经销商将汽车直接销售给消费者。这是经过两道中间环节的渠道模式，也是分销渠道中的传统模式。它的特点是中间环节较多，渠道较长：一方面，有利于生产企业大批量生产，节省销售费用；另一方面，也有利于经销商节约进货时间和费用。这种分销渠道在我国的大、中型汽车生产企业的市场营销中较常见。

4. 二层渠道模式（由生产商经总经销商转经销商销售型）

汽车生产商先委托并把汽车提供给总经销商（或总代理商），由其销售给经销商，最后由经销商将汽车直接销售给消费者。这也是经过两道中间环节的渠道模式。它的特点是中间环节较多,但由于总经销商(或总代理商)不需要承担经营风险,易调动其积极性,有利于开拓市场,打开销路。

5. 三层渠道模式(由生产商经总经销商与批发商后转经销商销售型)

汽车生产商先委托并把汽车提供给总经销商(或总代理商),由其向批发商(或地区分销商)销售汽车,批发商(或地区分销商)再转卖给经销商,最后由经销商将汽车直接销售给消费者。这是经过三道中间环节的渠道模式。其特点是总经销商(或总代理商)为生产商销售汽车,有利于了解市场环境、打开销路、降低费用、增加效益;缺点是中间环节多,流通时间长。

目前,我国汽车分销渠道以一级渠道、二级渠道为主。在我国乘用车销售一般以一级渠道为主,商用车销售一般以多级渠道为主。

掌握了吗?

1)分销渠道的起点是(　　　　),终点是(　　　　)。
2)分销渠道的职能主要包括(　　　)、(　　　)、(　　　　)、(　　　　)、(　　　)、(　　　)和(　　　　)。
3)根据产品在流通过程中是否有中间环节来划分,可以把分销渠道分为(　　　　)和(　　　)。
4)请选择:汽车产品适合采用(　　　　)的分销渠道。
A. 长而宽　　　B. 长而窄　　　C. 短而宽　　　D. 短而窄

拓展升华

汽车分销渠道的变革真的来了吗?

特斯拉是现代电动汽车的头部企业,而最早采用汽车新零售模式——直营模式的也是它。截至2021年5月,特斯拉在中国建有2111家体验门店。

中国的造车新势力蔚来、理想等汽车制造商也纷纷选择直营模式。2021年,蔚来增加20个蔚来中心和120个蔚来空间,总门店数达366家;理想建成200家直营零售中心,覆盖全国超过100个城市。

在传统汽车企业方面,也将其新能源汽车进行直营试水。沃尔沃XC40纯电版车型、沃尔沃RECHARGE T8插电混动车型、上汽大众ID.4X都采用了直营模式。

直营模式是优缺点都很明显的"双刃剑",其优点主要包括:

1)直营模式简化了购车流程,节约销售成本,能有效保证用户享受优秀的产品和服务,包括渠道成本、价格透明、试驾、订车等。
2)智能电动汽车的用户以高端和年轻消费者为主,网上购物的消费方式对他们的购车方式的形成有很大的影响,直营模式迎合了年轻用户的消费习惯。
3)线上网销的成功率越来越高,惠及直营模式。
4)直营体验店一般设在商超等城市繁华地段,可以提高品牌知名度,吸引更多消费者。

但是直营模式在提升用户体验的同时,也带来巨额资金需求、运营复杂性等问题,用户体验与成本效率难以平衡。例如,小鹏位于北京三里屯的店面占地近500平方米,年租金约1000万元;位于北京王府井的蔚来中心,其展厅面积为3000平方米,年租金更是高达7000万~8000万元。

汽车分销渠道变革真的来了吗?直营模式会取代汽车4S店(经销商)吗?

7.2 汽车分销渠道的设计与管理

开节话题

> 自 1998 年广州本田、上海通用等最先把 4S 店模式引入我国以来，汽车 4S 店几乎遍布全国各大城市。但是随着汽车科学技术、社会生态及消费者对汽车产品的需要等的发展变化，汽车分销渠道的形式发生着非常重大的变化。
>
> 2021 年 4 月 21 日，以"行变·致远"为主题的"2021 汽车流通行业蓝皮书论坛暨 2020-2021 蓝皮书发布会"在湖北武汉举办。会上中国汽车流通协会发布了《2021 汽车流通行业蓝皮书》，其中提到，2020 年我国汽车流通渠道网络数量出现首次萎缩，截至 2020 年年末，全国乘用车经销商网络在业数量为 28229 家，全年网络增速出现 5.3% 下降，2020 年全年累计退网经销商达 3920 家，一天平均退出数量超过 10 家，其中因主机厂破产清算，网络被迫陆续退出的占 2375 家，退网经销商中也有转做其他品牌的。分品牌看，在所有退网 4S 店中，自主品牌 4S 店退网占比高达 61%，合资品牌 4S 店占比为 34%。
>
> **营销任务：**
> 请讨论，作为汽车厂商应该设计哪种分销渠道？设计分销渠道时应考虑哪些影响因素呢？

营销理论

分销渠道设计要围绕公司营销目标和公司的中长期发展目标进行，要有利于提高企业产品的竞争力和市场占有率，要有效覆盖市场和满足用户需求，还要有利于企业抵御市场风险。在此基础上形成能够充分实现渠道的功能，长期稳固而又能适应市场变化的渠道系统或销售网络，不断地为企业开辟稳定的用户或区域市场。若分销渠道不能适应市场的特性，则应及时调整。

7.2.1 汽车分销渠道设计的影响因素

影响分销渠道选择的因素十分复杂，制造商在渠道选择中，要综合考虑渠道目标和各种限制因素或影响因素，分销渠道设计要在企业经营目标指导下、在充分评价影响因素的基础上做出最佳设计。一般来说，影响渠道设计的主要因素有以下几点。

1. 企业特性

不同的汽车制造商在规模、声誉、经济实力、产品特点等方面存在差异，即企业特性不一。这对中间商具有不同的吸引力和凝聚力，因而企业在设计分销渠道时，应结合企业特性选择中间商的类型和数量，决定企业分销渠道模式。对于实力（主要包括人力、物力、财力）较强的制造商，可建立自己的分销网络，实行直接销售；反之，应选择中间商推销其汽车产品。如果制造商的管理能力强，又有丰富的营销经验，可选择直接分销渠道；反之，应采用中间商。如果制造商为了有效地控制分销渠道，可选择短渠道。反之，如果制造商不希望控制渠道，可选择长渠道。

2. 产品特性

汽车产品由于体积大、重量大、价值大、运输不便、储运费用高、技术服务专业性强等，对中间商的设施条件、技术服务能力和管理水平要求较高，而其生产在时间或地理上比较集中，而使用分散，其分销渠道一般应有中间渠道，不宜采用直接渠道。汽车产品的分销渠道宜采取短而宽的分销渠道类型。但不同汽车企业的产品特性不一，不应强求一律，各汽车企业在组建分销渠道系统时应充分考虑本企业的产品特性。

3. 市场特性

不同汽车企业的不同产品，其市场特性也是不一样的。市场因素主要包括目标市场的大小。如果目标市场范围大，渠道则较长，反之，则渠道就较短。对于高档轿车，其目标市场往往较小，因此易于选择短渠道；对于经济型轿车，由于目标市场基本覆盖了各个层次的消费者，因此更适合选择长渠道，提高市场的覆盖范围。

4. 竞争特性

企业在设计分销渠道时，应充分研究竞争对手的渠道状况，分析本企业的分销渠道是否比竞争对手更具活力。否则，应对渠道做出调整。

营销案例　　一汽丰田与一汽大众在长沙的 4S 店分布

作为竞争对手的一汽丰田与一汽大众在湖南省长沙市分别有 9 家、11 家汽车经销店，它们地理位置分布的所属区域非常相似，经销商的状况也有相似性。具体信息见表 7-1。

表 7-1　一汽丰田与一汽大众在湖南省长沙市的经销店分布情况

序号	品牌	名称	地址	所属区域
01	丰田	长沙中升丰田汽车销售服务有限公司	长沙市开福区兴联路 669 号 3 号仓高岭国际商贸城 3 栋	开福区
02	丰田	长沙华运通丰田汽车销售服务有限公司	长沙市开福区叁壹大道 338 号	
03	大众	长沙达美汽车贸易有限公司	长沙开福区秀峰街道开福大道中 336 号高岭国际商贸城 2 栋 1-14 号	
04	丰田	长沙华兴通丰田汽车销售服务有限公司	长沙市望城区大泽湖社区吴家冲路 28 号（金星北路）	望城区
05	大众	湖南永通汽车销售服务有限公司	长沙市望城区大泽湖街道吴家冲路 28 号	
06	丰田	浏阳庆升丰田汽车销售服务有限公司	长沙市浏阳集里平水村西站往太平桥方向 600 米	浏阳市
07	大众	浏阳永通汽车销售服务有限公司	浏阳关口工业小区（消防大队斜对面）	
08	丰田	长沙申湘丰田汽车销售服务有限公司	长沙经济技术开发区申湘汽车城 C 座	星沙经开区
09	大众	湖南汽车城永通有限公司	长沙市星沙经济开发区中南汽车世界经贸西路 H08 区	
10	丰田	长沙彤道丰田汽车销售服务有限公司	长沙市岳麓区东方红路麓谷汽车城	岳麓区
11	大众	湖南华洋众广汽车销售服务有限公司	长沙市岳麓区高新开发区麓谷汽车城长四路	
12	大众	湖南长久博腾汽车销售服务有限公司	长沙市岳麓区岳麓街道五星村 99 号	
13	大众	湖南兰天众远汽车销售服务有限公司	长沙市岳麓区岳麓大道西 3599 号河西汽车城一汽大众 4S 店	
14	丰田	长沙力天丰田汽车销售服务有限公司	长沙市雨花区万家丽路中路三段 58 号	雨花区
15	大众	湖南华洋汽车贸易有限公司	长沙市雨花区黄谷路 308 号	
16	丰田	长沙和信丰田汽车销售服务有限公司	长沙市芙蓉南路时代阳光大道口往南 100 米（省工商局对面）	天心区
17	大众	湖南中拓瑞众汽车销售服务有限公司	湖南省长沙市芙蓉南路二段 123 号	

(续)

序号	品牌	名称	地址	所属区域
18	丰田	长沙力天丰田汽车销售服务有限公司宁乡分公司	长沙市宁乡市大河西汽车城力天丰田分	宁乡市
19	大众	湖南中拓瑞鑫汽车销售服务有限公司	长沙市宁乡市白马桥乡仁福村（食品工业园）	
20	大众	长沙大汉汽车贸易有限公司	长沙市芙蓉区远大路与红旗路交会处西南角	芙蓉区

5. 政策特性

企业在选择中间商或建立直销网点时，应充分考虑国家和地方的政策特点，选择合法的、有诚意并能够分担风险的中间商。

营销视野　　《汽车销售管理办法》对我国汽车销售形式的影响

2005年商务部、国家发展改革委和工商总局出台《汽车品牌销售管理实施办法》，确立了汽车品牌授权销售体制，要求销售汽车必须获得品牌授权并实行备案管理。但随着我国经济社会的发展，实行汽车销售品牌授权单一体制已不能适应汽车市场发展的内在需求。2017年4月14日，商务部召开新闻发布会，明确新《汽车销售管理办法》将于2017年7月1日起实施，并同时废止了2005年发布的《汽车品牌销售管理实施办法》。

新出台的《汽车销售管理办法》打破了汽车销售行业4S店垄断的格局，取消了强制的汽车品牌授权销售方式。从此，我国汽车销售实行汽车品牌授权与非授权两种销售模式同时进行，实现多样化销售模式，汽车超市、汽车卖场、汽车电商、名车馆等成为新的汽车销售形式。

6. 中间商特性

各中间商实力、特点不同，如在广告、运输、储存、信用、送货频率方面具有不同的特点，从而影响汽车制造商对分销渠道的选择。

7.2.2　汽车分销渠道设计的基本流程

汽车分销渠道设计主要包括确定渠道长度、宽度和规定渠道成员的权利、责任和义务等内容。

1. 审视企业现状

通过对企业以往的分销渠道分析，了解以下要点：企业以前进入市场的步骤，各步骤之间的逻辑关系及后勤、销售职能；企业与外部组织的职能分工；现有渠道的经济性，包括成本、收益和边际利润。

2. 消费者市场调研

通过对客户偏好调查，了解客户最喜欢通过什么渠道购买产品，以及将来通过什么渠道购买产品。

3. 对渠道和分销商的调研

在市场调研的基础上，对渠道和分销商的调研是企业市场研究的重要内容，是渠道选择的起点，包括走访观察、了解当地竞争同行的情况。这样可以帮助企业分析产品的分销渠道的利润水平，主要目的是帮助厂商选择最有效的、最容易获得利润的营销渠道。

4. 对渠道和分销商的分析

对渠道和分销商的分析包括以下要点：建立完整的营销渠道调查表，通过销售业务员、代理商、零售网点、网上销售等渠道获得基本信息，从而筛选可行的营销渠道；对各营销渠道的竞争性分析，是企业选择分销渠道的最佳策略；分析各渠道市场渗透率、利润率和竞争对手的分销渠道经营效率。

5. 渠道设计

厂商选择了适合自己的渠道后，就要根据自己的目的对所选的渠道进行设计。分销渠道设计主要包括确定渠道长度和宽度、渠道组织成员的选择，以及规定渠道成员彼此的权利、责任和义务三方面的内容等。渠道成员的权利和义务包括对不同类型的中间商给予不同的价格，还要规定交货和结算条件，以及规定彼此为对方提供的义务。

对于渠道设计，通常有以下三种策略可供选择。

（1）开放型策略

开放型策略是指只要企业信得过，不管是哪一类型的中间商（不限制其数量），都可以经营本企业的产品，这种策略较适应卖方市场，而且费用比较少。但其缺陷是渠道多而混乱，企业对整体渠道系统难以控制，难以同较有实力的中间商形成长期合作关系。

（2）封密性策略

封密性策略即独家经销或排他性策略，它要求生产企业和中间商之间用协议或组建营销全资、控股子公司等办法，规定中间商只能在指定的地方销售本企业的产品，而不能销售其他企业的产品，尤其是不能销售竞争对手的产品。

营销视野	分销渠道封密性策略的优缺点

（1）对企业而言的优点

1）由于只能经销一个企业的产品，中间商必须成为企业的有力支持者，必然关心企业的产品改进、洞察市场行情和周到地为用户服务。

2）企业可以集中精力管理和控制好分销渠道，便于企业贯彻营销策略，限制渠道系统内的"无政府"行为。

3）企业只同少数中间商打交道，有利于降低营销费用，也便于在中间商处建立产品中转分流站，提高中间商的规模经济效益。

4）容易保证渠道系统的信息畅通，便于企业及时掌握市场行情和销售动态。

（2）对中间商而言的优点

1）有生产企业作为坚强的后盾，可以提高中间商在当地的地位和影响力。

2）易得到生产企业强有力的支持，如包括投资的直接支持和企业所做广告等的间接支持。

（3）对企业而言的缺点

1）企业对中间商依赖性较大，如果中间商工作不力，企业容易失去一部分市场。

2）不利于扩大市场覆盖面，容易出现市场盲点。

3）企业必须要有足够多的品种、规格和数量供应，否则中间商因业务量过少，能力闲置而积极性不高。

（4）对中间商而言的缺点

中间商失去了独立性，生产企业如有政策变化而选择另一中间商，则原中间商可能会陷入不利局面。

（3）选择性分销策略

选择性分销策略是指在每个地区选择一定数量的具备一定条件的批发商或零售商经销生产企业的产品。被选中的中间商不仅经营本企业的产品，还允许自由地经营其他企业的产品。这一策略的优点是，企业可以选择经营规模大、资金雄厚、经营效率高、容易协作的中间商作为渠道成员。这一策略所选的中间商数目比开放型策略少，企业也便于对渠道成员进行控制、指导和管理。

企业在选择中间商时应考虑其经营范围、经营规模、经济实力、支付能力、管理水平、存储设施、服务能力、用户声誉、价格态度、用户群特征、当地影响力等，选择其中的优秀者作为企业分销渠道成员。

7.2.3 汽车分销渠道的评估

企业在渠道设计方案确定后，必须对方案进行评估，以保证方案的科学性和合理性，尽量有利于企业的长远目标。汽车分销渠道的评估主要从渠道的经济效益、企业对渠道的控制能力，以及渠道对市场的适应性这三个方面来进行。

1. 渠道经济效益的评估

这种评估主要是考虑每一渠道的销售额与成本的关系。企业一方面要考虑自销和利用中间商哪种方式销售量大，另一方面还要比较二者的成本。一般来说，利用中间商的成本比企业自销要小，但当销售额超过一定水平时，利用中间商的成本则越来越高，因为中间商通常要收取较大固定比例的价格折扣，而企业自销只需支付自己的销售人员的工资加部分奖励。因此规模较小的企业或大企业在销售量不大的地区或产量较小的产品品种，利用中间商较合算，当销售量达到一定规模后，则宜设立自己的分销机构。国外各大汽车企业都有独立的实力雄厚的自销体系，对我国汽车企业而言，要具有强有力的市场营销能力，长远目标是必须建立自销体系。

2. 渠道控制能力的评估

一般来说，自销渠道比利用中间商更有利于企业对于渠道系统的控制。中间商是独立的商业组织，他们必须关心自己的经济效益，而不仅是生产企业的利益，只有那些能为中间商带来持久利润的产品和营销政策才使他们感兴趣。在通常情况下，实力雄厚、产品畅销的大型企业对中间商的控制力要强一些，价格折扣和付款期限等优惠政策也可稍少一些，双方都乐意建立持久的合作关系；而那些实力不强的中小企业对中间商的控制力就要弱得多，价格折扣必须较大才能持久地维持双方的业务合作。

3. 渠道适应性的评估

企业与中间商在签订长期合约时要慎重从事。因为在签约期间企业不能根据需要随时调整渠道成员，这会使企业的渠道失去灵活性和适应性，所以涉及长期承诺的渠道方案，只有在经济效益和控制力方面十分优越的条件下，企业才可能考虑。一般来说，对于实力雄厚、销售能力强、企业同其业务关系历史较长、双方已经建立信任感的中间商，企业宜与之签订较长期的合约。如果中间商不是如此，而且对企业产品的销售业绩较差，企业不仅不可与之签订长期合约，而且应保留在某些情况下撤销该中间商的权利。

7.2.4 汽车分销渠道成员的选择与管理

1. 汽车分销渠道成员的选择

汽车制造商需要在想要开拓的市场有重点、有步骤地招募渠道成员，筛选的依据主要包括合法经营资格、销售能力、服务水平、储运能力、财务状况等各方面。符合条件的经销商必须履行相应的渠道加盟程序，投入部分硬件、软件建设。

（1）合法经营资格

必须对中间商的各种证件认真审核，检查其是否具有国家（或该地区）准许的经营范围和项目，将中间商持有的证件经销登记、复印以备案。

（2）销售能力

中间商的市场占有率或覆盖程度要与生产商的既定营销目标相符合。若中间商的市场覆盖能力小于生产商的要求，则达不到预期目标；反之，如果覆盖面太大，可能对其他经销商是威胁，容易出现矛盾。还需考虑中间商是否具有稳定和高效的销售队伍、健全的销售机构、完善的销售网络、足够的推销费用和良好的广告媒体环境。

（3）服务水平

现代市场营销要求一体化服务，包括运输、安装、调试、保养、维修和技术培训等各项售后服务相结合。中间商是否具有懂专业技术的人员为消费者提供良好服务，更是一个重要条件。

（4）储运能力

储运能力的大小，直接关系到中间商的业务量大小，以及是否对生产商的产品起到稳定、发展和延伸的作用，并调节产品生产销售的淡旺季。生产商要求中间商具有能更多地担负产品实体的储藏、运输任务的能力，这也是选择中间商的重要条件。

（5）财务状况

中间商的财务状况是重要的选择条件，这对经销汽车这样的需要有大量资金支持的产品尤为重要。中间商的财务状况需要考虑的是固定资产量、流动资产量、银行存贷款、企业之间的收欠资金等情况。这关系到中间商能否按期付款，以及预付款等问题。

营销案例　　　　　　　　　湖南永通集团有限公司

成立于2000年的湖南永通集团有限公司（以下简称永通集团），是一家覆盖汽车销售与汽车后市场全产业链的大型股份制公司，其业务包括整车销售、售后维修、仓储物流、出租车经营与租赁、上牌检测、保险、二手车置换、汽车金融、汽车文化博览等。

截至2021年年底，永通集团拥有奥迪、奔驰、保时捷、上汽大众、一汽大众、别克、广汽丰田、一汽丰田、北京现代、斯柯达、福特、比亚迪、吉利几何汽车、天际汽车等14个高中端品牌的代理权，在全省各地拥有40多家4S店。

历经20多年的专业沉淀，永通集团已经成为湖南省乃至中南地区汽车流通行业的领军企业，并逐渐向汽车平台搭建者转型。

2020年永通集团实现年营业收入162亿元，其品牌影响力也逐年提升。2020年永通集团位列中国汽车经销商百强排行榜第31名，稳居第一梯队，多年蝉联湖南汽车经销商榜首。在2020年湖南百强企业评比中，永通集团位列第29名，并获2020年湖南服务业企业50强评比的第8名。

除以上几个方面外，还应考虑中间商的声望和信誉、经营历史及经销绩效、对生产商的合作态度及其经营的积极性，以及未来发展状况估计等。

2. 分销渠道管理策略

（1）明确渠道成员的权利和义务

明确渠道成员的权利和义务，这是妥善处理生产商与中间商业务关系，建立高效渠道的基本策略。具体有以下几点：

1) 产品的价格。价格直接涉及各个成员企业的经济利益，是个敏感的问题，生产商必须慎重从事。

2) 支付条件及保证。生产商应对支付条件及销货保证做出明确的规定并严格履行。为鼓励渠道成员提早付款、不拖欠，要给予一定的付款折扣。对某些原因造成的产品降价，生产企业应该设"降价保证"。

3) 给予地域权利。生产商必须给予渠道成员一定的地区（域）权利。

4) 产品的供货。生产商应在产品的数量、质量、品种、交货时间等方面尽可能满足中间商的要求。

5) 情报互通。生产商与中间商之间应及时传递本企业的产品生产或销售的信息以及所获得的其他市场情报，不能相互搞假情报或封锁消息，以便各方能按需组织生产和经营销售。

（2）督促与鼓励中间商

鼓励分销渠道成员，使其最大限度地发挥销售积极性，是管理分销渠道的重要一环。具体有以下几点：

1) 建立良好的客情关系。客情关系是指生产商与中间商在诚信合作、沟通交流的过程中形成的情感关系。企业应加强客情关系的培养，提高分销渠道运作的效率和效益。

2) 建立相互培训机制。相互培训机制是密切渠道成员关系、提高分销效率的重要举措。生产商培训终端销售人员，提高他们的顾问式销售能力；中间商给企业营销、技术人员提供培训，提高市场适应能力。

3) 对渠道成员的激励。激励中间商的方式主要有提供促销费用、运用价格折扣、年终返利、实施奖励和陈列津贴等。

（3）正确评价渠道成员的销售绩效

定期考核渠道成员的绩效，以此为依据实行分销渠道的有效控制。一定时期内各中间商达到的销售额是一项重要的评价指标。要对中间商的销售业绩采用科学方法进行客观评价，主要方法如下：

1) 纵向比较法。将每个中间商的销售额与上期的绩效进行比较，并以整个群体在某一地区市场的升降百分比作为评价标准。对于低于该群体的平均水平以下的中间商，找出其主要原因并帮助整改。

2) 横向比较法。将各个中间商的实际销售额与其潜在销售额的比例进行对比分析，按先后名次进行排列。对于那些比例极低的中间商，分析其绩效不佳的原因，必要时要予以取消。

（4）分销渠道的及时调整

1) 增减渠道成员。增减渠道成员即决定增减分销渠道中的个别中间商。既要考虑增或减对某个中间商的盈利方面的直接影响，也要考虑可能引起的间接反应，即渠道其他成员的反应。

2) 增减一条渠道。在某种情况下，各方面的变化常常使企业感到只变动渠道中的成员是不够的，必须变动一条渠道才能解决问题，否则就会形成失去这一目标市场的威胁。

3) 调整分销渠道模式。调整分销渠道模式即在以往的分销渠道做通盘调整。这种调整策略的实施难度较大，因为要改变生产商的整个分销渠道，而不是在原有基础上修修补补。

（5）渠道窜货管理

所谓窜货，是指分销成员为了牟取非正常利润或者获取制造商的返利，超越经销权限向非辖区或者下级分销渠道低价倾销货物。企业必须对窜货现象采取有效措施。

1）明确渠道销售政策。明确分销成员的销售区域和销售权限，明确产品价格政策，明确界定每个销售区域的商品外包装的条码，便于检查。

2）制定窜货处理政策。为防患于未然，事先必须制定窜货处理政策，因窜货对其他分销成员和制造商造成的损失由窜货方全权负责，按比例扣除窜货方的年终返利，减少给其的促销费用，降低客户等级和经销权限。

3）成立销售管理小组。派专人负责管理，建立畅通的信息反馈渠道，经常抽查，听取中间商的意见反馈，发现有窜货现象及时处理、解决。

掌握了吗？

1）影响渠道设计的主要因素有：（　　　）、（　　　）、（　　　）、（　　　）、（　　　）和（　　　）。

2）分销渠道的评估主要从（　　　）、（　　　）和（　　　）这三方面来进行。

3）选择分销渠道成员应考虑的因素包括（　　　）、（　　　）、（　　　）、（　　　）和（　　　）。

4）分销渠道管理策略包括（　　　）、（　　　）、（　　　）、（　　　）和（　　　）。

拓展升华

新能源车零售渠道变革

经销商体系是燃油车时代的产物，是汽车制造商和经销商基于利益和效率最大化而长年累月形成的互惠互利的合作模式。从新势力汽车制造商和传统汽车制造商对于新型营销路径的探索来看，传统营销渠道正受到新能源汽车零售渠道变革的猛烈冲击。

从产品维度来看，新能源车不需要做常规保养，售后服务的利润空间很小，而对于传统汽车制造商，售后是其重要的利润点。在新能源汽车制造商中，只有蔚来一家在坚持换电模式。换电模式虽然能够提升一些售后服务的利润，但其最大的目的其实是通过"电池以租代售"的模式降低整车价格。

随着充电桩的普及，新能源车的维护可能更多在于智能座舱等功能的升级，这意味着汽车制造商要跟客户建立联系。

国内新势力汽车制造商扎堆，他们面临的竞争很残酷。新势力汽车制造商首先考虑的是如何拿出有竞争力的产品。一边要做大销量，一边又要为技术研发进行高额投入，而要想培养分销渠道网络，汽车制造商要制定价格规定、年度返利、经营授权等商务政策，确保经销商的利益。在新能源市场格局还远未稳定的前提下，新势力汽车制造商分身乏术，势必会倾向于各自为战。

直营模式意味着全国统一售价，经销商没有定价权，利润微薄，加上供货不及时，能卖多少辆车，经销商心里根本没有底，资金风险也比较大。

对于新势力汽车制造商来说，电商平台也如同鸡肋。一方面，电动汽车智能化程度越来越高，产品特性难以在电商平台上得到较好的展示。另一方面，汽车电商平台本就是边缘流通渠道，其优势在于覆盖更多的用户群体，其价值主要在于广告宣传，而难以促成交易。

整体来看，新能源汽车正在逐步取代燃油车，顺带着也动摇了传统汽车的销售模式。新势力汽车制造商与伴随燃油车生长起来的经销渠道无法形成利益共同体。此种处境下，用心打造直营店的体验不仅能够吸引年轻用户群体，也有利于提升品牌格调。

7.3 我国乘用车的销售模式

开节话题

2020 年，全国汽车品牌授权经销商（4S 店）数量首次出现下滑，全年网络规模缩小 5.8%，存量是 2.8 万家。全年因主机厂经营不善或非主机厂原因退网的店面近 4000 家，而新增店面仅为 2000 余家。也就是说，2020 年全年，每天大约有 11 家 4S 店关停退网。

营销任务：

试分析汽车品牌授权经销商（4S 店）与新的汽车销售模式的优势与劣势。

营销理论

随着《汽车销售管理办法》和《关于汽车业的反垄断指南》的出台和实施，我国汽车行业产生了深刻变革，汽车销售模式也朝着多样化、共享型、节约型和便捷高效的方向转变。现阶段我国乘用车市场的销售模式基本可以分为经销模式、代理直营模式大类。

7.3.1 经销模式

乘用车经销商是指从事车辆交易，取得商品所有权的经销商，属于买断经营。经销商最明显的特征是将商品买进以后再卖出，独立承担由产品滞销、市场价格下降、政策变化等带来的经营风险，并且经销商往往根据自身特点与需求制定营销策略，尽可能地增加销售利润。

目前，国内市场乘用车整车销售的主要形式是特约经销，也就是汽车 4S 店模式。虽然自 2017 年 7 月 1 日开始实施《汽车销售管理办法》，取消了乘用车只能在汽车 4S 店销售的模式，但是现阶段汽车 4S 店的授权模式依然是主流模式，而且其占比非常高。预计到 2025 年，特许经销商在我国的占比为 90% 左右、美国为 95% 左右、欧盟为 80% 左右。

营销视野 **中国汽车经销商集团店面数量**

中国汽车流通协会于 2022 年 4 月 27 日发布了《2021—2022 中国汽车流通行业发展报告》。该报告覆盖了 98 个乘用车品牌，其中覆盖豪华/超豪华品牌 25 个、合资品牌 19 个、自主品牌 54 个。截至 2021 年年底，按照 4S 店数量排名的经销商集团如下：

1）拥有 100 家及以上 4S 店网络的经销商集团有 14 家，分别是广汇、中升、庞大、恒信、深圳东风南方、成都建国、永达、利星行、比亚迪、浙江物产元通、广物汽贸、河南威佳、山东远通和广汽商贸。

2）拥有 60~99 家 4S 店网络的经销商集团有 20 家。

3）拥有 40~59 家 4S 店网络的经销商集团有 16 家。

1. 汽车4S店的实质

汽车4S专卖模式在20世纪末传入我国以后，逐渐得到了我国市场和消费者的认可，目前开始步入飞速发展时期，被认为是我国汽车销售模式与国际接轨的标志。它是品牌专卖店发展到20世纪90年代的产物，是以汽车厂家的品牌专项经营为主体，以整车销售（Sale）、配件供应（Spare Parts）、维修服务（Service）和信息反馈（Survey）"四位一体"为特色的综合性汽车营销模式。

汽车4S店的实质就是一套完善的汽车营销服务体系，包括销售制度、服务系统、零部件供应等，贯穿汽车销售售前、售中、售后的全过程，其独特功能是让顾客感觉到买车也是一种享受。从汽车企业的角度来说，统一的店面格局及标准、统一的整车销售价格、高质量的维修、人性化的服务、协调一致的广告推广、迅速的信息反馈，以及索赔、召回措施等，使顾客产生了对品牌的认可和信任，增加了购买汽车的安全感，为其树立品牌形象起到了不可替代的作用。从经销商的角度来说，品牌的形象、标准化的服务及作业、及时的零件供应、技术资料的提供、技术培训及专业设备的支援，为经销商在当地树立自己的品牌形象，在扩大销售、增加稳定的顾客资源、增加经济效益等方面，也起到了保障作用。同时，先进的服务理念和服务程序、技术的不断进步、设备的完善、现代化企业管理的导入，也使经销商自身素质得到提高，从而推动了全行业水平的提高。从消费者的角度来说，购买到高质量的品牌汽车，在精神上得到满足，完备的售后服务加上免费保养，以及索赔及跟踪服务，不仅使顾客有买车的安全感，也使顾客的满意度进一步提升。

营销案例	海南马自达的4S店

占地12亩的海南马自达4S店拥有快速检车仪、四轮定位仪、大型烤漆房等在内的专业设备。每年该店都会举办包括试乘试驾、大型公益活动巡游，以及车友参与性极强的野外露营、自驾游等各种活动，让消费者在购买汽车的全过程获得更多的增值服务。在4S店休息室，消费者可以看电视、喝上清香的绿茶或香浓的咖啡、上网冲浪。该店还24小时提供热水，跑长途的车主可以在这里洗上舒服的热水澡，品尝刚刚烤制出炉的点心。这些让消费者确确实实享受到了国际化、标准化的服务，使消费者满意度进一步提升。

2. 汽车4S店的优势

（1）厂商的利益一致

由于专卖店是特许经营，不经销其他产品，这使汽车企业（厂）和经销商（商）的关系稳定，双方的利益一致。它划定市场范围，实行区域性销售，便于汽车企业统一销售政策。它实行以直销为主的终极用户销售，一改层层推销、层层加价弊端，减少了中间环节，有利于营销的推广。汽车企业和经销商之间的利润也保持在一个高效、合理的范围内，有利于销售网络在全国的建设、布控，避免了恶意竞争。

（2）高质量的销售和管理

通过汽车4S店的引入，经销商已经接受了卖车要同时修车的理念，这个理念的背后是经营时间从售前、售中扩大到售后，即一辆车从"生"到"死"的全过程，竞争办法也从单纯价格竞争扩展到服务竞争等一系列的变革。同时，通过汽车4S店的引入，人们认识到优胜劣汰的残酷性：不是任何人都可以卖车的，而是谁有实力拿出几千万元谁就有可能拿到一个品牌专卖，虽然门槛高，却是公平的。对汽车企业来说，品牌专卖最大限度地革新了我国汽车销售模式。品牌专卖店在外观形象和内部布局上，统一规范、统一标识，给人强烈的视觉冲击，有助于提升企业、品牌形象。从硬件设施看，我国的4S汽车品牌专卖店可以说在全世界都是有名的，即使经济十分发达的美国，其4S店也无法与我国有的4S店的硬件设施相比。在这样的环境里购车，再加上西装革履的销售顾问毕恭毕敬地为消费者服务，消费者一般都乐于接受。

（3）信息反馈及时，终端控制有效

4S品牌专卖店建立了完备的信息反馈系统和客户管理系统，使汽车企业及时跟踪用户的使用情况，改进产品设计。它将汽车销售与售后服务融为一体，可以为用户提供终身服务。汽车企业可以非常有效地控制物流和终端，信息的反馈快速有效，能够较好地根据市场销量和需求变化进行生产调整，同时为车型改良和新产品的开发等提供丰富的市场依据。

3. 汽车4S店的劣势

（1）要求高、投资大、风险大

目前，我国的汽车经销商获得品牌专卖权市场是一个典型的卖方市场。汽车企业要求高、可选择的对象多。4S店的固定资产投资动辄在1000万元以上，流动资金也要求在1000万元左右。经销商投资过大，导致终端在面临市场竞争激烈时捉襟见肘，而在投资建店的过程中，汽车企业不承担任何风险。

（2）经销商运营成本高

一个普通的4S店一年的运营费用为500万~600万元，而一旦没有消费者购车，在保有量不够大的情况下，每个4S店都要保证配备齐全的昂贵检测维修设备和具备高技术水平的技工，这样动辄几千万元的成本投入对于经销商来说无疑是非常大的负担，一天就会亏损近2万元的成本。一旦车市持续低迷，在得不到足够的汽车销量和维修量支撑时，对车价没有绝对控制力的经销商就只好"吃老本"。一旦将老本吃完，即面临被淘汰出局的危险。成都西汽集团旗下的几家品牌汽车一级代理，包括上海大众、一汽大众、天津一汽、长安铃木、红旗轿车等，就因不能度过2004年汽车市场的低迷而资金链断裂，成为汽车零售业洗牌的牺牲品。

（3）排他性

4S品牌专卖店通常只能销售某一汽车企业的产品，甚至只能销售某一汽车企业的某一特定品牌，如当年吉利集团的吉利、美日、华普和吉利美人豹在四川的4S代理就分属不同的经销商。如果经销商要销售多个厂商的产品，就必须在不同地点设立由不同的管理者经营的多个独立销售实体。4S模式的排他性，必然导致车型品种单一、网点分散，无法满足消费者多样化的选择和比较的需要，给消费者购车带来极大的不便。尤其对于喜欢"货比三家"的消费者，如果想要在各种车型之间进行比较，就必须奔波于分散的不同品牌的4S店之间。

（4）厂商地位不平等

汽车企业和4S店的地位，可以说从经销商蜂拥争抢4S店的代理权开始，本应平衡的厂商关系就已经倾斜了。在车市持续升温的2001年—2003年，众多资本潮水般涌入汽车品牌专卖，造就了一个个"4S神话"，几乎每一个品牌汽车推出建4S店的计划都会引来一阵哄抢。华晨宝马在全国挑选24家经销商，让3000多个投资者挤破了头。2003年，北京现代准备建造100多家4S店的计划一出，报名竞标者达到了2300多家。即使在车市比较低迷的

2004年，东风标致在全国建造80家"蓝盒子"的构想一出台，也很快招来800多家竞标者。然而，在渠道建设中，汽车企业并不承担任何风险，却拥有整个网络，经销商独自承受着资金投入的风险和压力，还得在市场低迷时按汽车企业指令吞下压库和亏损销售的苦果。经过前几年的连续降价，一些车型的水分已挤得差不多了，但消费者仍持观望态度，汽车企业也无可奈何，就要求车商让利销售，打价格战的事由4S店来完成。

（5）消费者负担重，对品牌的忠诚度低

4S店的零配件和维修费贵，几乎每个消费者都深有体会。曾有捷达车的消费者在4S店换一个保险杠花了1700元，换一个制动片花了1300元。经销商明明可以到主机厂的配套件厂进货，价格会低得多，如前面提到的保险杠和制动片，配套件厂的出厂价也就100多元，然而汽车企业要求经销商必须在主机厂进货，美其名曰"为了保证零部件的纯正性"。由于4S店的维修服务及零部件价格远高于一般修理店，消费者往往不愿到专卖店修车，"保修期内专卖店，保修期外路边店"成为许多消费者无奈的选择。现阶段我国大多数人购车是家里第一辆车，当其在某一品牌车型上受伤害后，当向朋友推荐车型或欲再购车时，往往容易转换品牌。

4. 汽车4S店的组织结构

汽车4S店的组织结构按照四位一体的特色，分为以下4个部分。

（1）整车销售

整车销售是汽车营销工作的核心，是汽车4S店的基本职责。整车销售一般包括进货、验车、运输、储存、销售等环节。

1）进货。进货是指汽车经销商通过某种渠道获得销售所需的商品汽车。一般来说，第一手货源，也就是直接从主机厂或主机厂主管的汽车销售公司进货，进价较低。因此，最好要减少商品车的中间流通环节，把从主机厂直接进货作为主渠道。除从主机厂进货外，也可发展横向联系，从各地的汽车销售公司进货，这就是第二手货源或第三手货源。商品转手的次数越多，一般而言价格就越高，但这要根据本公司的具体情况具体分析，如地理位置、运输成本、与主机厂和其他进货商的合作关系等。具体情况具体分析，原则就是要控制商品车的进货价格。

另外，销售部门必须在头一年年底或当年年初，由整车销售部根据市场信息和顾客的需求，编制"汽车年度销售计划"经总经理批准后进行采购。同时每月根据年度计划和实际情况制定下个月的订车计划单。

在进货订货时，供应商和销售商双方在充分协商的基础上，最后签订供货合同。双方应履行合同条款的各项规定，按合同办事。

2）验车。

经销商根据合同票据规定的时间，计算车辆到达时间，做好接车的准备工作。

新车的运输如果是专业运输商负责运到本公司，销售部在接车过程中要严格按照相应"车辆发运交接单"的内容进行检查，运输商确认，双方在"车辆发运交接单"上签字认可。检查出的在运输过程中产生的问题应由运输商负责修复或承担全部费用。

经销商对供货方所提供的商品车进行检查和验收工作，一般要由服务部门完成。因为服务部门的专门人员熟悉汽车技术，有经验。验收的核心问题是：对于第一手货源，检查质量是否有问题；对于第二手货源或第三手货源，主要辨别是真货还是假货、是新车还是旧车、质量有无问题，防止上当受骗。对于商品车，主要做好以下各项验收工作：

① 核对发动机号、底盘号与合格证是否一致。

② 检查备胎、随车工具是否齐全。

③ 检查随车附件、文件是否相符、齐全。

④ 检查全车漆面是否有损伤。

⑤ 检查四门及前后玻璃是否完好。

⑥ 检查各种灯罩是否完好。

⑦ 检查轮胎、轮辋是否完好、统一、紧固。

现在世界各国的汽车公司生产的汽车大都使用了车辆识别代码（Vehicle Identification Number，VIN）。VIN 由一组英文字母和阿拉伯数字组成，共 17 位，所以又称 17 位识别代码，它是识别一辆汽车不可缺少的工具。按照识别代码的顺序，从 VIN 中可以识别出该车的生产国别、制造公司或生产厂家、车的类型、品牌名称、车型系列、车身类型、发动机型号、车型年款、安全防护装置的型号、检验数字、装配工厂名称和出厂顺序号码等。这项在汽车验收时要特别注意。

另外，还应核对说明书、维修卡等文档材料。若从第二货源或第三货源进货，还应逐车验收。验车应严格按有关手续进行，检查合格后，将商品车入库保管，填写相关商品车交接验收单据，并请发运人员签字。

3）运输。汽车从货源地运到经销商所在地即为车辆的运输。运输用到的方法根据路途远近和具体情况可以是委托生产厂订铁路运输的车皮，并帮助发货，也有的委托当地储运公司把商品车提出后，由储运公司订车皮、发货。还有由生产厂派驾驶员或自雇驾驶员通过公路长途运送的。还可以用汽车专用运输车辆，一次可装运 4~6 辆整车，经公路运至目的地。无论采用哪种方式运输都要上保险，以防在运送途中出现问题，造成损失。

4）储存。在储存移送车辆时，注意采用合适的方法搬运移动，防止因振动、磕碰、划伤而造成车辆损坏，销售部接车后负责将车辆清洗干净，由仓库保管员将待售商品车驶入规定的区域有序停放。商品车入库后，在售出前的这一段时间为仓储保管期，应精心保管，防止意外情况的发生。在储存时，要做好维护保养工作，避免风吹、日晒和雨淋。要定期检查，防止蓄电池失效。若保存期较长，则对某些部件还要做防锈养护。冬天要注意防水防冻。定期整备商品车，保证商品车处于最佳状态，可随时调出进行销售。在移动商品车的过程中，应保证两个人参与，确保商品车不受损伤。商品车按"先入先出"的原则排列有序，钥匙按次序放好，以便准确、及时地调出车辆。

在汽车销售过程中，发现汽车的质量问题，经验证确实需要索赔时，应积极按照相关索赔管理的规定程序进行索赔。

要及时、准确地编制商品车入库单。自己无储运仓库，则要租借储运库储存，要事先签订储存合同，防止以旧换新、以假乱真，或使用商品车跑运输赚钱以及搞其他运输工作。

5）销售。汽车销售有批发交易和零售交易两种。零售交易多为个人购车，要凭个人居民身份证，并要做一些登记，以便联系。零售交易也有单位购车的。单位购车一般使用汇票，本市可使用支票，用支票一般都要交银行查验，并在划拨车款后，才能提车，以防支票有假或为废票。

对于批发交易，客户必须要有汽车经销许可证，应查验客户的营业执照，要签订好合同，在合同中明确交易的车型、数量、价格、交货期、交货方式、付款方式等有关内容。这里要坚守一条，收款后方可交车，以防范不法行为和"三角债"。

经销商实施分期付款的方式销售车辆的初期，由于保障制度、手续等方面还不很严密，个别不法之徒，就钻了空子，把车提走后，转手销售，携款潜逃，使经销商蒙受损失。目前，已有了规范的制度和保障措施，为汽车销售创造了很好的条件。通过分期付款的方式销售车辆，已经成为汽车销售领域一项重要的销售形式和手段。它能够促使潜在客户转变为现实客户，提高销售量，为企业创造更大的经济效益。对需要分期付款购车的客户，销售顾问要为其详细讲解有关分期购车的利与弊，为其计算首付款、月还款，解释有关保证保险、律师费、验车费等全部费用的缴纳情况。客户在销售部认可报价并选定车辆后，由销售顾问带其到客户服务部办理后续贷款手续。

（2）零配件供应

零配件供应是搞好售后服务的物质基础。首先应保证汽车保质期内的零部件供应，其次应保证修理用件。生产厂对零部件的生产量，要超出整车生产量的20%，以满足各维修部及配件商店的供应。配件定价要合理，按物价部门的规定定价，不应在配件供应紧张时涨价，借机从客户身上获取不当收益。

（3）售后服务

售后服务包括两个部分，一个是客户付清车款之后销售服务店帮助办理上路之前各种手续的有偿或无偿服务；另一个就是汽车在使用中的维修和维护保养服务。4S店的售后服务更侧重于后者。因为汽车除价位较高外，还是一种高技术性产品，一般人较难全面了解和掌握，所以售后服务就成了汽车营销过程中的一个重要环节，也是4S特许经销店利润的主要来源。

汽车是一种高附加手续费用的商品。客户付清车款之后到上路之前还要经过一定时间办理各种手续，如验车、办理车辆临时牌照、缴纳车辆购置税、上保险、缴纳车（船）使用税、领取车牌照、领取行驶证等。这对于绝大多数客户来说比较麻烦，所以很多经销商实行所谓的一条龙服务，代办各种手续，从中也可以收取一定的合理费用。4S特许经销店应该做好提车后的各种代办服务，使客户乘兴而来，满意而归。

客户在汽车使用过程中，还会出现一些问题或故障，4S特许经销店售后服务着重在维修服务的任务上。维修服务不仅要在质量保证期内做好服务，而且还应在质量保证期外做好维修工作。当客户需要时，迅速到达服务现场，为客户解决问题；主动走访客户，跟踪服务。现在很多4S特许经销店开展了救援服务，一旦客户的车辆坏在路上，打一个电话，维修救援人员就会尽快赶到，解客户之忧。这样的售后服务更能体现出人文关怀，也只有这样周到的服务，才能培养出忠实的客户，才能获取源源不断的利润。

4S特许经销店的销售顾问在车辆售出后，要将客户车辆的第一次进行维护保养的预约情况通知售后服务部，以编制首保计划。销售顾问还要协助接待首保的客户，及时将客户档案资料移交售后服务部门，以便提供后续服务。

（4）信息反馈

信息反馈主要是指4S特许经销店的工作人员向主机厂反馈汽车各方面的信息。因为4S店的整车销售、零配件供应、售后服务人员天天与客户打交道，了解车辆的实际情况，对汽车投放市场后的质量、性能、价位、客户评价和满意程度，以及与其他车辆对比的优势与劣势等都了如指掌。搜集这些信息并及时反馈给主机厂的产品设计部门、质量管理部门、制造工艺部门,以及企业的决策领导层,对提高产品质量、开发适销对路的新产品、提高市场占有率等都有重要意义。

此外,4S特许经销店的工作人员作为桥梁,要将汽车主机厂和销售公司的最新信息、促销和活动开展等情况反馈给消费者。这对提高服务质量、进一步拓展市场,是十分有用的。

7.3.2 代理直营模式

在客户不断变化的期望、日益发展的数字化技术和网络在线销售的扩张等时代背景的影响下,汽车分销渠道发生了很大的变化。特斯拉、理想、蔚来等新造车势力已经实施新的直营模式,很多传统车企也将其电动汽车产品试水新的直营模式。

所谓代理直营模式,即汽车制造商授权代理商销售汽车,汽车制造商拥有汽车的产权及价格控制权,代理商不拥有汽车的产权,不需要买断车型、承担库存。代理商在运营过程中通过销售汽车获得固定佣金,若要增加利润,唯一的选择就是增加汽车的销售量,因此汽车制造商将代理商的利益与自己的利益紧紧地捆绑在一起。

1. 代理直营模式的类型

目前汽车代理直营模式有线上专卖、4S店转型和4S店复合三类,见表7-2。现有的汽车经销商在每种模式中都有不同的参与度。

表7-2 三类汽车代理直营模式

类型	线上专卖	4S店转型	4S店复合
架构设施			
实例	上汽荣威Marvel X	梅赛德斯-奔驰	上汽大众

(1)线上专卖模式

线上专卖是汽车制造商将汽车产品放到专门的应用程序或平台上独家售卖。当地独立的汽车销售商提供咨询、试驾、面对面的互动、交付和服务,获取固定佣金。

客户可以通过应用程序或线上平台查询、获取汽车的品牌介绍、产品性能介绍等信息。客户在自行了解后,可以自主在网上下单,也可以到汽车销售店进行实体看车、向销售顾问咨询汽车性能、试乘试驾等。在购买环节,汽车销售商将客户引导至汽车制造商的独家线上渠道。

> **营销案例**   **上汽荣威Marvel X的线上专卖**
>
> 上汽集团的荣威Marvel X的销售采用了线上专卖这种模式,客户想了解Marvel X,可以在展厅体验。客户要购买Marvel X,可使用与汽车制造商连接的专门线上App订车,选择驱动模式、搭配外观颜色与内饰颜色等,然后选择提车销售商,在线上支付定金。车辆到达选定的销售商后,线上App端提示客户车辆到店,客户线上支付余款,然后到店提车。

因为 Marvel X 的售后服务和传统燃油车的区别很大，所以，客户提车后，销售商会为客户提供安装充电桩、办理上牌等一条龙服务。超级用户可以使用一键免费充电/一键送电上门服务。

Marvel X 只在应用程序独家销售，就算是客户来到了上汽荣威的销售商展厅看车后需要订车，销售人员也是指导客户通过荣威官方 App 操作订车。线上专卖的订购模式使上汽集团缩短了生产交货期，而且能够直接向汽车消费者推送车辆生产的更新信息。

（2）4S 店转型模式

4S 店转型是一种更全面但也更复杂的直接销售模式。4S 店转型模式是将现有的 4S 经销商转型为代表汽车制造商的代理商，从现有的保证金和奖金制度转型为预设佣金的赢利模式。作为回报，汽车制造商转而承担了目前汽车经销商的大部分风险，例如库存车辆和展示样车的所有权等。

营销案例	宝马的 4S 店转型

从 2012 年—2016 年，宝马已在 19 个子市场试行其宝马 i 系列的汽车 4S 店转型代理模式。

宝马集团在中国有超过 600 家的经销商网络，这是宝马业务成功不可或缺的一部分，不管未来宝马如何转变，这些经销商伙伴都将始终是宝马销售体系的一部分。目前，宝马正专注于对经销商店面进行升级改造，为客户打造数字化沉浸式互动体验，这是从销售的流程和客户体验方面做出的重大改变。

宝马集团由 4S 店转型而来的销售代理模式非常成功。

（3）4S 店复合模式

4S 店复合模式是在现有 4S 经销商的基础上，汽车制造商另外推出直销零售模式。汽车制造商在商业街区开设直营体验门店，补充线下位于市郊的 4S 店，吸引常流连于各大购物中心的汽车消费者。新型体验展厅侧重展示、实体体验和售卖精选新款豪华车型，以吸引汽车消费者。消费者在购车后，可以向现有的 4S 经销商寻求售后服务。

与前述 4S 店转型模式相同，所有汽车产品归汽车制造商所有，由汽车制造商制定服务标准和价格，以确保价格和服务标准的一致性。

营销案例	数字化城市展厅 ID.StoreX

2020 年 12 月，大众汽车与上汽合作推出全国第一家数字化城市展厅 ID.StoreX，并计划未来 1~2 年在全国 29 个城市开设 40 个类似的城市展厅。

除大众之外，还有很多豪华品牌和新造车势力也在城市繁华区域计划并实施开设复合展厅。它们多属于自有旗舰店，同时也与提供售后等一系列服务的投资者建立合作伙伴关系。

2. 代理直营模式的优势与劣势

（1）代理直营模式的优势

1）采用代理直营模式，汽车制造商承担产品定价、品牌营销和用户发展的主要责任，可以大幅提升汽车制造商的利润、提高生产和物流效率，实现品牌内部效率的提升。销售商可以将更多精力用于服务质量提升，从而实现汽车品牌、汽车销售商和消费者的三方共赢。

2）采用代理直营模式，汽车销售商只负责为用户提供销售体验和售后服务，因此消除了销售商的库存问题。销售商不仅只需轻资产投入，而且风险也大大降低。

3）采用代理直营模式，汽车销售商不参与定价，实现全渠道价格固定，客户能以统一的价格买到汽车，而且客户下单后可以通过应用程序与制造商直接沟通，直接得到车辆生产的更新信息，使销售过程具有较低的复杂性。

4）采用代理直营模式，汽车制造商在城市中心繁华地段围绕直销建立零售体验门店，从而吸引大量汽车消费者，使汽车消费者在购物的同时接受一站式服务。

5）采用代理直营模式，销售商作为投资者出现，消除汽车销售商信息反馈不及时或遗漏的现象，弥补汽车销售商与汽车制造商信息共享的缺失。

（2）代理直营模式的劣势

1）采用代理直营模式，对汽车销售商而言，是一种全新的投资领域，具有高复杂性。

2）采用代理直营模式，需要汽车制造商整合现有汽车4S店用于售后及其他服务，对新零售业态有重大投资，对其形成很大的资金压力。

3）采用代理直营模式，需要汽车销售商与汽车制造商的信息共享等密切合作，需要较长时间才能逐步实现。

4）采用代理直营模式，销售商不参与定价，不具有汽车的产权，只从销售中获得固定佣金，使销售商利润减少。

营销案例	无接触汽车销售

从2020年开始，各大汽车制造商都在探索如何实现无接触销售。

各大车企开始采用数字技术，为汽车消费者提供在线数字展厅体验，将资源整合在微信小程序上，客户通过一对一的视频通话，与销售顾问实现实时沟通互动。当潜在的购车客户在虚拟陈列室中浏览产品时，销售顾问及时分享相关图片和车型参数说明。

特斯拉为汽车消费者提供"无接触试驾"服务，消费者可以通过电话或在线签署电子协议进行预约，然后销售顾问远程解锁汽车，车辆信息和驾驶说明则通过视频在其车载中央显示屏幕上展示，在整个过程中避免与消费者的直接接触。

汽车营销环境的变化为汽车分销新模式迎来了发展良机，除了特许经销和代理直营外，电商模式也在兴起。近年来，汽车之家、易车等垂直电商，以及天猫、京东等综合电商都涉足汽车销售，各大力量都在加速推动销售模式创新。

掌握了吗？

1）汽车4S店是以汽车厂家的品牌专项经营为主体，以（　　　）、（　　　）、（　　　）和（　　　）"四位一体"为特色的综合性汽车营销模式。

2）汽车4S店特许经营模式的优点包括（　　　）、（　　　）和（　　　）。

3）汽车4S店特许经营模式的缺点包括（　　　）、（　　　）、（　　　）和（　　　）。

4）汽车代理直营模式有（　　　）、（　　　）和（　　　）三类。

拓展升华

汽车4S店退网的理由

近4000家4S店关停退网，是溃败还是涅槃？汽车4S店退网的理由总结下来，有以下几点。

（1）利润微薄

一般传统经销商的利润来源分为售前与售后，前者为交易获利，后者源于服务利润。

从售前来看,消费者签订购车合同并支付车款后,该笔款项由经销商足额向品牌方缴纳,取得车辆合格证后开具购车发票并向主机厂备案,由此确定返利,到返利发放日时汽车制造商集中向经销商支付。一些车主还会向经销商缴纳一笔服务费,用以办理车辆合法上路手续,这部分费用的盈余同样为经销商的售前利润。而车主办理的保险、贷款等金融服务,以及装潢同样有一定比例的利润。

售后服务利润相对简单,主要是车辆保养、维修,而配件售出一定数量后,主机厂同样会支付一笔返利作为售后利润的补充。老车主续保、保养套餐类产品搭售利润约占售后总利润的 5%~12%。

显然,对一些经销商而言,以上利润被卡压、难保证,新车卖不出去,汽车制造商迟迟不给返利,甚至老车无配件可修,自然就断了经销商的财路。

(2) 商务政策难以到位

一般而言,在品牌经销商进入主机厂销售网络后,汽车制造商会根据自身情况制定"商务政策",以对经销商进行管控,主要包括品牌形象、产品销售、售后服务领域的日常经营规则及奖惩。

"商务政策"通常由汽车制造商起草,经销商在此基础上进行个性化修改,最终形成具有约束性的书面材料。但在实际运用中,"商务政策"的订立几乎完全反映主机厂要求,各级经销商只有"签字同意"的权利,并无等量的修改权与裁量权。这样的设置在品牌发展良好时尚可各自安好,一旦出现销量大幅下滑,双方矛盾就会加倍放大。

(3) 网点分布不合理

汽车属于低频消费品,同一区域需求存在明显上限,如果网点过于密集或分布不合理,将对经销商造成巨大经营压力。

一般而言,传统经销商的服务半径为 15 公里左右。每个经销店都有自己的营业范围,但汽车制造商有时会为了自身的影响力在同一区域投入更多店面。这种做法不能有效地提升服务品质,很容易让同处一个区域的经销商为了争夺有限的市场,导致无序恶性竞争。

未来最理想的渠道布局应该是怎样的?或许,对处在痛苦转型中的 4S 店而言,当下的溃败,也将是涅槃的开始。

本 章 小 结

1)分销渠道也称销售渠道、营销渠道或贸易渠道,是指在产品从制造商向最终消费者(用户)转移过程中,取得产品所有权或帮助转移所有权的所有组织和个人。分销渠道的起点是生产商,终点是消费者(用户),中间环节包括批发商、零售商、代理商和经纪人。他们都称为分销渠道的成员,共同构筑起分销渠道。分销渠道的结构可以用长度和宽度来描述。分销渠道的长度是指产品从制造商流向用户的整个过程中,所经过的中间层次。分销渠道的宽度是指组成分销渠道的每个层次中间商的数量。

2)分销渠道的职能包括:①收集、提供信息;②刺激需求,开拓市场;③减少交易次数;④服务;⑤资金结算与融通;⑥风险分担。

3)分销渠道的类型可根据不同的标准进行分类。根据产品在流通过程中是否有中间环节来划分,可以把分销渠道分为直接渠道与间接渠道;根据产品从生产者向消费者转移的过程中所经过的中间环节的多少来划分,分销渠道可以分为长渠道与短渠道;根据生产商在某一区域目标市场选择中间商数目的多少来划分,可分为宽渠道与窄渠道。

4)汽车分销渠道的模式可以分成 5 种类型:①零层渠道模式(由汽车制造商直售型);②一层渠道模式(由生产商转经销商销售型);③二层渠道模式(由生产商经批发商转经销

商销售型）；④二层渠道模式（由生产商经总经销商转经销商销售型）；⑤三层渠道模式（由生产商经总经销商与批发商后转经销商销售型）。目前我国汽车分销渠道以一级渠道、二级渠道为主。

5）影响分销渠道选择的因素十分复杂，制造商在渠道选择中，要综合考虑渠道目标和各种限制因素或影响因素。一般来说，影响渠道设计的主要因素有：企业特性、产品特性、市场特性、竞争特性、政策特性和中间商特性。

6）分销渠道设计主要包括确定渠道长度、宽度和规定渠道成员彼此的权利、责任和义务等内容，其基本流程包括审视公司现状、消费者市场调研、对渠道和分销商的调研、对渠道和分销商的分析以及渠道设计等步骤。

7）对分销渠道的评估主要从渠道的经济效益、企业对渠道的控制能力、渠道对市场适应性这三个方面进行。

8）汽车制造商需要在想要开拓的市场有重点、有步骤地招募渠道成员，筛选的依据主要包括合法经营资格、销售能力、服务水平、储运能力、财务状况等各方面。

9）汽车4S店其实质就是一套完善的汽车营销服务体系，包括销售制度、服务系统、零部件供应等，贯穿汽车销售售前、售中、售后的全过程，是以汽车企业的品牌专项经营为主体，以整车销售（Sale）、配件供应（Spare Parts）、维修服务（Service）和信息反馈（Survey）"四位一体"为特色的综合性汽车营销模式。

10）汽车4S店的优势有：①厂商的利益一致；②高质量的销售和管理；③信息反馈及时，终端控制有效。汽车4S店的劣势有：①要求高、投资大、风险大；②经销商运营成本高；③排他性；④厂商地位不平等；⑤消费者负担重，对品牌的忠诚度低。

11）目前汽车代理直营模式有线上专卖、4S店转型和4S店复合三类。现有的汽车经销商在每种模式中都有不同的参与度。

复习思考题

1）什么是分销渠道？
2）分销渠道有哪些主要职能？
3）分销渠道有哪些类型？
4）汽车4S店的优点、缺点分别是什么？如何理解？

营销实务

实地了解某汽车品牌的分销渠道情况，提出分销渠道改进措施，写出建议书。

学习任务 8　实施汽车产品促销策略

学习目标

知识目标
◇ 掌握促销的含义，理解促销的核心、目的和方式
◇ 理解汽车产品促销的作用
◇ 掌握影响汽车组合促销的因素
◇ 了解人员推销的特点、作用、基本形式以及汽车促销人员的管理，掌握汽车人员推销的流程、基本策略和推销技巧
◇ 了解广告的特点、作用，掌握汽车广告媒体的种类以及各广告媒体的适用条件
◇ 掌握广告媒体选择时应考虑的因素及广告策略
◇ 掌握广告设计的原则以及如何进行广告效果评价
◇ 了解营业推广的特点、作用，掌握营业推广策略及营业推广设计中的注意事项
◇ 了解公共关系的概念、特征、职能，掌握汽车企业公共关系的执行原则和主要策略，以及如何进行公共关系促销决策

能力目标
◇ 根据汽车企业的实际情况选择促销方式，进行促销整合决策
◇ 能运用合适的推销技巧应对不同需求的客户
◇ 能针对企业的实际情况进行合适的公共关系促销决策

基本概念
◇ 促销
◇ 促销组合
◇ 推策略
◇ 拉策略
◇ 人员推销
◇ 广告宣传
◇ 营业推广
◇ 公共关系

引入案例	美国车企的"零利率贷款"促销活动

2001年"9·11"事件后，为了应对汽车销售大幅下滑，激活汽车市场，美国通用汽车公司推出"零利率贷款"促销活动，福特、克莱斯勒等公司也相继推行。

1999年—2000年美国经济处于稳定发展之中，2000年下半年开始，能源危机后美国的整个经济发生了变化。2000年美国GDP还微弱增长0.8%，2001年第1季度下降0.6%、第2季度下降1.6%、第3季度下降0.3%，但第4季度上升2.7%，2002年第1季度反弹到5.0%，第2季度回落到1.1%。"9.11"事件后，美国股市暴跌，经济严重波动，但其车市不仅没有崩溃，而且呈现明显增长，2001年销售汽车1720万辆，2002年1—8月销量达1166万辆。汽车再一次成为美国经济发展的重要支柱，这同通用汽车公司及时地推出"零利率贷款"策略促销大获成功不无关系。

　　"9·11"事件当天，包括CEO瓦格纳在内的多位通用汽车公司高管不在底特律，由于美国机场正处于全面禁飞状态，他们又一时难以回到总部。2001年9月13日通用汽车召开地区销售代表会议所提供的信息显示，9月11日后的纽约连一辆车都未销售出去，整个通用汽车销量锐减40%。2001年9月17日，通用汽车通过了启动汽车市场、转动美国经济的一大行动计划，即在通用北美区总裁Ron Zarrella的主持下正式出台的"推广零利率贷款购车活动"。尽管此种促销手段此前一直限定在特定区域和部分车型，但这次破例对所有车型均实施这一销售政策。由于这项计划涉及通用汽车公司的财政问题，所以必须提请公司董事会批准，2001年9月18日董事会以最快的速度批准了该项促销计划。

　　通用汽车公司利用零利率贷款促销，使其销售迅速恢复到"9·11"事件前的水平。后来福特汽车公司的经销商也随之跟进，本田的经销商也跟进，大众品牌经销将贷款利率降至0.9%。这样的促销手段效果出奇地好，在美国形成了新一轮购买汽车的高潮。

　　此项促销活动于2002年年初相继期满，但2002年7月3日通用汽车又重新宣布恢复零利率贷款促销，对2002年款的45种车型分别提供36、48和60个月的零利率贷款；福特随后跟进，对部分2002年款车型提供36和60个月的零利率贷款；克莱斯勒也不甘落后，对大部分道奇和吉普等车型提供60个月的零利率贷款。自此，新一轮的零利率汽车促销大战轰轰烈烈地展开了。

　　美国车企推出的零利率贷款效果如何呢？应当说，确实在一定程度上刺激了消费者的购车愿望，给美国车市带来了活力。据业内人士估算，一辆售价2万美元的轿车，如果获得36个月的零利率贷款，消费者就可以节省1903美元，这具有相当大的吸引力。由于推行零利率贷款促销活动的刺激，2002年7月美国车市十分火爆，创下了几乎破纪录的销量，比2001年同期增长9%。其中，通用汽车销量为46.32万辆，比去年同期增长29.2%；福特汽车销量31.95万辆，同比增长5.7%；克莱斯勒的汽车销量为20.86万辆，同比增长0.4%，其吉普品牌的销量则同比上升了23%。

点评：

　　尽管"9·11"事件后美国经济下滑、失业大幅增加，使消费者信心大跌，但在汽车企业采取的零贷款利率促销手段的强力刺激下，美国的汽车销量上升到了创纪录的水平。可见"零贷款利率"确实是让消费者无法抵抗的促销利器。企业的促销活动形式多样，各具特点，在不同的营销环境中，企业要采取不同的促销方式，以刺激消费、扩大销售，获得高度的客户满意率。

问题与讨论：

1）促销的含义、核心、目的分别是什么？
2）零利率贷款促销属于哪种促销手段？分析其利弊？

8.1　促销及促销组合的概念

开节话题

　　2021年10月8日，一汽红旗在17汽车网发布了"2021年11月13—14日一汽红旗厂家购车节"活动信息。截至11月12日，该活动取得了近一周1.9万人询价，近一月6.7万人询价的好成绩。最终一汽红旗 11 月销售 2.55 万辆，为 12 月销量达到 3.91 万辆、创下单月销量的新纪录打下了良好的基础。

活动方案如下：

	红旗 H5		红旗 HS5
置换礼	最高可享 7000 元置换补贴	置换礼	最高可享 10000 元置换补贴
金融礼	0 金融服务费 3 年 0 利息 5 年超长贷	金融礼	0 金融服务费 3 年 0 利息 5 年超长贷
安心礼	终生免费保修、取送、救援 超长免费保养（4 年或 10 万公里） +1 二手车保值	安心礼	终生免费保修、取送、救援 超长免费保养（4 年或 10 万公里） +1 二手车保值

营销任务：
你知道的汽车企业促销方式有哪些？

营销理论

8.1.1 促销的含义和作用

1. 促销的含义

促销是促进产品销售的简称。从市场营销的角度看，促销是企业通过人员和非人员的方式，沟通企业与消费者之间的信息，引发、刺激消费者的消费欲望和兴趣，使其产生购买行为的活动。现代市场营销理论认为，企业不仅要有适销对路的产品、合理的价格和便于消费者购买的营销渠道，而且还必须重视促销工作。它是当代企业经营成功的一个前提条件。促销包括促销的核心、目的、方式等几个方面，如图 8-1 所示。

图 8-1 促销的三个方面

（1）促销的核心

沟通是促销活动的精髓。从核心和实质上来看，促销就是沟通和传递信息。在市场经济条件下，社会化的商品生产和商品流通决定了生产者、经营者与消费者之间客观上存在着信息的分离，对于企业生产和经营的商品性能、特点，消费者不一定知晓，同时，消费者对商品的需求企业也不知道。通过各种各样的促销手段和方式，企业将有关商品和服务的存在及其性能特征等信息，通过声音、文字、图像或实物传播给消费者，增进消费者对其商品及服务的了解，引起消费者的注意和兴趣，帮助消费者认识商品或服务所能带给他们的利益，激发他们的购买欲望，为消费者最终做出购买决定提供依据，这是企业向消费者的信息传递。同时，在促销过程中，作为买方的消费者，又把对企业及产品、劳务的认识和需求动向反馈给企业,引导企业根据市场需求进行生产,这是消费者向企业的信息传递。可见,促销的实质是生产者或经营者与消费者之间互相沟通信息的过程,这种沟通是卖方与买方之间的双向沟通。

营销人员需要了解有效传播的基本要素。图8-2展示了信息沟通模型中牵涉的九个要素和五个要解决的问题。

1)九个要素:两个要素表示传播的主要参与者——发送者和接收者;另两个表示传播的主要工具——信息和媒体;另外四个表示传播的主要职能——编码、解码、反应和反馈;还有一个要素表示系统中的噪声(如随机的和竞争的信息,它们也许会干扰计划中的传播)。

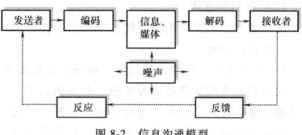

图8-2 信息沟通模型

2)五个问题:谁说、说什么、通过什么说、对谁说和如何反应。

| 营销视野 | 信息沟通模型的九个要素 |

信息沟通模型中的九个要素各有其含义与作用,具体如下:

1)发送者:也称信息源或沟通者,在促销活动中,信息发送者是卖方企业。
2)编码:将要传递的信息转换成可供传播的信号或形式的过程或系统,如设计广告等。
3)信息:发送者要传递的内容,经编码的整套信号。
4)媒体:信息从发送者到接收者所经过的渠道或途径,即信息的载体,如报纸、广播、电视等。
5)解码:信息接收者对发送者所传的信号进行破译和理解的过程或系统。
6)接收者:接收信息的一方,也称目标受众。产品信息的接收者主要是指目标市场上的现实和潜在的顾客。
7)反应:接收者在受该信息影响后采取的有关行动。例如,目标顾客看到广告以后,决定购买某种产品。
8)反馈:信息接收者将其反应返回发送者的过程,是接收者对发送者的反向沟通。例如,顾客向企业提出对产品的意见和要求,或者信息发送企业通过市场调研,收集到的顾客反应。
9)噪声:在信息沟通过程中发生的意外干扰和失真,或接收者的误解等,导致接收者收到的信息与发送者发出的信息不一样。

在九个要素中,发送者和接收者是信息沟通的两个主要方面。发送者是信息传递的主体,接收者是信息沟通的对象,并且两者可以互相转换。媒体和信息是沟通的手段。为达到有效沟通的目的,发送者必须清楚他们打算将信息传给谁,他们希望得到什么反应。在编码的时候,他们必须考虑到目标受众通常会如何解码,以免二者不相吻合。他们还必须熟悉通过何种媒体可使信息顺利到达目标受众。最后,他们还要广开反馈渠道,才能尽可能多地了解接收者对信息的反应。

这个模型强调了有效传播的关键因素。发送者必须知道要把信息传播给什么样的受众,以及要获得什么样的反应。他们必须将信息编码,以便目标受众能够将信息解码。他们必须通过能触及目标受众的有效媒体传播信息,并建立反馈渠道,以便能够了解接收者对信息的反应。发送者与接收者的经验领域的相交部分越多,信息可能就越有效。

(2)促销的目的

促销的目的是引发、刺激消费者产生购买欲望直至发生购买行为。在消费者可支配收入的既定条件下,消费者是否产生购买行为主要取决于消费者的购买欲望,而消费者的购买欲望又与外界的刺激、引导密不可分。促销就是利用这一特点,激发用户的购买兴趣,强化其购买欲望,甚至创造需求来实现最终目的。

(3) 促销的方式

促销的方式主要有人员促销和非人员促销两类,具体分为人员推销、广告宣传、公共关系、营业推广四种。

1) 人员促销:也称直接促销,就是企业派出推销人员,与消费者进行面对面的直接沟通,说服消费者购买商品或劳务的一种促销活动,包括人员推销和营销推广。人员促销是一种传统的推广方式,也是一种最普遍、最基本的促销方法。它主要适合于在消费者数量少、比较集中的情况下实行,其针对性强,但影响面较窄,成本比较昂贵,而且优秀的推销人员是稀缺资源。

① 人员推销。人员推销又称为人员促销,是指企业派出推销人员或委托推销人员,直接与消费者接触,向目标顾客进行产品介绍、推广,促进销售的沟通活动。人员推销可以是面对面交谈,也可以通过电话、信函交流。其方法灵活,针对性强,信息反馈快,是一种"量体裁衣"式的消息传递方式。

② 营业推广。营业推广是指企业为刺激消费者购买,由一系列具有短期引导性的营业方法组成的沟通活动,一般只作为人员销售和广告宣传的补充措施。它刺激性强,吸引力大。例如,样品、奖券、赠券、展览、陈列等,都属于营业推广的范围。与人员推销和广告宣传相比,营业推广活动不是连续进行的,而是只有一些临时性的措施。

2) 非人员促销:又称间接促销,是企业通过一定的媒体传递产品或劳务等有关信息,以促使消费者产生购买欲望、发生购买行为的一系列促销活动,包括广告宣传、公共关系和营业推广等。非人员促销是一种间接的促销途径,它主要适合于消费者数量多、比较分散的情况,其针对性较差,但影响面较宽。

① 广告宣传。广告宣传是企业按照一定的预算方式,支付一定数额的费用,通过不同的媒体对产品进行广泛宣传,促进产品销售的传播活动。广告宣传可以同时将信息传递给成千上万的消费者,节约人力,而且可以很好地控制广告稿件,但是广告宣传效果的反馈非常缓慢而且困难。

② 公共关系。公共关系简称公关,是指企业有计划地、持续不断地运用各种沟通手段,争取内、外公众谅解、协作与支持,建立和维护良好形象的一种现代促销活动。良好的公共关系可以达到维护和提高汽车企业的声誉、获得社会信任的目的,从而间接地促进汽车产品的销售。公共关系与广告宣传都具有大众传播的性质,但不同的是,公共关系培植起来的信任感享有公正的声望,公共关系不易被企业操纵或控制,不能被金钱收买,还可以接触到那些不注意广告的顾客。

在汽车促销时,要将人员促销和非人员促销有机结合并加以运用,方能发挥其理想的促销作用。各种促销方式的优缺点见表8-1。

2. 促销的作用

促销的作用主要表现在以下几个方面。

(1) 有助于传递信息

促销有助于沟通信息,消除生产者和消费者之间由时空和信息分离引起的矛盾。现代市

表 8-1　各种促销方式的优缺点

促销方式	优　点	缺　点
人员推销	直接沟通信息,反馈及时,可当面促成交易	占用人员多,费用高,接触面窄
广告宣传	传播面广,形象生动,节省人力	只能对一般消费者,难以立即促成交易
公共关系	影响面广,信任程度高,可提升企业的知名度和信誉	花费力量较大,效果难以控制
营业推广	吸引力大,容易激发购买欲望,可促使消费者当即采取购买行动	接触面窄,有局限性,有时会降低商品的档次

场营销是以市场为中心的、研究引导消费者需求、刺激消费者购买欲望的一种市场运作,其首要问题是企业将产品信息传递给消费者。无论是产品进入市场前还是进入市场后,企业都要积极、及时地向市场介绍其产品,使消费者了解产品的性能、特点、用途、价格、使用方法、保管知识及企业可能提供的服务等,以寻求需要与供给的最佳结合点,只有如此才能激发消费者的购买欲望。以前那种"酒香不怕巷子深"的观念正在被市场修正,"酒"不仅要香,而且要让消费者知道,并便于购买。现代市场营销的丰富实践表明:一个企业即使开发出优良的产品,如果不能将产品的信息有效传递给消费者,也是无用的。只有时时刻刻注意与消费者的沟通,进行有效的信息传递,才能引导和刺激消费,促进产品的销售,进而占领市场,为企业的生存赢得空间。因此,沟通信息是赢得消费者的重要环节,也是密切营销企业与生产者、经营者、顾客之间的关系,强化分销渠道中各个环节之间的协作,加速商品流通的重要途径。

（2）有助于引导需求

消费者需求具有可引导性,有效的促销活动能够引导和激发需求。在市场上同类产品竞争激烈,但有时产品相互之间只有细微的差别,消费者往往不易觉察。企业通过人员促销、广告宣传、公共关系和营业推广等促销活动,宣传本企业产品区别于其他竞争者的产品的特点,就能使消费者认识到本企业产品给消费者带来的特殊利益,从而激发消费者产生购买本企业产品的欲望。当企业营销的某种商品处于低需求时,促销可以招徕更多的消费者,扩大需求;当需求处于潜伏状态时,促销可以起催化作用,实现需求;当需求波动时,促销可以起到导向作用,平衡需求;当需求衰退、销售量下降时,促销可以使需求得到一定程度的恢复。

成功的促销活动不仅能刺激消费者的消费激情,而且能在一定条件下创造需求,延长产品的市场寿命,使市场需求朝着有利于企业产品销售的方向发展。正如被誉为"汽车销售之神"的神谷正太郎所说:"汽车的需求是创造出来的。"这种创造本身所依靠的手段就是促销。

（3）有助于突出特色

在激烈的市场竞争中,企业的生存与发展越来越需要强化自身的经济特色。与众不同、独树一帜,是多数企业成功的秘诀,而市场经济的快速发展又使商品质量、花色品种向雷同化方向发展,许多同类商品仅有细微的差别。为了争取用户的青睐,企业的主要手段之一就是突出产品的特点,宣传其消费的价值和能给用户带来的独特利益,有助于加深消费者对本企业商品的了解,树立起该产品在市场上的形象,促使用户对其偏爱,进一步加强企业在市场中的地位,为企业发展创造有利条件。

(4) 有助于稳定销售

追求稳定的市场份额是企业营销的重要目标之一。但由于心理、时尚、宣传、服务、竞争等因素的作用，市场的起伏波动性很大，企业的市场份额呈现不稳定状态。通过促销活动，能够突出宣传企业的优势和产品特点，强调其带给消费者的独特利益，使消费者对企业的产品产生偏爱，提高企业在消费者心目中的地位和影响，扩大营销商品的知名度。特别是在竞争激烈的情况下，企业的促销活动可以抵御和击败竞争者的促销活动，使消费者增加购买本企业商品的信心，稳定销售形势。

总之，促销的作用就是花钱买市场。但汽车企业在整合营销决策时，应有针对性地做好各种促销方式的搭配，兼顾促销效果与促销成本的关系。

8.1.2 促销组合策略

促销组合是指企业根据产品特点和经营目标的要求，对各种促销方式进行的适当选择和综合运用。由于各种汽车促销方式分别具有不同的特点、使用范围和效果，企业在选择采取哪一种或几种促销方式时，要确定合理的促销策略，即把广告宣传、营业推广、人员推销和公共关系等各种不同的促销方式有目的、有计划地结合起来，取长补短、相互协调、综合运用，从而更好地突出汽车产品的特点，以较低的费用达到较好的效果，实现企业的促销目标，增强汽车企业在市场中的竞争力。

> **营销案例　　　　　　宝马的品牌营销**
>
> 宝马汽车公司总部设在德国慕尼黑，以生产高级轿车为主，并生产飞机发动机、越野车、摩托车和汽车发动机。通过遍布全球的营销公司，宝马公司所建立的顾客群的人数达千万人，奠定了行业地位。宝马成功的第一步是认真研究自己的消费者，找准自己的目标市场，锁定高端市场。在传播中，宝马用核心价值引领一切营销传播，成功地把"最完美的驾驶工具"的品牌精髓刻在了消费者的脑海深处。当和消费者接触时，他们无时无刻不忘传达宝马与生俱来的实力——创新、动力、美感。宝马总是不遗余力地提升汽车的操控性能，使驾驶汽车成为一种乐趣、一种享受。

1. 促销组合的基本策略

从策略角度看，组合促销包括"推策略"和"拉策略"。它们对整合营销设计影响很大，同时往往决定促销手段和沟通媒体的选择。

所谓推策略是指将产品沿着分销渠道垂直地向下推销，即以中间商为主要的促销对象，再由中间商向消费者推销使他们购买企业的产品。这是一种传统的策略。推策略示意图如图8-3所示。促销方式中的人员推销与营业推广就属于推策略。推策略一般适合于具有以下特征的产品：单位价值较高的产品，性能复杂、需要做示范的产品，根据用户需求特点设计的产品，流通环节较少、流通渠道较短的产品，市场比较集中的产品等。

相反，拉策略则是以市场为导向，企业（或中间商）针对最终消费者，利用广告、公

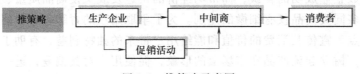

图 8-3　推策略示意图

共关系等促销方式，激发消费需求，经过反复强烈的刺激，促使他们主动向中间商询问这种产品，并且督促中间商向生产企业订购产品，从而达到企业的销售目标。这种策略更多的是针对最终消费者展开促销攻势。拉策略示意图如图 8-4 所示。促销方式中的广告宣传与公共关系就属于拉策略。对单位价值较低的日常用品，以及流通环节较多、流通渠道较长、市场范围较广且市场需求较大的产品，常采用拉策略。

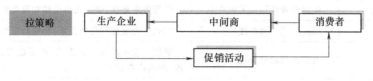

图 8-4　拉策略示意图

在促销实践中，企业究竟是实行推策略，还是实行拉策略，或者是将两者混合使用，要根据具体情况而定。一般说来，应当二者兼顾，各有侧重。企业应有计划地将各种促销方式有机结合起来，适当选择、运用，使之互相配合。人员推销必须借助广告宣传介绍，才能引导更多的潜在消费者；广告宣传最终也要通过人的推销活动，才能达到销售产品的目的。因此，促销组合实质上是综合运用四种促销方式，使之成为一个有机整体，发挥其整体功能。

2. 影响汽车组合促销的因素

组合促销的目的在于将汽车企业的产品或服务告知客户、说服客户，并引导消费者购买。组合营销的运用还要考虑汽车产品的属性与特殊性。这就要求营销人员在运用组合营销时，充分考虑不同汽车产品、不同环境、不同客户或消费对象，灵活调配，合理组合。在制定汽车组合营销策略时应考虑下述因素。

（1）汽车促销目标

促销目标是影响促销组合决策的首要因素。汽车促销目标不同，应有不同的汽车组合营销策略。每种促销方式——广告宣传、人员推销、公共关系和营业推广——都有各自独有的特性和成本。营销人员必须根据具体的促销目标选择合适的促销组合方式。如果汽车促销目标是提高汽车产品的知名度，那么汽车组合营销重点应放在广告宣传和营业推广上，辅之以公共关系宣传；如果汽车促销目标是让消费者了解汽车产品的性能和使用方法，那么汽车组合营销应采用适量的广告宣传、大量的人员推销和某些营业推广；如果汽车促销目标是立即取得某种汽车产品的销售效果，那么重点应该是营业推广、人员推销，并安排一些广告宣传。

（2）产品生命周期的阶段

在产品生命周期的各个阶段，消费者对产品的了解和熟悉程度不同，因此企业的促销目标和重点也不一样，企业要适当地选择相应的促销方式和促销组合策略，获得不同效益。当产品处于导入期时，企业的促销目标就是让消费者认识和了解产品，需要进行广泛的宣传，以提高知名度，因而广告宣传的效果最佳，辅之人员推销和营业推广，导入企业识别系统（CIS）策略。当产品处于成长期时，销售量迅速增长，企业的促销目标是进一步引起消费者的购买兴趣，激发其购买行为，因此应着重宣传产品特点，以改变消费者使用产品的习惯，逐渐对产品产生偏好，因此广告宣传和公共关系仍需加强，营业推广则可相对减少。当产品进入成熟期时，企业的促销目标主要是巩固老顾客，提升消费者对产品的信任，保持市场占有率，因此应增加营业推广和人员推销，尽可能多地运用公共关系宣传，削弱广告宣传。当产品进入衰退期时，企业的促销目标主要是使一些老用户继续信任本企业的产品，坚持购买，因此促销方式应以营业推广为主，辅之以公共关系和广告宣传。概括而言，上述策略与目标重点见表8-2。

表8-2 产品市场生命周期不同阶段促销策略与目标重点

产品市场生命周期	促销目标重点	促销组合
导入期	使消费者认识和了解产品	广告效果最佳,辅之人员推销和营业推广,导入CIS策略
成长期	提高产品的知名度	加强广告宣传和公共关系,相对地减少营业推广
成熟期	增加产品的信誉度	增加营业推广和人员推销,尽可能多地运用公共关系宣传,削弱广告宣传
衰退期	维持信任、偏爱	以营业推广为主,辅之以公共关系和广告宣传

（3）组合营销预算

任何汽车企业用于促销的费用总是有限的，企业在考虑促销组合时，必须从企业自身能力出发，以能否支持某一促销方式的顺利进行为标准。因此，汽车企业在选择组合营销时，首先要根据本企业的财力及其他情况进行促销预算；其次要对各种促销方式进行比较，以尽可能低的费用达到尽可能好的促销效果。一般来说，广告宣传的费用较高，人员推销次之，营业推广花费较小，公共关系的费用最少，但它们在不同时期的促销效果是不同的，最后还要考虑到组合营销费用的分摊。

（4）汽车市场的性质

针对不同的汽车市场，由于其规模、类型、潜在消费者数量不同，应该采用不同的组合营销策略。规模大、地域广阔的汽车市场，多以广告宣传为主，辅之以公共关系宣传；反之，则应该以人员推销为主。汽车消费者众多，却又零星分散的汽车市场，应以广告宣传为主，辅之以营业推广、公共关系宣传。汽车消费者少、购买量大的汽车市场，则应以人员推销为主，辅之以营业推广、广告宣传和公共关系宣传。潜在汽车消费者数量多的汽车市场，应采用广告促销，有利于开发需求；反之，则应采用人员推销，有利于深入接触汽车消费者，促成交易。

（5）汽车产品的档次

不同档次的汽车产品，其消费者在信息的需求、购买行为和购买习惯等方面是不相同的，需要采用不同的促销方式和组合策略。一般来说，广告宣传一直是各种档次汽车市场营销的主要促销工具，人员推销是中、低档汽车的主要促销工具。

总的来说，任何一种促销方式都有其固有的优点和缺陷，如人员推销可与消费者建立牢固的业务关系，成交速度快，能详细周到地进行个别服务，但缺点是传递信息速度慢、面积小，需要人员多。广告宣传虽然传递信息速度快，但费用高，可信度低。因此，企业在考虑商品促销时，应注意使用各种促销方式扬长避短，优化组合，对其综合运用，以期达到最佳的促销效果。

掌握了吗？

1) 促销的核心是（　　　　）。

2) 促销的目的是（　　　　）。

3)促销的方式分为（　　　）、（　　　）、（　　　）和（　　　）等四种方式。
4)促销组合的基本策略包括（　　　）策略和（　　　）策略。
5)影响汽车组合促销的因素有（　　　）、（　　　）、（　　　）、（　　　）和（　　　）等。

拓展升华

比亚迪超级体验日及超级安全体验营

2021年比亚迪超级体验日及超级安全体验营的中山站于5月1—3日举办，南京站于4月30日—5月4日举办，其宣传海报如图8-5所示。

本次活动以"超级安全体验营"为主题，通过娱乐互动、求真实验、道具体验、黑科技宣讲等多个环节将比亚迪刀片电池的安全性，比亚迪汉、唐、元、宋等车型的黑科技，以及超级混动MD-i的理念展现得淋漓尽致。在场很多市民都踊跃体验，加深了对比亚迪汽车超级安全和超级智能的认同感。

汽车企业促销不能以老眼光、老思路进行，要用各种促销手段围绕客户体验进行，创新创意才会更为有效。

图8-5　比亚迪宣传海报

8.2　人员推销

开节话题

继无人超市之后，阿里巴巴公司又推出了"无人汽车超市"这一新型的销售方式。2017年12月13日，天猫汽车在上海举办"汽车自动贩卖机"落地发布会，宣布其正式在上海、南京两地落地。天猫汽车自动贩卖机的第一站将首先以"超级试驾"的形式面向全球用户，这也就意味着，"像在自动贩卖机上买可乐一样买汽车"的梦想成真，开启了汽车新零售时代！

只要在天猫汽车平台下单，就可以在线选择各种品牌的各种车型，只要通过支付宝付款，就能在就近的无人汽车店把爱车提走，全程不超过20分钟，就能成为"有车一族"。

营销任务：
查询网络资料，了解天猫无人汽车超市的现状，并分析如何成为优秀的汽车销售顾问。

营销理论

8.2.1　人员推销概述

1. 人员推销的定义

人员推销是指企业的销售人员与有可能成为本企业产品的购买者交谈，进行口头宣传，以达到推销产品、实现企业营销目标的一种直接销售方法。人员推销是一种古老的销售方法,也是现代汽车企业重要的销售手段。

2. 人员推销的特点

由于汽车具有技术含量高、价值较大等特点,人员推销在汽车销售中占有很重要的地位。它具有与其他促销手段不同的显著特点。

(1) 针对性

人员推销是在两个或更多的人之间,在一种生动的、直接的和相互影响的关系中进行的,是一种面对面的接触。促销人员可针对顾客的需求和特征,依据顾客愿望、要求、反应,设计具体的推销策略,并适时地采取必要的调整。这不仅能向顾客直接介绍,还可以进行示范表演,对顾客提出的问题及时交换意见,消除顾客因对产品不够了解而产生的各种疑虑,引发购买欲望,促成购买。

(2) 选择性

推销人员在每次推销之前,可以选择有较大购买潜力的顾客,有针对性地进行推销,并可事先对未来顾客做一番调查研究,确定具体推销方案、推销目标和推销策略等,以强化推销效果,提高推销的成功率。

(3) 完整性

人员推销过程从市场调查开始,经过选择目标顾客,当面洽谈,说服顾客购买,提供服务,最后促成交易,反馈顾客对产品及企业提出的意见等信息。这就是企业产品销售的完整过程。人员推销的完整性是其他促销方式所不具备的,因此人员推销在收集、传递、反馈市场信息,以及指导市场营销、开拓新的市场领域等方面具有特殊的地位和作用。

(4) 有效性

推销人员可以提供产品实证,通过展示产品、解答质疑,为顾客提供各种信息,帮助顾客了解产品性能,指导顾客使用产品,使目标顾客能当面接触产品,从而确信产品的性能和特点。而且推销人员还能听到顾客的意见,并及时反馈给企业,易于引发购买行为。

(5) 情感性

推销人员在推销产品的过程中与顾客直接接触,可以"一回生,二回熟",彼此在买卖关系的基础上进行情感交流,增进了解,产生信赖,建立深厚的友谊。情感的培养与建立必然会使顾客产生惠顾动机,从而确立稳定的购销关系,促进商品销售。

(6) 高成本性

随着社会的发展,人力资源的成本有不断上升的趋势。当市场广阔而又分散的时候,需要的推销人员较多、费用大。为了提高推销人员的素质,还需要增加培训费用的支出。

由于人员推销具有上述特点,其在汽车促销中,尤为适用。

3. 人员推销的作用

(1) 挖掘和培养新顾客

推销人员不仅要进行产品现场说明并提供产品,满足顾客重复购买的要求,更重要的是在市场中寻找机会,不间断地寻找企业的新顾客,包括寻找潜在顾客和吸引竞争者的顾客,积累更多的顾客资源,这是企业市场开拓的基础。

(2) 培育忠实顾客

推销人员应该通过努力与老顾客建立信任关系,使企业始终保有一批忠实顾客,这是企业市场稳定的基石。

（3）推销产品、提供服务

推销人员通过与顾客的直接接触，运用销售技巧，可以有效地分析顾客的需求及其期望的最大利益，根据不同情况向他们提供各种奖励、折扣、优惠和服务等，从物质上和精神上满足对方的需求，引导其实现购买。推销人员努力的最终成果是源源不断地给企业带来订单，把企业的产品销售出去，实现企业的销售目标。

此外，推销人员应该在售前、售中、售后为顾客提供咨询、技术指导、迅速安全交货、售后回访、售后系列服务等，以服务来赢得顾客的信任。提供服务的过程是企业推销零配件和其他产品的良好机会，有利于提高产品的市场占有率。

（4）信息沟通

推销人员在推销过程中不仅可以及时将企业提供的产品和服务信息传递给顾客，为顾客提供资料，引起顾客的购买欲望，做出相应的购买决策，还可以收集信息。企业所需要的营销信息，很大一部分源于顾客，在推销产品过程中，推销人员应进行调查研究，与顾客保持联系，收集市场情报资料、反馈信息、及时向企业相关部门反映，为改进营销措施、制定营销决策提供依据。

4. 人员推销的基本形式

人员推销的基本形式主要有以下三种。

（1）上门推销

上门推销是最常见的人员推销形式，是指由汽车推销人员携带汽车产品的说明书、广告传单和订单等走访顾客，推销产品。这种形式是一种积极主动的推销形式，其好处是推销员可以根据各个用户的具体兴趣特点，有针对性地介绍有关情况，提供有效的服务，方便顾客，并容易立即成交。

（2）店面推销

店面推销是指汽车销售企业在适当地点开设固定门店，由销售顾问接待进入门店的顾客，推销汽车产品。店面推销与上门推销正好相反，它是等客上门式的推销方式。由于店面里的产品种类齐全，顾客能亲眼看到实体产品，能满足顾客多方面的购买需求，为顾客提供较多的购买方便，并且可以保证汽车产品完好无损，故顾客比较乐于接受这种方式。

（3）会议促销

会议促销是利用各种会议向与会人员宣传和介绍产品，开展推销活动。例如，汽车企业经常在订货会、交易会、展览会、物资交流会等会议上推销产品。会议推销具有群体推销、接触面广、推销集中，以及可以同时向多个推销对象推销产品等特点，而且企业可在会内会外"开小会"，同与会客户充分接触。只要有客户带头订货，形成订货气氛，就容易实现大批量交易。近年来国内各大城市先后推出的汽车博览会就属于这种推销方式。汽车博览会现在已不仅是推销汽车的极好形式，而且已成为各大城市提高城市知名度、带动消费和吸引商机的好机会。例如，从2000年开始的每年一度的"杭州西博会"举办期间，汽车展是重头戏之一。

营销视野	杭州西博车展·秋季展
2020年10月1日—5日，以"品智生活"为主题的第二十一届中国杭州国际汽车工业展览会·秋	

季展（以下简称杭州西博车展·秋季展）在杭州国际博览中心（G20展馆）盛大举行。德系、美系、日系、韩系以及合资、自主等近60个汽车品牌以超强阵容参展，新车、豪华车、黑科技云集，成为市民赏车购车的首选平台。

一直以来，在业界素有"得西博车展者，得浙江车市"的说法。作为浙江年度最大车展及浙江车市风向标，在过去20年里，平均每年拉动超过十亿元消费的西博车展让中外汽车企业见证了其影响力与带货力，并视之为必争之地。本届车展肩负着带动汽车产业动能复苏、提振市场信心、推动扩大内需的重要使命，是推动以国内大循环为主体、国内国际双循环相互促进的新发展格局的促进平台。通过车展的举办，在全面展示当代汽车制造水平的同时，为汽车产业赋能，带动车市进一步回暖；在推动经济大循环的同时，为中外车企重拾市场信心。

8.2.2 汽车人员推销的流程

如今，汽车行业的人员推销过程都是以客户需求为导向的，形成了如图8-6所示的汽车销售流程。汽车人员推销的流程从客户开发一直到最后的售后跟踪服务，一共有9个环节。下面将对汽车人员推销的各个流程做简单介绍。

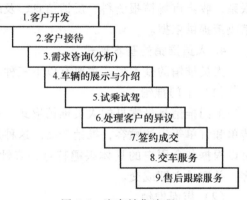

图8-6 汽车销售流程

1. 客户开发

客户开发是汽车销售的第一个环节。这一环节的主要问题包括：如何去寻找客户？在寻找客户的过程当中应该注意哪些问题？客户在哪里？自己要向哪类人推销产品？如果这些问题没有搞清楚，哪怕是再周密详尽的推销计划都有可能失败。所以，在客户开发过程中准确寻找和识别客户是推销人员的基本功。

营销视野	寻找客户

寻找客户就是推销人员寻找产品或服务的最理想的潜在客户。

推销人员要本着MAN原则——有购买力（Money）的人、有购买决定权（Authority）的人、有购买需求（Need）的人——来寻找客户。不要在无购买能力、无购买需求、无购买决定权的人身上花费太多的时间。

2. 客户接待

在客户接待环节，推销人员首要的任务就是打消客户的顾虑，消除客户的防备心理，给客户一个好的第一印象，因此该做的事情就是怎样有效地接待客户、怎样找到与客户的共鸣点、怎样获得客户的资料，以及怎样把客户引导到下一环节中去。

3. 需求咨询（分析）

需求咨询也叫需求分析。在需求分析里，推销人员以客户为中心，以客户的需求为导向，对客户的需求进行分析，全面了解潜在客户的有关情况，以便制订推销方案，为客户介绍和提供一款符合客户实际需要的汽车产品做好准备。

4. 车辆的展示与介绍

在对目标客户已有充分了解的基础上，推销人员可以直接向目标客户进行产品介绍，甚至主动地进行一些产品的使用示范，以增强目标客户对产品的信心。因此这一阶段将进行六方位绕车介绍。

在绕车介绍中，推销人员紧扣汽车这个产品，对整车的各个部位进行互动式介绍，将产品的亮点通过适当的方法和技巧进行介绍，向客户展示能够带给他哪些利益，通过介绍引起客户对汽车或服务的兴趣，产生对汽车或服务的需求欲望，以便顺理成章地进入下一个环节。

5. 试乘试驾

试乘试驾是对上一个环节的延伸，客户可以通过试乘试驾的亲身体验和感受，以及对产品感兴趣的地方进行逐一确认。这样可以让客户充分地了解该款汽车的优良性能，从而提升客户的购买欲望。

6. 处理客户的异议

在推销过程中，推销人员经常会遇到客户的异议。客户的异议是成交的障碍，但它也表明了客户已经对推销人员的讲解给予了关注，对产品产生了兴趣，只要克服了异议，就能够达成交易。应付异议的有效办法是把握产生异议的原因，对症下药。

7. 签约成交

成交是推销的目标，当各种异议被排除之后，推销人员要密切注意客户发出的成交信号，即通过客户的言语、动作、表情等表露出的购买意向，并抓住这一成交的良好机会及时达成交易。

8. 交车服务

交车是指成交以后，要安排把新车交给客户。交易达成并不意味着推销工作的结束，而应将其看作是新的推销工作的开始。因此，交车服务环节必须及时跟上，这个工作的妥善处理，不仅有利于企业同目标客户建立长期稳固的购销关系，而且可以吸引新的客户。

9. 售后跟踪服务

最后一个环节是售后跟踪服务。售后跟踪服务就是推销人员在售后与客户保持接触，这样不仅可以减少客户的忧虑，而且可以与客户建立长期的、良好的关系，从而达到让客户替你宣传、替你介绍新的意向客户来看车、购车的目的。售后跟踪服务是人员推销的最后环节，也是新的推销工作的始点。售后跟踪服务加深客户对企业和商品的信赖，促使客户重复购买或为其宣传。同时，通过售后跟踪服务可获得反馈信息，为企业决策提供依据，也为推销员积累经验，从而为开展新的推销提供广泛而有效的途径。

8.2.3 推销人员的管理

1. 招聘

推销工作要获得成功，关键在于选择高效率的推销人员。好的推销人员，可以从企业内部招聘，也可以从社会上招聘。推销人员作为企业与客户之间的纽带与桥梁，肩负着为企业销售商品或劳务、为客户提供服务的双重任务。企业的营销离不开推销人员，客户的购买也离不开推销人员。推销人员的素质高低不仅决定着个人的绩效，而且关系到企业的效益。

营销视野   **汽车推销人员的素质**

推销人员的素质是指推销人员在汽车销售过程中，其品质、作风、知识结构、性格等内在因素有机结合所表现出来的各种能力。一个合格的汽车推销人员应具备以下素质：

1) 要有强烈的责任感和使命感，这是做好销售工作的前提条件。推销人员首先要对自己从事的工作有正确的认识，要以企业的发展为重，意识到自己的责任和使命。丰田汽车公司之所以在销售方面能取得巨大的成绩，不但是因为其销售员人数多，而且他们都相信丰田汽车公司的汽车是最好的。其次，要有踏实的工作作风，持之以恒的热情和信心。一名丰田汽车公司的推销人员在发现一位潜在用户时，两个星期之内拜访达20次，最终使他变成了丰田汽车的用户。此外，要遵纪守法，讲究职业道德。

2) 强烈的服务意识。服务可以产生价值，为客户提供满意的服务是推销人员至高无上的准则。服务不再是产品与品牌的附庸，也不再是经营活动的副产品，而是产品制造、品牌制造商和经销活动的本身。

3) 良好的专业素质，这是从事销售工作的基本条件。一名合格的汽车推销人员一般应具备产品知识、市场知识和竞争知识。推销人员要不断提高各方面的素质，才能胜任本职工作，适应社会发展的需要。

4) 丰富的知识修养。推销人员经常与各种各样的客户打交道，需要具备较广的知识面。知识面宽广与否，一定程度上制约着推销人员的推销能力，所以推销人员应有强烈的求知欲，善于学习并掌握多方面的知识，这样运用起来才会游刃有余。一般来说，一个优秀的推销人员应该懂得政治、法律知识，懂得经济学、市场营销学和推销业务知识，懂得社会学、心理学等多方面的知识。

2. 推销人员的培训

人员推销的效果取决于推销人员的素质状况，而精良的推销队伍来自教育培训。企业不仅要对遴选确定后的推销人员进行认真的培训，而且对原有的推销人员也要定期组织集训，以适应市场形势发展的需要。

(1) 培训时考虑的问题

在培训推销人员时，应考虑下列问题：培训计划的目标、培训的内容、由谁来主持培训、培训的时间、培训的地点、培训的方法和培训的效果评价。培训计划的制订要具有针对性，即根据继续培训、主管人员培训、新进人员培训等不同类型的培训，确定不同的培训内容和培训方法。

(2) 培训方法

推销人员的培训方法有集体培训和个别培训两种。集体培训的方法有专题讲座、模拟演示、分组讨论、岗位练兵等。个别培训的方法有在职函授、业余进修、以老带新、采用工作手册或其他书面资料教育等。

(3) 培训内容

对推销人员的培训应包括以下内容：

1) 企业知识：包括企业的历史、经营目标、组织机构设置、财务状况等各方面的情况。

2) 产品知识：包括企业汽车产品的型号、性能、制造过程、技术工艺特点、产品配置等汽车产品情况。

3) 市场知识：包括本企业目标顾客的分布、需求特点、购买力水平、购买动机、购买行为、消费习惯,以及市场情况、本企业的市场地位、竞争者商品的市场地位和营销措施。

4) 推销流程与技巧:包括推销原则和推销策略、推销人员的工作程序和责任、良好的个性、处理公众关系和人际关系的能力等。

3. 激励

企业采取适当的激励措施,会更好地调动大多数推销人员的工作积极性,激发他们的工作潜力。激励措施包括报酬激励和辅助激励两种。

1) 报酬激励措施:推销员的薪金以及一些其他的福利,如带薪假期、无偿用车等。

2) 辅助激励措施:定期的销售会议为推销人员提供了一个社交场所;一次摆脱日常例行性工作的休息,是一个重要的沟通和激励方法;开展销售竞赛,提供旅游、现金等奖品激励推销人员比平常更努力地工作。

4. 考核与评估

企业必须对推销人员的工作业绩加以考核和评价,以作为激励推销人员的标准,也可为企业制定营销战略提供必要的依据。另外,企业应及时向推销人员反馈对其评价的标准和结果,以使他们能尽力按照企业的目标和要求去改进工作。

1) 评估资料的来源。这些资料来自推销工作报告、推销实绩、主管人员考察、顾客和其他推销员的意见等。

2) 绩效评估。绩效评估有三个方面:①横向评估,即在推销人员之间进行比较;②纵向评估,即对推销员现在的绩效与过去的绩效进行对比;③工作评价,包括对企业、产品、顾客、竞争者、本身职责的了解程度,也包括推销员的言谈举止、修养等个性特征。

营销视野	10分钟的诀窍

有一位成功的推销员,每次去登门推销总是随身带着闹钟,会谈一开始,他便说:"我打扰您10分钟。"然后将闹钟调到10分钟后,时间一到闹钟便自动发出声响,这时他便起身告辞:"对不起,10分钟到了,我该告辞了。"如果双方商谈顺利,对方会建议继续谈下去,那么他便说:"那好,我再打扰您10分钟。"于是闹钟又被调到了10分钟后。

大部分顾客第一次听到闹钟的声音很是惊讶,他便和气地解释:"对不起,是闹钟声,我说只打扰您10分钟,现在时间到了。"顾客对此的反应是因人而异的,绝大部分人会说"你这人真守信",也有人会说"你这人真死脑筋,再谈会儿吧"。

推销人员重要的是要赢得顾客的信任,然而不管采用何种方法达到此目的,都离不开从一些微不足道的小事做起,守时只是其中一个小例子。这是用小小的信用来赢得顾客对推销人员的大信任。因为答应会谈10分钟,到时便告辞,就表示信守诺言。

推销人员赢得顾客的技巧可以新奇,但无须好做惊人之举、好出惊人之语,否则会适得其反。只有在平凡的小事中表现出不平凡,才是真正伟大的推销员。

8.2.4 人员推销的策略与技巧

1. 人员推销的基本策略

推销人员应根据不同的推销气氛和推销对象审时度势,巧妙而灵活地采用不同的方法和技巧，吸引客户，促其做出购买决定，达成交易。人员推销一般采用以下三种基本策略：

1）试探性策略，也称为"刺激-反应"策略。这种策略是在不了解客户的情况下，事先准备好要说的话，对客户进行试探，引起客户的兴趣和购买欲望，然后根据其反应再采取具体推销措施，引发客户产生购买行为的策略。推销要重点宣传产品的功能、风格、声望、感情价值和拥有后的惬意等。

2）针对性策略，也称"配方-成交"策略，是指推销人员在基本了解客户的某些情况的前提下，事先设计好针对性较强的推销语言，有的放矢地宣传、展示和介绍产品，使客户感到推销员的确是自己的好参谋，真心地为自己服务，以引起客户的兴趣和好感，进而产生强烈的信任感，从而达到成交的目的。

3）引导性策略，也称"引发-满足"策略，这是一种创造性的推销策略。推销员要能唤起客户的潜在需求，要先设计出鼓动性、引导性强的购买建议（不是欺骗），引导客户产生某方面的需求，并激起客户迫切要求实现这种需求的强烈动机，然后抓住时机向客户介绍产品的效用，说明所推销的产品正好能满足这种需求，从而引导客户购买。如果不能立即促成交易，而能改变客户的态度并形成购买意向，为今后的推销创造条件，也是一种成功。

2. 汽车推销技巧

人员推销的技巧是指推销人员在实施推销过程中，针对不同的推销对象，为达到推销目的所运用的方式、方法、技能、谋略等综合举措。推销技巧的运用是一项实践性很强的活动，贯穿于整个推销过程之中。推销技巧的运用是否恰当、得体和成功，标志着推销人员素质观念、业务水平等能力的高低，关系到推销活动的成败。

（1）准备阶段的技巧分析

接待客户前，作为一个合格的销售顾问首先要有充分的准备，信心、信任和心态是必须具备的几点。

1）信心。信心是源于扎实的专业知识和沟通技巧。作为一名汽车销售人员，汽车和市场营销的专业知识是必不可少的。例如，客户对你所推荐的车型提出异议并举例你公司暂没销售或不愿销售的车型时，你必须用有力的证据向客户证明你推荐的车优于其他车型，而这有力的证据就建立在你对汽车行业的熟悉和沟通技巧之上。

2）信任。学过营销的人都知道，有一种很流行的"GSM吉姆模式"，即作为一个销售顾问要"相信你的公司，相信你销售的产品，相信你的能力"。它的关键词是"相信"，也就是这里所说的"信任"。当一名销售顾问在工作中对自己销售的车型安全性能不放心，对自己的企业实力担忧不已，甚至怀疑企业能否按时发工资时，那么他不太可能将车推销出去。

3）心态。良好的工作心态包含三个方面：诚实之心、敬业之心，坦然之心。诚实面对自己，不要对自己、顾客、老板撒谎，也不要怕犯错，更不可以因为怕犯错而撒谎。心理学家认为，人天生就具备一种辨别他人是否在说假话的本领。在与客户沟通的所有营销成本中，"诚实"的成本最小，所换得的回报也可能最高。如何才算敬业？没有一个统一的标准，但是有一点可以肯定，如果你能把工作当成自己的事业，你就是一个非常敬业的人。在职场上，永远要记住这句话，"聪明的老板永远喜欢努力工作的员工"

（2）接待技巧分析

1）自我介绍技巧。推销界有句名言：推销产品之前要先推销自己。推销自己简单地说，就是在与客户初见面时，尽量消除客户的紧张感和恐惧感，建立与客户之间的亲密感和信任感，树立良好的第一印象。因此，推销人员应特别重视与客户的每一次见面。

与客户第一次见面，推销人员推销自己的方式除了注意仪表、举止之外，还要有切中客户的口味的自我介绍，此时应当注意以下几点：

① 态度诚恳、热情。

② 保持亲切的微笑。

③ 步履轻盈、快捷，正面走近客户。

④ 在与客户握手问候时语调热情洋溢、精神饱满、音量适中。

⑤ 在自我介绍时掌握分寸，态度谦虚，先从自己的姓名、单位、职位开始，辅之恭敬地递上自己的名片。若客户有兴趣或有耐心，再进一步介绍企业或产品，这样很有利于客户迅速、准确地知晓自己的情况，加深印象，从而加快交往的过程。

2）电话接听技巧。接听电话虽然不是面对面与客户交流，但是客户从你的声音、声调中可以判断出你的态度与心情，因此要注意电话交谈方法和电话交谈时最大的禁忌。

① 电话交谈方法。客户致电展厅，销售人员或接待人员必须在三声或四声铃声响完前，接听电话。接听人员必须报上经销商的店号，或加上汽车品牌名称及自己的姓名；尽量询问对方的称呼和基本需求。若是销售人员致电给客户做初次接触，除报上经销店名称、汽车品牌名称、姓名外，简单的问候和寒暄是必需的，但因人因环境而异，时间不可太长。迅速地报上致电的理由（这个理由最好有吸引力或说服性），从而取得对方的信任。

② 电话交谈时最大的禁忌。电话交谈时最大的禁忌是企图在电话中销售汽车，这基本上成功的可能性很低。电话接触的目的在于"销售"见面的机会。如果是第一次来电客户，重点是吸引他到展厅来看车，电话里卖车是谈不出结果的，可以用预约试驾或是来店有礼等吸引客户。尽量用礼貌寒暄打开谈话局面，留下客户信息，以便日后跟进。

3）来店接待技巧。客户来店时不要和客户一开始就直入主题。销售人员所做的一切动作，当然是为了把车销售出去，但是不能把目标暴露得太明显，这样会让客户感觉到销售人员的企图心太强了，从而产生明显的抵触情绪。交易最初的关键是要与客户建立初步的互信关系，同时逐渐消除客户的抵触心理。

在交易开始，还有一件关键之事，就是充分判断。销售人员要在最短的时间内判断客户的身份：是特意来看车？有明确目的性？或者根本就是随便转转，意在吹吹空调然后走人？同时，销售人员要分辨出客户中哪个才是决策人物，而他又最受谁的影响。这样销售人员就知道了说话的重心要朝谁。如果在交易之初就和客户交换了名片，那么销售人员必须在最短的时间内记住名片上的重要元素：姓名、地址、行业、职位，甚至电话号是移动还是联通、尾数是什么。如果销售人员能在之后的交流中，很自然地将客户名片上的元素都穿插在话题中，客户会有受到尊重的感觉。

(3) 分析客户需求的技巧

销售人员通过需求分析来评定应该如何接待客户以满足他的需求，达成销售目标。首先必须肯定其购买的动机、立场、偏好，以及对品牌认识的深度，尤其是使用汽车的用途与购买决定的关键点。有时客户的期望比需要更为重要。要了解客户的需求与真正的期望，就等于要在短短的数分钟内了解一个人的经济状况、社会地位、性格特点。因为需求有显性需求和隐性需求之分，显性需求可以用一般的科学方法调查得知，但隐性需求就只能用经验去感悟。具体技巧如下：

1)交谈的技巧。客户来到陌生的汽车销售店面,由于对环境不熟悉,因此可能有紧张感和恐惧感,当推销人员与客户交谈时必须抓住对方的心理,引起对方的共鸣,从而消除对方的紧张感和恐惧感。推销人员要言谈举止文明、懂礼貌、有修养,做到稳重而不呆板、活泼而不轻浮、谦逊而不自卑、直率而不鲁莽、敏捷而不冒失。在开始洽谈时,推销人员应巧妙地把谈话转入正题,做到自然、轻松、适时。可采取以关心、赞誉、请教、炫耀、探讨等方式入题,顺利地提出洽谈的内容,以引起客户的注意和兴趣。在遇到障碍时,要细心分析、耐心说服、排除疑虑、争取推销成功。在交谈中,语言要客观、全面,既要说明产品的优点所在,也要如实地反映缺点,切忌高谈阔论、"王婆卖瓜",让客户反感或不信任。在洽谈成功后,推销人员切忌匆忙离去。这样做,会让对方误以为上当受骗了,从而使客户反悔违约。应该用友好的态度和巧妙的方法祝贺客户做了笔好生意,并指导对方做好合约中的重要细节和其他一些注意事项。总之,与客户谈话,应以引起客户注意为目的,以客户为中心,以尊敬、重视客户为准则,这样才能消除客户心中的紧张与恐惧,才能为下一步商谈奠定良好的基础。

2)聆听的技巧。每一种销售都必须平等,在平等的前提下才有交流、在交流的基础上才能理解、在理解的条件里才能帮助。在洽谈过程中,推销人员应谦虚慎言,注意让客户多说话,认真倾听,表示关注与兴趣,并做出积极的反应。在聆听时,学会用客户的语言探究其内心,这就是客户分析。

营销视野　　　　　　　应对顾客拒绝的技巧

推销人员在推销产品时,如果遭到拒绝,首先要知道,顾客不是拒绝你,而是拒绝所有与他接触的推销人员。当你明确了这一点后,就可以心平气和地面对顾客的拒绝。所以无论顾客以什么方式拒绝,都不能有丝毫的失望神态,而要采取积极的态度,分析原因,寻找应对顾客拒绝的技巧。应对顾客拒绝的技巧有以下几种:

1)附和法,即推销人员在遭到顾客因对产品某一方面不满而拒绝时,附和顾客的看法,抓住某一方面的关键词,加以其他意义上的变化的阐释,从而直攻对方的不满,消除其顾虑。

2)转折法,即顾客阐述了自己的看法后提出拒绝,不管其理由多么不充分,推销人员都不采取否定回答,而附和顾客的看法,然后通过转折词语,再提出自己的看法。

3)抹杀法,即对顾客的拒绝避而不谈、悬而不论,用笑声或一些轻快的语句把话题引开。这样不仅可以缓和因顾客拒绝而造成的紧张和尴尬,而且可以显示出推销人员的大度和宽容。

4)发问法,即顾客提出拒绝自有其道理,为探询其原因,通过发问,推销人员的位置和态度就会发生转移,由原来的守方变成了主动发问的攻方。这样,就为顾客的倾诉提供了机会。同样,推销人员也了解并把握住了顾客反馈回来的信息,如果及时消除顾客的顾虑,那么推销成功就为时不远了。

5)否定法,即作为推销人员,对顾客的诉说和要求,一般不要做出否定的回答。但是在适当的情况下,做出否定回答也是必要的。这样既可以保持公司的形象,又可以维护自身的荣誉。但是,在做否定回答时,推销人员应注意语气和分寸,不能过于强硬,须增添适当的幽默加以调节,否则就会得罪顾客。

6)举例法,即顾客的拒绝有时是由于缺乏自信,因为对产品认识的可信度不高所致,这时推销人员就可以用此法,亦即举出类似顾客的例子,用以加强说明。如果有以前顾客对该产品称赞的实物证明就可以有力地阻止顾客的拒绝。

7)转换法,即顾客的拒绝往往源于自己的主观印象,因此推销人员应抓住时机,将自己的主观说明转换为客观实在之物,可出示有关产品的资料说明、获奖情况或产品实物、演示等。这样就可把主观的拒绝转换成实物的引导,让顾客看得见、摸得着,甚至亲自操作试用,既可引起顾客的兴趣和欲望,又可有效地抵制顾客的拒绝。

（4）试乘试驾技巧分析

从理论上说，试驾是最好的方式。在试驾过程中把自己销售的车辆优点适当地体现出来，又把竞争对手的缺点无意中透露出来，对客户的成交会很有好处。

既然是试乘试驾，客户肯定要有自己的感受，推销人员要在这个环节中让客户对车辆产生好感，甚至放在车内的香水是客户喜欢的气味，都会让客户产生好感。这个环节是无形的介绍——感受最直接的体验。

（5）报价签约技巧分析

作为销售代表，巧妙的谈判技巧将会产生事半功倍的效果。首先不要把所有的问题一下子提出来，要逐一与客户探讨；其次要先提出一些意见分歧不大的问题，而暂缓商议那些难度较高的问题，等会谈进展到一定阶段，双方都对谈判过程感到顺利时，再针对难度较高的部分，寻求解决途径。以下为两种常用的报价方法：

1)"三明治"报价法。这种方法就是先不急于报价，多宣传某个产品的价值，弱化客户对价格敏感度的报价方法。简单来说，报价的时候，先总结产品或服务能够满足客户需求的特性，再报价，并强调其他的附加价值。淡化客户对价格的敏感，强化客户所得的收益。具体做法是总结出你认为最能激发出客户热情的针对客户的益处，这些益处应该能够满足客户主要的购买动机，再清楚地报出价格。如果客户还有异议，强调一些你相信能超过客户期望值的针对客户的益处，如再赠送东西，或是在客户感兴趣的配置之外，还有超出客户想象的其他配置，让客户觉得物有所值，成交就更简单了。

2)先扬后抑法。这种方法着重强调车的性价比。客户对车还有疑问，还看过别的车，感觉卖方的车还不太值的时候，就可以拿竞品车来举例。可以先说车的优点，然后再把竞品车的缺点无意带出，这样会让客户潜意识里偏向卖方的车。

（6）排除客户异议的技巧

在推销过程中，完全没有异议或者拒绝的情况是极少的（有关调查资料表明，没有异议的推销成功率为15%）。异议表明了客户对推销人员的推销给予了关注，对产品产生了兴趣，排除客户异议是顺利推销和达成交易的必备条件。有效地排除客户异议，除了需要推销人员采取不躲避客户异议、不轻视客户异议的态度，有倾听客户异议的气度，不与客户争议、不为自己辩白、尊重客户的立场之外，还要主动询问客户的异议，分析客户产生异议的原因，商量解决客户异议的方案和对策。与此同时，必须选择有利于排除客户异议的技巧。具体可采取以下方法：

1)反驳处理法，即推销人员根据事实和道理来直接否定客户异议的一种处理技巧。一般来说，在排除客户异议时，推销人员应尽量避免与客户发生直接冲突，尽量避免针锋相对的反驳。但在一定的条件下，推销人员也可以使用反驳处理法。

2)"但是"处理法，即推销人员根据事实和道理来间接否定客户异议的方法。在实际推销面谈过程中，客户往往会提出许多无效异议，直接妨碍成交，推销人员应该根据有关的事实和理由来否定各种无效的客户异议。

3)利用处理法，即推销人员利用客户的异议来处理异议的一种方法。推销人员利用客户异议的特点来处理客户异议，即肯定其正确的一面，否定其错误的一面，利用其积极的因素，克服其消极的因素，排除成交障碍，有效地促成交易。

4)补偿处理法，即推销人员利用异议以外的优点来补偿或抵消客户异议的一种方法，可以使客户达到一定程度的心理平衡，有利于排除障碍，促成交易。

5）询问处理法，即推销人员利用异议来反问客户的一种处理技巧。推销人员在处理各种客户异议时，应该认真分析有关的客户异议，找出产生异议的原因。但在实际工作中，推销人员又往往不清楚客户异议产生的根源，于是可以通过询问来了解和掌握客户产生异议的原因及性质，以便于处理。

6）不理睬处理法，即推销人员有意不理睬客户异议的一种方法。

（7）成交的技巧

在实际推销工作中，客户往往不愿主动地提出成交，即使心里想成交，为了杀价或保证实现自己所提出的交易条件，也不会首先提出成交。不过成交的意向总会以各种方式表露出来，如在客户对待推销人员的态度逐渐好转时、在客户主动提出更换面谈场所时、在客户主动介绍其他相关人员时、在客户的疑问和异议一个接一个时，都可能是成交意向的表示。推销人员要不失时机地运用成交技巧，促成交易。促使客户成交的技巧方法如下：

1）请求成交法，即推销人员直接请求客户购买商品的一种技巧。这种技巧要求推销人员利用各种成交机会，积极提示，主动向客户提出成交要求，努力促成交易。

2）假定成交法，即推销人员假定客户已接受推销建议而要求客户实现成交的技巧。假定成交法是一种基本的成交技巧。在整个推销面谈过程中，推销人员随时都可以假定客户已经接受推销建议。假定成交法的力量来自推销人员的自信心，而推销人员的自信心又可以增强客户的信心，以彼此影响促成交易。

3）选择成交法，即推销人员为客户提供几种购买决策方案，并且要求客户立即购买的一种成交技巧。

4）细节成交法。时刻注意客户的表现，注意客户发出的每一个信号。当论及颜色、内饰、交车时间、售后服务、订金、合同细节，以及看到一些肯定表情时，就是客户愿意成交的信号。推销人员必须就此与客户达成初步意向。

5）从众成交法，即推销人员利用客户的从众心理来促使其立即购买商品的一种技巧。消费心理学认为，人的购买行为既是一种个别行为，又是一种从众行为。客户在购买商品时不仅考虑自己的需要和问题，也要考虑符合社会的需要和规范。从众成交法正是利用了客户的从众心理，创造一定的购买情境和购买气氛，说服这一部分客户去影响另一部分客户，从而促成交易。

6）机会成交法，即推销人员向客户提示有利的机会促使成交的一种技巧。购买机会也是一种财富，也具有一定的经济价值，失去购买机会本身就是一种损失，有时还得支付一定的机会成本。机会成本原理是机会成交法的理论基础，推销人员可以利用这个基本原理，针对客户害怕错过购买机会的心理动机，向客户提示成交机会，限制客户的购买选择权和成交条件，施加一定的机会成交压力，促使客户购买推销品，达成交易。

7）保证成交法，即推销人员向客户提供成交的保证条件来促成交易的一种技巧。推销心理学认为，客户在成交时存在着害怕错误成交而拒绝成交的心理。推销人员针对客户的这种心理，可以向客户提供一定的成交保证，消除客户的成交心理障碍，以增加客户成交的信心，从而促成交易。

8）异议成交法，即推销人员利用处理客户异议时的时机直接向客户提出成交要求的一种成交技巧。客户异议既是成交的直接障碍，又是成交的明显信号。一般来说，只要推销人

学习任务 8 实施汽车产品促销策略

员能够成功地处理有关的客户异议，就可以有效地促成交易，促使客户立即购买推销品。

9）使用旁证。推销人员的证明和说辞很难起到证明的作用，因为客户对推销人员的防范是很严的。例如，有位女客户看上了一款跑车，无论销售员怎么说都不能让她决定购买。这时，经理过来对销售员说："小张，×××（一位名人）的×××车（与客户看中的车同一品牌）该保养了，您给她打个电话通知一下"，那位客户当即决定购买。

总之，人员推销是一种互惠互利的活动，在一定的推销环境里，可以运用上述各种推销策略和技巧，说服客户接受企业的商品，从而既能满足客户需求，又能扩大企业的销售量，实现双赢。此外，企业还要逐渐与客户建立相对稳定的关系，以源源不断地促进业务达成。

掌握了吗？

1）人员推销的特点有（　　　）、（　　　）、（　　　）、（　　　）、（　　　）和（　　　）。

2）人员推销的作用包括（　　　）、（　　　）、（　　　）和（　　　）。

3）汽车人员推销的流程一般包括（　　　）、（　　　）、（　　　）、（　　　）、（　　　）、（　　　）、（　　　）和（　　　）。

4）判断对错：汽车销售顾问只有报酬激励一种激励措施。（　　　）

拓展升华

世界上最伟大的推销员

假设你接到这样一个任务，在一家超市推销一瓶红酒，时间是一天。你认为自己有能力做到吗？你可能会说："小菜一碟。"那么再给你一个新任务，推销汽车，一天一辆。你做得到吗？你也许会说："那就不一定了。"

如果是连续多年每天卖出一辆汽车呢？你可能会说："不可能！没人做得到。"可是，世界上就有人做到了，这个人在 12 年的汽车推销生涯中总共卖出了 13001 辆汽车，平均每天销售 6 辆，而且全部是一对一销售给个人的。他也因此创造了吉尼斯汽车销售的世界纪录，同时获得了"世界上最伟大的推销员"的称号，这个人就是乔·吉拉德。

生于贫穷：出生后遇到美国大萧条年代，父辈是四处谋生的西西里移民。

长于苦难：为了生计 9 岁就开始擦皮鞋、做报童，遭受父亲的辱骂，遭受邻居的歧视。

自强不息：父亲辱骂他一事无成时下决心，要证明父亲错了；在受到歧视时和别人拼命；母亲的关爱使他始终坚信自己的价值。

不懈奋斗：坚持上学直到高中；做过 40 多种工作；破产巨额负债也没有灰心；做销售努力改掉自己的口吃；对待顾客坚持诚信，恪守公平原则；不墨守成规，不断创新自己的方法，超越自我。

乔·吉拉德的销售秘诀：

1）250 定律：不得罪一个顾客。

2）名片满天飞：向每一个人推销。

3）建立顾客档案：更多地了解顾客。

4）猎犬计划：让顾客帮助你寻找顾客。

5）推销产品的味道：让产品吸引顾客。

6）诚实：推销的最佳策略。

7）每月一卡：真正的销售始于售后。

8）学会自信。

你想成为伟大的汽车推销员吗？

8.3 广告宣传

开节话题

比亚迪"纯电新物种"海豚

比亚迪汽车坚持初心、无畏向前,以技术为王、创新为本的企业发展理念,在新能源汽车市场中扮演着重要角色。刀片电池、DM-i 超级混动系统、IGBT 芯片等先进技术,为"中国制造"向"中国智造"的升级转变提供了范本,推动我国新能源汽车的发展一路向前。

"纯电新物种"海豚自 2021 年 1 月 11 日上市以来,月销量越来越高,在 12 月突破 1 万辆,成为纯电小型车畅销的爆款。

比亚迪海豚除了十万级别的竞价区间、科技智能的用车质感、新能源的低效出行等各方面所体现的竞争特点外,还在广告中以"潮玩"诠释其个性化理念。选择谭松韵为其形象代言人,在其视频广告中,人靓车美,与粉嫩的海豚小车形成绝佳搭配,时尚女性的潮玩生活——用手机轻松一贴,车门打开;行驶在马路上轻快欢畅;旋转大屏随心转动;用语音就可以开启功能……智慧的贴心服务,无论是上下班,还是周末逛街出行,海豚都是最亲密的伙伴。这种惬意的生活正是年轻人心目中理想的状态。海豚的广告贴近定位,与当下年轻受众的主流消费理念不谋而合。

营销任务:
请思考:作为一款产品,应当如何用广告体现其自身价值,从而促进销售?

营销理论

8.3.1 广告概述

1. 广告的概念

广告一词源于拉丁语 Advertere,有注意、诱导、大喊大叫和广而告之之意。广告作为一种传递信息的活动,它是企业在促销中普遍重视的应用最广的促销方式。市场营销学中的广告定义是企业按照一定的预算方式,支付一定数额的费用,通过不同的媒体对产品进行广泛宣传,促进产品销售的传播活动。

营销视野 — **不同组织对广告的不同定义**

美国颇具权威性的民间机构——美国市场营销协会(AMA)曾给广告下了这样一个定义:广告是有特定的广告主以付费的方式通过多种传播媒介对商品、服务或观念等信息进行介绍和推广的活动。

《中华人民共和国广告法》将广告定义为:广告是广告主支付一定的费用,有计划地通过一定的媒介和形式,直接或间接地宣传自己的商品或服务,并说服消费者购买的信息传播活动。

尽管广告的定义多种多样,但归根结底其目的都是推销和兜售某种商品、服务或观念。

2. 广告的特点

在企业的市场营销活动中,广告是促进销售的一种手段,是企业营销活动的有机组成部分。同人员推销、公共关系和营业推广三种促销方式相比,广告宣传有自己的特点。

（1）公众性

广告是一种高度大众化的信息传递活动，是把商品或劳务信息向非特定的广大消费者做公开宣传，以说服其购买的传播技术。其信息接收者是一个范围广泛的群体，它不仅包括现实的顾客，而且包括潜在的顾客，从而必然增强促销信息的传播效果。尽管一次支付的广告宣传费用可能是很高的，但接受促销信息的人均费用要比人员推销费用低得多。因此，适合用广告宣传促销的产品利用这种方式促销，是最符合经济效益原则的。

（2）滞后性

广告传递信息的目的是刺激需求、促成购买，但广告宣传与购买行为在时间上是分离的。多数消费者都是在接受广告促销信息后，记住广告宣传的企业名称、产品品牌、生产厂家、价格等的，为以后购买提供依据。因此，广告的促销效用具有一定的滞后性，即广告对消费者的态度和购买行为的影响不是立即见效的，而是延续一段时间。

（3）辅助性

各种促销形式往往是相互补充、相互促进的。广告宣传对于人员推销的补充和促进效果就很明显。广告介绍了产品基本知识，指导消费者选购、使用、保养和维修产品，这就激发了消费者对产品的兴趣。当推销人员与消费者面对面地洽谈时，由于有了广告宣传的促销基础，不仅能缩短介绍过程，而且能提升说服力，促其迅速达成交易。

（4）表现性

商业广告集经济、科学、艺术和文化于一身，借助文字、音响及色彩的艺术化应用，通过一定的媒体，不仅生动形象地表现出产品的特性，而且富有感染力。

营销视野　　　　　　　　　　　**广告的目标**

广告的目标是指在一个特定时期对某个特定的公众所要完成的特定传播任务。这些目标必须服从目标市场、市场定位和营销组合等决策。汽车广告按其目标可分为通知性、说服性和提醒性广告3种。

（1）通知性广告

通知性广告主要用于汽车新产品上市的开拓阶段，旨在为汽车产品建立市场需求。日本丰田汽车公司在进入中国市场时，打出"车到山前必有路，有路必有丰田车"的广告，深入人心。

（2）说服性广告

说服性广告主要用于竞争阶段，目的在于建立对其某一特定汽车品牌的选择性需求。在用这类广告时，应宣传自己处于优势的方面，并且不会遭到更强大的其他汽车品牌产品反击。例如，"三星骏马快！优！新！"的广告，突出了该汽车产品的优势，朗朗上口。

（3）提醒性广告

提醒性广告用于汽车产品的成熟期，目的是保持消费者对该汽车产品的记忆。例如，上海大众在桑塔纳轿车已经处于成熟期仍经常做广告，提醒消费者对桑塔纳轿车的注意。

3. 汽车广告的作用

汽车工业的崛起，让汽车广告来到了这个世界上。1895年，美国杜里埃兄弟在汽车杂志《无马时代》的创刊号上发布了第一篇汽车广告。在现代经济生活中，广告作为一种促销手段和一种经济现象，更是无处不在、无处不有，它扮演着重要的角色，发挥着重要的作用。汽车广告的作用在于以下几个方面。

(1) 介绍产品，传递信息

通过广告，可以向目标消费者有效地传递新车的外观、性能、使用等方面的信息，引发他们对汽车的好感和信任，激发其进一步了解汽车的兴趣。因此，汽车广告有助于潜在消费者根据广告信息选择符合自身要求的产品。

(2) 刺激消费，扩大产品销路

广告通过各种传播媒体向消费者广泛介绍产品的信息，不仅能提高其对产品的认识程度，引发其需求和购买欲望，而且能够起到强化其对产品的印象，刺激需求的作用。例如，潜在消费者已经了解某款新的车型，但还未准备购买，通过广告对汽车信息的有效传播，向其介绍产品的品牌、性能、规格、用途、特点、价格，以及如何使用、维护和各项商业服务等措施。这实际上是帮助消费者提高对该产品的认识程度，激发消费者购买汽车的欲望，指导消费者如何购买汽车。

(3) 树立企业形象，维持或扩大企业产品的市场占有率

对于汽车这样一种高档的耐用消费品，消费者在购买时，企业的形象（包括信誉、名称、商标等）往往是选择的重要依据之一。企业通过精心设计的广告，宣传企业的产品、企业的价值观与企业文化，能使企业形象深入消费者心中，有利于提高企业及企业产品的社会知名度，保持企业在市场竞争中的优势地位。因此，企业能否在消费者心目树立起良好的形象，直接关系到产品的销售，影响企业产品的市场份额。

(4) 美化人的生活

一则思想性和艺术性较强的广告，可以使人得到美的享受，陶冶人的情操，提高人的思想修养，从而起到美化人的生活、促进社会主义精神文明建设的作用。

总之，广告的作用是多方面的，企业在市场经营活动中应切实加以利用。

> **营销视野　　　　　　　　　广告的局限性**
>
> 广告对消费者了解产品，企业扩大销售有重大作用，但它也有自身的局限性，主要包括：
> 1) 广告无法独立完成促销任务，它的作用必须依赖于其他方面的措施。
> 2) 广告的使用必然会增加企业产品的生产成本。
> 3) 由于市场容量有限，广告刺激消费的作用受到抑制。
>
> 因此，只有正确地认识广告的作用，并充分利用它，广告才能为企业产品的营销发挥应有的价值和作用。

8.3.2　广告媒体的选择

广告媒体繁多，其功能各有千秋，想要使公众接受广告投放者的观点，不仅要有优秀的广告设计，而且要选择合适的宣传媒体。只有这样，才能使企业以最低的成本、最佳的宣传效果向公众传达预期的广告信息，这也正是广告能否起到作用的关键之一，企业在选择广告媒体时应当综合考虑。

1. 汽车广告媒体的种类及特点

广告媒体是广告投放者向广告对象传递信息的载体。各种广告媒体都能从不同的侧面向人们传递商品信息，但不同的广告媒体传递信息的时间与范围不同，广告效果各异，

其中报纸、杂志、电视、广播、互联网被称为五大最佳媒体，也是目前我国主要的汽车广告载体。

（1）报纸广告

报纸是进行广告宣传的最早的大众传播媒介，是最有效、应用最广泛的工具，也是我国和世界许多国家目前选用的主要广告媒体之一。其优点包括：发行量大、传播面广、渗透力强；购买、携带、阅读方便，不受太多时间和空间的限制；制作简便，价格低廉。其缺点包括：时效较短、内容庞杂，容易分散读者的注意力；制作和印刷欠精细，美感不强；缺乏对商品款式、色彩等外观品质的生动表现，从而影响了广告效果。报纸广告对于汽车广告来说，能比较全面地介绍汽车的主要性能指标，给读者以整体了解。

（2）杂志广告

杂志也较早用作广告宣传，是仅次于报纸的第二大广告媒体。杂志与报纸同属印刷型媒体。杂志媒体的优点是：对象明确，针对性强；保存期长，信息能充分利用；印刷精致，图文并茂。杂志媒体的缺点是：制作复杂、价格昂贵；定期发行，时效性差，信息反馈迟缓；传递范围窄。汽车广告一般选用专业性杂志，以实现更精准的投放效果。

（3）电视广告

电视以独特的技巧，集听觉形象和视觉形象于一身，融合了图像、声音、色彩、动作及文字等元素，是一种影响力最大的广告媒体，有"爆炸性媒体"之称。其优点是：覆盖面广、收视率高；可有情节、有故事，能够充分、真实且艺术性地反映商品的全貌，表现力和诉求力都很强，宣传效果好。其缺点是：制作复杂，费用昂贵；目标不具体，适应性不强，尤其对专业性强、目标市场集中的汽车商品来说传播面太宽，一般只能进行品牌宣传，难以给观众以具体的介绍。

（4）广播广告

广播用作广告媒体虽比报纸、杂志晚，却在短短的几十年间遍及全球、风靡世界。广播通过电波传递各种信息，是一种广为利用的听觉媒体。其优点是：传播迅速，次数多，范围广；及时性强、方便灵活；制作简便、收费低廉；广播中的热线电话答疑形式可邀请专家、顾问答疑解惑，收到互动交流的效果。其缺点是：有声无形，印象不深，难以保存；盲目性大，选择性差。对于汽车广告来说，广播广告主要适用于对中间商的宣传。

（5）互联网广告

近些年来，互联网作为广告媒体，以超强的增长速度、独特的诉求方式，受到世人瞩目。互联网广告的表现手法以图像、色彩、文字相结合，具有形象、直观、生动的特点。互联网广告不像电视、广播广告那样被动地接受，并且图像、声音转瞬即逝，互联网广告可随时检索、查阅，能保留较长时间。互联网广告可有效地进行消费者研究，可在网站后台或网页中准确记录来访者数量和访问次数，甚至可记录访问者的情况，以获得双向的广告效果信息。互联网是由遍及世界各地大大小小的网络，按照统一的通信协议组成的一个全球性信息的传输网络，因此互联网广告可把广告信息全天候、不间断地传播到世界各个地方，并且信息量不受限制。在不久的将来，互联网可能会成为最重要的广告媒体。

除了上述五大媒体外，其他广告媒体还有很多，如路牌广告、霓虹灯广告、橱窗广告、招贴广告、车厢广告和包装广告等。无论哪一种媒体，都具有自己的特征。了解它们的优势和不足之处，是正确选用媒体的基础。

2. 广告媒体的选择

不同的广告媒体，其特点和作用各有不同。在选择广告媒体时，应根据以下因素全面权衡，充分考虑各种媒体的优缺点，力求扬长避短。

（1）产品的性能和特点

产品本身的性能和特点不同，其使用方法、消费对象、销售方式千差万别，这种差别决定着广告媒体的选择。对汽车来说，消费者既需要形象的外观、漂亮的造型，还需要了解具体的技术参数，如最高车速、油耗、发动机功率等。因此，汽车广告都以电视、广播宣传品牌形象，以报纸、杂志介绍其技术指标，多种媒体相结合的方式来宣传汽车产品，只是各种汽车在选用媒体时，各有其侧重。

（2）消费者的媒体选择习惯

广告可通过不同媒体传播到不同的市场，但恰好传播到目标市场而又不造成浪费的广告媒体，才算是最有效的媒体。企业应将广告发布在目标消费群经常接触的媒体上，以提高视听率。例如，购买跑车的大多数消费者是中青年成功人士，所以专业汽车杂志、电视节目、交通广播频道就是宣传跑车的最有效的广告媒体。

（3）企业对信息传播的要求

企业在确定宣传媒体时，要考虑媒体的覆盖面、频率和影响。覆盖面广、频率高、影响大的媒体是各企业在广告宣传时的首选媒体，但是这类媒体的收费往往很高。因此，企业在做广告时，一定要量力而行，既可选择覆盖全国、影响大的宣传媒体，也可以选择覆盖面较小但产品用户比较集中的地区或专业性宣传媒体。

（4）媒体的费用

在选择宣传媒体时，不仅要考虑到媒体自身的特点，还要考虑到宣传成本；既要使广告达到理想的效果，又要考虑企业的负担能力。具体来说就是要考虑广告信息的触及成本，即单位广告触及人数所需要的费用。这一指标对于衡量媒体宣传效果、合理选择媒体，具有一定的指导意义。一般而言，电视广告费用非常昂贵，以播出时间长短和播放时段来计费，而报纸广告相比而言则稍便宜。

（5）竞争对手的广告策略

企业在宣传选择媒体时，不仅要考虑以上几个方面的影响，而且要注意竞争对手的广告策略。竞争对手的广告策略往往具有很强的针对性和对抗性，只有充分了解竞争对手的广告策略，才能充分发挥自己的优势，克服劣势，最终取得良好的宣传效果。

3. 汽车广告策略

汽车广告策略是指汽车企业在广告活动中为达到更好的效果而运用的各种对策和建议，它涉及汽车企业广告活动的全过程，是汽车企业实现广告目标的各种手段和方法的总称。

（1）产品分类广告策略

对于产品项目众多的企业来说，不同的产品在企业中占有不同的地位，具有不同的作用。因此，广告也不能平均地使用力量，应该综合权衡、重点突出，使企业的总销售量稳步提高。

为了抓住关键，形成整体力量，便于广告规划，企业利用美国波士顿咨询公司提出的按产品市场占有率和销售增长率来对产品进行评价的方法，将企业产品进行科学分类，形成了明星产品、金牛产品、问题产品和瘦狗产品四大类，然后制定分类广告规划，以便采用不同的策略。

1）明星产品：市场占有率和销售增长率都很高，很有发展前途。这类产品是企业重点发展的产品，因此在广告投入上是最高的。要通过广告创造名牌印象，建立消费者的偏爱，广告要有较大的攻势和影响力。特别要注意竞争对手的攻势和广告策略，及时采用相应的广告竞争手段。总之，对这类产品，企业的广告是一刻也不能放松，市场上的细微变化企业都要高度重视。

2）金牛产品：企业的饭碗产品，能够给企业带来稳定的收入，支撑企业其他新产品的发展。因此，稳定销售、扩大市场领域是企业的主要经营目标。在广告策略上，要注意宣传产品的特点和对消费者的利益，不断变换花样，扩大产品的服务范围，同时要抓住机会，扩大和延伸市场。在广告宣传上应采取多样化刺激，并且注意与其他销售手段相互配合。

3）问题产品：市场占有率低、销售增长率高的产品。这类产品看似很有前途，但是由于存在很多不确定因素，所以并不能对前景做肯定和乐观的估计。其市场占有率低，有可能是企业的实力问题，也可能是竞争问题，还有可能是消费者认识的问题；而销售增长率高也并不代表前途就非常好，其中包含了许多偶然的因素。因此，对待这类产品，企业要特别小心谨慎，不要轻易下结论，要集中力量找到问题之所在，不能确定的问题，要做试验性发展。当然，这样做也可能失去机会，这要看企业领导者的风险意识，以及权衡风险大小和回报率的关系。但不管如何，广告是不可缺少的，在拿不准的情况下，广告策略可以根据竞争对手的广告攻势而定，在一定程度上压倒对手或走对手空隙的路子。这样在广告投入上不至于冒太大的风险。如果问题已经明确，广告策略就比较好定。例如，市场占有率低是因为本企业的产品分销存在问题，中间商不得力，原来与之商定的中间商的广告投入并没有实现，这样，企业就应该重新考虑与中间商的合作和自身广告的投入问题；如果问题出在促销上，广告策略就应该加大投入，策动强有力的广告攻势，以争取市场地位。但是，广告的具体策略要根据产品的具体情况而定，包括预告目标、广告信息构造、广告诉求方式、媒体计划都要视具体品牌的特点和市场相对情况而定。

4）瘦狗产品：企业的首要目标是在不影响正常业务的同时，尽早地淘汰这种产品。淘汰应该按计划、分品种地进行。在广告策略上要注意广告促销与企业声誉之间的关系，注意短期利益和长期利益的关系。这一类产品中，可能有失败的新产品，也可能是处于衰退期的产品。对于这两种情况，在广告策略处理上是不同的。降价广告、转让广告和公关性质的广告等是这类产品的主要广告形式。

（2）产品生命周期策略

任何有生命力的企业，其产品组合总是分布于市场寿命周期的不同阶段，不断地有产品淘汰，同时也不断地有新产品进入市场，企业处于这样的动态发展过程。随着产品在市场上寿命周期的变化，企业的广告目标和广告策略也应随之而变化。只有这样，广告才能发挥应有的作用，创造更好的广告效果。对处于导入期和成长期的产品，广告的重点应放在介绍产品知识、灌输某种观念、提高知名度和可信度上，以获得目标用户的认同，激发购买欲望。对处于成熟期的产品，广告的重点则应放在创名牌、提高声誉上，指导目标用户的选择，争夺市场。对处于衰退期的产品，广告要以维持用户的需要为主，企业应适当减少广告的运用。

（3）广告定位策略

产品定位是对消费者心智的占领，要实现这个目标，要使企业产品真正进入人的心智，一方面要针对消费者的心理空间，塑造产品形象，另一方面要用有效的途径传达到这块领域，使消费者产生心理共鸣。广告以它特有的形式，在产品定位策略中扮演了无法替代的角色。

1）争当第一的策略（第一个进入人的心智）。历史经验表明，最早进入人的心智的品牌，比排第二的品牌在市场占有率上高出一倍，这个事实已经被许多人发现。营销学家称之为"第一的巨大优势"。新产品具有占据第一的产品基础，广告决不能放过这个机会。企业要在消费者刚刚意识到，或者还没有清醒地认识到的时候，第一个把产品形象推到他们面前。产品形象就是消费者的概念，是从消费者那里发展起来的。当企业用广告把这种形象推到消费者面前时，他们会说"这种新的东西正是我们需要的"。广告就是这样在人们的心智上产生影响的。

2）跟随者的定位策略。如果消费者的心智已经被第一位品牌占领，那么跟进者要取得成功，必须另辟蹊径，也就是要在消费者的心智空间寻找一个空位。这就需要"打破常规，反其道而行之"。只有如此，才能捕捉到常人不能捕捉到的东西。

具体来说，可以从以下几个方面进行跟随者定位策略：

① 大与小的变换。事物是辩证的，大有大的好处，小有小的优点。在广告策略上，反其道而行之，可能会有意想不到的收获。

② 性别空隙。奠定一种产品的性别形象，是稳定销售的一种好方法。但这并不等于说，在广告宣传手法上也应该完全性别化，诉求的对象也并非完全是使用对象。有时，由于两性之间的互相吸引，异性吸引宣传策略可能是十分有效的。在一些性别类产品中，广告策略要特别注意区分使用者、购买者和建议者的关系，诉求的方式要抓住产品的性别空隙。

③ 年龄空隙。对于有些产品，不要试图让所有人购买，即使所有人都可以用，也不要这样做。产品形象的建立和发展，需要有一个时间过程。例如，奇瑞QQ车型明确地把目标对准20~30岁的年轻新购车一族，收到了很好的效果。

营销案例	甲壳虫的小
在美国的汽车市场上，大众甲壳虫的市场定位策略成为反其道行之的广告经典范例。在底特律的厂家们正在极力宣扬其车子更长、更流线、更舒适、更高级的时候（他们的车子确实具有这些优势），甲壳虫并没有盲目地跟随其后，而是从人的心智出发，让人们想一想小的好处。甲壳虫的著名广告用语是："Think Small（想想小的好处）！" 此广告策略和诉求方式，产生了积极的反响。并不是在甲壳虫上市之前，市场上没有小型汽车。小型汽车早就有，但是它们却没有直截了当地大胆说出这种定位，而是试图把小说成大，与大型车去直接竞争。	

8.3.3 广告的设计与效果评价

1. 广告设计的基本原则

广告是商品经济发展的产物，生产的社会化、商品化程度越高，就越离不开广告来沟通信息。广告已成为当今社会经济生活的重要组成部分。广告效果不仅取决于广告媒体的选择，还取决于广告设计的质量。高质量的广告必须遵循下列原则来设计。

（1）真实性原则

广告的生命在于真实。企业进行广告宣传，必须实事求是地向消费者介绍产品的特点和使用价值，切不可采取欺骗的手段溢美掩丑、哗众取宠、损害消费者的利益。虚伪、欺骗性的广告，必然会损害企业的信誉。

（2）思想性原则

广告在传播经济信息的同时，也传播了一定的思想意识，必然会潜移默化地影响社会文化、社会风气。从一定意义上说，广告不仅是一种促销形式，而且是一种具有鲜明思想性的社会意识形态。因此，广告的语言编写和图画的绘制，必须符合党和国家的方针、政策、法律法规，反映社会主义的时代特色和道德风貌，成为精神文明的传播者。

（3）大众性原则

广告不是产品说明书，它受播放时间和刊登篇幅的限制，不允许有太长的解说。这就要求广告的文字、图画及其他部分，都必须统一在特定的主题下，用最通俗和最鲜明的方式协调和谐地表达出来，力求文字简洁、语言精练、词语易记、图画清晰易懂，使消费者一听就懂、一目了然，并能在看后留下深刻的印象。另外，广告一切要围绕大众，为大众着想，站在大众立场上去思考和行动。最后，广告必须向大众普及知识。

广告的大众性是广告产生社会效应的要求。广告不仅是广告制作人员或主创人员创意灵感的表现，还必须是将广告置于大众的评价系统氛围中，以社会上大多数或目标市场的大多数的接受度来评价广告的优与劣。

（4）科学性原则

广告是随着社会、经济和传播技术的发展而产生和发展的，基于市场经济的规律和传播的科学规律而存在。广告工作者必须遵照科学的原理、手段、技术与方法对广告活动进行经营与管理，同时还必须充分运用现代的科学技术与手段，对广告从宏观和微观角度上进行定性与定量的科学研究，才会使广告事业产生应有的社会效益与经济效益。

（5）针对性原则

广告的构思必须富有创造性，在内容和形式上必须多样化，其总体应独具特色、吸引力强，切忌抄袭沿用、千篇一律、陈词滥调。广告对不同的商品、不同的目标市场要有不同的内容，采取不同的表现手法。只有设计美观新奇、构思精巧、具有特色、有针对性的广告，才能符合消费者的心理要求，从而吸引他们的注意力，促使其产生购买行为。

（6）艺术性原则

广告是一门科学，也是一门艺术。广告要运用新的科学技术，吸收文学、电影、戏剧、音乐、美术等艺术特点，精心设计、制作，把真实的、富有思想性、有针对性的广告内容通过完善的艺术形式表现出来。广告的艺术性、真实性和思想性附加以价值，赋予生命力。广告的艺术形象越鲜明、越具有创造力，就越会感染社会公众，产生更大的广告效益。

只有符合上述要求的广告，才能加大对消费者的心理刺激，取得尽可能好的广告效果。

营销视野	广告中的黄金、白银法则

所谓黄金法则，即 3B 法则，是指 Beauty（美女）、Beast（动物）、Baby（婴儿）；白银法则是指名人效应。其中 3B 法则中运用最多的为 Beauty。

1）Beauty：爱美之心人皆有之，并且美女广告利于操作，又最能引发人们的注意。吸引人就等于成功了一半。你只要稍加注意，就能发现，广告中 50% 以上都是美女的面孔。

2）Beast：基于人对大自然的亲近渴望，由动物来做广告容易消除受众与广告诉求之间的隔阂，让人产生亲近感，进而加强沟通，达到预期的效果。动物的活泼可爱通常能让消费者开心一笑，记住它，最后就买它。

3) Baby：世界上最伟大的爱就是母爱，而广告人也抓住了这一点，让母爱的伟大也延伸到了商品上。

4) 名人效应：名人广告不仅是时尚，而且是古已有之。《战国策》中记载有一卖马商人，牵一马立于市，三天无人问津，后请伯乐看了一眼，马不仅立刻卖掉了，而且价格比原来高十倍。这个故事就体现了名人效应之大。广告中运用了艺术学、美学、逻辑学、行为科学、商品学等，但运用最多的是心理学。名人效应打的就是心理战，利用消费者对名人之名的信赖或是大众对名人的崇拜以及对名人生活方式的向往，从而被名人的广告说服而购买。

2. 广告效果评价

在将广告信息传递给公众之后，广告工作的全程并没有结束。因为企业的宣传目的是否达到、效果如何、影响怎样、所支出的广告费用是否物有所值等都是未知数。因此，企业还需要对广告效果进行评价，以修正和改进广告目标和预算。

广告效果就是广告信息经由媒体向大众传播之后对社会的各个方面，以及个人的心理及行动所产生的即时的或者是长期的综合性影响。它既包含着广告主所希望的经济效果、品牌传播效果等能够对企业效益提高的结果，也有对社会文化、语言、生活习惯的改变等连带的社会效果。广告效果可以表现为传播效果、销售效果和心理效果三个层面。

（1）传播效果

传播效果又叫"广告本身效果"，是指广告作品自身被消费者接触和认可的程度。传播效果的好坏可以直接体现广告作品的水平，也是检测广告效果的一个重要内容。影响传播效果的因素有很多，例如广告定位是否准确、主题是否鲜明、语言是否具有感染力、表现手法是否得当、媒体组合是否合理等。传播效果是销售效果的前提。企业通过广告传播为产品制造、传播各种极具吸引力的概念，改变人们旧有的不利于产品销售的观念，或者传播企业经营理念、强化品牌形象，最终起到促进销售的作用。

（2）销售效果

销售效果是指广告活动促进商品（服务）销售额的提高，是对广告主来说最直接的效果，也是广告主开展广告活动的最终目标。广告的销售效果是企业广告活动最基本、最重要的效果，是广告效果测量的最客观的指标之一。广告销售效果在某些特定情况下，也能反作用于广告的传播效果。例如，当某些产品进入了成熟期，取得了较大的市场占有率时，即使其广告费用适当减弱，传播效果也不会随之降低，因为产品本身也是一种传播媒介，当更多的产品被消费者购买之后，消费者自然会对该产品更加熟悉。

> **营销视野　　　　　广告销售效果的测定方法**
>
> 企业在实施广告促销决策之后，会产生一定的销售效果，其销售效果测定方法有如下两种。
>
> （1）销售额衡量法
>
> 这种方法就是实际调查广告活动前后的销售情况，以事前与事后的销售额之差作为衡量广告效果的指数，其计算公式为
>
> $$R = \frac{S_2 - S_1}{A}$$
>
> 式中，R 代表每元广告效益；S_2、S_1 代表广告发布后的平均销售额和广告发布前的平均销售额；A 代表广告费用。

这种方法比较简便易行，但是如何除去广告效果以外的其他因素致使销售额增加的部分却相当困难。为了弥补此法的缺陷，在实际销售效果测定中往往参照广告费比率和广告效率比率进行综合测定。

广告费比率＝广告费/销售额×100%

广告效率比率＝销售额增加率/广告费增加率×100%

（2）小组比较法

小组比较法是将相同性质的被检测者分为三组，其中两组分别看两种不同的广告，一组未看广告，然后比较看过广告的两组效果之差，并和未看广告的一组加以比较。通常将检测的数字结果用频数分配技术来计算广告效果指数，其计算公式为

$$\text{AEI} = \frac{1}{n}\left[a - (a+c)\frac{b}{b+a}\right] \times 100\%$$

式中，a 代表看过广告又购买该产品的人数；b 代表看过广告未购买该产品的人数；c 代表未看广告，但购买了该产品的人数；n 代表被检测的总人数；AEI 是广告效果指数。

（3）心理效果

心理效果是指广告活动在消费者心目中所产生的影响程度，表现为广告活动对消费者的认知和心理方面的改变和影响。广告活动能够激发消费者对于产品的需求，唤起他们的购买欲望，使其产生行动，并且培养其对品牌的信任和偏好。

广告对销售的促进不是一蹴而就的，而是通过消费者的认知、理解、购买逐步实现的。尽管企业关注最多的可能是广告的销售效果，但是如果缺少了对其他两个效果的研究，广告的销售效果也是很难实现的。根据测试时间的不同，广告心理效果的测评可分为事前测评、事中测评和事后测评三个阶段。广告活动实施前对广告心理效果的预先测评，是为了便于根据广告心理效果来调整作品和广告实施计划。广告活动进行过程中对广告效果的检测，是为了便于尽早发现问题，并及时加以解决。广告活动实施后对广告效果的评估，是为了便于考察整体广告活动是否达到了最初设定的目标。这三个部分构成了广告心理效果评估的三部曲。

营销视野	广告的心理效果四段论

目前流行的广告的心理效果划分方法是四段论：广告到达效果、广告注意效果、广告态度效果和广告行动效果。

（1）广告到达效果

广告到达效果是指广告媒体与消费者的接触效果，通常以广告媒体的发行量和收视率、覆盖面等指标来评价。广告到达效果的评价可以为广告媒体的选择提供参考。

（2）广告注意效果

广告注意效果是指消费者收听、收看、阅读广告的程度，通常以广告的收听率、收视率、阅读率和影响的范围等指标来评价。它也是衡量广告效果的标准之一。

（3）广告态度效果

广告态度效果是指消费者受广告影响所引起的对企业商品（服务）的情感和态度的变化。态度的变化是注意和行动的中间环节，是属于承上启下的关键环节。因此，广告态度效果的评价是一项极受关注的内容。

（4）广告行动效果

广告行动效果是指消费者受广告影响所采取的购买行为，通常是以销售额为评价指标。因此，行动效果与销售效果在某种程度上是相同的。

掌握了吗?

1) 广告的主要特点有（　　　　）、（　　　　）、（　　　　）和（　　　　）。
2) 广告媒体的选择应当考虑的主要方面包括（　　　　）、（　　　　）、（　　　　）、（　　　　）和（　　　　）。

拓展升华

广告的硬与软

在广告学理论中，硬、软广告没有明确的定义，也没有明确的范围划分，更确切地说，这属于广告界中所谓的行话。硬广告大家相对都比较熟悉，我们在报刊、电视广播、互联网等媒体上看到和听到的那些宣传产品的纯广告就是硬广告。此外，我们打开网页时自动弹出的广告也是硬广告。媒体刊登或广播的那些有偿的宣传稿件以及企业各种类型的活动赞助，被业界称为软广告。其特点是这些广告或以人物专访的形式出现，或以介绍企业新产品、分析本行业状况的资讯报道形式出现，而且大都附有企业名称或服务电话号码等。随着媒体技术的发展，软、硬广告呈现出越来越多的形式。

(1) 硬广告的优缺点

1) 优点：传播速度快，影响力强，涉及对象最为广泛。经常反复可以加强公众印象，有声有色，具有动态性。

2) 缺点：渗透力弱，商业味道浓，可信程度低，时效性差。广告投入成本高，强迫性的说教，传递内容简单，时间短，如冰山一角。

(2) 软广告的优缺点

1) 优点：相对渗透力强，商业味道淡，可信程度高，时效性强。广告投入成本低，渐进式的叙述，消费者可以增长知识，扩大视野。

2) 缺点：传播速度慢，涉及对象相对狭窄、有限，在加强公众印象方面相对较弱，偏于静态性。

因为存在硬广告过多使人厌烦、逆反，假广告泛滥使人反感，文化程度、审美心理不同等原因，现在更多的企业在做广告时选择采用软广告的方式。

一汽红旗在2021年8月奥运会期间就做了一次非常成功的广告。2021年8月6日，一汽红旗宣布，给我国所有东京奥运会的金牌获奖者，每人赠送一辆红旗H9，获得银牌、铜牌的运动员将获得红旗H9产品的使用权。如果运动员得的奖牌不止一枚，则按照所得奖牌最高等级赠送一次。这次，红旗汽车只花了1500万元就达到了价值上亿元的宣传效果，收获了广泛的赞誉。红旗此次的推广起到了四两拨千斤的作用。

8.4 营业推广

开节话题

在经历了一年多的高歌猛进之后，2021年7月—8月开始，一汽红旗的销量再次陷入了低谷，特别是8月仅销售9163辆，不复当年之勇，但在一系列促销措施后，10月销量再次走高，实现销售3.5万辆，同比大增52%的良好业绩，同时也创造了单月销量纪录，显示了不俗的竞争力。

接着，一汽红旗又发布了"旗献巨礼"活动公告，于2021年11月13日—14日举行一汽红旗厂家购车节，一个月时间引来了6.8万人的询价，针对各款车型的"旗献巨礼"销售政策延续到12月31日，其中针对红旗HS7的销售政策见表8-3。

表 8-3 旗献巨礼——红旗 HS7

置换礼	最高可享 20000 元置换补贴
金融礼	0 金融服务费安心贷 3 年 0 利息 5 年超长贷
安心礼	终生免费保修、取送、救援 超长免费保养(4 年或 10 万公里) +1 二手车保值

在遭遇了芯片供应短缺和极端天气等严峻挑战情形下,红旗品牌依靠优秀的产品力,加上强劲的置换礼、金融礼、安心礼等多项销售政策,实现了 12 月销量 3.91 万辆车,再次创下单月销量的新纪录。2021 年,红旗品牌全年销量突破 30 万辆,同比增长超过 50%,宣告了红旗品牌已经创造出 4 年销量增长 63 倍的产业奇迹,再次奏响了民族汽车品牌铿锵激昂的最强音。

营销任务:
置换礼、金融礼、安心礼等销售政策属于促销方式中的哪种方式?此种促销方式有哪些特点?市场上还有哪些具体的做法属于这种促销方式?

营销理论

8.4.1 营业推广概述

1. 营业推广的概述

营业推广是指汽车企业运用各种短期原因鼓励消费者和中间商购买、经销或代理企业产品或服务的促销活动。营业推广可有效加速新产品进入市场的过程、有效抵御和击败竞争者、有效刺激购买者和向购买者灌输对本企业有利的信念,以及有效影响中间商的购买活动。

2. 营业推广的主要特点

营业推广是刺激消费者迅速购买商品而采取的营业性促销措施,是配合一定的营销任务而采取的特种推销方式。它具有以下几个特点。

(1) 方式灵活多样

营业推广活动根据针对的对象不同,可以分为两大类:第一类是面向消费者的,如赠品、奖券等;第二类是面向中间商的,如折扣、销售竞赛等。可以说,营业推广的方式多种多样,企业可根据具体产品的性能、顾客心理和市场状况等,进行设计和调整。

(2) 针对性强,效果明显

企业根据需要,可以有针对性地开展对消费者、中间商、推销员的营业推广活动,调动相关人员的积极性。营业推广以"机不可失,时不再来"的较强吸引力,给消费者提供了一个特殊的购买机会,打破消费者购买某一产品的惰性。营业推广能以较小的花费,快速、明显地在局部市场上达到增加销量的效果,它不像广告宣传和公共关系方式需要一个较长的时期才能见效。

(3) 临时性和辅助性

营业推广虽然能在短期内取得明显的促销效果，但是它一般不能单独使用，常常要与其他促销手段相配合。其他销售促进方式的运用能使与其配合的促销方式更好地发挥作用。因此对企业来说，人员推销、广告宣传属于常规性的促销方式，而营业推广则是一种非常规性的促销方式。它具有临时性和辅助性的特点，所以并不适合形成产品的长期品牌偏好。

（4）容易引起顾客的反感

营业推广的一些做法常会使消费者认为卖者急于抛售。过分渲染或长期频繁地使用营业推广，容易使消费者对卖方产生疑虑，从而对产品或价格的真实性产生怀疑。因此，企业在开展营业推广活动时，要注意选择恰当的方式和时机，不然效果适得其反。

由上可知，营业推广适用于一定时期、一定产品，而且推广方法需要审慎选择，否则就会失去营业推广的意义。

3. 营业推广的作用

营业推广具有以下几个作用。

（1）可以吸引消费者购买

这是营业推广的首要目的，尤其是在推出新产品或吸引新顾客方面，由于营业推广的刺激比较强，较易吸引消费者的注意力，使消费者在了解产品的基础上购买，也可能使消费者追求某些方面的优惠而使用产品。

（2）可以奖励品牌忠实者

营业推广的很多手段，例如销售奖励、赠券等通常都附带价格上的让步，其直接受惠者大多是经常使用本品牌产品的顾客，从而使他们更乐于购买和使用本企业的产品，以巩固企业的市场占有率。

（3）可以实现企业的营销目标

这是企业的最终目的。营业推广实际上是企业让利于顾客，它可以使广告宣传的效果得到有力的增强，影响顾客对其他企业产品的品牌忠实度，从而达到销售本企业产品的目的。

8.4.2 营业推广策略

营业推广包括对消费者进行营业推广、对中间商进行营业推广、对推销人员进行营业推广三种策略，每种策略又有多种形式。企业在营销活动中应根据市场情况、政策、法规、企业性质、产品特点、销售情况等选择适当的营业推广策略。

1. 面向消费者的营业推广策略

（1）店堂促销

店堂促销是汽车营业推广的基本形式。对于消费者来说，销售店堂作为外在的环境刺激，必然会引起他们的心理和行为反应。显然，营业场所的外在形象和内在设施等，如同汽车的造型和颜色等，也是非常"文雅的劝说者"，具有明显的促销作用。市场营销学的研究发现：消费者的购买决策，2/3 以上是在购买现场临时做出的；其中，40%以上的人是受了商品陈列的影响，产品陈列、店堂色彩、店堂音响、服务设施等，都是影响产品销售的因素。视觉心理学的研究发现，人们的视觉感受，不但与视角有关，而且会受到空间结构的影响。不同的结构形式，人们往往会产生大小、高低、宽窄、远近等不同的感觉。同时，感觉心理学的研究还发现，各种色彩的光波不同，人们的生理和心理感受也会不同，从而使不同的色彩搭配产生不同的情绪反应。

| 营销案例 | 大众汽车公司在德国的店堂促销 |

大众汽车公司在德国的4000多个经销店和服务站,都可随时接受用户订车。宽敞明亮的展厅、醒目的指示牌、齐全的产品样本和价目表、布置得体的洽谈室,以及考虑周到的停车场,为顾客创造了良好的购车环境。在那里,顾客不仅可以喝上可口的咖啡、热茶,而且顾客的小孩还可到展厅的游戏角去尽情地玩耍。经销商给顾客提供全方位的服务,服务项目包括旧车回收、二手车交易、维修服务、提供备件、附件销售、车辆租赁、代办银行贷款、代办保险、车辆废气测试、顾客紧急救援等。经销商的销售业务有现货即期和远期交易两种。对于现货购买,顾客一般在两三天内即可得到汽车,而且注册牌照等手续也代为办妥。对于想购买装有各种特殊装备的顾客,经销商通过计算机订货系统查询后,向顾客提供价格、交货期等详细情况,一切购车手续在几分钟之内即可完成。顾客在合同上签字后,经销商即向大众公司订货,安排生产,交货期一般为6周。顾客订的车辆在生产线上一直被监控着,经销商随时可查看该车的生产进度。

(2) 服务促销

通过周到优质的服务,使客户得到实惠,在相互信任的基础上开展交易是国内外汽车公司普遍推行的做法。对于汽车产品,因其特殊性,客户对优质服务的要求也就越高。在产品同质的情况下,客户往往选择能提供优质服务的商家。

| 营销视野 | 宝马的服务促销 |

宝马汽车公司在世界各地的销售商都必须就宝马车的买卖、选型、运转功能、成本、保险甚至车用移动电话等特殊装备等细节问题,向用户进行内容广泛而深入的答疑和咨询服务。宝马汽车公司十分重视对中间商就用户的特殊服务和全面服务进行培训。除了德国境内众多的培训中心外,宝马汽车公司在全球各地建有多个培训点。由于销售商直接与用户接触,宝马汽车公司认为销售商就是宝马汽车公司的形象代表。宝马汽车公司经常对用户展开有奖调查,以发现销售商是否符合宝马汽车公司的要求。宝马汽车公司还设有24小时巡回服务,行驶在世界各地的宝马车,一旦出现故障,只要一个电话,就近的巡回车就会赶到现场迅速排除故障。宝马汽车公司还对用户报废车进行回收,建有旧车拆解场,既为用户带来好处,又符合环保要求。

(3) 有奖销售

有奖销售是指通过抽奖、赠送奖品的形式销售产品。企业希望利用这种形式能有效地刺激购买欲望,提高产品销量。例如,长沙某汽车4S店,推出了"购车送导航仪"的促销活动,即每购一辆车送一台导航仪,还有机会获得到彩电、手机等奖品,于是售车数量激增。

(4) 分期付款与低息贷款

针对用户购车资金不足,除租赁租借销售方式外,分期付款和低息贷款也是汽车促销的重要方式。分期付款是用户先支付一部分购车款,余下部分则在一定时间内,分期分批支付给销售部门并最终买断汽车产权。低息信贷则是用户购车前先去信贷公司贷足购车款,然后再购车。用户的贷款由用户与信贷公司结算,汽车销售部门则在用户购车时一次收清全部购车款。信贷业务与汽车销售业务相互独立,信贷公司既可以由企业、中间商或银行分别兴办,也可以由他们联合兴办。

营销案例	一汽丰田的贴心金融

一汽丰田与两家金融公司（丰田财务公司、一汽财务有限公司）、多家银行（中国银行、招商银行、中国建设银行、平安银行、中国邮政储蓄银行、微众银行、中国农业银行）及融资租赁公司开展汽车个人贷款业务。

客户需要贷款购车时，可以根据自身条件选择不同的金融机构，经销店会为客户提供便捷、安心的一站式服务。

一汽丰田在传统定额本息产品之外，还开发了无忧贷、医享贷、无本贷、安享贷、附加贷、田园贷等金融创新产品，给不同客户提供丰富的选择。

（5）价格折扣与保证策略

价格折扣促销是指在一些特殊的时间（如淡季、重大节假日等）给购车者一定的价格优惠，或给一些特殊的客户以一定的价格优惠。其目的是刺激客户的购买欲望。

营销案例	针对医务人员的购车优惠

为了向医务人员致敬，不少车企推出了针对医务人员的专属优惠。

一汽红旗推出了献礼全国医护逆行者活动。其中，致敬礼针对全国一线医护工作者，购买红旗全系产品，均享受购买的产品市场指导价优惠2%，最高能享受9000多元的优惠；焕新礼针对全国一线医护工作者，在原有置换支持的基础上，再每辆车补贴2000元；尊享礼针对在湖北的一线抗疫医护人员，包含各省驰援湖北的医护人员，名下红旗车的保养政策升级为终身免费保养。

作为国内造车新势力的头部企业，蔚来首次针对医疗系统的人员推出了专属优惠政策：全国医疗系统人员、医科院校老师及其直系家属，购买蔚来汽车即享车价5000元立减优惠。

同为造车新势力中的明星企业，威马汽车也不甘落后，推出了"威笑天使关爱计划"：全国医疗体系从业人员、医学院校师生及其直系亲属，购买威马EX5指定车型，均可享受立减5200元的专属优惠。

价格保证则是针对购买者持币待购，处于观望心理而推行的促销方法。汽车经销商对购车者发放"价格保证卡"，如果车辆产品在保证期限内出现了降价，那么客户可持卡去公司领取当时价格与购买价格的差额。这样就可以消除客户持币待购的现象，打破销售的沉闷局面。

（6）订货会与车展促销

订货会是促销的一种有效形式，可以由一家企业举办，也可以由多家企业联合举办，或者由行业及其他组织者举办。订货会的主要交易方式有现货交易（含远期交易）、样品订购交易，以及进出口交易中的易货交易、以进代出贸易、补偿贸易等。

车展也是营业推广的有效形式，通过车展可起到"以新带旧"和"以畅带滞"的作用。同时，企业在车展期间，一般给予购车者优惠，短期促销效果很明显。

（7）以旧换新

"以旧换新"销售方法就是进行二手车置换业务。这种方法是汽车企业销售网点收购用户手中的旧车（不管何种品牌），将旧车置换的价格冲抵新车的部分车款。汽车企业将收来的旧车进行整修后，再售给那些买二手车的用户。此种销售方法不仅能满足用户追求新异的心理，又能保证车辆的完好技术状况，有较好的经济效益和社会效益。

2. 面向中间商的营业推广策略

上述对最终用户的促销方式，有些方式也可用于对中间商促销，如会议、展销、价格保证等促销方式。从总体上说，生产企业对中间商的促销一般应围绕给予中间商长远的和现实的利益进行，具体方式还有如下几种。

（1）现金折扣

现金折扣是指如果中间商提前付款，可以按原批发折扣再给予一定的折扣。例如，按规定，中间商应在一个月内付清货款。如果中间商在10天内付清款项，再给予2%的折扣；如在20天内付清款项，则只给予1%的折扣；如超过20天，则不再给予另外的折扣。显然，这种促销方式有利于企业尽快回收资金。

（2）数量折扣

数量折扣是指对于大量购买的中间商给予的一定折扣优惠，购买量越大，折扣率越高。数量折扣可按每次购买量计算，也可按一定时间内的累计购买量计算。在我国，通常称之为"批量差价"。有些汽车企业还根据中间商的合作程度给予不同折扣，例如某汽车公司曾与经销商和用户建立了一种利润共享、风险均担的机制。

（3）折让

企业提供折让，以此作为中间商以某种方式突出宣传其产品的补偿。广告折让用以补偿为企业的产品做广告宣传的中间商；陈列折让则用以补偿对产品进行特殊陈列的中间商。例如，一汽大众对其产品的专营公司免费提供广告宣传资料，以成本价提供捷达工作用车，以及优先培训等。

（4）交易会或博览会

企业可以通过举办或参加交易会或博览会的方式来向中间商推销自己的产品。由于交易会或博览会能集中大量的优质产品，并能形成对促销有利的现场环境效应，对中间商有很大的吸引力，因此成为企业很好的营业推广机会和有效促销方式。

（5）竞赛与演示促销

企业在同一个市场上通过多家中间商来销售本企业的产品，并定期在中间商之间开展销售竞赛，在事先控制好的促销预算约束下，对销售业绩优胜的中间商给予一定的奖励，如现金奖励、实物奖励或给予较大的数量折扣。开展销售竞赛有利于鼓励中间商加倍努力完成规定的销售任务。演示促销可提供现场证明，增强客户的信任感，激发其购买欲望等。还可用汽车产品举办汽车拉力赛，将竞赛与演示促销结合起来。企业可以利用这些比赛充分展示其产品的性能、质量和企业实力，以建立和保持产品形象和企业形象。

3. 面向推销人员的营业推广策略

面向推销人员的营业推广策略主要有鼓励购买"自家车"。国外汽车企业普遍对自己的职工优惠售车，他们将此种方式称为购买"自家车"，并以此唤起职工对本企业的热爱，激发职工的责任感和荣誉感，较好地将汽车销售与企业文化建设结合起来。例如，大众公司规定本公司职工每隔9个月可以享受优惠购买一辆本公司生产的汽车，每年大众公司以此种方式销售的汽车近10万辆。近年来，我国部分汽车企业也在推行这种销售方式，加快了汽车进入家庭的进程。

总之，企业无论对哪种对象展开促销活动，都应根据具体情况，综合运用各种促销组合策略，并在实践中不断地创造有效的促销方式，为企业的市场营销增添新的特色和内容。

8.4.3 营业推广设计应注意的事项

营业推广是一种促销效果比较显著的促销方式,但倘若使用不当,不但不能达到促销的目的,反而会影响产品销售,甚至损害企业的形象。因此,在营业推广的设计过程中应注意以下问题。

1. 确定适合的推广目标

汽车企业在利用营业推广策略时,应根据企业的营销目标来确定营业推广的目标,如争取新顾客、扩大市场份额,或是鼓励消费者多购、扩大产品销量,或是推销落后产品、延长产品生命周期。同时,营业推广的目标要与整合营销的其他方面结合起来考虑,相互协调配合,然后依据推广目标制订周密的计划。

2. 确定合适的推广费用

营业推广是企业重要的促销形式。通过营业推广可以使销售额增加,但同时也增加了费用。企业要权衡推销费用与营业收益的得失,把握好所费与所得的正确比例,从而确定促销的规模和程度。

3. 选择适当的推广方式

营业推广的方式有很多,并且各种方式都有其适应性。选择好的营业推广方式是促销获得成功的关键。一般来说,在选择营业推广方式时,应考虑产品的性质、各种方式的特点,以及推广对象的接受习惯等因素。

4. 确定合理的推广期限

汽车产品的需求具有明显的季节性,汽车企业的营业推广活动应安排在汽车销售的旺季。营业推广时间安排须符合整体营销战略,与其他活动相协调,应利用最佳市场机会,确定适当推广期限。时间过短,可能遗漏许多潜在顾客;时间过长,开支的费用过大,还会引起消费者对产品质量、价格的怀疑,降低品牌吸引力或品牌形象,从而削弱推广的效果。

5. 选择合理的推广地点

开展营业推广应尽可能选择目标消费者常去或聚集的地方,以使更多的目标消费者参与活动。

6. 进行营业推广评价

营业推广的效果体现了营业推广的目的。每次营业推广后,企业应对实施效果进行评估,总结推广经验。评价推广效果的一般方法有比较法(比较推广前后销售额的变动情况)、顾客调查法、实验法等。企业可通过这些方法取得营业推广的成果资料,并与推广目标和计划分别进行分析比较,肯定成绩,找出问题,以便控制和调整营业推广过程,实现推广目标。

> **掌握了吗?**
>
> 1)营业推广的主要特点包括( )、( )、( )和( )。
>
> 2)请列举五种以上营业推广策略。

拓展升华

2020湖南车展创下7个"最"纪录

2020年年初,中国车市陷入了低谷,但是2020年4月30日—5月5日,作为2020中国车市"第一展"以及"长沙会展第一单",2020湖南车展给车市吹来了春风,成为多项纪录的"开创者"。6天时间里,观展人数达到6.238万人次,销售车辆2.391万辆,销售金额52.68亿元,创下了7个"最"纪录。

(1) 3人看展1人买车,成交比率最高

从开幕第一天起,2020湖南车展就热度不减,人气持续爆棚。车展现场意向成交的业绩格外好。本届车展的消费者,尤其是精准购车客户群明显比往届车展多,不仅展台上热闹,而且购车意向客户也多,逛展的消费者往往直奔洽谈室进行深入沟通,集客量、客户订单量远超预期,并呈现一天比一天好的趋势。据统计,平均每3个观众就有1辆新车订单,成交比率达到38%,创下历届最高。

(2) 26个工作日准备,筹备时间最短

此次车展是我国车展史上筹备时间最短的。本届湖南车展自新闻发布会召开之时,就承载着诸多会展人奋斗的心声,吸引着大量关注与崇敬的目光。在长沙市会展办的指导下,长沙晚报社、湖南日报社、湖南省汽车商会三家主办单位迎难而上,凭借12年联合办展的经验,挑起了2020湖南车展具体筹备工作的担子。26个工作日,一群会展人创下了展出面积6万平方米、签约品牌近百个、展车近600辆的湖南车展纪录。

(3) 黑科技产品登场,防疫措施最严

这是一届史上防疫措施最严的车展——面对6万多人次的观展总人数,为确保展会安全,2020湖南车展组委会提前与卫健部门、疾控部门进行沟通,推出了红外测温、人脸识别、实名制入场、大数据分析等一系列有效防控手段,多个黑科技产品悉数登场,车展"六必制"防疫措施(身份必问、信息必录、体温必测、口罩必戴、消毒必做、突发必处)不折不扣严格执行,为参展商与观众成功打造了一场安全、舒心的汽车盛典。办展会及防疫工作成为典型经验,吸引全国40多个观摩团前来考察、学习。

(4) 多部门协力护航,参展规格最高

这是湖南规格最高的一届车展。湖南省委、省政府和长沙市委、市政府主要领导高度重视,用坚定的声音表达对长沙会展业复苏的态度,为车展提供了充足的工作动力和信心,在展会与车企之间架起了坚实的桥梁,让会展业开始逐步复苏。从筹备、布展到开展,省市各级领导召开工作调度会,参与驻场指导,各部门为车展全程保驾护航。

(5) 政府补贴车企让利,优惠力度最大

这是一届优惠力度最大的车展。车市亿元福利优惠,政府3000万元财政补贴,组委会送出九重大礼,参展商同步重磅让利,在车界掀起一波史无前例的消费热潮。洽谈室人气爆棚,集客订单量超出预期,多个品牌订单像雪花一样飞来,成交场面火爆的镜头随处可见,车企纷纷预订明年的展位和幕墙广告……在湖南车展期间,长沙市的汽车贸易成交额每天超6亿元。

(6) 全媒体全方位宣传,推广阵容最强

这是一届推广力度最大的车展。为了引导消费,创造汽车厂商和消费者密切联动的局面,组委会一如既往地发挥媒体深度办展的优势,发挥全媒体优势,进行新媒体加传统媒体全方位、立体式密集宣传,自媒体纷纷助力,短视频话题播放量超过7000万,多家企业异业合作倾情助力。

(7) 各区县支持,开创联合办展最新模式

联合办展最新模式成为2020湖南车展的一大亮点。本届湖南车展着重突出汽车消费主题,紧扣汽车消费市场,展会升级为"2020湖南汽车展览会暨长沙首届汽车消费节",成为长沙"春天有约消费季"系列活动的重要组成部分,对拉动大宗商品消费、增加社会零售总额发挥了独特作用。

作为长沙会展的一张靓丽名片，湖南车展得到了长沙市会展办和市商务局的大力支持。长沙市及所辖各区县共投入3000万元用于购车补贴，每辆车给予1000元的现金（或加油充值卡）补贴，组委会也推出"看车有礼·购车有奖"等活动，给广大消费者带来真金白银的实惠，让这6天成了消费者的购车盛宴，也强有力地拉动了长沙市的汽车消费市场。

（资料来自互联网，有删改。）

8.5 公共关系

开节话题

2019年的3月27日，薛女士来到西安利之星奔驰4S店提取前些日子预定的价值66万元、奔驰顶级轿跑之一的CLS300。她在店里办完提车手续后就开车离开，但是开出没多远汽车故障灯就开始报警，于是当即向利之星的工作人员寻求帮助。经过4S店技术人员的检查，发现竟然是发动机漏油。薛女士看到自己的新车竟然出现了发动机漏油的严重问题，要求4S店给自己一个说法。

起初，4S店的工作人员承诺可以给她全额退款，或者是可以更换一辆新车，让她回家等消息。

谁知接下来的一段时间，4S店的工作人员对此事总是推三阻四，最后并没有像原先承诺的那样给她退款或者是换车，而是说要按照售后的三包规则处理。薛女士无法接受，于是就在2019年4月10日怒气冲冲地来到西安利之星奔驰4S店，协商不成便情绪激动地坐到了奔驰车的发动机舱盖上，并继续有条不紊地与工作人员理论。

有人将这个场面拍摄下来并将视频发到了网上，冲上了热搜，引发了无数人的愤慨和同情。之后随着整件事的发酵，越来越多的网友扒出了西安利之星奔驰4S店的更多违规之处，其中包括违规收取的1.5万元的金融服务费。

薛女士一时之间成为网络上的红人，得到了无数网友的追捧和力挺，甚至有网友模仿她的做法去维权，一时间舆情汹汹，让奔驰公司中国总部都招架不住了。

在多方的关注下，薛女士最终与西安利之星奔驰4S店最终达成了和解，解决方案主要包括了换车、全额退还金融服务费、邀请车主参观德国工厂、赠送车主十年"一对一"服务等。

5月27日，陕西省西安市高新区市场监管部门通报了有关涉嫌违法案件调查处理结果：西安利之星汽车有限公司存在有销售不符合保障人身、财产安全要求的商品，夸大、隐瞒与消费者有重大利害关系的信息误导消费者的两项违法行为，被依法处以合计100万元罚款。9月11日，奔驰汽车金融公司因外包管理违规，被罚款80万元。

营销任务：
试分析，危机公关应如何处理？

营销理论

良好的企业形象是企业的宝贵财富。汽车企业作为一种社会组织，可以利用公共关系协调企业与社会公众的关系，给企业和产品塑造出颇具魅力的形象，以引起顾客的好感，提高经营管理水平和决策能力，为自己创造有利的营销环境。

8.5.1 公共关系概述

公共关系是一门研究如何建立信誉,从而使企业获得成功的学问。

1. 公共关系的概念

公共关系简称公关,是指企业有计划地、持续不断地运用各种沟通手段,争取内外公众谅解、协作与支持,建立和维护良好形象的一种现代促销活动。我们可以从以下几个方面来理解公共关系的丰富内涵。

(1) 公共关系是一种关系状态

企业是一种社会组织,不可能离开社会而独立存在,不可避免地要与社会各界发生各种交往关系。汽车企业要想生存与发展,就必须采取有计划的行动和策略处理好这些纵横交错的关系,以赢得社会公众的理解、好感和喜爱。创造良好的公共关系状态,防止公共关系状态的恶化,是每个组织公共关系的任务。

(2) 公共关系是一种观念

公共关系观念是一种影响和制约着组织的政策和行为的经营观念和管理哲学,它渗透在管理者日常工作的各个方面,成为引导组织行为的一种准则和价值观,指导各项工作健康地发展。

(3) 公共关系是一种传播手段

公共关系不是一种一般意义上的工作或活动,而是一种以传播为手段的工作或活动,是一种运用传播手段使组织与公众互相适应的活动。公共关系的发展是和传播技术的发展紧密相连的。

(4) 公共关系是一种活动

从动态来看,公共关系是一种活动,即一个企业为了创造良好的社会环境、争取公众支持、建立和维护良好形象而开展的公共关系活动。当汽车企业发现公共关系的客观存在,这种公共关系的状态优劣关系到企业的生存和发展时,便会有意识地、自觉地、有计划地采取各种手段开展公共关系活动,改善公共关系状态,充分发挥公共关系在成就事业方面的积极作用。公共关系只有在活动中才能体现出来,组织之间、成员之间也只有在相互交往的活动中才能体现出彼此的关系。

(5) 公共关系是一种艺术

公共关系是一门帮助组织建立良好信誉、塑造美好形象的艺术,是一种如何通过人的创造性工作去求得组织内外"人和"的艺术。讲求艺术性和技巧,是公共关系的生命力所在。

营销视野	国外学界对公共关系的定义

"公共关系"一词来自英语 Public Relations,常简称为 PR。它包含着两层意思:Public 意为公众的、公共的、公立的、公众事务的;Relations 为名词,意为关系、交往等。关系是复数形式,表明它只能是在复杂的交往中体现出来的多种关系。这种关系可能是直接关系,也可能是间接关系;可能是单向关系,也可能是双向乃至多向关系。关系被 Public 所限定,表明它只能是组织在复杂的社会交往中与各类公众及公众群体之间所建立起来的非个体、非秘密、非私人的关系,这种关系具有公众性、公开性、社会性等特点。Public Relations 译为"公众关系"较为贴切,因为它是站在一个固定的角度——组织,来分析其所面临的各种关系。不同的组织,由于其生产、经营及服务的特点不同,拥有不同的公众对象,

从而形成不同的公众关系。但在中国译为"公共关系"已约定俗成并广为流传了。公共关系作为一种社会关系和社会现象有着悠久的历史，它主要是一种人与人之间的关系，并具有双向配合性，表现为公共关系主体为了自身的根本利益或特定利益而追求沟通、理解和支持，建立人与人之间良好关系的过程。随着社会的不断发展，人们对公共关系的作用日益重视，到了20世纪中叶，国际上成立了国际公共关系协会，公共关系逐步被企业界接受，成为一种促销手段。

1976年，美国公共关系研究和教育基金会资助莱克斯·哈罗博士（Rex Harlow）在收集和分析了472种定义后，对公共关系所下的定义是："公共关系是一种特殊的管理职能。它帮助一个组织建立并保持与公众之间的交流、理解、认可与合作；它参与处理各种问题和事件；它帮助管理部门了解民意，并对之做出反应；它确定并强调企业为公众利益服务的责任；它作为社会趋势的监测者，帮助企业保持与社会同步；它使用有效的传播技能和研究方法作为基本工具。"它作为一条功能性的定义具有一定的代表性，比较详细地说明了公共关系的主要功能和作用。

美国学者卡特利普（Scott M. Cutlip）和森特（Allen H. Center）认为："公共关系是这样一种管理职能：它确定、建立和维持一个组织与决定其成败的各类公众之间的互益关系。"

英国著名公关学家弗兰克·杰夫金斯（Frank Jefkins）认为："公共关系就是一个组织为了达到与它的公众之间相互了解的确定目标，而有计划地采用一切由内向外传播的沟通方式的总和。"

国际公共关系协会于1978年发表的《墨西哥宣言》称："公共关系是一门艺术和社会科学。它分析趋势、预测后果，向机构领导人提供意见，履行一系列有计划的活动，以服务于本机构和公众的共同利益。"

美国普林斯顿大学的资深公关学教授希尔兹（Chils）认为："公共关系是我们所从事的各种活动、所发生的各种关系的统称。这些活动与关系都是公众性的，并且都有其社会意义。"

2. 公共关系的特征

公共关系具有以下几个特征。

（1）形象至上

在公众中塑造、建立和维护组织的良好形象是公共关系活动的根本目的。这种形象既与组织的总体有关，也与公众的状态和变化趋势直接相连。这就要求组织必须有合理的经营决策机制、正确的经营理念和创新精神，并根据公众、社会的需要及其变化，及时调整和修正自己的行为，不断改进产品和服务，以便在公众面前树立良好的形象。可以说，良好的形象是组织最大的财富，是组织生存和发展的出发点和归宿。企业的一切工作都是为了顾客展开，失去了社会公众的支持和理解，组织也就没有存在的必要了。

（2）沟通为本

在现代社会，社会组织与公众打交道，实际上是通过信息双向交流和沟通来实现的。正是通过这种双向交流和信息共享过程，才形成了组织与公众之间的共同利益和互动关系。这是公共关系区别于法律、道德和制度等意识形态的地方。在这里，组织和公众之间可以进行平等自愿的、充分的信息交流和反馈，没有任何强制力量，双方都可以畅所欲言，因而能最大限度地降低不良的副作用。

（3）互惠互利

利益从来都是相互的，没有一厢情愿的。对社会组织而言，只有在互惠互利的情况下，才能真正达到自身利益的最大化。组织的公共关系工作之所以有成效、之所以必要，恰恰在于它能协调双方的利益，通过公共关系，可以实现双方利益的最大化。这也是具备公关意识的组织和不具备公关意识的组织的最大区别。

(4) 真实真诚

追求真实是现代公共关系工作的基本原则,自从"现代公关之父"美国人艾维·李(Ivy L. Lee)提出讲真话的原则以来,告诉公众真相便一直是公关工作的不二信条。尤其是现代社会,信息及传媒手段空前发达,这使任何组织都无法长期封锁消息、控制消息,以隐瞒真相、欺骗公众。公关人员应该实事求是地向公众提供真实信息,以取得公众的信任和理解。

(5) 长远观点

公共关系是通过协调沟通、树立组织形象、建立互惠互利关系的过程。这个过程既包括向公众传递信息的过程,也包括影响并改变公众态度的过程,甚至还包括组织转型,如改变现有形象、塑造新的形象的过程。这种过程不是一朝一夕就能完成的,必须经过长期艰苦的努力。因此,在公共关系工作中,公共关系组织和公关人员不应计较眼前的得失,而要着眼于长远利益,只要持续不断地努力,付出总有回报。

3. 公共关系的职能

公共关系与广告宣传、营业推广的基本职能都在于传递信息,都要利用传播媒介和传播技术进行信息沟通。但是,公共关系又与其他促销手段有所不同,并且其职能也不局限于促销。

(1) 树立形象,争取信任

塑造良好的组织形象是公共关系的第一个基本职能。组织形象是一个组织向社会介绍自己的名片,是社会公众对一个组织在各种环境下的行为的总体评价,是一个组织信誉和声誉的延伸。美国某杂志刊登的一篇文章中写道:"在一个富足的社会里,人们都已不太斤斤计较价格,产品的相似之处又多于不同之处。因此,商标和公司形象变得比产品的价格更为重要。"一个组织(或企业),一旦在公众的心目中树立起了良好形象,就能得到公众的信任和支持,增强组织的发展能力和竞争能力,就会给它带来旺盛的生命力。

营销案例 　　**上海通用汽车的公共关系活动**

　　上海通用汽车公司很善于利用公共关系活动塑造企业形象。2001 年 2 月,全国人民都在关注国际奥委会考察团来北京,别克被选用为考察团的专用车。那个时候在北京,只要看到一队别克车开过来,就知道国际奥委会的考察团来了。上海通用希望在情感诉求的层面上,让别克车更多地和人们关注的一些事件更紧密地结合在一起。此后,上海通用再接再厉,组织了一系列公共活动,例如,800 辆别克车服务 APEC 会议,以"演绎动感梦想,体验先锋艺术"为主题的"别克 2001 艺术车绘"等。上海通用成为国内汽车行业的"优秀企业公民",不仅赞助了中国奥委会、北京奥申委、第九届全运会等,还为西部捐资兴建了 12 所希望小学。

　　上海通用认为,售后服务是品牌形象的重要组成部分,也是产品性价比的有机组成部分。在越来越成熟的汽车市场,消费者意识到售后服务所代表的使用成本、使用便利成本等指标将会成为性价比中的重要参数。上海通用的售后服务体系中有一点引人注目:每季度都委托第三方咨询公司对全国的售后服务中心进行用户满意度调查,每季度公开,同时派专人团队分析用户服务中心的差距,并根据调查报告制订一个反应计划,然后辅导售后服务中心,以用户满意为标准进行整改。

(2) 促进联系,协调发展

公共关系作为社会组织与公众之间的交流工具和手段,其重要目的就是要在社会组织与公众之间建立联系并使这种联系得以巩固,通过这种紧密联系,实现组织与公众之间的信息交换,从而增进组织与公众之间的相互了解。

公共关系是沟通组织内外关系的桥梁,是协调组织内外关系的润滑剂。"内求团结、外求发展"这八个字较好地概括了公共关系协调内外关系的职能。"内求团结"就是要通过公关工作,创造团结和谐的组织条件和内部气氛,使所有员工互相协作、共同奋斗。"外求发展"就是通过公关工作,积极开展对外活动,促进组织与其外部关系的协调,促进组织与外部公众的密切联系和广泛合作,为组织各项事业的发展创造一个良好的外部环境。

(3) 采集信息,了解变化

信息是一种战略资源,是一种竞争力。公共关系通过调查研究,了解社会环境、政策方针、公众舆论,对组织形象的变化做到心中有数,为有关组织生存、发展、决策的制定提供科学、准确、及时的参考依据。公共关系是一个社会组织(或企业)决策的信息源。只有通过公共关系,及时不断地收集各种内外信息,才能使组织和公众之间更好地沟通、协调,才能使组织的决策者在决策之前充分了解和掌握各方面的情况和变化,使组织的各项决策更加具有科学性。

(4) 排忧解难,沟通畅导

公共关系的任务和职能从争取公众的理解和支持这一角度来看,有两个方面的含义:一是指预防组织与公众之间发生摩擦和纠纷;二是指一旦发生了公共关系纠纷,就通过公共关系功能,经过与公众充分的交流、沟通,使组织与公众之间相互理解,化解矛盾,减少摩擦,并使组织得到公众更广泛、更真诚的支持。公共关系纠纷,一害组织,二害公众,三害社会。作为一个社会组织,妥善防范和及时解决这些纠纷是与其命运攸关的事情。随着社会和经济的发展,现代组织(或企业)面临的各种社会关系不仅日趋复杂,而且处于不断变化之中,这就难免会出现影响甚至损害组织形象的这样或那样的问题。问题发生以后,面对社会公众的误解和埋怨,面对组织声誉蒙受的损失,如果能及时通过公共关系沟通畅导,就能使组织挽回形象,化险为夷,转危为安。因此,作为公共关系的一个重要职能,就是要想方设法地为组织解除各种矛盾纠纷,处理各种危机事件,挽回组织形象。

由上可知,汽车企业作为一种社会组织,不仅可以利用公共关系手段协调企业与社会公众的关系,为自己创造有利的营销环境,而且还可以直接帮助企业塑造企业及其产品的形象,以刺激顾客对企业产品的需求,达到促进产品销售的目的。

8.5.2 公共关系的执行原则

1. 真实性原则

公共关系的真实性原则是指企业在开展公共关系工作时,要以事实为基础,据实、客观、公正、全面地传递信息,沟通情况。因为汽车企业公共关系旨在加强企业与社会公众之间的联系,它的职能之一是通过信息传播和交流来树立良好的企业形象。因此,信息的真实、准确就成为企业公共关系工作获得成功的基本前提。

2. 平等互利原则

平等互利原则是指企业与公众平等相处、共同发展、利益兼顾。企业公共关系是为企业既定目标和任务服务的,但这种服务要以一定的道德责任为前提,以利他的方式"利己",只有"利他"才能"利己"。公共关系强调主体与客体的平等权利和义务,尊重双方的共同利益和各自的独立利益，信守企业与公众共同发展、平等互利的坚定信念。如果企业在相互交往中损人利己，为满足自身的眼前利益而损害公众利益，不顾信誉，不顾形象，就毫无公共关系可言。

3. 整体一致原则

公共关系整体一致的原则是指企业从社会全局、企业全局的角度，审视公共关系工作，评价其经济效益，明确自身的责任和义务，迎合公众的长远利益和根本利益。

一个企业要保证自己的长远利益，求得稳定发展，就必须顾及社会整体利益。只有取得公众和其他社会组织的支持与合作，才能取得利润，获得发展，并在竞争中取胜。注重社会整体利益，亦是公共关系职业道德的基本要求。这一原则对企业公共关系工作的指导，集中体现在对公众负责、对社会负责上。所谓对社会负责，就是企业不仅要考虑本身的经济效益，而且要站在全社会的高度，考虑社会的整体利益。因为每个企业都是社会的一个成员，离开了社会就无法生存，所以企业应该担负起社会责任，履行其社会义务。

4. 全员公关原则

全员公关是指企业的公共关系工作不仅依靠公关专门机构和专职人员的努力，还要依靠企业各个部门的密切配合和全体员工的共同关心和参与。企业必须强调全员公关原则，即要求全体成员都要树立公关意识，共同关注和参与公共关系工作，并做出贡献，共同推动企业公共关系目标的实现。

树立企业形象不是企业哪一个员工的事，也不是某一个部门能够完成的工作。企业形象是通过企业所有人员的集体行为表现出来的，是企业内个人形象的总和。每一名企业员工在与外界交往时，都是企业形象的一个载体，他们的活动都体现企业的整体形象和风貌。因此，企业的每位成员在对外交往时，都必须注意自己的形象，从而维护企业的整体形象。

营销视野	丰田"召回门"危机公关处理分析

自20世纪70年代以来，日本汽车业一向以高技术含量和高品质在全世界享有盛誉，但是其品牌号召力这一最大财富却因丰田"召回门"而遭受重创。就丰田"召回门"危机而言，其危机应对措施违背了危机管理中的六大基本原则。

1）事先预测（Forecast）原则。因为丰田公司事前对"召回门"危机的演变和发展预料不足，导致危机事态迅速恶化。

2）迅速反应（Fast）原则。产品质量问题浮出水面之后反应迟缓，特别是公司高层在迫不得已的情况下才被迫面对，从而坐失危机之初的应对良机。

3）尊重事实（Fact）原则。在普锐斯出现制动失灵问题时，丰田的解释与现实差别很大，无法令人信服，犯错并不可怕，可怕并不可原谅的是犯错了却不敢承认。

4）承担责任（Face）原则。危机之初的丰田公司漠视消费者的安全考虑，一味推卸责任，在美国听证会和丰田章男道歉之前，消费者没有感受到丰田方面的诚意，使其历经数十年积累的信誉一落千丈，几乎毁于一旦。

5）坦诚沟通（Frank）原则。丰田公司在发现问题后企图隐瞒事实，态度前倨后恭，顾左右而言他，妄图通过狡辩推卸责任，其表现出的社会责任感和伦理的缺失严重毒化了危机处理的氛围和环境，使得危机处理过程失控。

6）灵活变通（Flexible）原则。正是由于丰田公司对这次危机处理得不当，导致危机本身的升级和转化：从产品质量危机转变为品牌危机，从丰田公司的危机转变为殃及日本汽车业甚至整个日本制造业的信誉危机。

8.5.3 公共关系活动的策略

公共关系从实质上来说，就是运用各种传播手段来疏通企业与社会公众之间的信息联系，求得公众的了解、理解、支持与合作，以履行公共关系职能，达到公共关系塑造企业形象、促进商品销售的目标。现代企业公共关系活动可谓丰富多彩，其具体活动策略主要有以下几种。

1. 创造和利用新闻

通过新闻媒介向社会公众介绍企业及产品，不仅可以节约广告费用，而且由于新闻媒体的权威性和对象的广泛性，使它比单纯的产品广告的宣传效果更为有效。企业公共关系部门可编写企业的有关重要事件、产品等方面的新闻，或举办活动，或举行记者招待会，创造机会以吸引新闻界和公众的注意，扩大影响，提高知名度。例如，日本丰田汽车公司在20世纪80—90年代每年举办"丰田杯"足球赛，对提高丰田公司在全世界的知名度有很大的作用。

营销视野	创造和利用新闻的主要方式

创造和利用新闻的主要方式有以下几种：
1) 撰写新闻稿件。由新闻传播媒体报道企业具有新闻价值的政策、背景活动和事件等，例如在各类报刊上出现的介绍、宣传企业及产品的文章都属于此类，比较典型的有《反败为胜的艾柯卡》《奔驰汽车的故事》《一汽汽车质量万里行》等。
2) 举办记者招待会。这是搞好与新闻媒体关系的重要手段，也是借助新闻工作者之手传播企业的各类信息，争取新闻界客观报道的重要途径。
3) 邀请记者或其他知名人士参观企业，加深他们对企业及产品的印象，并进行评述。
4) 制造新闻事件。许多著名的企业不仅重视发现新闻，而且善于制造新闻，有目的地制造出来的新闻，常常能在新闻界引起轰动，而且能引起公众的强烈反应。例如，日本丰田汽车公司的破坏性试验、日产公司1988年推出风度轿车的做法等，都是比较成功的事例。
5) 编写影视剧本，参与影视剧的制作。企业通过与影视界的合作，将企业的发展历程编写成影视剧本，可以提高企业的社会形象，加深社会公众的了解。

2. 开展各项活动

这是以改善形象为目的的公共关系活动。作为社会的一员，企业有义务在正常的范围内，参与社会公益事业和赞助活动。企业通过各种有意义的赞助活动，可以树立企业关心社会公益事业的良好形象，培养与有关公众的友好感情，从而增强企业的吸引力和影响力。此外，还可以举办产品和技术方面的展览会、研讨会、交流会、企业峰会、演讲会、比赛、纪念会等，引起广大公众对企业和产品的注意，提高企业及产品的声誉。

营销视野	社会公益活动和社会福利活动

企业通过参与各种社会公益活动和社会福利活动，能协调、改善与社会公众的关系，树立"企业公民"的形象，这是一种日益流行的公关活动，如向贫困地区捐赠车辆，为某项社会活动提供交通工具，资助各种社会慈善事业、教育事业和重要节日等。这类活动的效果虽然具有间断性，但它的宣传效果很好，不仅能赢得受益者的好感，还能引起新闻界的关注，制造新闻热点。例如，丰田汽车公司为了改善美国人对日本汽车大量涌入的不满情绪，利用各种机会向美国各类消费者组织、社会福利机构捐赠，还为美国中学生提供在日本学习的奖学金。丰田公司的这些活动颇得一些美国民心，有助于消除美国人对日本汽车的反感，改善相互关系。

3. 编写和制作各种宣传材料

宣传材料包括公众喜闻乐见的与企业有关的刊物（小册子、海报、传单、年报等）或介绍企业和产品的短视频、图片和电影等。这些资料精美华丽、图文并茂，在适当的时机可向目标顾客及有关社会团体、社会公众发放，可以吸引他们认识和了解企业，扩大企业的影响力。但这种形式受宣传资料发放或影响的范围限制。

4. 借助公关广告

通过公关广告介绍，宣传企业，树立企业形象。公关广告的形式和内容可概括为五类：①致意性广告，即向公众表示节日欢庆、感谢或道歉等，这类广告在每年的公众节日里最为常见；②倡导性广告，即企业首先发起某种社会活动或提出某种新观念；③解释性广告，即企业就某方面的情况向公众介绍、宣传或解释；④赞助性广告，即企业通过赞助某项社会活动，以扩大企业的影响力和知名度，如"丰田杯"足球赛等；⑤服务性广告，即企业通过有计划、有组织地为用户提供服务，来引起公众对企业及其产品的兴趣和关心，如"××汽车服务月活动"等。

8.5.4 公共关系促销决策的过程

在考虑如何和何时使用公共关系时，管理层应当确定公共关系目标、选择公共关系主题及载体、实施公共关系计划、评估公共关系效果。

1. 确定公共关系促销目标

营销人员应为每一项公共关系活动确定目标，如建立知名度、建立信誉、激励推销人员和经销商、降低促销成本等。一般来说，公共关系费用要比广告费用低，公共关系越有成效越能节省广告费用和人员推销费用。

2. 选择公共关系主题及载体

目标确定后，公共关系人员就要鉴别或拟定有趣的题材来宣传。公共关系主题要服从企业的整体营销和宣传战略。公共关系宣传词要与企业的广告、人员推销、直销和其他宣传工具相结合。公共关系的方法要服务于企业的整体营销目标。

3. 实施公共关系计划

执行公共关系计划要求有认真谨慎的态度，当公关宣传包括了各种层次的特别事件（例如，纪念性宴会、记者招待会、全国性竞赛等）时，就需要格外认真。公关人员需要有细致认真的态度和灵活处理各种可能情况的能力。

4. 评估公共关系效果

公共关系对于促进销售的效应不像其他促销手段那样容易立竿见影，但是一旦产生效应，其作用将是持久和深远的，对于企业营销环境的根本改善能发挥特殊的效果，是企业促销策略组合中不可忽视的重要策略。由于公共关系常与其他促销工具一起使用，故其使用效果很难衡量。

营销视野	公共关系的效果衡量

汽车市场营销公关的效果常通过展露度、公众理解和态度情况、销售额和利润贡献这三个方面来衡量。

（1）展露度

展露度是指计算出现在媒体上的展露次数和时间，可以借此了解宣传报道的影响范围。这种方法简单易行，但无法真正衡量出到底有多少人接受了这一信息以及对他们购买行为的影响。

(2) 公众理解和态度情况

这是指由于公共宣传活动而引起公众对汽车产品的品牌理解、态度方面的前后变化水平。

(3) 销售额和利润贡献

公共关系通过刺激市场、同消费者建立联系，把满意的消费者转变成品牌忠诚者，提高了销售额和利润。计算销售额和利润贡献率是衡量公共关系效果的最科学的方法。

但是，公共关系活动往往与其他促销活动是同时进行的，因此任何方法都很难准确地评估公共关系的效果，只能是一个估计数字而已。

总之，企业公共关系活动是现代社会化大生产的产物，企业应善于利用之，以更好地服务于企业的各项生产经营活动。

营销案例　　　　　人民需要什么，五菱就造什么

2020年5月开始，地摊经济逐渐火热，甚至掀起一股全民摆摊的风潮。6月2日上汽通用五菱公众号发布文章《五菱翼开启售货车——地摊经济的正规主力军!》，推出"地摊神器"五菱荣光小卡翼开启和五菱荣光新卡翼开启两款车型，一上线就销量火爆，订单甚至排到一个月后。网友对此评价为"人民需要什么，五菱就造什么"。6月3日，港股五菱汽车午后大幅拉升，最高涨幅达126.13%。

公共关系在实施过程中要抓住热点，才能收获好的效果。想要抓住热点，首先需要考虑公共事件与品牌定位的契合度，其次要看能否很好地将热点事件融合到自身的产品或服务上。上汽通用五菱推出"地摊车"，就是基于当时的大环境，根据自身的能力开展公关工作，既满足了自身需求，如用工荒得到缓解、开发新的业务线等，又体现了企业的社会责任感，提升了品牌的知名度和美誉度。

掌握了吗？

1）公共关系的特征主要体现在（　　　）、（　　　）、（　　　）、（　　　）和（　　　）方面。

2）公共关系的职能主要包括（　　　）、（　　　）、（　　　）和（　　　）。

3）公共关系的执行原则主要包括（　　　）、（　　　）、（　　　）和（　　　）。

4）请列举三种公共关系的形式。

拓展升华

红旗品牌战略发布会

改变是前进的动力，在新时代下作为国车第一品牌，红旗从未在创新求变的道路上停下脚步。2018年1月8日晚，一汽红旗来到人民大会堂，在新年伊始呈现给公众一个全新的红旗。

本次红旗品牌战略发布会除了带来红旗的全新面貌、呈现不一样的红旗外，更有来自诸如体育界、影视界、艺术文化领域、科技及互联网创投领域等社会各界名人大咖现身大会，共同见证一场极致非凡的红旗飨宴。

发布会通过气势如虹、满怀深情的歌舞表演，回顾了一汽红旗的辉煌历史，走进那段难以忘怀的峥

嵘岁月。产业报国、工业强国是所有中国人的梦想和行动指南，在接下来的红旗发展规划中，一汽将用全新的层面去打造一个世界一流的红旗品牌形象。

一汽红旗通过此次红旗品牌战略发布会，宣告了新形象，提升了品牌价值。

本 章 小 结

1）促销是促进产品销售的简称。促销是企业通过人员和非人员的方式，沟通企业与消费者之间的信息，引发、刺激消费者的消费欲望和兴趣，使其产生购买行为的活动。促销的核心就是沟通和传递信息，促销的目的是引发、刺激消费者产生购买欲望直至发生购买行为。促销的方式主要有人员促销和非人员促销两类，其中人员促销包括人员推销和营业推广，非人员促销包括广告宣传和公共关系。

2）有效传播的基本要素包括发送者、编码、信息、媒体、解码、接受者、反馈、反应和噪声。在有效传播中要解决的五个问题是谁说、说什么、通过什么说、对谁说和如何反应。

3）促销的作用主要表现在：①有助于传递信息；②有助于引导需求；③有助于突出特色；④有助于稳定销售。

4）促销组合是指企业根据产品特点和经营目标的要求，对各种促销方式进行的适当选择和综合运用，即把广告宣传、营业推广、人员推销和公共关系等各种不同的促销方式有目的、有计划地结合起来，取长补短、相互协调、综合运用，从而更好地突出汽车产品的特点，以较低的费用达到较好的效果，实现企业的促销目标，增强汽车企业在市场中的竞争力。

5）促销组合的基本策略包括"推策略"和"拉策略"。所谓推策略是指将产品沿着分销渠道垂直地向下推销，即以中间商为主要的促销对象，再由中间商向消费者推销使他们购买企业的产品。这是一种传统的策略。拉策略则是以市场为导向，企业（或中间商）针对最终消费者，利用广告、公共关系等促销方式，激发消费需求，经过反复强烈的刺激，促使他们主动向中间商询问这种产品，并且督促中间商向生产企业订购产品，从而达到企业的销售目标。

6）影响汽车整合促销的因素包括汽车促销目标、产品生命周期的阶段、整合营销预算、汽车市场的性质、汽车产品的档次等。

7）人员推销是指企业的销售人员与有可能成为本企业产品的购买者交谈，进行口头宣传，以达到推销产品、实现企业营销目标的一种直接销售方法。人员推销是一种古老的销售方法，也是现代汽车企业重要的销售手段。人员推销具有针对性、选择性、完整性、有效性、情感性、高成本性等特点，在促销中可以起到挖掘和培养新顾客、培育忠实顾客、推销产品、提供服务和信息沟通的作用。人员推销的基本形式包括上门推销、店面推销、会议促销。

8）汽车行业的人员推销过程都是以客户需求为导向的，形成了从客户开发一直到最后的售后跟踪服务的9个环节：客户开发、客户接待、需求咨询（分析）、车辆的展示与介绍、试乘试驾、处理客户的异议、签约成交、交车服务和售后跟踪服务。

9）推销人员管理包括招聘、培训、激励、考核与评估等几个方面。推销工作要获得成功，关键在于选择高效率的推销人员。好的推销人员，可以从企业内招聘，也可以从社会上招聘。不管是通过哪种途径招聘到的人员，都要进行企业知识、产品知识、市场知识、推销流程与技巧等方面的培训。

10）人员推销的基本策略包括三种：试探性策略，也称为"刺激-反应"策略；针对性策略，也称"配方-成交"策略；引导性策略，也称"诱发-满足"策略。

11）汽车推销技巧贯穿于整个推销过程之中。在准备阶段，作为一个合格的销售顾问要有信心、信任和心态三方面的充分准备；在接待阶段，要讲究自我介绍技巧、电话接听技巧、来店接待技巧；在客户需求分析阶段，要讲究交谈的技巧、聆听的技巧；在试乘试驾阶段，要特别关注客户自己的感受；在报价签约阶段，可采用"三明治"报价法和先扬后抑法进行报价；在排除客户异议阶段，可采用反驳处理法、"但是"处理法、利用处理法、补偿处理法、询问处理法、不理睬处理法等很好地处理客户异议，使其顺理成章进入成交阶段；在成交阶段要特别注意客户的异议等成交意向，运用请求成交法、假定成交法、选择成交法、细节成交法、从众成交法、机会成交法、保证成交法、异议成交法、使用旁证等方法促成交易。

12）广告是企业按照一定的预算方式，支付一定数额的费用，通过不同的媒体对产品进行广泛宣传，促进产品销售的传播活动。广告具有公众性、滞后性、辅助性、表现性等特点。广告的作用表现在四个方面：①介绍产品，传递信息；②刺激消费，扩大产品销路；③树立企业形象，维持或扩大企业产品的市场占有率；④美化人的生活。

13）广告媒体繁多，其功能各有千秋，企业在选择广告媒体时应当综合考虑以下因素：产品的性能和特点、消费者的媒体选择习惯、企业对信息传播的要求、媒体的费用、竞争对手的广告策略。

14）汽车广告策略是指汽车企业在广告活动中为达到更大的效果而运用的各种对策和建议，它涉及汽车企业广告活动的全过程，是汽车企业实现广告目标的各种手段和方法的总称。常用的汽车广告策略有产品分类广告策略、产品生命周期策略和广告定位策略。

15）高质量的广告必须遵循真实性、思想性、大众性、科学性、针对性、艺术性等原则来设计。其效果可以表现为传播效果、销售效果和心理效果三个层面。

16）营业推广是指汽车企业运用各种短期原因鼓励消费者和中间商购买、经销或代理企业产品或服务的促销活动。营业推广具有如下特点：①方式灵活多样；②针对性强，效果明显；③临时性和辅助性；④容易引起顾客的反感。当然，营业推广也可以吸引消费者购买、可以奖励品牌忠实者、可以实现企业营销目标。

17）面向消费者的营业推广策略包括店堂促销、服务促销、有奖销售、分期付款与低息贷款、价格折扣与保证策略、订货会与车展促销、以旧换新等。面向中间商的营业推广方式有现金折扣、数量折扣、折让、交易会或博览会、竞赛与演示促销。面向推销人员的推销方式主要有鼓励购买"自家车"。

18）在营业推广的设计过程中应注意如下问题：①确定适合的推广目标；②确定合适的推广费用；③选择适当的推广方式；④确定合理的推广期限；⑤选择合理的推广地点；⑥进行营业推广评价。

19）公共关系简称公关，是指企业有计划地、持续不断地运用各种沟通手段，争取内外公众谅解、协作与支持，建立和维护良好形象的一种现代促销活动。公共关系具有形象至上、沟通为本、互惠互利、真实真诚、长远观点等特征。其职能包括：①树立形象，争取信任；②促进联系，协调发展；③采集信息，了解变化；④排忧解难，沟通畅导。

20）执行公共关系时应遵循真实性原则、平等互利原则、整体一致原则、全员公关原则。

21）现代企业公共关系活动可谓丰富多彩，其具体活动策略主要有以下几种：①创造和利用新闻；②开展各项活动；③编写和制作各种宣传材料；④借助公关广告。

22）在考虑如何和何时使用公共关系时，管理层应当确定公共关系目标、选择公共关系主题及载体、实施公共关系计划、评估公共关系效果。

复习思考题

1）什么是产品的促销？产品促销的目的、方式、核心、作用、特点分别是什么？
2）影响产品营销组合制定的因素是什么？
3）人员推销适合在什么条件下使用？
4）在选择广告媒体时应考虑哪些因素？试针对某一汽车产品进行广告媒体选择。
5）面对最终客户，汽车企业如何采用营业推广策略进行促销？
6）公共关系的执行原则是什么？试评说丰田汽车公司"召回门"事件的处理过程。

营 销 实 务

某款汽车产品即将上市，请设计此产品的上市促销企划。

参考文献

[1] 科特勒，凯勒. 营销管理：第 15 版 [M]. 何佳讯，于洪彦，牛永革. 等译. 上海：上海人民出版社，2016.
[2] 韦佩珊. 广告中的黄金白银法则 [J]. 中外管理. 2002（11）：45-46.
[3] 刘雅杰. 汽车市场营销 [M]. 北京：北京理工大学出版社，2021.
[4] 杨立君，苑玉凤. 汽车营销 [M]. 北京：机械工业出版社，2019.
[5] 叶志斌. 汽车营销 [M]. 3 版. 北京：人民交通出版社，2021.
[6] 方光罗. 市场营销 [M]. 沈阳：东北财经大学出版社，2007.
[7] 王怡民. 汽车营销技术 [M]. 北京：人民交通出版社，2003.
[8] 张国方. 汽车营销学 [M]. 2 版. 北京：人民交通出版社，2017.
[9] 赵培全. 汽车营销技术 [M]. 北京：中国水利水电出版社，2017.
[10] 何宝文. 汽车营销学 [M]. 北京：机械工业出版社，2018.
[11] 何瑛，征小梅. 汽车营销策划 [M]. 北京：北京理工大学出版社，2007.
[12] 孙路弘. 汽车销售的第一本书 [M]. 北京：中国人民大学出版社，2007.
[13] 朱辉金. 汽车营销百事通 [M]. 北京：电子工业出版社，2007.